中华人民共和国
新法规汇编

2020
第7辑

司法部 编

中国法制出版社

编辑说明

一、《中华人民共和国新法规汇编》是国家出版的法律、行政法规汇编正式版本，是刊登报国务院备案并予以登记的部门规章的指定出版物。

二、本汇编收集的内容包括：上一个月内由全国人民代表大会及其常务委员会通过的法律和有关法律问题的决定，国务院公布的行政法规和国务院文件，报国务院备案并予以登记的部门规章，最高人民法院和最高人民检察院公布的司法解释。另外，还收入了上一个月内报国务院备案并予以登记的地方性法规和地方政府规章目录。

三、本汇编所收的内容，按下列分类顺序编排：法律，行政法规，国务院文件，国务院部门规章，司法解释。每类中按公布的时间顺序排列。报国务院备案并予以登记的地方性法规和地方政府规章目录按 1987 年国务院批准的行政区划顺序排列；同一行政区域报备两件以上者，按公布时间顺序排列。

四、本汇编每年出版 12 辑，每月出版 1 辑。本辑为 2020 年度第 7 辑，收入 2020 年 6 月份内公布的法律 4 件、行政法规 1 件、国务院文件 4 件、报国务院备案并经审查予以登记编号的部门规章 11 件、司法解释 3 件，补收 2020 年 4 月、5 月份内公布的国务院文件各 1 件，补收 2020 年 5 月份内公布的司法解释 1 件，共计 26 件。

五、本汇编在编辑出版过程中，得到了国务院有关部门和有关方面以及广大读者的大力支持和协助，在此谨致谢意。

司法部

2020 年 7 月

目　录

编辑说明 …………………………………………………………………………… (*1*)

法　律

中华人民共和国公职人员政务处分法 …………………………………… (1)
中华人民共和国档案法 ……………………………………………………… (13)
中华人民共和国人民武装警察法 …………………………………………… (21)
中华人民共和国香港特别行政区维护国家安全法 ………………………… (28)

行政法规

化妆品监督管理条例 ………………………………………………………… (41)

国务院文件

国务院办公厅关于开展国家脱贫攻坚普查的通知 ………………………… (57)
国务院办公厅关于印发生态环境领域中央与地方财政事权和支出
　责任划分改革方案的通知 ………………………………………………… (59)
国务院办公厅关于印发公共文化领域中央与地方财政事权和支出
　责任划分改革方案的通知 ………………………………………………… (61)
国务院关于落实《政府工作报告》重点工作部门分工的意见 …………… (65)
国务院办公厅关于支持出口产品转内销的实施意见 ……………………… (79)
国务院办公厅关于印发 2020 年政务公开工作要点的通知 ……………… (81)

国务院部门规章

商务部关于废止和修改部分规章的决定 …………………………………… (86)
商务部关于废止部分规章的决定 …………………………………………… (90)
外商投资信息报告办法 ……………………………………………………… (91)

网络安全审查办法 …………………………………………………………（95）
新化学物质环境管理登记办法 ……………………………………………（98）
自然资源部关于第三批废止和修改的部门规章的决定 …………………（111）
矿产资源统计管理办法………………………………………………………（113）
高速铁路安全防护管理办法…………………………………………………（115）
交通运输部关于修改《大型飞机公共航空运输承运人运行合格审定规则》的决定……………………………………………………………（125）
大型飞机公共航空运输承运人运行合格审定规则 ………………………（127）
中国银保监会行政许可实施程序规定………………………………………（347）
民用航空器维修人员执照管理规则…………………………………………（353）
关于废止《建设工程消防监督管理规定》的决定 …………………………（360）

司法解释

最高人民法院印发《关于建立和管理司法网络询价平台名单库的办法》的通知……………………………………………………………（361）
最高人民法院关于建立和管理司法网络询价平台名单库的办法……（361）
最高人民法院关于为黄河流域生态保护和高质量发展提供司法服务与保障的意见………………………………………………………（363）
最高人民法院印发《关于依法妥善审理涉新冠肺炎疫情民事案件若干问题的指导意见（三）》的通知 ………………………………………（367）
最高人民法院关于依法妥善审理涉新冠肺炎疫情民事案件若干问题的指导意见（三） ……………………………………………………（368）
最高人民法院关于行政机关负责人出庭应诉若干问题的规定…………（372）

附：

2020 年 6 月份报国务院备案并予以登记的地方性法规、自治条例、单行条例和地方政府规章目录………………………………………（376）

法　律

中华人民共和国公职人员政务处分法

（2020 年 6 月 20 日第十三届全国人民代表大会常务委员会第十九次会议通过　2020 年 6 月 20 日中华人民共和国主席令第 46 号公布　自 2020 年 7 月 1 日起施行）

目　录

第一章　总　　则
第二章　政务处分的种类和适用
第三章　违法行为及其适用的政务处分
第四章　政务处分的程序
第五章　复审、复核
第六章　法律责任
第七章　附　　则

第一章　总　　则

第一条　为了规范政务处分，加强对所有行使公权力的公职人员的监督，促进公职人员依法履职、秉公用权、廉洁从政从业、坚持道德操守，根据《中华人民共和国监察法》，制定本法。

第二条　本法适用于监察机关对违法的公职人员给予政务处分的活动。

本法第二章、第三章适用于公职人员任免机关、单位对违法的公职人员给予处分。处分的程序、申诉等适用其他法律、行政法规、国务院部门规章和国家有关规定。

本法所称公职人员，是指《中华人民共和国监察法》第十五条规定的人员。

第三条　监察机关应当按照管理权限，加强对公职人员的监督，依法给予违法的公职人员政务处分。

公职人员任免机关、单位应当按照管理权限，加强对公职人员的教育、管理、监督，依法给予违法的公职人员处分。

监察机关发现公职人员任免机关、单位应当给予处分而未给予，或者给予的处分违法、不当的，应当及时提出监察建议。

第四条 给予公职人员政务处分，坚持党管干部原则，集体讨论决定；坚持法律面前一律平等，以事实为根据，以法律为准绳，给予的政务处分与违法行为的性质、情节、危害程度相当；坚持惩戒与教育相结合，宽严相济。

第五条 给予公职人员政务处分，应当事实清楚、证据确凿、定性准确、处理恰当、程序合法、手续完备。

第六条 公职人员依法履行职责受法律保护，非因法定事由、非经法定程序，不受政务处分。

第二章 政务处分的种类和适用

第七条 政务处分的种类为：

（一）警告；

（二）记过；

（三）记大过；

（四）降级；

（五）撤职；

（六）开除。

第八条 政务处分的期间为：

（一）警告，六个月；

（二）记过，十二个月；

（三）记大过，十八个月；

（四）降级、撤职，二十四个月。

政务处分决定自作出之日起生效，政务处分期自政务处分决定生效之日起计算。

第九条 公职人员二人以上共同违法，根据各自在违法行为中所起的作用和应当承担的法律责任，分别给予政务处分。

第十条 有关机关、单位、组织集体作出的决定违法或者实施违法行为的，对负有责任的领导人员和直接责任人员中的公职人员依法给予政务处分。

第十一条 公职人员有下列情形之一的，可以从轻或者减轻给予政务处分：

（一）主动交代本人应当受到政务处分的违法行为的；

（二）配合调查，如实说明本人违法事实的；

（三）检举他人违纪违法行为，经查证属实的；

（四）主动采取措施，有效避免、挽回损失或者消除不良影响的；

（五）在共同违法行为中起次要或者辅助作用的；

（六）主动上交或者退赔违法所得的；

（七）法律、法规规定的其他从轻或者减轻情节。

第十二条 公职人员违法行为情节轻微，且具有本法第十一条规定的情形之一的，可以对其进行谈话提醒、批评教育、责令检查或者予以诫勉，免予或者不予政务处分。

公职人员因不明真相被裹挟或者被胁迫参与违法活动，经批评教育后确有悔改表现的，可以减轻、免予或者不予政务处分。

第十三条 公职人员有下列情形之一的，应当从重给予政务处分：

（一）在政务处分期内再次故意违法，应当受到政务处分的；

（二）阻止他人检举、提供证据的；

（三）串供或者伪造、隐匿、毁灭证据的；

（四）包庇同案人员的；

（五）胁迫、唆使他人实施违法行为的；

（六）拒不上交或者退赔违法所得的；

（七）法律、法规规定的其他从重情节。

第十四条 公职人员犯罪，有下列情形之一的，予以开除：

（一）因故意犯罪被判处管制、拘役或者有期徒刑以上刑罚（含宣告缓刑）的；

（二）因过失犯罪被判处有期徒刑，刑期超过三年的；

（三）因犯罪被单处或者并处剥夺政治权利的。

因过失犯罪被判处管制、拘役或者三年以下有期徒刑的，一般应当予以开除；案件情况特殊，予以撤职更为适当的，可以不予开除，但是应当报请上一级机关批准。

公职人员因犯罪被单处罚金，或者犯罪情节轻微，人民检察院依法作出不起诉决定或者人民法院依法免予刑事处罚的，予以撤职；造成不良影响的，予以开除。

第十五条 公职人员有两个以上违法行为的，应当分别确定政务处分。应当给予两种以上政务处分的，执行其中最重的政务处分；应当给予撤职以下多个相同政务处分的，可以在一个政务处分期以上、多个政务处分期之和以下确定政务处分期，但是最长不得超过四十八个月。

第十六条 对公职人员的同一违法行为，监察机关和公职人员任免机关、单位不得重复给予政务处分和处分。

第十七条 公职人员有违法行为，有关机关依照规定给予组织处理的，监察机关可以同时给予政务处分。

第十八条 担任领导职务的公职人员有违法行为，被罢免、撤销、免去或者辞去领导职务的，监察机关可以同时给予政务处分。

第十九条 公务员以及参照《中华人民共和国公务员法》管理的人员在政务处分期内，不得晋升职务、职级、衔级和级别；其中，被记过、记大过、降级、撤职的，不得晋升工资档次。被撤职的，按照规定降低职务、职级、衔级和级别，同时降低工资和待遇。

第二十条 法律、法规授权或者受国家机关依法委托管理公共事务的组织中从事公务的人员，以及公办的教育、科研、文化、医疗卫生、体育等单位中从事管理的人员，在政务处分期内，不得晋升职务、岗位和职员等级、职称；其中，被记过、记大过、降级、撤职的，不得晋升薪酬待遇等级。被撤职的，降低职务、岗位或者职员等级，同时降低薪酬待遇。

第二十一条 国有企业管理人员在政务处分期内，不得晋升职务、岗位等级和职称；其中，被记过、记大过、降级、撤职的，不得晋升薪酬待遇等级。被撤职的，降低职务或者岗位等级，同时降低薪酬待遇。

第二十二条 基层群众性自治组织中从事管理的人员有违法行为的，监察机关可以予以警告、记过、记大过。

基层群众性自治组织中从事管理的人员受到政务处分的，应当由县级或者乡镇人民政府根据具体情况减发或者扣发补贴、奖金。

第二十三条 《中华人民共和国监察法》第十五条第六项规定的人员有违法行为的，监察机关可以予以警告、记过、记大过。情节严重的，由所在单位直接给予或者监察机关建议有关机关、单位给予降低薪酬待遇、调离岗位、解除人事关系或者劳动关系等处理。

《中华人民共和国监察法》第十五条第二项规定的人员，未担任公务员、参照《中华人民共和国公务员法》管理的人员、事业单位工作人员或者国有企业人员职务的，对其违法行为依照前款规定处理。

第二十四条 公职人员被开除，或者依照本法第二十三条规定，受到解除人事关系或者劳动关系处理的，不得录用为公务员以及参照《中华人民共和国公务员法》管理的人员。

第二十五条 公职人员违法取得的财物和用于违法行为的本人财物，除依法应当由其他机关没收、追缴或者责令退赔的，由监察机关没收、追缴或者责令退赔；应当退还原所有人或者原持有人的，依法予以退还；属于国家财产或者不应当退还以及无法退还的，上缴国库。

公职人员因违法行为获得的职务、职级、衔级、级别、岗位和职员等级、职称、待遇、资格、学历、学位、荣誉、奖励等其他利益，监察机关应当建议有关机关、单位、组织按规定予以纠正。

第二十六条 公职人员被开除的，自政务处分决定生效之日起，应当解除其与所在机关、单位的人事关系或者劳动关系。

公职人员受到开除以外的政务处分，在政务处分期内有悔改表现，并且没有再发生应当给予政务处分的违法行为的，政务处分期满后自动解除，晋升职务、职级、衔级、级别、岗位和职员等级、职称、薪酬待遇不再受原政务处分影响。但是，解除降级、撤职的，不恢复原职务、职级、衔级、级别、岗位和职员等级、职称、薪酬待遇。

第二十七条 已经退休的公职人员退休前或者退休后有违法行为的，不再给予政务处分，但是可以对其立案调查；依法应当予以降级、撤职、开除的，应当按照规定相应调整其享受的待遇，对其违法取得的财物和用于违法行为的本人财物依照本法第二十五条的规定处理。

已经离职或者死亡的公职人员在履职期间有违法行为的，依照前款规定处理。

第三章 违法行为及其适用的政务处分

第二十八条 有下列行为之一的，予以记过或者记大过；情节较重的，予以降级或者撤职；情节严重的，予以开除：

（一）散布有损宪法权威、中国共产党领导和国家声誉的言论的；

（二）参加旨在反对宪法、中国共产党领导和国家的集会、游行、示威等活动的；

（三）拒不执行或者变相不执行中国共产党和国家的路线方针政策、重大决策部署的；

（四）参加非法组织、非法活动的；

（五）挑拨、破坏民族关系，或者参加民族分裂活动的；

（六）利用宗教活动破坏民族团结和社会稳定的；

（七）在对外交往中损害国家荣誉和利益的。

有前款第二项、第四项、第五项和第六项行为之一的，对策划者、组织者和骨干分子，予以开除。

公开发表反对宪法确立的国家指导思想，反对中国共产党领导，反对社会主义制度，反对改革开放的文章、演说、宣言、声明等的，予以开除。

第二十九条 不按照规定请示、报告重大事项，情节较重的，予以警告、记过或者记大过；情节严重的，予以降级或者撤职。

违反个人有关事项报告规定，隐瞒不报，情节较重的，予以警告、记过或者记大过。

篡改、伪造本人档案资料的，予以记过或者记大过；情节严重的，予以降级或者撤职。

第三十条 有下列行为之一的，予以警告、记过或者记大过；情节严重的，予以降级或者撤职：

（一）违反民主集中制原则，个人或者少数人决定重大事项，或者拒不执行、擅自改变集体作出的重大决定的；

（二）拒不执行或者变相不执行、拖延执行上级依法作出的决定、命令的。

第三十一条 违反规定出境或者办理因私出境证件的，予以记过或者记大过；情节严重的，予以降级或者撤职。

违反规定取得外国国籍或者获取境外永久居留资格、长期居留许可的，予以撤职或者开除。

第三十二条 有下列行为之一的，予以警告、记过或者记大过；情节较重的，予以降级或者撤职；情节严重的，予以开除：

（一）在选拔任用、录用、聘用、考核、晋升、评选等干部人事工作中违反有关规定的；

（二）弄虚作假，骗取职务、职级、衔级、级别、岗位和职员等级、职称、待遇、资格、学历、学位、荣誉、奖励或者其他利益的；

（三）对依法行使批评、申诉、控告、检举等权利的行为进行压制或者打击报复的；

（四）诬告陷害，意图使他人受到名誉损害或者责任追究等不良影响的；

（五）以暴力、威胁、贿赂、欺骗等手段破坏选举的。

第三十三条 有下列行为之一的，予以警告、记过或者记大过；情节较重的，予以降级或者撤职；情节严重的，予以开除：

（一）贪污贿赂的；

（二）利用职权或者职务上的影响为本人或者他人谋取私利的；

（三）纵容、默许特定关系人利用本人职权或者职务上的影响谋取私利的。

拒不按照规定纠正特定关系人违规任职、兼职或者从事经营活动，且不服从职务调整的，予以撤职。

第三十四条 收受可能影响公正行使公权力的礼品、礼金、有价证券等财物的，予以警告、记过或者记大过；情节较重的，予以降级或者撤职；情节严重的，予以开除。

向公职人员及其特定关系人赠送可能影响公正行使公权力的礼品、礼金、有价证券等财物，或者接受、提供可能影响公正行使公权力的宴请、旅游、健身、娱乐等活动安排，情节较重的，予以警告、记过或者记大过；情节严重的，予以降级或者撤职。

第三十五条 有下列行为之一，情节较重的，予以警告、记过或者记大过；情节严重的，予以降级或者撤职：

（一）违反规定设定、发放薪酬或者津贴、补贴、奖金的；

（二）违反规定，在公务接待、公务交通、会议活动、办公用房以及其他工作生活保障等方面超标准、超范围的；

（三）违反规定公款消费的。

第三十六条 违反规定从事或者参与营利性活动，或者违反规定兼任职务、领取报酬的，予以警告、记过或者记大过；情节较重的，予以降级或者撤职；情节严重的，予以开除。

第三十七条 利用宗族或者黑恶势力等欺压群众，或者纵容、包庇黑恶势力活动的，予以撤职；情节严重的，予以开除。

第三十八条 有下列行为之一，情节较重的，予以警告、记过或者记大过；情节严重的，予以降级或者撤职：

（一）违反规定向管理服务对象收取、摊派财物的；

（二）在管理服务活动中故意刁难、吃拿卡要的；

（三）在管理服务活动中态度恶劣粗暴，造成不良后果或者影响的；

（四）不按照规定公开工作信息，侵犯管理服务对象知情权，造成不良后果或者影响的；

（五）其他侵犯管理服务对象利益的行为，造成不良后果或者影响的。

有前款第一项、第二项和第五项行为，情节特别严重的，予以开除。

第三十九条 有下列行为之一，造成不良后果或者影响的，予以警告、记过或者记大过；情节较重的，予以降级或者撤职；情节严重的，予以开除：

（一）滥用职权，危害国家利益、社会公共利益或者侵害公民、法人、其他组织合法权益的；

（二）不履行或者不正确履行职责，玩忽职守，贻误工作的；

（三）工作中有形式主义、官僚主义行为的；

（四）工作中有弄虚作假，误导、欺骗行为的；

（五）泄露国家秘密、工作秘密，或者泄露因履行职责掌握的商业秘密、个人隐私的。

第四十条 有下列行为之一的，予以警告、记过或者记大过；情节较重的，予以降级或者撤职；情节严重的，予以开除：

（一）违背社会公序良俗，在公共场所有不当行为，造成不良影响的；

（二）参与或者支持迷信活动，造成不良影响的；

（三）参与赌博的；

（四）拒不承担赡养、抚养、扶养义务的；

（五）实施家庭暴力，虐待、遗弃家庭成员的；

（六）其他严重违反家庭美德、社会公德的行为。

吸食、注射毒品，组织赌博，组织、支持、参与卖淫、嫖娼、色情淫乱活动的，予以撤职或者开除。

第四十一条 公职人员有其他违法行为，影响公职人员形象，损害国家和人民利益的，可以根据情节轻重给予相应政务处分。

第四章 政务处分的程序

第四十二条 监察机关对涉嫌违法的公职人员进行调查，应当由二名以上工作人员进行。监察机关进行调查时，有权依法向有关单位和个人了解情况，收集、调取证据。有关单位和个人应当如实提供情况。

严禁以威胁、引诱、欺骗及其他非法方式收集证据。以非法方式收集的证据不得作为给予政务处分的依据。

第四十三条 作出政务处分决定前，监察机关应当将调查认定的违法事实及拟给予政务处分的依据告知被调查人，听取被调查人的陈述和申辩，并对其陈述的事实、理由和证据进行核实，记录在案。被调查人提出的事实、理由和证据成立的，应予采纳。不得因被调查人的申辩而加重政务处分。

第四十四条 调查终结后，监察机关应当根据下列不同情况，分别作出处理：

（一）确有应受政务处分的违法行为的，根据情节轻重，按照政务处分决定权限，履行规定的审批手续后，作出政务处分决定；

（二）违法事实不能成立的，撤销案件；

（三）符合免予、不予政务处分条件的，作出免予、不予政务处分决定；

（四）被调查人涉嫌其他违法或者犯罪行为的，依法移送主管机关处理。

第四十五条 决定给予政务处分的，应当制作政务处分决定书。

政务处分决定书应当载明下列事项：

（一）被处分人的姓名、工作单位和职务；

（二）违法事实和证据；

（三）政务处分的种类和依据；

（四）不服政务处分决定，申请复审、复核的途径和期限；

（五）作出政务处分决定的机关名称和日期。

政务处分决定书应当盖有作出决定的监察机关的印章。

第四十六条 政务处分决定书应当及时送达被处分人和被处分人所在机关、单位，并在一定范围内宣布。

作出政务处分决定后，监察机关应当根据被处分人的具体身份书面告知相关的机关、单位。

第四十七条 参与公职人员违法案件调查、处理的人员有下列情形之一的，应当自行回避，被调查人、检举人及其他有关人员也有权要求其回避：

（一）是被调查人或者检举人的近亲属的；

（二）担任过本案的证人的；

（三）本人或者其近亲属与调查的案件有利害关系的；

（四）可能影响案件公正调查、处理的其他情形。

第四十八条 监察机关负责人的回避，由上级监察机关决定；其他参与违法案件调查、处理人员的回避，由监察机关负责人决定。

监察机关或者上级监察机关发现参与违法案件调查、处理人员有应当回避情形的，可以直接决定该人员回避。

第四十九条 公职人员依法受到刑事责任追究的，监察机关应当根据司法机关的生效判决、裁定、决定及其认定的事实和情节，依照本法规定给予政务处分。

公职人员依法受到行政处罚，应当给予政务处分的，监察机关可以根据行政处罚决定认定的事实和情节，经立案调查核实后，依照本法给予政务处分。

监察机关根据本条第一款、第二款的规定作出政务处分后，司法机关、行政机关依法改变原生效判决、裁定、决定等，对原政务处分决定产生影响的，监察机关应当根据改变后的判决、裁定、决定等重新作出相应处理。

第五十条 监察机关对经各级人民代表大会、县级以上各级人民代表大会常务委员会选举或者决定任命的公职人员予以撤职、开除的，应当先依法罢免、撤销或者免去其职务，再依法作出政务处分决定。

监察机关对经中国人民政治协商会议各级委员会全体会议或者其常务委员会选举或者决定任命的公职人员予以撤职、开除的，应当先依章程免去其职务，再依法作出政务处分决定。

监察机关对各级人民代表大会代表、中国人民政治协商会议各级委员会委员给予政务处分的，应当向有关的人民代表大会常务委员会，乡、民族乡、镇的人民代表大会主席团或者中国人民政治协商会议委员会常务委员会通报。

第五十一条 下级监察机关根据上级监察机关的指定管辖决定进行调查的案件，调查终结后，对不属于本监察机关管辖范围内的监察对象，应当交有管理权限的监察机关依法作出政务处分决定。

第五十二条 公职人员涉嫌违法，已经被立案调查，不宜继续履行职责的，公职人员任免机关、单位可以决定暂停其履行职务。

公职人员在被立案调查期间，未经监察机关同意，不得出境、辞去公职；被调查公职人员所在机关、单位及上级机关、单位不得对其交流、晋升、奖励、处分或者办理退休手续。

第五十三条 监察机关在调查中发现公职人员受到不实检举、控告或者诬告陷害，造成不良影响的，应当按照规定及时澄清事实，恢复名誉，消除不良影响。

第五十四条 公职人员受到政务处分的，应当将政务处分决定书存入其本人档案。对于受到降级以上政务处分的，应当由人事部门按照管理权限在作出政务处分决定后一个月内办理职务、工资及其他有关待遇等的变更手续；特殊情况下，经批准可以适当延长办理期限，但是最长不得超过六个月。

第五章 复审、复核

第五十五条 公职人员对监察机关作出的涉及本人的政务处分决定不服的，可以依法向作出决定的监察机关申请复审；公职人员对复审决定仍不服的，可以向上一级监察机关申请复核。

监察机关发现本机关或者下级监察机关作出的政务处分决定确有错误的，应当及时予以纠正或者责令下级监察机关及时予以纠正。

第五十六条 复审、复核期间，不停止原政务处分决定的执行。

公职人员不因提出复审、复核而被加重政务处分。

第五十七条 有下列情形之一的，复审、复核机关应当撤销原政务处分决定，重新作出决定或者责令原作出决定的监察机关重新作出决定：

（一）政务处分所依据的违法事实不清或者证据不足的；

（二）违反法定程序，影响案件公正处理的；

（三）超越职权或者滥用职权作出政务处分决定的。

第五十八条 有下列情形之一的，复审、复核机关应当变更原政务处分决定，或者责令原作出决定的监察机关予以变更：

（一）适用法律、法规确有错误的；

（二）对违法行为的情节认定确有错误的；

（三）政务处分不当的。

第五十九条 复审、复核机关认为政务处分决定认定事实清楚，适用法律正确的，应当予以维持。

第六十条 公职人员的政务处分决定被变更，需要调整该公职人员的职务、职级、衔级、级别、岗位和职员等级或者薪酬待遇等的，应当按照规定予以调整。政务处分决定被撤销的，应当恢复该公职人员的级别、薪酬待遇，按照原职务、职级、衔级、岗位和职员等级安排相应的职务、职级、衔级、岗位和职员等级，并在原政务处分决定公布范围内为其恢复名誉。没收、追缴财物错误的，应当依法予以返还、赔偿。

公职人员因有本法第五十七条、第五十八条规定的情形被撤销政务处分或者减轻政务处分的，应当对其薪酬待遇受到的损失予以补偿。

第六章　法律责任

第六十一条 有关机关、单位无正当理由拒不采纳监察建议的，由其上级机关、主管部门责令改正，对该机关、单位给予通报批评，对负有责任的领导人员和直接责任人员依法给予处理。

第六十二条 有关机关、单位、组织或者人员有下列情形之一的，由其上级机关，主管部门，任免机关、单位或者监察机关责令改正，依法给予处理：

（一）拒不执行政务处分决定的；

（二）拒不配合或者阻碍调查的；

（三）对检举人、证人或者调查人员进行打击报复的；

（四）诬告陷害公职人员的；

（五）其他违反本法规定的情形。

第六十三条 监察机关及其工作人员有下列情形之一的，对负有责任的领导人员和直接责任人员依法给予处理：

（一）违反规定处置问题线索的；

（二）窃取、泄露调查工作信息，或者泄露检举事项、检举受理情况以及检举人信息的；

（三）对被调查人或者涉案人员逼供、诱供，或者侮辱、打骂、虐待、体罚或者变相体罚的；

（四）收受被调查人或者涉案人员的财物以及其他利益的；

（五）违反规定处置涉案财物的；

（六）违反规定采取调查措施的；

（七）利用职权或者职务上的影响干预调查工作、以案谋私的；

（八）违反规定发生办案安全事故，或者发生安全事故后隐瞒不报、报告失实、处置不当的；

（九）违反回避等程序规定，造成不良影响的；

（十）不依法受理和处理公职人员复审、复核的；

（十一）其他滥用职权、玩忽职守、徇私舞弊的行为。

第六十四条 违反本法规定，构成犯罪的，依法追究刑事责任。

第七章 附 则

第六十五条 国务院及其相关主管部门根据本法的原则和精神，结合事业单位、国有企业等的实际情况，对事业单位、国有企业等的违法的公职人员处分事宜作出具体规定。

第六十六条 中央军事委员会可以根据本法制定相关具体规定。

第六十七条 本法施行前，已结案的案件如果需要复审、复核，适用当时的规定。尚未结案的案件，如果行为发生时的规定不认为是违法的，适用当时的规定；如果行为发生时的规定认为是违法的，依照当时的规定处理，但是如果本法不认为是违法或者根据本法处理较轻的，适用本法。

第六十八条 本法自2020年7月1日起施行。

中华人民共和国档案法

（1987年9月5日第六届全国人民代表大会常务委员会第二十二次会议通过　根据1996年7月5日第八届全国人民代表大会常务委员会第二十次会议《关于修改〈中华人民共和国档案法〉的决定》第一次修正　根据2016年11月7日第十二届全国人民代表大会常务委员会第二十四次会议《关于修改〈中华人民共和国对外贸易法〉等十二部法律的决定》第二次修正　2020年6月20日第十三届全国人民代表大会常务委员会第十九次会议修订　2020年6月20日中华人民共和国主席令第47号公布　自2021年1月1日起施行）

目　录

第一章　总　　则
第二章　档案机构及其职责
第三章　档案的管理
第四章　档案的利用和公布
第五章　档案信息化建设
第六章　监督检查
第七章　法律责任
第八章　附　　则

第一章　总　　则

第一条　为了加强档案管理，规范档案收集、整理工作，有效保护和利用档案，提高档案信息化建设水平，推进国家治理体系和治理能力现代化，为中国特色社会主义事业服务，制定本法。

第二条　从事档案收集、整理、保护、利用及其监督管理活动，适用本法。

本法所称档案，是指过去和现在的机关、团体、企业事业单位和其他组织以及个人从事经济、政治、文化、社会、生态文明、军事、外事、科技等方面活动直接形成的对国家和社会具有保存价值的各种文字、图表、声像等不同形式的历史记录。

第三条　坚持中国共产党对档案工作的领导。各级人民政府应当加强档案工作，把档案事业纳入国民经济和社会发展规划，将档案事业发展经费列入政府预算，确保档案事业发展与国民经济和社会发展水平相适应。

第四条 档案工作实行统一领导、分级管理的原则，维护档案完整与安全，便于社会各方面的利用。

第五条 一切国家机关、武装力量、政党、团体、企业事业单位和公民都有保护档案的义务，享有依法利用档案的权利。

第六条 国家鼓励和支持档案科学研究和技术创新，促进科技成果在档案收集、整理、保护、利用等方面的转化和应用，推动档案科技进步。

国家采取措施，加强档案宣传教育，增强全社会档案意识。

国家鼓励和支持在档案领域开展国际交流与合作。

第七条 国家鼓励社会力量参与和支持档案事业的发展。

对在档案收集、整理、保护、利用等方面做出突出贡献的单位和个人，按照国家有关规定给予表彰、奖励。

第二章 档案机构及其职责

第八条 国家档案主管部门主管全国的档案工作，负责全国档案事业的统筹规划和组织协调，建立统一制度，实行监督和指导。

县级以上地方档案主管部门主管本行政区域内的档案工作，对本行政区域内机关、团体、企业事业单位和其他组织的档案工作实行监督和指导。

乡镇人民政府应当指定人员负责管理本机关的档案，并对所属单位、基层群众性自治组织等的档案工作实行监督和指导。

第九条 机关、团体、企业事业单位和其他组织应当确定档案机构或者档案工作人员负责管理本单位的档案，并对所属单位的档案工作实行监督和指导。

中央国家机关根据档案管理需要，在职责范围内指导本系统的档案业务工作。

第十条 中央和县级以上地方各级各类档案馆，是集中管理档案的文化事业机构，负责收集、整理、保管和提供利用各自分管范围内的档案。

第十一条 国家加强档案工作人才培养和队伍建设，提高档案工作人员业务素质。

档案工作人员应当忠于职守，遵纪守法，具备相应的专业知识与技能，其中档案专业人员可以按照国家有关规定评定专业技术职称。

第三章 档案的管理

第十二条 按照国家规定应当形成档案的机关、团体、企业事业单位和其他组织，应当建立档案工作责任制，依法健全档案管理制度。

第十三条 直接形成的对国家和社会具有保存价值的下列材料，应当纳入归档范围：

（一）反映机关、团体组织沿革和主要职能活动的；

（二）反映国有企业事业单位主要研发、建设、生产、经营和服务活动，以及维护国有企业事业单位权益和职工权益的；

（三）反映基层群众性自治组织城乡社区治理、服务活动的；

（四）反映历史上各时期国家治理活动、经济科技发展、社会历史面貌、文化习俗、生态环境的；

（五）法律、行政法规规定应当归档的。

非国有企业、社会服务机构等单位依照前款第二项所列范围保存本单位相关材料。

第十四条 应当归档的材料，按照国家有关规定定期向本单位档案机构或者档案工作人员移交，集中管理，任何个人不得拒绝归档或者据为己有。

国家规定不得归档的材料，禁止擅自归档。

第十五条 机关、团体、企业事业单位和其他组织应当按照国家有关规定，定期向档案馆移交档案，档案馆不得拒绝接收。

经档案馆同意，提前将档案交档案馆保管的，在国家规定的移交期限届满前，该档案所涉及政府信息公开事项仍由原制作或者保存政府信息的单位办理。移交期限届满的，涉及政府信息公开事项的档案按照档案利用规定办理。

第十六条 机关、团体、企业事业单位和其他组织发生机构变动或者撤销、合并等情形时，应当按照规定向有关单位或者档案馆移交档案。

第十七条 档案馆除按照国家有关规定接收移交的档案外，还可以通过接受捐献、购买、代存等方式收集档案。

第十八条 博物馆、图书馆、纪念馆等单位保存的文物、文献信息同时是档案的，依照有关法律、行政法规的规定，可以由上述单位自行管理。

档案馆与前款所列单位应当在档案的利用方面互相协作，可以相互交换重复件、复制件或者目录，联合举办展览，共同研究、编辑出版有关史料。

第十九条 档案馆以及机关、团体、企业事业单位和其他组织的档案机构应当建立科学的管理制度，便于对档案的利用；按照国家有关规定配置适宜档案保存的库房和必要的设施、设备，确保档案的安全；采用先进技术，实现档案管理的现代化。

档案馆和机关、团体、企业事业单位以及其他组织应当建立健全档案安全工作机制，加强档案安全风险管理，提高档案安全应急处置能力。

第二十条 涉及国家秘密的档案的管理和利用，密级的变更和解密，应当依照有关保守国家秘密的法律、行政法规规定办理。

第二十一条 鉴定档案保存价值的原则、保管期限的标准以及销毁档案的程序和办法，由国家档案主管部门制定。

禁止篡改、损毁、伪造档案。禁止擅自销毁档案。

第二十二条 非国有企业、社会服务机构等单位和个人形成的档案，对国家和社会具有重要保存价值或者应当保密的，档案所有者应当妥善保管。对保管条件不符合要求或者存在其他原因可能导致档案严重损毁和不安全的，省级以上档案主管部门可以给予帮助，或者经协商采取指定档案馆代为保管等确保档案完整和安全的措施；必要时，可以依法收购或者征购。

前款所列档案，档案所有者可以向国家档案馆寄存或者转让。严禁出卖、赠送给外国人或者外国组织。

向国家捐献重要、珍贵档案的，国家档案馆应当按照国家有关规定给予奖励。

第二十三条 禁止买卖属于国家所有的档案。

国有企业事业单位资产转让时，转让有关档案的具体办法，由国家档案主管部门制定。

档案复制件的交换、转让，按照国家有关规定办理。

第二十四条 档案馆和机关、团体、企业事业单位以及其他组织委托档案整理、寄存、开发利用和数字化等服务的，应当与符合条件的档案服务企业签订委托协议，约定服务的范围、质量和技术标准等内容，并对受托方进行监督。

受托方应当建立档案服务管理制度，遵守有关安全保密规定，确保档案的安全。

第二十五条 属于国家所有的档案和本法第二十二条规定的档案及其复制件，禁止擅自运送、邮寄、携带出境或者通过互联网传输出境。确需出境的，按照国家有关规定办理审批手续。

第二十六条 国家档案主管部门应当建立健全突发事件应对活动相关档案收集、整理、保护、利用工作机制。

档案馆应当加强对突发事件应对活动相关档案的研究整理和开发利用，为突发事件应对活动提供文献参考和决策支持。

第四章　档案的利用和公布

第二十七条　县级以上各级档案馆的档案，应当自形成之日起满二十五年向社会开放。经济、教育、科技、文化等类档案，可以少于二十五年向社会开放；涉及国家安全或者重大利益以及其他到期不宜开放的档案，可以多于二十五年向社会开放。国家鼓励和支持其他档案馆向社会开放档案。档案开放的具体办法由国家档案主管部门制定，报国务院批准。

第二十八条　档案馆应当通过其网站或者其他方式定期公布开放档案的目录，不断完善利用规则，创新服务形式，强化服务功能，提高服务水平，积极为档案的利用创造条件，简化手续，提供便利。

单位和个人持有合法证明，可以利用已经开放的档案。档案馆不按规定开放利用的，单位和个人可以向档案主管部门投诉，接到投诉的档案主管部门应当及时调查处理并将处理结果告知投诉人。

利用档案涉及知识产权、个人信息的，应当遵守有关法律、行政法规的规定。

第二十九条　机关、团体、企业事业单位和其他组织以及公民根据经济建设、国防建设、教学科研和其他工作的需要，可以按照国家有关规定，利用档案馆未开放的档案以及有关机关、团体、企业事业单位和其他组织保存的档案。

第三十条　馆藏档案的开放审核，由档案馆会同档案形成单位或者移交单位共同负责。尚未移交进馆档案的开放审核，由档案形成单位或者保管单位负责，并在移交时附具意见。

第三十一条　向档案馆移交、捐献、寄存档案的单位和个人，可以优先利用该档案，并可以对档案中不宜向社会开放的部分提出限制利用的意见，档案馆应当予以支持，提供便利。

第三十二条　属于国家所有的档案，由国家授权的档案馆或者有关机关公布；未经档案馆或者有关机关同意，任何单位和个人无权公布。非国有企业、社会服务机构等单位和个人形成的档案，档案所有者有权公布。

公布档案应当遵守有关法律、行政法规的规定，不得损害国家安全和利益，不得侵犯他人的合法权益。

第三十三条　档案馆应当根据自身条件，为国家机关制定法律、法规、政策和开展有关问题研究，提供支持和便利。

档案馆应当配备研究人员，加强对档案的研究整理，有计划地组织编辑出版档案材料，在不同范围内发行。

档案研究人员研究整理档案，应当遵守档案管理的规定。

第三十四条 国家鼓励档案馆开发利用馆藏档案，通过开展专题展览、公益讲座、媒体宣传等活动，进行爱国主义、集体主义、中国特色社会主义教育，传承发展中华优秀传统文化，继承革命文化，发展社会主义先进文化，增强文化自信，弘扬社会主义核心价值观。

第五章 档案信息化建设

第三十五条 各级人民政府应当将档案信息化纳入信息化发展规划，保障电子档案、传统载体档案数字化成果等档案数字资源的安全保存和有效利用。

档案馆和机关、团体、企业事业单位以及其他组织应当加强档案信息化建设，并采取措施保障档案信息安全。

第三十六条 机关、团体、企业事业单位和其他组织应当积极推进电子档案管理信息系统建设，与办公自动化系统、业务系统等相互衔接。

第三十七条 电子档案应当来源可靠、程序规范、要素合规。

电子档案与传统载体档案具有同等效力，可以以电子形式作为凭证使用。

电子档案管理办法由国家档案主管部门会同有关部门制定。

第三十八条 国家鼓励和支持档案馆和机关、团体、企业事业单位以及其他组织推进传统载体档案数字化。已经实现数字化的，应当对档案原件妥善保管。

第三十九条 电子档案应当通过符合安全管理要求的网络或者存储介质向档案馆移交。

档案馆应当对接收的电子档案进行检测，确保电子档案的真实性、完整性、可用性和安全性。

档案馆可以对重要电子档案进行异地备份保管。

第四十条 档案馆负责档案数字资源的收集、保存和提供利用。有条件的档案馆应当建设数字档案馆。

第四十一条 国家推进档案信息资源共享服务平台建设，推动档案数字资源跨区域、跨部门共享利用。

第六章 监督检查

第四十二条 档案主管部门依照法律、行政法规有关档案管理的规定，可以对档案馆和机关、团体、企业事业单位以及其他组织的下列情况进行检查：

（一）档案工作责任制和管理制度落实情况；

（二）档案库房、设施、设备配置使用情况；

（三）档案工作人员管理情况；

（四）档案收集、整理、保管、提供利用等情况；

（五）档案信息化建设和信息安全保障情况；

（六）对所属单位等的档案工作监督和指导情况。

第四十三条 档案主管部门根据违法线索进行检查时，在符合安全保密要求的前提下，可以检查有关库房、设施、设备，查阅有关材料，询问有关人员，记录有关情况，有关单位和个人应当配合。

第四十四条 档案馆和机关、团体、企业事业单位以及其他组织发现本单位存在档案安全隐患的，应当及时采取补救措施，消除档案安全隐患。发生档案损毁、信息泄露等情形的，应当及时向档案主管部门报告。

第四十五条 档案主管部门发现档案馆和机关、团体、企业事业单位以及其他组织存在档案安全隐患的，应当责令限期整改，消除档案安全隐患。

第四十六条 任何单位和个人对档案违法行为，有权向档案主管部门和有关机关举报。

接到举报的档案主管部门或者有关机关应当及时依法处理。

第四十七条 档案主管部门及其工作人员应当按照法定的职权和程序开展监督检查工作，做到科学、公正、严格、高效，不得利用职权牟取利益，不得泄露履职过程中知悉的国家秘密、商业秘密或者个人隐私。

第七章　法律责任

第四十八条 单位或者个人有下列行为之一，由县级以上档案主管部门、有关机关对直接负责的主管人员和其他直接责任人员依法给予处分：

（一）丢失属于国家所有的档案的；

（二）擅自提供、抄录、复制、公布属于国家所有的档案的；

（三）买卖或者非法转让属于国家所有的档案的；

（四）篡改、损毁、伪造档案或者擅自销毁档案的；

（五）将档案出卖、赠送给外国人或者外国组织的；

（六）不按规定归档或者不按期移交档案，被责令改正而拒不改正的；

（七）不按规定向社会开放、提供利用档案的；

（八）明知存在档案安全隐患而不采取补救措施，造成档案损毁、灭失，或者存在档案安全隐患被责令限期整改而逾期未整改的；

（九）发生档案安全事故后，不采取抢救措施或者隐瞒不报、拒绝调查的；

（十）档案工作人员玩忽职守，造成档案损毁、灭失的。

第四十九条 利用档案馆的档案，有本法第四十八条第一项、第二项、第四项违法行为之一的，由县级以上档案主管部门给予警告，并对单位处一万元以上十万元以下的罚款，对个人处五百元以上五千元以下的罚款。

档案服务企业在服务过程中有本法第四十八条第一项、第二项、第四项违法行为之一的，由县级以上档案主管部门给予警告，并处二万元以上二十万元以下的罚款。

单位或者个人有本法第四十八条第三项、第五项违法行为之一的，由县级以上档案主管部门给予警告，没收违法所得，并对单位处一万元以上十万元以下的罚款，对个人处五百元以上五千元以下的罚款；并可以依照本法第二十二条的规定征购所出卖或者赠送的档案。

第五十条 违反本法规定，擅自运送、邮寄、携带或者通过互联网传输禁止出境的档案或者其复制件出境的，由海关或者有关部门予以没收、阻断传输，并对单位处一万元以上十万元以下的罚款，对个人处五百元以上五千元以下的罚款；并将没收、阻断传输的档案或者其复制件移交档案主管部门。

第五十一条 违反本法规定，构成犯罪的，依法追究刑事责任；造成财产损失或者其他损害的，依法承担民事责任。

第八章 附 则

第五十二条 中国人民解放军和中国人民武装警察部队的档案工作，由中央军事委员会依照本法制定管理办法。

第五十三条 本法自2021年1月1日起施行。

中华人民共和国人民武装警察法

（2009年8月27日第十一届全国人民代表大会常务委员会第十次会议通过　2020年6月20日第十三届全国人民代表大会常务委员会第十九次会议修订　2020年6月20日中华人民共和国主席令第48号公布　自2020年6月21日起施行）

目　录

第一章　总　　则
第二章　组织和指挥
第三章　任务和权限
第四章　义务和纪律
第五章　保障措施
第六章　监督检查
第七章　法律责任
第八章　附　　则

第一章　总　　则

第一条　为了规范和保障人民武装警察部队履行职责，建设强大的现代化人民武装警察部队，维护国家安全和社会稳定，保护公民、法人和其他组织的合法权益，制定本法。

第二条　人民武装警察部队是中华人民共和国武装力量的重要组成部分，由党中央、中央军事委员会集中统一领导。

第三条　人民武装警察部队坚持中国共产党的绝对领导，贯彻习近平强军思想，贯彻新时代军事战略方针，按照多能一体、维稳维权的战略要求，加强练兵备战、坚持依法从严、加快建设发展，有效履行职责。

第四条　人民武装警察部队担负执勤、处置突发社会安全事件、防范和处置恐怖活动、海上维权执法、抢险救援和防卫作战以及中央军事委员会赋予的其他任务。

第五条　人民武装警察部队应当遵守宪法和法律，忠于职守，依照本法和其他法律的有关规定履行职责。

人民武装警察部队依法履行职责的行为受法律保护。

第六条 对在执行任务中做出突出贡献的人民武装警察,依照有关法律和中央军事委员会的规定给予表彰和奖励。

对协助人民武装警察执行任务有突出贡献的个人和组织,依照有关法律、法规的规定给予表彰和奖励。

第七条 人民武装警察部队实行衔级制度,衔级制度的具体内容由法律另行规定。

第八条 人民武装警察享有法律、法规规定的现役军人的权益。

第二章 组织和指挥

第九条 人民武装警察部队由内卫部队、机动部队、海警部队和院校、研究机构等组成。

内卫部队按照行政区划编设,机动部队按照任务编设,海警部队在沿海地区按照行政区划和任务区域编设。具体编设由中央军事委员会确定。

第十条 人民武装警察部队平时执行任务,由中央军事委员会或者中央军事委员会授权人民武装警察部队组织指挥。

人民武装警察部队平时与人民解放军共同参加抢险救援、维稳处突、联合训练演习等非战争军事行动,由中央军事委员会授权战区指挥。

人民武装警察部队战时执行任务,由中央军事委员会或者中央军事委员会授权战区组织指挥。

组织指挥具体办法由中央军事委员会规定。

第十一条 中央国家机关、县级以上地方人民政府应当与人民武装警察部队建立任务需求和工作协调机制。

中央国家机关、县级以上地方人民政府因重大活动安全保卫、处置突发社会安全事件、防范和处置恐怖活动、抢险救援等需要人民武装警察部队协助的,应当按照国家有关规定提出需求。

执勤目标单位可以向负责执勤任务的人民武装警察部队提出需求。

第十二条 调动人民武装警察部队执行任务,坚持依法用兵、严格审批的原则,按照指挥关系、职责权限和运行机制组织实施。批准权限和程序由中央军事委员会规定。

遇有重大灾情、险情或者暴力恐怖事件等严重威胁公共安全或者公民人身财产安全的紧急情况,人民武装警察部队应当依照中央军事委员会有关规定采取行动并同时报告。

第十三条 人民武装警察部队根据执行任务需要,参加中央国家机关、县级以上地方人民政府设立的指挥机构,在指挥机构领导下,依照中央军事委员会有关规定实施组织指挥。

第十四条 中央国家机关、县级以上地方人民政府对人民武装警察部队执勤、处置突发社会安全事件、防范和处置恐怖活动、抢险救援工作进行业务指导。

人民武装警察部队执行武装警卫、武装守卫、武装守护、武装警戒、押解、押运等任务,执勤目标单位可以对在本单位担负执勤任务的人民武装警察部队进行执勤业务指导。

第三章　任务和权限

第十五条 人民武装警察部队主要担负下列执勤任务:

(一)警卫对象、重要警卫目标的武装警卫;

(二)重大活动的安全保卫;

(三)重要的公共设施、核设施、企业、仓库、水源地、水利工程、电力设施、通信枢纽等目标的核心要害部位的武装守卫;

(四)重要的桥梁和隧道的武装守护;

(五)监狱、看守所等场所的外围武装警戒;

(六)直辖市,省、自治区人民政府所在地的市和其他重要城市(镇)的重点区域、特殊时期以及特定内陆边界的武装巡逻;

(七)协助公安机关、国家安全机关依法执行逮捕、追捕任务,协助监狱、看守所等执勤目标单位执行押解、追捕任务,协助中国人民银行、国防军工单位等执勤目标单位执行押运任务。

前款规定的执勤任务的具体范围,依照国家有关规定执行。

第十六条 人民武装警察部队参与处置动乱、暴乱、骚乱、非法聚集事件、群体性事件等突发事件,主要担负下列任务:

(一)保卫重要目标安全;

(二)封锁、控制有关场所和道路;

(三)实施隔离、疏导、带离、驱散行动,制止违法犯罪行为;

(四)营救和救护受困人员;

(五)武装巡逻,协助开展群众工作,恢复社会秩序。

第十七条 人民武装警察部队参与防范和处置恐怖活动,主要担负下列任务:

（一）实施恐怖事件现场控制、救援、救护，以及武装巡逻、重点目标警戒；

（二）协助公安机关逮捕、追捕恐怖活动人员；

（三）营救人质、排除爆炸物；

（四）参与处置劫持航空器等交通工具事件。

第十八条 人民武装警察部队参与自然灾害、事故灾难、公共卫生事件等突发事件的抢险救援，主要担负下列任务：

（一）参与搜寻、营救、转移或者疏散受困人员；

（二）参与危险区域、危险场所和警戒区的外围警戒；

（三）参与排除、控制灾情和险情，防范次生和衍生灾害；

（四）参与核生化救援、医疗救护、疫情防控、交通设施抢修抢建等专业抢险；

（五）参与抢救、运送、转移重要物资。

第十九条 人民武装警察执行任务时，可以依法采取下列措施：

（一）对进出警戒区域、通过警戒哨卡的人员、物品、交通工具等按照规定进行检查；对不允许进出、通过的，予以阻止；对强行进出、通过的，采取必要措施予以制止；

（二）在武装巡逻中，经现场指挥员同意并出示人民武装警察证件，对有违法犯罪嫌疑的人员当场进行盘问并查验其证件，对可疑物品和交通工具进行检查；

（三）协助执行交通管制或者现场管制；

（四）对聚众扰乱社会治安秩序、危及公民人身财产安全、危害公共安全或者执勤目标安全的，采取必要措施予以制止、带离、驱散；

（五）根据执行任务的需要，向相关单位和人员了解有关情况或者在现场以及与执行任务相关的场所实施必要的侦察。

第二十条 人民武装警察执行任务时，发现有下列情形的人员，经现场指挥员同意，应当及时予以控制并移交公安机关、国家安全机关或者其他有管辖权的机关处理：

（一）正在实施犯罪的；

（二）通缉在案的；

（三）违法携带危及公共安全物品的；

（四）正在实施危害执勤目标安全行为的；

（五）以暴力、威胁等方式阻碍人民武装警察执行任务的。

第二十一条 人民武装警察部队协助公安机关、国家安全机关和监狱等执行逮捕、追捕任务，根据所协助机关的决定，协助搜查犯罪嫌疑人、被告人、罪犯的人身和住所以及涉嫌藏匿犯罪嫌疑人、被告人、罪犯或者违法物品的场所、交通工具等。

第二十二条 人民武装警察执行执勤、处置突发社会安全事件、防范和处置恐怖活动任务使用警械和武器,依照人民警察使用警械和武器的规定以及其他有关法律、法规的规定执行。

第二十三条 人民武装警察执行任务,遇有妨碍、干扰的,可以采取必要措施排除阻碍、强制实施。

人民武装警察执行任务需要采取措施的,应当严格控制在必要限度内,有多种措施可供选择的,应当选择有利于最大程度地保护个人和组织权益的措施。

第二十四条 人民武装警察因执行任务的紧急需要,经出示人民武装警察证件,可以优先乘坐公共交通工具;遇交通阻碍时,优先通行。

第二十五条 人民武装警察因执行任务的需要,在紧急情况下,经现场指挥员出示人民武装警察证件,可以优先使用或者依法征用个人和组织的设备、设施、场地、建筑物、交通工具以及其他物资、器材,任务完成后应当及时归还或者恢复原状,并按照国家有关规定支付费用;造成损失的,按照国家有关规定给予补偿。

第二十六条 人民武装警察部队出境执行防范和处置恐怖活动等任务,依照有关法律、法规和中央军事委员会的规定执行。

第四章 义务和纪律

第二十七条 人民武装警察应当服从命令、听从指挥,依法履职尽责,坚决完成任务。

第二十八条 人民武装警察遇有公民的人身财产安全受到侵犯或者处于其他危难情形,应当及时救助。

第二十九条 人民武装警察不得有下列行为:

(一)违抗上级决定和命令、行动消极或者临阵脱逃;

(二)违反规定使用警械、武器;

(三)非法剥夺、限制他人人身自由,非法检查、搜查人身、物品、交通工具、住所、场所;

(四)体罚、虐待、殴打监管羁押、控制的对象;

(五)滥用职权、徇私舞弊,擅离职守或者玩忽职守;

(六)包庇、纵容违法犯罪活动;

（七）泄露国家秘密、军事秘密；

（八）其他违法违纪行为。

第三十条 人民武装警察执行任务，应当按照规定着装，持有人民武装警察证件，按照规定使用摄录器材录像取证、出示证件。

第三十一条 人民武装警察应当举止文明，礼貌待人，遵守社会公德，尊重公民的宗教信仰和民族风俗习惯。

第五章 保障措施

第三十二条 为了保障人民武装警察部队执行任务，中央国家机关、县级以上地方人民政府及其有关部门应当依据职责及时向人民武装警察部队通报下列情报信息：

（一）社会安全信息；

（二）恐怖事件、突发事件的情报信息；

（三）气象、水文、海洋环境、地理空间、灾害预警等信息；

（四）其他与执行任务相关的情报信息。

中央国家机关、县级以上地方人民政府应当与人民武装警察部队建立情报信息共享机制，可以采取联通安全信息网络和情报信息系统以及数据库等方式，提供与执行任务相关的情报信息及数据资源。

人民武装警察部队对获取的相关信息，应当严格保密、依法运用。

第三十三条 国家建立与经济社会发展相适应、与人民武装警察部队担负任务和建设发展相协调的经费保障机制。所需经费按照国家有关规定列入预算。

第三十四条 执勤目标单位及其上级主管部门应当按照国家有关规定，为担负执勤任务的人民武装警察部队提供执勤设施、生活设施等必要的保障。

第三十五条 在有毒、粉尘、辐射、噪声等严重污染或者高温、低温、缺氧以及其他恶劣环境下的执勤目标单位执行任务的人民武装警察，享有与执勤目标单位工作人员同等的保护条件和福利补助，由执勤目标单位或者其上级主管部门给予保障。

第三十六条 人民武装警察部队的专用标志、制式服装、警械装备、证件、印章，按照中央军事委员会有关规定监制和配备。

第三十七条 人民武装警察部队应当根据执行任务的需要，加强对所属人民武装警察的教育和训练，提高依法执行任务的能力。

第三十八条 人民武装警察因执行任务牺牲、伤残的，按照国家有关军人抚恤优待的规定给予抚恤优待。

第三十九条 人民武装警察部队依法执行任务，公民、法人和其他组织应当给予必要的支持和协助。

公民、法人和其他组织对人民武装警察部队执行任务给予协助的行为受法律保护。

公民、法人和其他组织因协助人民武装警察部队执行任务牺牲、伤残或者遭受财产损失的，按照国家有关规定给予抚恤优待或者相应补偿。

第六章 监督检查

第四十条 人民武装警察部队应当对所属单位和人员执行法律、法规和遵守纪律的情况进行监督检查。

第四十一条 人民武装警察受中央军事委员会监察委员会、人民武装警察部队各级监察委员会的监督。

人民武装警察执行执勤、处置突发社会安全事件、防范和处置恐怖活动、海上维权执法、抢险救援任务，接受人民政府及其有关部门、公民、法人和其他组织的监督。

第四十二条 中央军事委员会监察委员会、人民武装警察部队各级监察委员会接到公民、法人和其他组织的检举、控告，或者接到县级以上人民政府及其有关部门对人民武装警察违法违纪行为的情况通报后，应当依法及时查处，按照有关规定将处理结果反馈检举人、控告人或者通报县级以上人民政府及其有关部门。

第七章 法律责任

第四十三条 人民武装警察在执行任务中不履行职责，或者有本法第二十九条所列行为之一的，按照中央军事委员会的有关规定给予处分。

第四十四条 妨碍人民武装警察依法执行任务，有下列行为之一的，由公安机关依法给予治安管理处罚：

（一）侮辱、威胁、围堵、拦截、袭击正在执行任务的人民武装警察的；

（二）强行冲闯人民武装警察部队设置的警戒带、警戒区的；

（三）拒绝或者阻碍人民武装警察执行追捕、检查、搜查、救险、警戒等任务的；

（四）阻碍执行任务的人民武装警察部队的交通工具和人员通行的；

（五）其他严重妨碍人民武装警察执行任务的行为。

第四十五条 非法制造、买卖、持有、使用人民武装警察部队专用标志、警械装备、证件、印章的，由公安机关处十五日以下拘留或者警告，可以并处违法所得一倍以上五倍以下的罚款。

第四十六条 违反本法规定，构成犯罪的，依法追究刑事责任。

第八章 附 则

第四十七条 人民武装警察部队执行海上维权执法任务，由法律另行规定。

第四十八条 人民武装警察部队执行防卫作战任务，依照中央军事委员会的命令执行。

第四十九条 人民武装警察部队执行戒严任务，依照《中华人民共和国戒严法》的有关规定执行。

第五十条 人民武装警察部队文职人员在执行本法规定的任务时，依法履行人民武装警察的有关职责和义务，享有相应权益。

第五十一条 本法自2020年6月21日起施行。

中华人民共和国
香港特别行政区维护国家安全法

（2020年6月30日第十三届全国人民代表大会常务委员会第二十次会议通过 2020年6月30日中华人民共和国主席令第49号公布 自公布之日起施行）

目 录

第一章 总 则

第二章 香港特别行政区维护国家安全的职责和机构

　第一节 职 责

　第二节 机 构

第三章 罪行和处罚

　第一节 分裂国家罪

第二节　颠覆国家政权罪
第三节　恐怖活动罪
第四节　勾结外国或者境外势力危害国家安全罪
第五节　其他处罚规定
第六节　效力范围
第四章　案件管辖、法律适用和程序
第五章　中央人民政府驻香港特别行政区维护国家安全机构
第六章　附　　则

第一章　总　　则

第一条　为坚定不移并全面准确贯彻“一国两制”、“港人治港”、高度自治的方针,维护国家安全,防范、制止和惩治与香港特别行政区有关的分裂国家、颠覆国家政权、组织实施恐怖活动和勾结外国或者境外势力危害国家安全等犯罪,保持香港特别行政区的繁荣和稳定,保障香港特别行政区居民的合法权益,根据中华人民共和国宪法、中华人民共和国香港特别行政区基本法和全国人民代表大会关于建立健全香港特别行政区维护国家安全的法律制度和执行机制的决定,制定本法。

第二条　关于香港特别行政区法律地位的香港特别行政区基本法第一条和第十二条规定是香港特别行政区基本法的根本性条款。香港特别行政区任何机构、组织和个人行使权利和自由,不得违背香港特别行政区基本法第一条和第十二条的规定。

第三条　中央人民政府对香港特别行政区有关的国家安全事务负有根本责任。

香港特别行政区负有维护国家安全的宪制责任,应当履行维护国家安全的职责。

香港特别行政区行政机关、立法机关、司法机关应当依据本法和其他有关法律规定有效防范、制止和惩治危害国家安全的行为和活动。

第四条　香港特别行政区维护国家安全应当尊重和保障人权,依法保护香港特别行政区居民根据香港特别行政区基本法和《公民权利和政治权利国际公约》、《经济、社会与文化权利的国际公约》适用于香港的有关规定享有的包括言论、新闻、出版的自由,结社、集会、游行、示威的自由在内的权利和自由。

第五条 防范、制止和惩治危害国家安全犯罪,应当坚持法治原则。法律规定为犯罪行为的,依照法律定罪处刑;法律没有规定为犯罪行为的,不得定罪处刑。

任何人未经司法机关判罪之前均假定无罪。保障犯罪嫌疑人、被告人和其他诉讼参与人依法享有的辩护权和其他诉讼权利。任何人已经司法程序被最终确定有罪或者宣告无罪的,不得就同一行为再予审判或者惩罚。

第六条 维护国家主权、统一和领土完整是包括香港同胞在内的全中国人民的共同义务。

在香港特别行政区的任何机构、组织和个人都应当遵守本法和香港特别行政区有关维护国家安全的其他法律,不得从事危害国家安全的行为和活动。

香港特别行政区居民在参选或者就任公职时应当依法签署文件确认或者宣誓拥护中华人民共和国香港特别行政区基本法,效忠中华人民共和国香港特别行政区。

第二章 香港特别行政区维护国家安全的职责和机构

第一节 职 责

第七条 香港特别行政区应当尽早完成香港特别行政区基本法规定的维护国家安全立法,完善相关法律。

第八条 香港特别行政区执法、司法机关应当切实执行本法和香港特别行政区现行法律有关防范、制止和惩治危害国家安全行为和活动的规定,有效维护国家安全。

第九条 香港特别行政区应当加强维护国家安全和防范恐怖活动的工作。对学校、社会团体、媒体、网络等涉及国家安全的事宜,香港特别行政区政府应当采取必要措施,加强宣传、指导、监督和管理。

第十条 香港特别行政区应当通过学校、社会团体、媒体、网络等开展国家安全教育,提高香港特别行政区居民的国家安全意识和守法意识。

第十一条 香港特别行政区行政长官应当就香港特别行政区维护国家安全事务向中央人民政府负责,并就香港特别行政区履行维护国家安全职责的情况提交年度报告。

如中央人民政府提出要求,行政长官应当就维护国家安全特定事项及时提交报告。

第二节　机　　构

第十二条　香港特别行政区设立维护国家安全委员会，负责香港特别行政区维护国家安全事务，承担维护国家安全的主要责任，并接受中央人民政府的监督和问责。

第十三条　香港特别行政区维护国家安全委员会由行政长官担任主席，成员包括政务司长、财政司长、律政司长、保安局局长、警务处处长、本法第十六条规定的警务处维护国家安全部门的负责人、入境事务处处长、海关关长和行政长官办公室主任。

香港特别行政区维护国家安全委员会下设秘书处，由秘书长领导。秘书长由行政长官提名，报中央人民政府任命。

第十四条　香港特别行政区维护国家安全委员会的职责为：

（一）分析研判香港特别行政区维护国家安全形势，规划有关工作，制定香港特别行政区维护国家安全政策；

（二）推进香港特别行政区维护国家安全的法律制度和执行机制建设；

（三）协调香港特别行政区维护国家安全的重点工作和重大行动。

香港特别行政区维护国家安全委员会的工作不受香港特别行政区任何其他机构、组织和个人的干涉，工作信息不予公开。香港特别行政区维护国家安全委员会作出的决定不受司法复核。

第十五条　香港特别行政区维护国家安全委员会设立国家安全事务顾问，由中央人民政府指派，就香港特别行政区维护国家安全委员会履行职责相关事务提供意见。国家安全事务顾问列席香港特别行政区维护国家安全委员会会议。

第十六条　香港特别行政区政府警务处设立维护国家安全的部门，配备执法力量。

警务处维护国家安全部门负责人由行政长官任命，行政长官任命前须书面征求本法第四十八条规定的机构的意见。警务处维护国家安全部门负责人在就职时应当宣誓拥护中华人民共和国香港特别行政区基本法，效忠中华人民共和国香港特别行政区，遵守法律，保守秘密。

警务处维护国家安全部门可以从香港特别行政区以外聘请合格的专门人员和技术人员，协助执行维护国家安全相关任务。

第十七条　警务处维护国家安全部门的职责为：

（一）收集分析涉及国家安全的情报信息；

（二）部署、协调、推进维护国家安全的措施和行动；

（三）调查危害国家安全犯罪案件；

（四）进行反干预调查和开展国家安全审查；

（五）承办香港特别行政区维护国家安全委员会交办的维护国家安全工作；

（六）执行本法所需的其他职责。

第十八条 香港特别行政区律政司设立专门的国家安全犯罪案件检控部门，负责危害国家安全犯罪案件的检控工作和其他相关法律事务。该部门检控官由律政司长征得香港特别行政区维护国家安全委员会同意后任命。

律政司国家安全犯罪案件检控部门负责人由行政长官任命，行政长官任命前须书面征求本法第四十八条规定的机构的意见。律政司国家安全犯罪案件检控部门负责人在就职时应当宣誓拥护中华人民共和国香港特别行政区基本法，效忠中华人民共和国香港特别行政区，遵守法律，保守秘密。

第十九条 经行政长官批准，香港特别行政区政府财政司长应当从政府一般收入中拨出专门款项支付关于维护国家安全的开支并核准所涉及的人员编制，不受香港特别行政区现行有关法律规定的限制。财政司长须每年就该款项的控制和管理向立法会提交报告。

第三章　罪行和处罚

第一节　分裂国家罪

第二十条 任何人组织、策划、实施或者参与实施以下旨在分裂国家、破坏国家统一行为之一的，不论是否使用武力或者以武力相威胁，即属犯罪：

（一）将香港特别行政区或者中华人民共和国其他任何部分从中华人民共和国分离出去；

（二）非法改变香港特别行政区或者中华人民共和国其他任何部分的法律地位；

（三）将香港特别行政区或者中华人民共和国其他任何部分转归外国统治。

犯前款罪，对首要分子或者罪行重大的，处无期徒刑或者十年以上有期徒刑；对积极参加的，处三年以上十年以下有期徒刑；对其他参加的，处三年以下有期徒刑、拘役或者管制。

第二十一条 任何人煽动、协助、教唆、以金钱或者其他财物资助他人实施本法第二十条规定的犯罪的，即属犯罪。情节严重的，处五年以上十年以下有期徒刑；情节较轻的，处五年以下有期徒刑、拘役或者管制。

第二节 颠覆国家政权罪

第二十二条 任何人组织、策划、实施或者参与实施以下以武力、威胁使用武力或者其他非法手段旨在颠覆国家政权行为之一的，即属犯罪：

（一）推翻、破坏中华人民共和国宪法所确立的中华人民共和国根本制度；

（二）推翻中华人民共和国中央政权机关或者香港特别行政区政权机关；

（三）严重干扰、阻挠、破坏中华人民共和国中央政权机关或者香港特别行政区政权机关依法履行职能；

（四）攻击、破坏香港特别行政区政权机关履职场所及其设施，致使其无法正常履行职能。

犯前款罪，对首要分子或者罪行重大的，处无期徒刑或者十年以上有期徒刑；对积极参加的，处三年以上十年以下有期徒刑；对其他参加的，处三年以下有期徒刑、拘役或者管制。

第二十三条 任何人煽动、协助、教唆、以金钱或者其他财物资助他人实施本法第二十二条规定的犯罪的，即属犯罪。情节严重的，处五年以上十年以下有期徒刑；情节较轻的，处五年以下有期徒刑、拘役或者管制。

第三节 恐怖活动罪

第二十四条 为胁迫中央人民政府、香港特别行政区政府或者国际组织或者威吓公众以图实现政治主张，组织、策划、实施、参与实施或者威胁实施以下造成或者意图造成严重社会危害的恐怖活动之一的，即属犯罪：

（一）针对人的严重暴力；

（二）爆炸、纵火或者投放毒害性、放射性、传染病病原体等物质；

（三）破坏交通工具、交通设施、电力设备、燃气设备或者其他易燃易爆设备；

（四）严重干扰、破坏水、电、燃气、交通、通讯、网络等公共服务和管理的电子控制系统；

（五）以其他危险方法严重危害公众健康或者安全。

犯前款罪，致人重伤、死亡或者使公私财产遭受重大损失的，处无期徒刑或者十年以上有期徒刑；其他情形，处三年以上十年以下有期徒刑。

第二十五条 组织、领导恐怖活动组织的，即属犯罪，处无期徒刑或者十年以上有期徒刑，并处没收财产；积极参加的，处三年以上十年以下有期徒刑，并处罚金；其他参加的，处三年以下有期徒刑、拘役或者管制，可以并处罚金。

本法所指的恐怖活动组织，是指实施或者意图实施本法第二十四条规定的恐怖活动罪行或者参与或者协助实施本法第二十四条规定的恐怖活动罪行的组织。

第二十六条 为恐怖活动组织、恐怖活动人员、恐怖活动实施提供培训、武器、信息、资金、物资、劳务、运输、技术或者场所等支持、协助、便利，或者制造、非法管有爆炸性、毒害性、放射性、传染病病原体等物质以及以其他形式准备实施恐怖活动的，即属犯罪。情节严重的，处五年以上十年以下有期徒刑，并处罚金或者没收财产；其他情形，处五年以下有期徒刑、拘役或者管制，并处罚金。

有前款行为，同时构成其他犯罪的，依照处罚较重的规定定罪处罚。

第二十七条 宣扬恐怖主义、煽动实施恐怖活动的，即属犯罪。情节严重的，处五年以上十年以下有期徒刑，并处罚金或者没收财产；其他情形，处五年以下有期徒刑、拘役或者管制，并处罚金。

第二十八条 本节规定不影响依据香港特别行政区法律对其他形式的恐怖活动犯罪追究刑事责任并采取冻结财产等措施。

第四节 勾结外国或者境外势力危害国家安全罪

第二十九条 为外国或者境外机构、组织、人员窃取、刺探、收买、非法提供涉及国家安全的国家秘密或者情报的；请求外国或者境外机构、组织、人员实施，与外国或者境外机构、组织、人员串谋实施，或者直接或者间接接受外国或者境外机构、组织、人员的指使、控制、资助或者其他形式的支援实施以下行为之一的，均属犯罪：

（一）对中华人民共和国发动战争，或者以武力或者武力相威胁，对中华人民共和国主权、统一和领土完整造成严重危害；

（二）对香港特别行政区政府或者中央人民政府制定和执行法律、政策进行严重阻挠并可能造成严重后果；

（三）对香港特别行政区选举进行操控、破坏并可能造成严重后果；

（四）对香港特别行政区或者中华人民共和国进行制裁、封锁或者采取其他敌对行动；

（五）通过各种非法方式引发香港特别行政区居民对中央人民政府或者香港特别行政区政府的憎恨并可能造成严重后果。

犯前款罪，处三年以上十年以下有期徒刑；罪行重大的，处无期徒刑或者十年以上有期徒刑。

本条第一款规定涉及的境外机构、组织、人员，按共同犯罪定罪处刑。

第三十条 为实施本法第二十条、第二十二条规定的犯罪，与外国或者境外机构、组织、人员串谋，或者直接或者间接接受外国或者境外机构、组织、人员的指使、控制、资助或者其他形式的支援的，依照本法第二十条、第二十二条的规定从重处罚。

第五节 其他处罚规定

第三十一条 公司、团体等法人或者非法人组织实施本法规定的犯罪的，对该组织判处罚金。

公司、团体等法人或者非法人组织因犯本法规定的罪行受到刑事处罚的，应责令其暂停运作或者吊销其执照或者营业许可证。

第三十二条 因实施本法规定的犯罪而获得的资助、收益、报酬等违法所得以及用于或者意图用于犯罪的资金和工具，应当予以追缴、没收。

第三十三条 有以下情形的，对有关犯罪行为人、犯罪嫌疑人、被告人可以从轻、减轻处罚；犯罪较轻的，可以免除处罚：

（一）在犯罪过程中，自动放弃犯罪或者自动有效地防止犯罪结果发生的；

（二）自动投案，如实供述自己的罪行的；

（三）揭发他人犯罪行为，查证属实，或者提供重要线索得以侦破其他案件的。

被采取强制措施的犯罪嫌疑人、被告人如实供述执法、司法机关未掌握的本人犯有本法规定的其他罪行的，按前款第二项规定处理。

第三十四条 不具有香港特别行政区永久性居民身份的人实施本法规定的犯罪的，可以独立适用或者附加适用驱逐出境。

不具有香港特别行政区永久性居民身份的人违反本法规定，因任何原因不对其追究刑事责任的，也可以驱逐出境。

第三十五条 任何人经法院判决犯危害国家安全罪行的，即丧失作为候选人参加香港特别行政区举行的立法会、区议会选举或者出任香港特别行政区任何公职或者行政长官选举委员会委员的资格；曾经宣誓或者声明拥护中华人民共和国香港特别行政区基本法、效忠中华人民共和国香港特别行政区的立法会议员、政府官员及公务人员、行政会议成员、法官及其他司法人员、区议员，即时丧失该等职务，并丧失参选或者出任上述职务的资格。

前款规定资格或者职务的丧失，由负责组织、管理有关选举或者公职任免的机构宣布。

第六节 效力范围

第三十六条 任何人在香港特别行政区内实施本法规定的犯罪的，适用本法。犯罪的行为或者结果有一项发生在香港特别行政区内的，就认为是在香港特别行政区内犯罪。

在香港特别行政区注册的船舶或者航空器内实施本法规定的犯罪的，也适用本法。

第三十七条 香港特别行政区永久性居民或者在香港特别行政区成立的公司、团体等法人或者非法人组织在香港特别行政区以外实施本法规定的犯罪的，适用本法。

第三十八条 不具有香港特别行政区永久性居民身份的人在香港特别行政区以外针对香港特别行政区实施本法规定的犯罪的，适用本法。

第三十九条 本法施行以后的行为，适用本法定罪处刑。

第四章 案件管辖、法律适用和程序

第四十条 香港特别行政区对本法规定的犯罪案件行使管辖权，但本法第五十五条规定的情形除外。

第四十一条 香港特别行政区管辖危害国家安全犯罪案件的立案侦查、检控、审判和刑罚的执行等诉讼程序事宜，适用本法和香港特别行政区本地法律。

未经律政司长书面同意，任何人不得就危害国家安全犯罪案件提出检控。但该规定不影响就有关犯罪依法逮捕犯罪嫌疑人并将其羁押，也不影响该等犯罪嫌疑人申请保释。

香港特别行政区管辖的危害国家安全犯罪案件的审判循公诉程序进行。

审判应当公开进行。因为涉及国家秘密、公共秩序等情形不宜公开审理的，禁止新闻界和公众旁听全部或者一部分审理程序，但判决结果应当一律公开宣布。

第四十二条 香港特别行政区执法、司法机关在适用香港特别行政区现行法律有关羁押、审理期限等方面的规定时，应当确保危害国家安全犯罪案件公正、及时办理，有效防范、制止和惩治危害国家安全犯罪。

对犯罪嫌疑人、被告人，除非法官有充足理由相信其不会继续实施危害国家安全行为的，不得准予保释。

第四十三条 香港特别行政区政府警务处维护国家安全部门办理危害国家安全犯罪案件时，可以采取香港特别行政区现行法律准予警方等执法部门在调查严重犯罪案件时采取的各种措施，并可以采取以下措施：

（一）搜查可能存有犯罪证据的处所、车辆、船只、航空器以及其他有关地方和电子设备；

（二）要求涉嫌实施危害国家安全犯罪行为的人员交出旅行证件或者限制其离境；

（三）对用于或者意图用于犯罪的财产、因犯罪所得的收益等与犯罪相关的财产，予以冻结，申请限制令、押记令、没收令以及充公；

（四）要求信息发布人或者有关服务商移除信息或者提供协助；

（五）要求外国及境外政治性组织，外国及境外当局或者政治性组织的代理人提供资料；

（六）经行政长官批准，对有合理理由怀疑涉及实施危害国家安全犯罪的人员进行截取通讯和秘密监察；

（七）对有合理理由怀疑拥有与侦查有关的资料或者管有有关物料的人员，要求其回答问题和提交资料或者物料。

香港特别行政区维护国家安全委员会对警务处维护国家安全部门等执法机构采取本条第一款规定措施负有监督责任。

授权香港特别行政区行政长官会同香港特别行政区维护国家安全委员会为采取本条第一款规定措施制定相关实施细则。

第四十四条　香港特别行政区行政长官应当从裁判官、区域法院法官、高等法院原讼法庭法官、上诉法庭法官以及终审法院法官中指定若干名法官，也可从暂委或者特委法官中指定若干名法官，负责处理危害国家安全犯罪案件。行政长官在指定法官前可征询香港特别行政区维护国家安全委员会和终审法院首席法官的意见。上述指定法官任期一年。

凡有危害国家安全言行的，不得被指定为审理危害国家安全犯罪案件的法官。在获任指定法官期间，如有危害国家安全言行的，终止其指定法官资格。

在裁判法院、区域法院、高等法院和终审法院就危害国家安全犯罪案件提起的刑事检控程序应当分别由各该法院的指定法官处理。

第四十五条　除本法另有规定外，裁判法院、区域法院、高等法院和终审法院应当按照香港特别行政区的其他法律处理就危害国家安全犯罪案件提起的刑事检控程序。

第四十六条　对高等法院原讼法庭进行的就危害国家安全犯罪案件提起的刑事检控程序，律政司长可基于保护国家秘密、案件具有涉外因素或者保障陪审员及其家人的人身安全等理由，发出证书指示相关诉讼毋须在有陪审团的情况下进行审理。凡律政司长发出上述证书，高等法院原讼法庭应当在没有陪审团的情况下进行审理，并由三名法官组成审判庭。

凡律政司长发出前款规定的证书，适用于相关诉讼的香港特别行政区任何法律条文关于“陪审团”或者“陪审团的裁决”，均应当理解为指法官或者法官作为事实裁断者的职能。

第四十七条 香港特别行政区法院在审理案件中遇有涉及有关行为是否涉及国家安全或者有关证据材料是否涉及国家秘密的认定问题，应取得行政长官就该等问题发出的证明书，上述证明书对法院有约束力。

第五章 中央人民政府驻香港特别行政区维护国家安全机构

第四十八条 中央人民政府在香港特别行政区设立维护国家安全公署。中央人民政府驻香港特别行政区维护国家安全公署依法履行维护国家安全职责，行使相关权力。

驻香港特别行政区维护国家安全公署人员由中央人民政府维护国家安全的有关机关联合派出。

第四十九条 驻香港特别行政区维护国家安全公署的职责为：

（一）分析研判香港特别行政区维护国家安全形势，就维护国家安全重大战略和重要政策提出意见和建议；

（二）监督、指导、协调、支持香港特别行政区履行维护国家安全的职责；

（三）收集分析国家安全情报信息；

（四）依法办理危害国家安全犯罪案件。

第五十条 驻香港特别行政区维护国家安全公署应当严格依法履行职责，依法接受监督，不得侵害任何个人和组织的合法权益。

驻香港特别行政区维护国家安全公署人员除须遵守全国性法律外，还应当遵守香港特别行政区法律。

驻香港特别行政区维护国家安全公署人员依法接受国家监察机关的监督。

第五十一条 驻香港特别行政区维护国家安全公署的经费由中央财政保障。

第五十二条 驻香港特别行政区维护国家安全公署应当加强与中央人民政府驻香港特别行政区联络办公室、外交部驻香港特别行政区特派员公署、中国人民解放军驻香港部队的工作联系和工作协同。

第五十三条 驻香港特别行政区维护国家安全公署应当与香港特别行政区维护国家安全委员会建立协调机制，监督、指导香港特别行政区维护国家安全工作。

驻香港特别行政区维护国家安全公署的工作部门应当与香港特别行政区维护国家安全的有关机关建立协作机制，加强信息共享和行动配合。

第五十四条 驻香港特别行政区维护国家安全公署、外交部驻香港特别行政区特派员公署会同香港特别行政区政府采取必要措施，加强对外国和国际组织驻香港特别行政区机构、在香港特别行政区的外国和境外非政府组织和新闻机构的管理和服务。

第五十五条 有以下情形之一的，经香港特别行政区政府或者驻香港特别行政区维护国家安全公署提出，并报中央人民政府批准，由驻香港特别行政区维护国家安全公署对本法规定的危害国家安全犯罪案件行使管辖权：

（一）案件涉及外国或者境外势力介入的复杂情况，香港特别行政区管辖确有困难的；

（二）出现香港特别行政区政府无法有效执行本法的严重情况的；

（三）出现国家安全面临重大现实威胁的情况的。

第五十六条 根据本法第五十五条规定管辖有关危害国家安全犯罪案件时，由驻香港特别行政区维护国家安全公署负责立案侦查，最高人民检察院指定有关检察机关行使检察权，最高人民法院指定有关法院行使审判权。

第五十七条 根据本法第五十五条规定管辖案件的立案侦查、审查起诉、审判和刑罚的执行等诉讼程序事宜，适用《中华人民共和国刑事诉讼法》等相关法律的规定。

根据本法第五十五条规定管辖案件时，本法第五十六条规定的执法、司法机关依法行使相关权力，其为决定采取强制措施、侦查措施和司法裁判而签发的法律文书在香港特别行政区具有法律效力。对于驻香港特别行政区维护国家安全公署依法采取的措施，有关机构、组织和个人必须遵从。

第五十八条 根据本法第五十五条规定管辖案件时，犯罪嫌疑人自被驻香港特别行政区维护国家安全公署第一次讯问或者采取强制措施之日起，有权委托律师作为辩护人。辩护律师可以依法为犯罪嫌疑人、被告人提供法律帮助。

犯罪嫌疑人、被告人被合法拘捕后，享有尽早接受司法机关公正审判的权利。

第五十九条 根据本法第五十五条规定管辖案件时，任何人如果知道本法规定的危害国家安全犯罪案件情况，都有如实作证的义务。

第六十条 驻香港特别行政区维护国家安全公署及其人员依据本法执行职务的行为，不受香港特别行政区管辖。

持有驻香港特别行政区维护国家安全公署制发的证件或者证明文件的人员和车辆等在执行职务时不受香港特别行政区执法人员检查、搜查和扣押。

驻香港特别行政区维护国家安全公署及其人员享有香港特别行政区法律规定的其他权利和豁免。

第六十一条 驻香港特别行政区维护国家安全公署依据本法规定履行职责时,香港特别行政区政府有关部门须提供必要的便利和配合,对妨碍有关执行职务的行为依法予以制止并追究责任。

第六章 附 则

第六十二条 香港特别行政区本地法律规定与本法不一致的,适用本法规定。

第六十三条 办理本法规定的危害国家安全犯罪案件的有关执法、司法机关及其人员或者办理其他危害国家安全犯罪案件的香港特别行政区执法、司法机关及其人员,应当对办案过程中知悉的国家秘密、商业秘密和个人隐私予以保密。

担任辩护人或者诉讼代理人的律师应当保守在执业活动中知悉的国家秘密、商业秘密和个人隐私。

配合办案的有关机构、组织和个人应当对案件有关情况予以保密。

第六十四条 香港特别行政区适用本法时,本法规定的“有期徒刑”“无期徒刑”“没收财产”和“罚金”分别指“监禁”“终身监禁”“充公犯罪所得”和“罚款”,“拘役”参照适用香港特别行政区相关法律规定的“监禁”“入劳役中心”“入教导所”,“管制”参照适用香港特别行政区相关法律规定的“社会服务令”“入感化院”,“吊销执照或者营业许可证”指香港特别行政区相关法律规定的“取消注册或者注册豁免,或者取消牌照”。

第六十五条 本法的解释权属于全国人民代表大会常务委员会。

第六十六条 本法自公布之日起施行。

行政法规

化妆品监督管理条例

（2020年1月3日国务院第77次常务会议通过　2020年6月16日中华人民共和国国务院令第727号公布　自2021年1月1日起施行）

第一章　总　　则

第一条　为了规范化妆品生产经营活动，加强化妆品监督管理，保证化妆品质量安全，保障消费者健康，促进化妆品产业健康发展，制定本条例。

第二条　在中华人民共和国境内从事化妆品生产经营活动及其监督管理，应当遵守本条例。

第三条　本条例所称化妆品，是指以涂擦、喷洒或者其他类似方法，施用于皮肤、毛发、指甲、口唇等人体表面，以清洁、保护、美化、修饰为目的的日用化学工业产品。

第四条　国家按照风险程度对化妆品、化妆品原料实行分类管理。

化妆品分为特殊化妆品和普通化妆品。国家对特殊化妆品实行注册管理，对普通化妆品实行备案管理。

化妆品原料分为新原料和已使用的原料。国家对风险程度较高的化妆品新原料实行注册管理，对其他化妆品新原料实行备案管理。

第五条　国务院药品监督管理部门负责全国化妆品监督管理工作。国务院有关部门在各自职责范围内负责与化妆品有关的监督管理工作。

县级以上地方人民政府负责药品监督管理的部门负责本行政区域的化妆品监督管理工作。县级以上地方人民政府有关部门在各自职责范围内负责与化妆品有关的监督管理工作。

第六条　化妆品注册人、备案人对化妆品的质量安全和功效宣称负责。

化妆品生产经营者应当依照法律、法规、强制性国家标准、技术规范从事生产经营活动，加强管理，诚信自律，保证化妆品质量安全。

第七条 化妆品行业协会应当加强行业自律,督促引导化妆品生产经营者依法从事生产经营活动,推动行业诚信建设。

第八条 消费者协会和其他消费者组织对违反本条例规定损害消费者合法权益的行为,依法进行社会监督。

第九条 国家鼓励和支持开展化妆品研究、创新,满足消费者需求,推进化妆品品牌建设,发挥品牌引领作用。国家保护单位和个人开展化妆品研究、创新的合法权益。

国家鼓励和支持化妆品生产经营者采用先进技术和先进管理规范,提高化妆品质量安全水平;鼓励和支持运用现代科学技术,结合我国传统优势项目和特色植物资源研究开发化妆品。

第十条 国家加强化妆品监督管理信息化建设,提高在线政务服务水平,为办理化妆品行政许可、备案提供便利,推进监督管理信息共享。

第二章 原料与产品

第十一条 在我国境内首次使用于化妆品的天然或者人工原料为化妆品新原料。具有防腐、防晒、着色、染发、祛斑美白功能的化妆品新原料,经国务院药品监督管理部门注册后方可使用;其他化妆品新原料应当在使用前向国务院药品监督管理部门备案。国务院药品监督管理部门可以根据科学研究的发展,调整实行注册管理的化妆品新原料的范围,经国务院批准后实施。

第十二条 申请化妆品新原料注册或者进行化妆品新原料备案,应当提交下列资料:

(一)注册申请人、备案人的名称、地址、联系方式;

(二)新原料研制报告;

(三)新原料的制备工艺、稳定性及其质量控制标准等研究资料;

(四)新原料安全评估资料。

注册申请人、备案人应当对所提交资料的真实性、科学性负责。

第十三条 国务院药品监督管理部门应当自受理化妆品新原料注册申请之日起3个工作日内将申请资料转交技术审评机构。技术审评机构应当自收到申请资料之日起90个工作日内完成技术审评,向国务院药品监督管理部门提交审评意见。国务院药品监督管理部门应当自收到审评意见之日起20个工作日内作出决定。对符合要求的,准予注册并发给化妆品新原料注册证;对不符合要求的,不予注册并书面说明理由。

化妆品新原料备案人通过国务院药品监督管理部门在线政务服务平台提

交本条例规定的备案资料后即完成备案。

国务院药品监督管理部门应当自化妆品新原料准予注册之日起、备案人提交备案资料之日起5个工作日内向社会公布注册、备案有关信息。

第十四条 经注册、备案的化妆品新原料投入使用后3年内,新原料注册人、备案人应当每年向国务院药品监督管理部门报告新原料的使用和安全情况。对存在安全问题的化妆品新原料,由国务院药品监督管理部门撤销注册或者取消备案。3年期满未发生安全问题的化妆品新原料,纳入国务院药品监督管理部门制定的已使用的化妆品原料目录。

经注册、备案的化妆品新原料纳入已使用的化妆品原料目录前,仍然按照化妆品新原料进行管理。

第十五条 禁止用于化妆品生产的原料目录由国务院药品监督管理部门制定、公布。

第十六条 用于染发、烫发、祛斑美白、防晒、防脱发的化妆品以及宣称新功效的化妆品为特殊化妆品。特殊化妆品以外的化妆品为普通化妆品。

国务院药品监督管理部门根据化妆品的功效宣称、作用部位、产品剂型、使用人群等因素,制定、公布化妆品分类规则和分类目录。

第十七条 特殊化妆品经国务院药品监督管理部门注册后方可生产、进口。国产普通化妆品应当在上市销售前向备案人所在地省、自治区、直辖市人民政府药品监督管理部门备案。进口普通化妆品应当在进口前向国务院药品监督管理部门备案。

第十八条 化妆品注册申请人、备案人应当具备下列条件:

(一)是依法设立的企业或者其他组织;

(二)有与申请注册、进行备案的产品相适应的质量管理体系;

(三)有化妆品不良反应监测与评价能力。

第十九条 申请特殊化妆品注册或者进行普通化妆品备案,应当提交下列资料:

(一)注册申请人、备案人的名称、地址、联系方式;

(二)生产企业的名称、地址、联系方式;

(三)产品名称;

(四)产品配方或者产品全成分;

(五)产品执行的标准;

(六)产品标签样稿;

(七)产品检验报告;

(八)产品安全评估资料。

注册申请人首次申请特殊化妆品注册或者备案人首次进行普通化妆品备案的，应当提交其符合本条例第十八条规定条件的证明资料。申请进口特殊化妆品注册或者进行进口普通化妆品备案的，应当同时提交产品在生产国(地区)已经上市销售的证明文件以及境外生产企业符合化妆品生产质量管理规范的证明资料；专为向我国出口生产、无法提交产品在生产国(地区)已经上市销售的证明文件的，应当提交面向我国消费者开展的相关研究和试验的资料。

注册申请人、备案人应当对所提交资料的真实性、科学性负责。

第二十条 国务院药品监督管理部门依照本条例第十三条第一款规定的化妆品新原料注册审查程序对特殊化妆品注册申请进行审查。对符合要求的，准予注册并发给特殊化妆品注册证；对不符合要求的，不予注册并书面说明理由。已经注册的特殊化妆品在生产工艺、功效宣称等方面发生实质性变化的，注册人应当向原注册部门申请变更注册。

普通化妆品备案人通过国务院药品监督管理部门在线政务服务平台提交本条例规定的备案资料后即完成备案。

省级以上人民政府药品监督管理部门应当自特殊化妆品准予注册之日起、普通化妆品备案人提交备案资料之日起5个工作日内向社会公布注册、备案有关信息。

第二十一条 化妆品新原料和化妆品注册、备案前，注册申请人、备案人应当自行或者委托专业机构开展安全评估。

从事安全评估的人员应当具备化妆品质量安全相关专业知识，并具有5年以上相关专业从业经历。

第二十二条 化妆品的功效宣称应当有充分的科学依据。化妆品注册人、备案人应当在国务院药品监督管理部门规定的专门网站公布功效宣称所依据的文献资料、研究数据或者产品功效评价资料的摘要，接受社会监督。

第二十三条 境外化妆品注册人、备案人应当指定我国境内的企业法人办理化妆品注册、备案，协助开展化妆品不良反应监测、实施产品召回。

第二十四条 特殊化妆品注册证有效期为5年。有效期届满需要延续注册的，应当在有效期届满30个工作日前提出延续注册的申请。除有本条第二款规定情形外，国务院药品监督管理部门应当在特殊化妆品注册证有效期届满前作出准予延续的决定；逾期未作决定的，视为准予延续。

有下列情形之一的，不予延续注册：

(一)注册人未在规定期限内提出延续注册申请；

(二)强制性国家标准、技术规范已经修订，申请延续注册的化妆品不能达到修订后标准、技术规范的要求。

第二十五条 国务院药品监督管理部门负责化妆品强制性国家标准的项目提出、组织起草、征求意见和技术审查。国务院标准化行政部门负责化妆品强制性国家标准的立项、编号和对外通报。

化妆品国家标准文本应当免费向社会公开。

化妆品应当符合强制性国家标准。鼓励企业制定严于强制性国家标准的企业标准。

第三章 生产经营

第二十六条 从事化妆品生产活动,应当具备下列条件:

(一)是依法设立的企业;

(二)有与生产的化妆品相适应的生产场地、环境条件、生产设施设备;

(三)有与生产的化妆品相适应的技术人员;

(四)有能对生产的化妆品进行检验的检验人员和检验设备;

(五)有保证化妆品质量安全的管理制度。

第二十七条 从事化妆品生产活动,应当向所在地省、自治区、直辖市人民政府药品监督管理部门提出申请,提交其符合本条例第二十六条规定条件的证明资料,并对资料的真实性负责。

省、自治区、直辖市人民政府药品监督管理部门应当对申请资料进行审核,对申请人的生产场所进行现场核查,并自受理化妆品生产许可申请之日起30个工作日内作出决定。对符合规定条件的,准予许可并发给化妆品生产许可证;对不符合规定条件的,不予许可并书面说明理由。

化妆品生产许可证有效期为5年。有效期届满需要延续的,依照《中华人民共和国行政许可法》的规定办理。

第二十八条 化妆品注册人、备案人可以自行生产化妆品,也可以委托其他企业生产化妆品。

委托生产化妆品的,化妆品注册人、备案人应当委托取得相应化妆品生产许可的企业,并对受委托企业(以下称受托生产企业)的生产活动进行监督,保证其按照法定要求进行生产。受托生产企业应当依照法律、法规、强制性国家标准、技术规范以及合同约定进行生产,对生产活动负责,并接受化妆品注册人、备案人的监督。

第二十九条 化妆品注册人、备案人、受托生产企业应当按照国务院药品监督管理部门制定的化妆品生产质量管理规范的要求组织生产化妆品,建立化妆品生产质量管理体系,建立并执行供应商遴选、原料验收、生产过程及质量控制、设备管理、产品检验及留样等管理制度。

化妆品注册人、备案人、受托生产企业应当按照化妆品注册或者备案资料载明的技术要求生产化妆品。

第三十条 化妆品原料、直接接触化妆品的包装材料应当符合强制性国家标准、技术规范。

不得使用超过使用期限、废弃、回收的化妆品或者化妆品原料生产化妆品。

第三十一条 化妆品注册人、备案人、受托生产企业应当建立并执行原料以及直接接触化妆品的包装材料进货查验记录制度、产品销售记录制度。进货查验记录和产品销售记录应当真实、完整,保证可追溯,保存期限不得少于产品使用期限届满后1年;产品使用期限不足1年的,记录保存期限不得少于2年。

化妆品经出厂检验合格后方可上市销售。

第三十二条 化妆品注册人、备案人、受托生产企业应当设质量安全负责人,承担相应的产品质量安全管理和产品放行职责。

质量安全负责人应当具备化妆品质量安全相关专业知识,并具有5年以上化妆品生产或者质量安全管理经验。

第三十三条 化妆品注册人、备案人、受托生产企业应当建立并执行从业人员健康管理制度。患有国务院卫生主管部门规定的有碍化妆品质量安全疾病的人员不得直接从事化妆品生产活动。

第三十四条 化妆品注册人、备案人、受托生产企业应当定期对化妆品生产质量管理规范的执行情况进行自查;生产条件发生变化,不再符合化妆品生产质量管理规范要求的,应当立即采取整改措施;可能影响化妆品质量安全的,应当立即停止生产并向所在地省、自治区、直辖市人民政府药品监督管理部门报告。

第三十五条 化妆品的最小销售单元应当有标签。标签应当符合相关法律、行政法规、强制性国家标准,内容真实、完整、准确。

进口化妆品可以直接使用中文标签,也可以加贴中文标签;加贴中文标签的,中文标签内容应当与原标签内容一致。

第三十六条 化妆品标签应当标注下列内容:

(一)产品名称、特殊化妆品注册证编号;

(二)注册人、备案人、受托生产企业的名称、地址;

(三)化妆品生产许可证编号;

(四)产品执行的标准编号;

（五）全成分；

（六）净含量；

（七）使用期限、使用方法以及必要的安全警示；

（八）法律、行政法规和强制性国家标准规定应当标注的其他内容。

第三十七条　化妆品标签禁止标注下列内容：

（一）明示或者暗示具有医疗作用的内容；

（二）虚假或者引人误解的内容；

（三）违反社会公序良俗的内容；

（四）法律、行政法规禁止标注的其他内容。

第三十八条　化妆品经营者应当建立并执行进货查验记录制度，查验供货者的市场主体登记证明、化妆品注册或者备案情况、产品出厂检验合格证明，如实记录并保存相关凭证。记录和凭证保存期限应当符合本条例第三十一条第一款的规定。

化妆品经营者不得自行配制化妆品。

第三十九条　化妆品生产经营者应当依照有关法律、法规的规定和化妆品标签标示的要求贮存、运输化妆品，定期检查并及时处理变质或者超过使用期限的化妆品。

第四十条　化妆品集中交易市场开办者、展销会举办者应当审查入场化妆品经营者的市场主体登记证明，承担入场化妆品经营者管理责任，定期对入场化妆品经营者进行检查；发现入场化妆品经营者有违反本条例规定行为的，应当及时制止并报告所在地县级人民政府负责药品监督管理的部门。

第四十一条　电子商务平台经营者应当对平台内化妆品经营者进行实名登记，承担平台内化妆品经营者管理责任，发现平台内化妆品经营者有违反本条例规定行为的，应当及时制止并报告电子商务平台经营者所在地省、自治区、直辖市人民政府药品监督管理部门；发现严重违法行为的，应当立即停止向违法的化妆品经营者提供电子商务平台服务。

平台内化妆品经营者应当全面、真实、准确、及时披露所经营化妆品的信息。

第四十二条　美容美发机构、宾馆等在经营中使用化妆品或者为消费者提供化妆品的，应当履行本条例规定的化妆品经营者义务。

第四十三条　化妆品广告的内容应当真实、合法。

化妆品广告不得明示或者暗示产品具有医疗作用，不得含有虚假或者引人误解的内容，不得欺骗、误导消费者。

第四十四条　化妆品注册人、备案人发现化妆品存在质量缺陷或者其他问题，可能危害人体健康的，应当立即停止生产，召回已经上市销售的化妆品，通知相关化妆品经营者和消费者停止经营、使用，并记录召回和通知情况。化妆品注册人、备案人应当对召回的化妆品采取补救、无害化处理、销毁等措施，并将化妆品召回和处理情况向所在地省、自治区、直辖市人民政府药品监督管理部门报告。

受托生产企业、化妆品经营者发现其生产、经营的化妆品有前款规定情形的，应当立即停止生产、经营，通知相关化妆品注册人、备案人。化妆品注册人、备案人应当立即实施召回。

负责药品监督管理的部门在监督检查中发现化妆品有本条第一款规定情形的，应当通知化妆品注册人、备案人实施召回，通知受托生产企业、化妆品经营者停止生产、经营。

化妆品注册人、备案人实施召回的，受托生产企业、化妆品经营者应当予以配合。

化妆品注册人、备案人、受托生产企业、经营者未依照本条规定实施召回或者停止生产、经营的，负责药品监督管理的部门责令其实施召回或者停止生产、经营。

第四十五条 出入境检验检疫机构依照《中华人民共和国进出口商品检验法》的规定对进口的化妆品实施检验；检验不合格的，不得进口。

进口商应当对拟进口的化妆品是否已经注册或者备案以及是否符合本条例和强制性国家标准、技术规范进行审核；审核不合格的，不得进口。进口商应当如实记录进口化妆品的信息，记录保存期限应当符合本条例第三十一条第一款的规定。

出口的化妆品应当符合进口国（地区）的标准或者合同要求。

第四章 监督管理

第四十六条 负责药品监督管理的部门对化妆品生产经营进行监督检查时，有权采取下列措施：

（一）进入生产经营场所实施现场检查；

（二）对生产经营的化妆品进行抽样检验；

（三）查阅、复制有关合同、票据、账簿以及其他有关资料；

（四）查封、扣押不符合强制性国家标准、技术规范或者有证据证明可能危害人体健康的化妆品及其原料、直接接触化妆品的包装材料，以及有证据证明用于违法生产经营的工具、设备；

（五）查封违法从事生产经营活动的场所。

第四十七条 负责药品监督管理的部门对化妆品生产经营进行监督检查时，监督检查人员不得少于2人，并应当出示执法证件。监督检查人员对监督检查中知悉的被检查单位的商业秘密，应当依法予以保密。被检查单位对监督检查应当予以配合，不得隐瞒有关情况。

负责药品监督管理的部门应当对监督检查情况和处理结果予以记录，由监督检查人员和被检查单位负责人签字；被检查单位负责人拒绝签字的，应当予以注明。

第四十八条 省级以上人民政府药品监督管理部门应当组织对化妆品进行抽样检验；对举报反映或者日常监督检查中发现问题较多的化妆品，负责药品监督管理的部门可以进行专项抽样检验。

进行抽样检验，应当支付抽取样品的费用，所需费用纳入本级政府预算。

负责药品监督管理的部门应当按照规定及时公布化妆品抽样检验结果。

第四十九条 化妆品检验机构按照国家有关认证认可的规定取得资质认定后，方可从事化妆品检验活动。化妆品检验机构的资质认定条件由国务院药品监督管理部门、国务院市场监督管理部门制定。

化妆品检验规范以及化妆品检验相关标准品管理规定，由国务院药品监督管理部门制定。

第五十条 对可能掺杂掺假或者使用禁止用于化妆品生产的原料生产的化妆品，按照化妆品国家标准规定的检验项目和检验方法无法检验的，国务院药品监督管理部门可以制定补充检验项目和检验方法，用于对化妆品的抽样检验、化妆品质量安全案件调查处理和不良反应调查处置。

第五十一条 对依照本条例规定实施的检验结论有异议的，化妆品生产经营者可以自收到检验结论之日起7个工作日内向实施抽样检验的部门或者其上一级负责药品监督管理的部门提出复检申请，由受理复检申请的部门在复检机构名录中随机确定复检机构进行复检。复检机构出具的复检结论为最终检验结论。复检机构与初检机构不得为同一机构。复检机构名录由国务院药品监督管理部门公布。

第五十二条 国家建立化妆品不良反应监测制度。化妆品注册人、备案人应当监测其上市销售化妆品的不良反应，及时开展评价，按照国务院药品监督管理部门的规定向化妆品不良反应监测机构报告。受托生产企业、化妆品经营者和医疗机构发现可能与使用化妆品有关的不良反应的，应当报告化妆品不良反应监测机构。鼓励其他单位和个人向化妆品不良反应监测机构或者负责药品监督管理的部门报告可能与使用化妆品有关的不良反应。

化妆品不良反应监测机构负责化妆品不良反应信息的收集、分析和评价，并向负责药品监督管理的部门提出处理建议。

化妆品生产经营者应当配合化妆品不良反应监测机构、负责药品监督管理的部门开展化妆品不良反应调查。

化妆品不良反应是指正常使用化妆品所引起的皮肤及其附属器官的病变，以及人体局部或者全身性的损害。

第五十三条 国家建立化妆品安全风险监测和评价制度，对影响化妆品质量安全的风险因素进行监测和评价，为制定化妆品质量安全风险控制措施和标准、开展化妆品抽样检验提供科学依据。

国家化妆品安全风险监测计划由国务院药品监督管理部门制定、发布并组织实施。国家化妆品安全风险监测计划应当明确重点监测的品种、项目和地域等。

国务院药品监督管理部门建立化妆品质量安全风险信息交流机制，组织化妆品生产经营者、检验机构、行业协会、消费者协会以及新闻媒体等就化妆品质量安全风险信息进行交流沟通。

第五十四条 对造成人体伤害或者有证据证明可能危害人体健康的化妆品，负责药品监督管理的部门可以采取责令暂停生产、经营的紧急控制措施，并发布安全警示信息；属于进口化妆品的，国家出入境检验检疫部门可以暂停进口。

第五十五条 根据科学研究的发展，对化妆品、化妆品原料的安全性有认识上的改变的，或者有证据表明化妆品、化妆品原料可能存在缺陷的，省级以上人民政府药品监督管理部门可以责令化妆品、化妆品新原料的注册人、备案人开展安全再评估或者直接组织开展安全再评估。再评估结果表明化妆品、化妆品原料不能保证安全的，由原注册部门撤销注册、备案部门取消备案，由国务院药品监督管理部门将该化妆品原料纳入禁止用于化妆品生产的原料目录，并向社会公布。

第五十六条 负责药品监督管理的部门应当依法及时公布化妆品行政许可、备案、日常监督检查结果、违法行为查处等监督管理信息。公布监督管理信息时，应当保守当事人的商业秘密。

负责药品监督管理的部门应当建立化妆品生产经营者信用档案。对有不良信用记录的化妆品生产经营者，增加监督检查频次；对有严重不良信用记录的生产经营者，按照规定实施联合惩戒。

第五十七条 化妆品生产经营过程中存在安全隐患，未及时采取措施消除的，负责药品监督管理的部门可以对化妆品生产经营者的法定代表人或者主要负责人进行责任约谈。化妆品生产经营者应当立即采取措施，进行整改，消除隐患。责任约谈情况和整改情况应当纳入化妆品生产经营者信用档案。

第五十八条 负责药品监督管理的部门应当公布本部门的网站地址、电子邮件地址或者电话，接受咨询、投诉、举报，并及时答复或者处理。对查证属实的举报，按照国家有关规定给予举报人奖励。

第五章 法律责任

第五十九条 有下列情形之一的，由负责药品监督管理的部门没收违法所得、违法生产经营的化妆品和专门用于违法生产经营的原料、包装材料、工具、设备等物品；违法生产经营的化妆品货值金额不足 1 万元的，并处 5 万元以上 15 万元以下罚款；货值金额 1 万元以上的，并处货值金额 15 倍以上 30 倍以下罚款；情节严重的，责令停产停业、由备案部门取消备案或者由原发证部门吊销化妆品许可证件，10 年内不予办理其提出的化妆品备案或者受理其提出的化妆品行政许可申请，对违法单位的法定代表人或者主要负责人、直接负责的主管人员和其他直接责任人员处以其上一年度从本单位取得收入的 3 倍以上 5 倍以下罚款，终身禁止其从事化妆品生产经营活动；构成犯罪的，依法追究刑事责任：

（一）未经许可从事化妆品生产活动，或者化妆品注册人、备案人委托未取得相应化妆品生产许可的企业生产化妆品；

（二）生产经营或者进口未经注册的特殊化妆品；

（三）使用禁止用于化妆品生产的原料、应当注册但未经注册的新原料生产化妆品，在化妆品中非法添加可能危害人体健康的物质，或者使用超过使用期限、废弃、回收的化妆品或者原料生产化妆品。

第六十条 有下列情形之一的，由负责药品监督管理的部门没收违法所得、违法生产经营的化妆品和专门用于违法生产经营的原料、包装材料、工具、设备等物品；违法生产经营的化妆品货值金额不足 1 万元的，并处 1 万元以上 5 万元以下罚款；货值金额 1 万元以上的，并处货值金额 5 倍以上 20 倍以下罚款；情节严重的，责令停产停业、由备案部门取消备案或者由原发证部门吊销化妆品许可证件，对违法单位的法定代表人或者主要负责人、直接负责的主管人员和其他直接责任人员处以其上一年度从本单位取得收入的 1 倍以上 3 倍以下罚款，10 年内禁止其从事化妆品生产经营活动；构成犯罪的，依法追究刑事责任：

（一）使用不符合强制性国家标准、技术规范的原料、直接接触化妆品的包

装材料,应当备案但未备案的新原料生产化妆品,或者不按照强制性国家标准或者技术规范使用原料;

(二)生产经营不符合强制性国家标准、技术规范或者不符合化妆品注册、备案资料载明的技术要求的化妆品;

(三)未按照化妆品生产质量管理规范的要求组织生产;

(四)更改化妆品使用期限;

(五)化妆品经营者擅自配制化妆品,或者经营变质、超过使用期限的化妆品;

(六)在负责药品监督管理的部门责令其实施召回后拒不召回,或者在负责药品监督管理的部门责令停止或者暂停生产、经营后拒不停止或者暂停生产、经营。

第六十一条 有下列情形之一的,由负责药品监督管理的部门没收违法所得、违法生产经营的化妆品,并可以没收专门用于违法生产经营的原料、包装材料、工具、设备等物品;违法生产经营的化妆品货值金额不足1万元的,并处1万元以上3万元以下罚款;货值金额1万元以上的,并处货值金额3倍以上10倍以下罚款;情节严重的,责令停产停业、由备案部门取消备案或者由原发证部门吊销化妆品许可证件,对违法单位的法定代表人或者主要负责人、直接负责的主管人员和其他直接责任人员处以其上一年度从本单位取得收入的1倍以上2倍以下罚款,5年内禁止其从事化妆品生产经营活动:

(一)上市销售、经营或者进口未备案的普通化妆品;

(二)未依照本条例规定设质量安全负责人;

(三)化妆品注册人、备案人未对受托生产企业的生产活动进行监督;

(四)未依照本条例规定建立并执行从业人员健康管理制度;

(五)生产经营标签不符合本条例规定的化妆品。

生产经营的化妆品的标签存在瑕疵但不影响质量安全且不会对消费者造成误导的,由负责药品监督管理的部门责令改正;拒不改正的,处2000元以下罚款。

第六十二条 有下列情形之一的,由负责药品监督管理的部门责令改正,给予警告,并处1万元以上3万元以下罚款;情节严重的,责令停产停业,并处3万元以上5万元以下罚款,对违法单位的法定代表人或者主要负责人、直接负责的主管人员和其他直接责任人员处1万元以上3万元以下罚款:

(一)未依照本条例规定公布化妆品功效宣称依据的摘要;

(二)未依照本条例规定建立并执行进货查验记录制度、产品销售记录制度;

（三）未依照本条例规定对化妆品生产质量管理规范的执行情况进行自查；

（四）未依照本条例规定贮存、运输化妆品；

（五）未依照本条例规定监测、报告化妆品不良反应，或者对化妆品不良反应监测机构、负责药品监督管理的部门开展的化妆品不良反应调查不予配合。

进口商未依照本条例规定记录、保存进口化妆品信息的，由出入境检验检疫机构依照前款规定给予处罚。

第六十三条 化妆品新原料注册人、备案人未依照本条例规定报告化妆品新原料使用和安全情况的，由国务院药品监督管理部门责令改正，处5万元以上20万元以下罚款；情节严重的，吊销化妆品新原料注册证或者取消化妆品新原料备案，并处20万元以上50万元以下罚款。

第六十四条 在申请化妆品行政许可时提供虚假资料或者采取其他欺骗手段的，不予行政许可，已经取得行政许可的，由作出行政许可决定的部门撤销行政许可，5年内不受理其提出的化妆品相关许可申请，没收违法所得和已经生产、进口的化妆品；已经生产、进口的化妆品货值金额不足1万元的，并处5万元以上15万元以下罚款；货值金额1万元以上的，并处货值金额15倍以上30倍以下罚款；对违法单位的法定代表人或者主要负责人、直接负责的主管人员和其他直接责任人员处以其上一年度从本单位取得收入的3倍以上5倍以下罚款，终身禁止其从事化妆品生产经营活动。

伪造、变造、出租、出借或者转让化妆品许可证件的，由负责药品监督管理的部门或者原发证部门予以收缴或者吊销，没收违法所得；违法所得不足1万元的，并处5万元以上10万元以下罚款；违法所得1万元以上的，并处违法所得10倍以上20倍以下罚款；构成违反治安管理行为的，由公安机关依法给予治安管理处罚；构成犯罪的，依法追究刑事责任。

第六十五条 备案时提供虚假资料的，由备案部门取消备案，3年内不予办理其提出的该项备案，没收违法所得和已经生产、进口的化妆品；已经生产、进口的化妆品货值金额不足1万元的，并处1万元以上3万元以下罚款；货值金额1万元以上的，并处货值金额3倍以上10倍以下罚款；情节严重的，责令停产停业直至由原发证部门吊销化妆品生产许可证，对违法单位的法定代表人或者主要负责人、直接负责的主管人员和其他直接责任人员处以其上一年度从本单位取得收入的1倍以上2倍以下罚款，5年内禁止其从事化妆品生产经营活动。

已经备案的资料不符合要求的，由备案部门责令限期改正，其中，与化妆品、化妆品新原料安全性有关的备案资料不符合要求的，备案部门可以同时责令暂停销售、使用；逾期不改正的，由备案部门取消备案。

备案部门取消备案后，仍然使用该化妆品新原料生产化妆品或者仍然上市销售、进口该普通化妆品的，分别依照本条例第六十条、第六十一条的规定给予处罚。

第六十六条 化妆品集中交易市场开办者、展销会举办者未依照本条例规定履行审查、检查、制止、报告等管理义务的，由负责药品监督管理的部门处2万元以上10万元以下罚款；情节严重的，责令停业，并处10万元以上50万元以下罚款。

第六十七条 电子商务平台经营者未依照本条例规定履行实名登记、制止、报告、停止提供电子商务平台服务等管理义务的，由省、自治区、直辖市人民政府药品监督管理部门依照《中华人民共和国电子商务法》的规定给予处罚。

第六十八条 化妆品经营者履行了本条例规定的进货查验记录等义务，有证据证明其不知道所采购的化妆品是不符合强制性国家标准、技术规范或者不符合化妆品注册、备案资料载明的技术要求的，收缴其经营的不符合强制性国家标准、技术规范或者不符合化妆品注册、备案资料载明的技术要求的化妆品，可以免除行政处罚。

第六十九条 化妆品广告违反本条例规定的，依照《中华人民共和国广告法》的规定给予处罚；采用其他方式对化妆品作虚假或者引人误解的宣传的，依照有关法律的规定给予处罚；构成犯罪的，依法追究刑事责任。

第七十条 境外化妆品注册人、备案人指定的在我国境内的企业法人未协助开展化妆品不良反应监测、实施产品召回的，由省、自治区、直辖市人民政府药品监督管理部门责令改正，给予警告，并处2万元以上10万元以下罚款；情节严重的，处10万元以上50万元以下罚款，5年内禁止其法定代表人或者主要负责人、直接负责的主管人员和其他直接责任人员从事化妆品生产经营活动。

境外化妆品注册人、备案人拒不履行依据本条例作出的行政处罚决定的，10年内禁止其化妆品进口。

第七十一条 化妆品检验机构出具虚假检验报告的，由认证认可监督管理部门吊销检验机构资质证书，10年内不受理其资质认定申请，没收所收取的检验费用，并处5万元以上10万元以下罚款；对其法定代表人或者主要负责人、直接负责的主管人员和其他直接责任人员处以其上一年度从本单位取得收入的1倍以上3倍以下罚款，依法给予或者责令给予降低岗位等级、撤职或者开除的处分，受到开除处分的，10年内禁止其从事化妆品检验工作；构成犯罪的，依法追究刑事责任。

第七十二条　化妆品技术审评机构、化妆品不良反应监测机构和负责化妆品安全风险监测的机构未依照本条例规定履行职责，致使技术审评、不良反应监测、安全风险监测工作出现重大失误的，由负责药品监督管理的部门责令改正，给予警告，通报批评；造成严重后果的，对其法定代表人或者主要负责人、直接负责的主管人员和其他直接责任人员，依法给予或者责令给予降低岗位等级、撤职或者开除的处分。

第七十三条　化妆品生产经营者、检验机构招用、聘用不得从事化妆品生产经营活动的人员或者不得从事化妆品检验工作的人员从事化妆品生产经营或者检验的，由负责药品监督管理的部门或者其他有关部门责令改正，给予警告；拒不改正的，责令停产停业直至吊销化妆品许可证件、检验机构资质证书。

第七十四条　有下列情形之一，构成违反治安管理行为的，由公安机关依法给予治安管理处罚；构成犯罪的，依法追究刑事责任：

（一）阻碍负责药品监督管理的部门工作人员依法执行职务；

（二）伪造、销毁、隐匿证据或者隐藏、转移、变卖、损毁依法查封、扣押的物品。

第七十五条　负责药品监督管理的部门工作人员违反本条例规定，滥用职权、玩忽职守、徇私舞弊的，依法给予警告、记过或者记大过的处分；造成严重后果的，依法给予降级、撤职或者开除的处分；构成犯罪的，依法追究刑事责任。

第七十六条　违反本条例规定，造成人身、财产或者其他损害的，依法承担赔偿责任。

第六章　附　　则

第七十七条　牙膏参照本条例有关普通化妆品的规定进行管理。牙膏备案人按照国家标准、行业标准进行功效评价后，可以宣称牙膏具有防龋、抑牙菌斑、抗牙本质敏感、减轻牙龈问题等功效。牙膏的具体管理办法由国务院药品监督管理部门拟订，报国务院市场监督管理部门审核、发布。

香皂不适用本条例，但是宣称具有特殊化妆品功效的适用本条例。

第七十八条　对本条例施行前已经注册的用于育发、脱毛、美乳、健美、除臭的化妆品自本条例施行之日起设置5年的过渡期，过渡期内可以继续生产、进口、销售，过渡期满后不得生产、进口、销售该化妆品。

第七十九条　本条例所称技术规范，是指尚未制定强制性国家标准、国务院药品监督管理部门结合监督管理工作需要制定的化妆品质量安全补充技术要求。

第八十条 本条例自2021年1月1日起施行。《化妆品卫生监督条例》同时废止。

国务院文件

国务院办公厅关于开展国家脱贫攻坚普查的通知

（2020 年 4 月 8 日　国办发〔2020〕7 号）

根据《中共中央　国务院关于打赢脱贫攻坚战三年行动的指导意见》部署，经国务院同意，定于 2020 年至 2021 年年初开展国家脱贫攻坚普查。现将有关事项通知如下：

一、普查目的和意义

脱贫攻坚是党中央、国务院作出的重大决策部署，是全面建成小康社会、实现第一个百年奋斗目标的标志性工程和底线任务。国家脱贫攻坚普查是精准扶贫精准脱贫的重要基础性工作，是对脱贫攻坚成效的一次全面检验。普查重点围绕脱贫结果的真实性和准确性，全面了解贫困人口脱贫实现情况，为分析判断脱贫攻坚成效、总结发布脱贫攻坚成果提供真实准确的统计信息，为党中央适时宣布打赢脱贫攻坚战、全面建成小康社会提供数据支撑，确保经得起历史和人民检验。

二、普查范围和对象

普查范围是 832 个国家扶贫开发工作重点县和集中连片特困地区县，享受片区政策的新疆维吾尔自治区阿克苏地区 7 个市县，以及在中西部 22 个省（区、市）抽取的部分其他县。

普查对象为普查范围内的全部行政村（包括有建档立卡户的居委会、社区）和全部建档立卡户。

三、普查内容和标准时点

普查内容包括建档立卡户基本情况、“两不愁三保障”实现情况、主要收入来源、获得帮扶和参与脱贫攻坚项目情况，以及县和行政村基本公共服务情况等。

普查标准时点为 2020 年 12 月 31 日。

四、普查组织和实施

为加强组织领导，国务院成立了国家脱贫攻坚普查领导小组，负责国家脱贫攻坚普查组织和实施，协调解决普查中的重大问题。领导小组办公室设在国家统计局，具体负责普查的组织和实施。各成员单位要按照职能分工，各负其责、通力协作、密切配合。

中西部22个省（区、市）普查领导小组及其办公室要加强领导，精心组织，及时解决普查工作中遇到的困难和问题，地方有关部门要积极配合做好普查工作。地方普查机构根据工作需要，选调符合条件的普查指导员和普查员。要保证选调人员在原单位的工资、福利及其他待遇不变，稳定普查工作队伍，确保普查工作顺利进行。

五、普查经费保障

国家脱贫攻坚普查所需经费，由中央和地方各级财政按规定予以保障，列入相应年度政府预算，按时拨付、确保到位。

六、普查工作要求

（一）提高思想认识。要深入贯彻落实习近平总书记关于脱贫攻坚普查的重要指示精神，提高政治站位，把思想和行动统一到党中央、国务院决策部署上来，高度重视，周密部署，分工协作，分级负责，坚决克服新冠肺炎疫情影响，扎实做好普查各项工作，确保高质量完成普查任务。

（二）坚持依法普查。普查工作应当严格遵守执行《中华人民共和国统计法》、《中华人民共和国统计法实施条例》和国家脱贫攻坚普查方案。普查对象要真实、准确、完整、及时地提供普查所需的资料，不得虚报、瞒报、迟报、拒报。普查机构和普查人员应当如实搜集、报送普查资料，不得伪造、篡改普查资料，不得以任何方式要求普查对象提供不真实的普查资料。地方各级人民政府及有关部门和单位不得自行修改普查机构和普查人员依法搜集的普查资料，不得以任何方式要求普查机构、普查人员及其他机构人员伪造、篡改普查资料。普查取得的资料严格限定用于普查目的，各级普查机构及其工作人员必须严格履行保密义务。

（三）确保数据质量。充分利用先进信息技术直接采集上报源头数据，严格普查全流程数据质量管理，加强对普查指导员和普查员的管理和培训，建立数据质量保障和管理机制。加大统计执法和违纪违法行为惩戒力度，坚决杜绝人为干扰普查工作的现象。对于依纪依法应当给予党纪政务处分或组织处理的，由统计机构及时移送任免机关、纪检监察机关或组织（人事）部门处理。

（四）做好宣传引导。各级普查机构要会同宣传部门认真做好普查宣传的策划和组织工作。教育广大普查人员依法开展普查，引导广大普查对象依法配合普查，为普查工作顺利实施创造良好的舆论环境。要及时向社会公布脱贫攻坚普查有关情况，接受社会监督，提高普查透明度和公信力。

国务院办公厅关于印发生态环境领域中央与地方财政事权和支出责任划分改革方案的通知

（2020年5月31日　国办发〔2020〕13号）

《生态环境领域中央与地方财政事权和支出责任划分改革方案》已经党中央、国务院同意，现印发给你们，请结合实际认真贯彻落实。

生态环境领域中央与地方财政事权和支出责任划分改革方案

按照党中央、国务院有关决策部署，现就生态环境领域中央与地方财政事权和支出责任划分改革制定如下方案。

一、总体要求

以习近平新时代中国特色社会主义思想为指导，全面贯彻党的十九大和十九届二中、三中、四中全会以及中央经济工作会议精神，贯彻落实习近平生态文明思想，坚持绿水青山就是金山银山，健全充分发挥中央和地方两个积极性体制机制，适当加强中央在跨区域生态环境保护等方面事权，优化政府间事权和财权划分，建立权责清晰、财力协调、区域均衡的中央和地方财政关系，形成稳定的各级政府事权、支出责任和财力相适应的制度，坚决打好污染防治攻坚战，加快构建生态文明体系，推进生态文明体制改革，为推进美丽中国建设、实现人与自然和谐共生的现代化提供有力支撑。

二、主要内容

（一）生态环境规划制度制定。

将国家生态环境规划、跨区域生态环境规划、重点流域海域生态环境规划、影响较大的重点区域生态环境规划和国家应对气候变化规划制定，确认为中央财政事权，由中央承担支出责任。

将其他生态环境规划制定确认为地方财政事权，由地方承担支出责任。

（二）生态环境监测执法。

将国家生态环境监测网的建设与运行维护，生态环境法律法规和相关政策执行情况及生态环境质量责任落实情况监督检查，全国性的生态环境执法检查和督察，确认为中央财政事权，由中央承担支出责任。

将地方性的生态环境监测、执法检查、督察确认为地方财政事权，由地方承担支出责任。

（三）生态环境管理事务与能力建设。

将国务院有关部门负责的规划和建设项目的环境影响评价管理及事中事后监管，全国性的重点污染物减排和环境质量改善等生态文明建设目标评价考核，全国入河入海排污口设置管理，全国控制污染物排放许可制、排污权有偿使用和交易、碳排放权交易的统一监督管理，全国性的生态环境普查、统计、专项调查评估和观测，具有全局性和战略性意义、生态受益范围广泛的生态保护修复的指导协调和监督，核与辐射安全监督管理，全国性的生态环境宣传教育，国家重大环境信息的统一发布，生态环境相关国际条约履约组织协调等事项，确认为中央财政事权，由中央承担支出责任。

将地方规划和建设项目的环境影响评价管理及事中事后监管，地方性的重点污染物减排和环境质量改善等生态文明建设目标评价考核，控制污染物排放许可制的地方监督管理，生态受益范围地域性较强的地方性生态保护修复的指导协调和监督，地方性辐射安全监督管理，地方性的生态环境宣传教育，地方环境信息发布，地方行政区域内控制温室气体排放等事项，确认为地方财政事权，由地方承担支出责任。

（四）环境污染防治。

将跨国界水体污染防治确认为中央财政事权，由中央承担支出责任。

将放射性污染防治，影响较大的重点区域大气污染防治，长江、黄河等重点流域以及重点海域、影响较大的重点区域水污染防治等事项，确认为中央与地方共同财政事权，由中央与地方共同承担支出责任。适当加强中央在长江、黄河等跨区域生态环境保护和治理方面的事权。

将土壤污染防治、农业农村污染防治、固体废物污染防治、化学品污染防治、地下水污染防治以及其他地方性大气和水污染防治，确认为地方财政事权，由地方承担支出责任，中央财政通过转移支付给予支持。将噪声、光、恶臭、电磁辐射污染防治等事项，确认为地方财政事权，由地方承担支出责任。

（五）生态环境领域其他事项。

将研究制定生态环境领域法律法规和国家政策、标准、技术规范等，确认为中央财政事权，由中央承担支出责任。

将研究制定生态环境领域地方性法规和地方政策、标准、技术规范等，确认为地方财政事权，由地方承担支出责任。

生态环境领域国际合作交流有关事项中央与地方财政事权和支出责任划分按照外交领域改革方案执行。中央与新疆生产建设兵团财政事权和支出责任划分，参照中央与地方划分原则执行；财政支持政策原则上参照新疆维吾尔自治区有关政策执行，并适当考虑新疆生产建设兵团的特殊因素。

三、配套措施

（一）加强组织领导。各地区各有关部门要增强“四个意识”、坚定“四个自信”、做到“两个维护”，把思想和行动统一到党中央、国务院决策部署上来，加强组织领导，切实履行职责，密切协调配合，确保改革工作落实到位。

（二）落实支出责任。各级政府要始终坚持把生态环境作为财政支出的重点领域，根据本方案确定的中央与地方财政事权和支出责任划分，按规定做好预算安排，切实履行支出责任。要调整优化资金使用方向，提高资金使用绩效，支持打好污染防治攻坚战，不断满足人民日益增长的优美生态环境需要。

（三）推进省以下改革。各省级人民政府要参照本方案要求，结合省以下财政体制等实际，合理划分生态环境领域省以下财政事权和支出责任。要加强省级统筹，加大对区域内承担重要生态功能地区的转移支付力度。要将适宜由地方更高一级政府承担的生态环境领域基本公共服务支出责任上移，避免基层政府承担过多支出责任。

（四）协同推进改革。生态环境领域中央与地方财政事权和支出责任划分改革既是财税体制改革的有机组成，也是生态文明体制改革的重要内容，要与生态环境领域相关改革紧密结合、协同推进、良性互动、形成合力，适时修订完善相关法律法规和管理制度，加快推进依法行政、依法理财。

本方案自2020年1月1日起实施。

国务院办公厅关于印发公共文化领域中央与地方财政事权和支出责任划分改革方案的通知

（2020年6月4日　国办发〔2020〕14号）

《公共文化领域中央与地方财政事权和支出责任划分改革方案》已经党中

央、国务院同意，现印发给你们，请结合实际认真贯彻落实。

公共文化领域中央与地方财政事权和支出责任划分改革方案

按照党中央、国务院有关决策部署，现就公共文化领域中央与地方财政事权和支出责任划分改革制定如下方案。

一、总体要求

以习近平新时代中国特色社会主义思想为指导，全面贯彻党的十九大和十九届二中、三中、四中全会以及中央经济工作会议精神，健全充分发挥中央和地方两个积极性体制机制，优化政府间事权和财权划分，建立权责清晰、财力协调、区域均衡的中央和地方财政关系，形成稳定的各级政府事权、支出责任和财力相适应的制度，健全公共文化服务财政保障机制，促进基本公共文化服务标准化、均等化，确保财政公共文化投入水平与国家经济社会发展阶段相适应，坚持和完善繁荣发展社会主义先进文化的制度，巩固全体人民团结奋斗的共同思想基础。

二、主要内容

（一）基本公共文化服务方面。

1. *基层公共文化设施免费或低收费开放。*将基层公共文化设施按照国家规定实行免费或低收费开放，确认为中央与地方共同财政事权，由中央与地方共同承担支出责任。主要包括地方文化文物系统所属博物馆、纪念馆、公共图书馆、美术馆、文化馆（站），以及全国爱国主义教育示范基地，按照国家规定实行免费开放；体育部门所属公共体育场馆按照国家规定实行免费或低收费开放等。

上述博物馆、纪念馆、公共图书馆、美术馆、文化馆（站）、全国爱国主义教育示范基地免费开放，所需经费由中央与地方财政分档按比例分担，其中：第一档中央财政分担80%；第二档中央财政分担60%；第三档中央财政分担50%；第四档中央财政分担30%；第五档中央财政分担10%。上述公共体育场馆免费或低收费开放，中央财政根据大型体育场馆开放数量、补助标准、绩效情况等确定对地方转移支付资金。

第一档包括内蒙古、广西、重庆、四川、贵州、云南、西藏、陕西、甘肃、青海、宁夏、新疆等12个省（自治区、直辖市）；第二档包括河北、山西、吉林、黑龙江、安徽、江西、河南、湖北、湖南、海南等10个省；第三档包括辽宁、福建、山东等3

个省（不含计划单列市）；第四档包括天津、江苏、浙江、广东等4个省（直辖市）及大连、宁波、厦门、青岛、深圳等5个计划单列市；第五档包括北京、上海等2个直辖市。党中央、国务院明确规定比照享受相关区域政策的地区按相关规定执行。

2. 其他基本公共文化服务事项。将国家基本公共文化服务指导标准涉及的读书看报、收听广播、观看电视、观赏电影、送地方戏、文体活动等其他事项，确认为中央与地方共同财政事权，由中央与地方共同承担支出责任。中央财政根据基本公共文化服务工作任务量、补助标准、绩效情况、财力状况等统筹确定对地方转移支付资金。

（二）文化艺术创作扶持方面。

将文化艺术创作扶持方面的有关事项按政策确定层级和组织实施主体分别划分财政事权和支出责任。主要包括为落实中央关于繁荣发展社会主义文艺的部署要求，由政府组织实施或支持开展的公益性文化活动、展览、文艺创作演出等，涉及文学、舞台艺术、美术、广播电视和网络视听节目、电影、出版等方面。

中央确定并由中央职能部门组织实施或支持开展的事项，确认为中央财政事权，由中央承担支出责任；中央确定并由中央职能部门、地方共同组织实施或支持开展的事项，确认为中央与地方共同财政事权，由中央与地方按照相关职责分工分别承担支出责任；地方确定并由地方组织实施或支持开展的事项，确认为地方财政事权，由地方承担支出责任。

（三）文化遗产保护传承方面。

1. 物质文化遗产保护。主要包括文物保护单位保护、可移动文物保护、古籍保护、考古等。中央职能部门组织实施的物质文化遗产保护，确认为中央财政事权，由中央承担支出责任；纳入国家物质文化遗产保护有关规划，并由地方组织实施的文物保护单位保护、国有文物收藏单位馆藏珍贵可移动文物保护、考古等，确认为中央与地方共同财政事权，由中央与地方共同承担支出责任，中央财政根据保护需求、工作任务量、绩效情况、财力状况等确定对地方转移支付资金；其他物质文化遗产保护事项，确认为地方财政事权，由地方承担支出责任。

2. 非物质文化遗产保护。主要包括非物质文化遗产代表性项目保护、非物质文化遗产代表性传承人传习活动、文化生态保护区保护等。中央职能部门组织实施的国家级非物质文化遗产代表性项目和传承人传习活动等，确认为中央财政事权，由中央承担支出责任；地方组织实施的国家级非物质文化遗产代表性项目和传承人传习活动、文化生态保护区保护等，确认为中央与地方共同财政事权，由中央与地方共同承担支出责任，中央财政根据保护需求、工作任务量、绩效情况、财力状况等确定对地方转移支付资金；地方组织实施的省级及以下非物质文化遗产代表性项目和传承人传习活动、文化生态保护区保护等，确认为地方财政事权，由地方承担支出责任。

（四）文化交流方面。

1. 对外及对港澳台文化交流合作。主要包括落实文化交流与合作协定及其执行计划，开展演出、展览、会展等对外及对港澳台文化交流和推广活动，涉及文学、舞台艺术、美术、广播电视和网络视听节目、电影、出版等方面。中央职能部门组织实施的事项，确认为中央财政事权，由中央承担支出责任；中央职能部门、地方共同组织实施的事项，确认为中央与地方共同财政事权，由中央与地方按照相关职责分工分别承担支出责任；地方组织实施的事项，确认为地方财政事权，由地方承担支出责任。

2. 海外中国文化中心建设。主要包括按照规划开展的海外中国文化中心建设、运行和相关交流活动。中央职能部门组织实施的事项，确认为中央财政事权，由中央承担支出责任；由中央职能部门指导地方组织实施的事项，确认为中央与地方共同财政事权，由中央与地方按照相关职责分工分别承担支出责任。

（五）能力建设方面。

1. 公共文化机构改革和发展建设。主要包括按照国家规定对文化文物系统所属博物馆、公共图书馆、美术馆、广播电视节目制作播出传输机构、文艺院团等公共文化机构改革和发展建设的补助（地方基本公共文化服务除外）。按照隶属关系，对中央级公共文化机构改革和发展建设的补助，确认为中央财政事权，由中央承担支出责任；对地方级公共文化机构改革和发展建设的补助，确认为地方财政事权，由地方承担支出责任。

2. 公共文化管理。主要包括各级有关职能部门及所属机构承担的文化事业和文化市场、电影出版、广播电视和网络视听、文物保护管理，以及人才培养、文化志愿活动等。按照隶属关系，中央职能部门及所属机构承担的事项，确认为中央财政事权，由中央承担支出责任；地方职能部门及所属机构承担的事项，确认为地方财政事权，由地方承担支出责任。

中央预算内投资支出按国家有关规定执行，主要用于中央财政事权或中央与地方共同财政事权事项。中央与新疆生产建设兵团财政事权和支出责任划分，参照中央与地方划分原则执行；财政支持政策原则上参照新疆维吾尔自治区有关政策执行，并适当考虑新疆生产建设兵团的特殊因素。中央和地方通过政府购买服务等形式，支持社会力量参与公共文化服务。公共文化领域其他未列事项，按照改革的总体要求和事项特点具体确定财政事权和支出责任。

三、配套措施

（一）加强组织领导。各地区各有关部门要增强“四个意识”、坚定“四个自信”、做到“两个维护”，切实把思想和行动统一到党中央、国务院决策部署上来，加强组织领导，切实履行职责，密切协调配合，确保改革工作落实到位。

（二）强化投入保障。全面实施预算绩效管理，着力提高公共文化领域财政资源配置效率、使用效益和公共服务质量。中央财政加大对困难地区的均衡性转移支付力度，地方财政要统筹安排上级转移支付和自有财力，促进基本公共文化服务标准化、均等化。符合区域规划的公共文化机构基本建设等资本性支出可通过依法发行地方政府债券方式安排。

（三）协同推进改革。公共文化领域财政事权和支出责任划分改革，要与深化文化体制改革、文物保护利用改革等紧密结合，并根据改革发展形势以及相关条件成熟情况，适时优化调整财政事权事项，健全基础标准，进一步规范支出责任。省级政府要参照本方案的要求，合理划分省以下公共文化领域财政事权和支出责任。要将适宜由地方更高一级政府承担的基本公共文化服务支出责任上移，避免过多增加基层政府支出压力。

本方案自2020年1月1日起实施。

国务院关于落实《政府工作报告》重点工作部门分工的意见

（2020年6月6日　国发〔2020〕6号）

为全面贯彻党的十九大和十九届二中、三中、四中全会精神，深入落实中央经济工作会议精神和十三届全国人大三次会议通过的《政府工作报告》部署，做好今年政府工作，实现经济社会发展目标任务，现就《政府工作报告》确定的重点工作，提出部门分工意见如下：

一、落实2020年发展主要目标和下一阶段工作总体部署

（一）总体要求和主要预期目标。

1. 在以习近平同志为核心的党中央坚强领导下，以习近平新时代中国特色社会主义思想为指导，全面贯彻党的十九大和十九届二中、三中、四中全会精神，坚决贯彻党的基本理论、基本路线、基本方略，增强“四个意识”、坚定“四个自信”、做到“两个维护”，紧扣全面建成小康社会目标任务，统筹推进疫情防控和经济社会发展工作，在疫情防控常态化前提下，坚持稳中求进工作总基调，坚持新发展理念，坚持以供给侧结构性改革为主线，坚持以改革开放为动力推动高质量发展，坚决打好三大攻坚战，加大“六稳”工作力度，保居民就业、保基本民生、保市场主体、保粮食能源安全、保产业链供应链稳定、保基层运转，坚定实施扩大内需战略，维护经济发展和社会稳定大局，确保完成决战决胜脱贫攻坚目标任务，全面建成小康社会。（国务院各部门分别负责，年内持续推进）

2. 优先稳就业保民生，坚决打赢脱贫攻坚战，努力实现全面建成小康社会目标任务；城镇新增就业900万人以上，城镇调查失业率6%左右，城镇登记失业率5.5%左右；居民消费价格涨幅3.5%左右；进出口促稳提质，国际收支基本平衡；居民收入增长与经济增长基本同步；现行标准下农村贫困人口全部脱贫、贫困县全部摘帽；重大金融风险有效防控；单位国内生产总值能耗和主要污染物排放量继续下降，努力完成“十三五”规划目标任务。（国家发展改革委、财政部、人力资源社会保障部、生态环境部、商务部、人民银行、海关总署、银保监会、证监会、国家外汇局、国务院扶贫办等按职责分工负责，12月底前完成）

（二）积极的财政政策要更加积极有为。

3. 今年赤字率拟按3.6%以上安排，财政赤字规模比去年增加1万亿元，同时发行1万亿元抗疫特别国债。上述2万亿元全部转给地方，建立特殊转移支付机制，资金直达市县基层、直接惠企利民，主要用于保就业、保基本民生、保市场主体，包括支持减税降费、减租降息、扩大消费和投资等，强化公共财政属性，决不允许截留挪用。要大力优化财政支出结构，基本民生支出只增不减，重点领域支出要切实保障，一般性支出要坚决压减，严禁新建楼堂馆所，严禁铺张浪费。各级政府必须真正过紧日子，中央政府要带头，中央本级支出安排负增长，其中非急需非刚性支出压减50%以上。各类结余、沉淀资金要应收尽收、重新安排。要大力提质增效，各项支出务必精打细算，一定要把每一笔钱都用在刀刃上、紧要处，一定要让市场主体和人民群众有真真切切的感受。（财政部牵头，国家发展改革委、人力资源社会保障部、人民银行、税务总局等按职责分工负责，12月底前完成）

（三）稳健的货币政策要更加灵活适度。

4. 综合运用降准降息、再贷款等手段，引导广义货币供应量和社会融资规模增速明显高于去年。保持人民币汇率在合理均衡水平上基本稳定。（人民银行、国家外汇局牵头，年内持续推进）创新直达实体经济的货币政策工具，务

必推动企业便利获得贷款，推动利率持续下行。（人民银行、银保监会、国家发展改革委、财政部等按职责分工负责，年内持续推进）

（四）就业优先政策要全面强化。

5. 财政、货币和投资等政策要聚力支持稳就业。努力稳定现有就业，积极增加新的就业，促进失业人员再就业。各地要清理取消对就业的不合理限制，促就业举措要应出尽出，拓岗位办法要能用尽用。（人力资源社会保障部、国家发展改革委、财政部、人民银行等按职责分工负责，年内持续推进）

（五）继续打好三大攻坚战。

6. 脱贫是全面建成小康社会必须完成的硬任务，要坚持现行脱贫标准，增加扶贫投入，强化扶贫举措落实，确保剩余贫困人口全部脱贫，健全和执行好返贫人口监测帮扶机制，巩固脱贫成果。（国务院扶贫办牵头，年内持续推进）

7. 要打好蓝天、碧水、净土保卫战，实现污染防治攻坚战阶段性目标。（生态环境部牵头，年内持续推进）

8. 加强金融等领域重大风险防控，坚决守住不发生系统性风险底线。（人民银行、银保监会、证监会、国家发展改革委、财政部、国家外汇局等按职责分工负责，年内持续推进）

二、加大宏观政策实施力度，着力稳企业保就业

（六）加大减税降费力度。

9. 强化阶段性政策，与制度性安排相结合，放水养鱼，助力市场主体纾困发展。继续执行去年出台的下调增值税税率和企业养老保险费率政策，新增减税降费约5000亿元。前期出台6月前到期的减税降费政策，包括免征中小微企业养老、失业和工伤保险单位缴费，减免小规模纳税人增值税，免征公共交通运输、餐饮住宿、旅游娱乐、文化体育等服务增值税，减免民航发展基金、港口建设费，执行期限全部延长到今年年底。小微企业、个体工商户所得税缴纳一律延缓到明年。预计全年为企业新增减负超过2.5万亿元。要坚决把减税降费政策落到企业，尽力帮助企业特别是中小微企业、个体工商户渡过难关。（财政部、国家发展改革委、工业和信息化部、人力资源社会保障部、住房城乡建设部、交通运输部、商务部、文化和旅游部、税务总局、市场监管总局、国家医保局、中国民航局等按职责分工负责，年内持续推进）

（七）推动降低企业生产经营成本。

10. 降低工商业电价5%政策延长到今年年底。宽带和专线平均资费降低15%。减免国有房产租金，鼓励各类业主减免或缓收房租，并予政策支持。坚决整治涉企违规收费。（国家发展改革委、工业和信息化部、财政部、住房城乡建设部、国务院国资委、市场监管总局等按职责分工负责，6月底前出台相关

政策,年内持续推进)

(八)强化对稳企业的金融支持。

11. 中小微企业贷款延期还本付息政策再延长至明年3月底,对普惠型小微企业贷款应延尽延,对其他困难企业贷款协商延期。(人民银行、银保监会牵头,6月底前出台相关政策,年内持续推进)完善考核激励机制,鼓励银行敢贷、愿贷、能贷,大幅增加小微企业信用贷、首贷、无还本续贷,利用金融科技和大数据降低服务成本,提高服务精准性。(人民银行、银保监会、国家发展改革委牵头,6月底前出台相关政策,年内持续推进)大幅拓展政府性融资担保覆盖面并明显降低费率。(财政部、银保监会牵头,年内持续推进)大型商业银行普惠型小微企业贷款增速要高于40%。(银保监会、人民银行牵头,12月底前完成)促进涉企信用信息共享。(国家发展改革委、人民银行、市场监管总局等按职责分工负责,年内持续推进)支持企业扩大债券融资。(人民银行、国家发展改革委、证监会等按职责分工负责,8月底前出台相关政策,年内持续推进)加强监管,防止资金"空转"套利,打击恶意逃废债。金融机构与贷款企业共生共荣,鼓励银行合理让利。(国家发展改革委、财政部、人民银行、银保监会、证监会等按职责分工负责,年内持续推进)为保市场主体,一定要让中小微企业贷款可获得性明显提高,一定要让综合融资成本明显下降。(人民银行、银保监会、财政部等按职责分工负责,适时出台相关政策,年内持续推进)

(九)千方百计稳定和扩大就业。

12. 加强对重点行业、重点群体就业支持。(人力资源社会保障部牵头,年内持续推进)今年高校毕业生达874万人,要促进市场化社会化就业,高校和属地政府都要提供不断线的就业服务,扩大基层服务项目招聘。(人力资源社会保障部、教育部、财政部等按职责分工负责,年内持续推进)做好退役军人安置和就业保障。(退役军人部牵头,年内持续推进)实行农民工在就业地平等享受就业服务政策。(人力资源社会保障部牵头,年内持续推进)帮扶残疾人、零就业家庭等困难群体就业。(人力资源社会保障部、中国残联等按职责分工负责,年内持续推进)今年对低收入人员实行社保费自愿缓缴政策,涉及就业的行政事业性收费全部取消,合理设定流动摊贩经营场所。(人力资源社会保障部、财政部、国家发展改革委、住房城乡建设部、税务总局等按职责分工负责,7月底前出台相关政策)资助以训稳岗拓岗,加强面向市场的技能培训,鼓励以工代训,共建共享生产性实训基地,今明两年职业技能培训3500万人次以上,高职院校扩招200万人,要使更多劳动者长技能、好就业。(人力资源社会保障部、教育部、国家发展改革委、财政部等按职责分工负责,12月底前完成当年任务)

三、依靠改革激发市场主体活力，增强发展新动能

（十）深化“放管服”改革。

13. 在常态化疫情防控下，要调整措施、简化手续，促进全面复工复产、复市复业。（国家发展改革委、国务院办公厅牵头，有关部门按职责分工负责，年内持续推进）推动更多服务事项一网通办。（国务院办公厅牵头，有关部门按职责分工负责，年内持续推进）做到企业开办全程网上办理。放宽小微企业、个体工商户登记经营场所限制，便利各类创业者注册经营、及时享受扶持政策。（市场监管总局牵头，12 月底前完成）支持大中小企业融通发展。（工业和信息化部牵头，年内持续推进）完善社会信用体系。（国家发展改革委、人民银行牵头，适时出台相关政策，年内持续推进）以公正监管维护公平竞争，持续打造市场化、法治化、国际化营商环境。（国务院办公厅、国家发展改革委、司法部、财政部、住房城乡建设部、市场监管总局等按职责分工负责，年内持续推进）

（十一）推进要素市场化配置改革。

14. 推动中小银行补充资本和完善治理，更好服务中小微企业。（银保监会、财政部、人民银行、证监会等按职责分工负责，适时出台相关政策，年内持续推进）改革创业板并试点注册制，发展多层次资本市场。（证监会牵头，6 月底前出台相关政策，年内落地）强化保险保障功能。（银保监会牵头，年内持续推进）赋予省级政府建设用地更大自主权。（自然资源部牵头，6 月底前完成）促进人才流动。（人力资源社会保障部牵头，年内持续推进）培育技术和数据市场，激活各类要素潜能。（国家发展改革委、科技部、工业和信息化部等按职责分工负责，年内持续推进）

（十二）提升国资国企改革成效。

15. 实施国企改革三年行动。（国务院国资委牵头，10 月底前出台相关政策）健全现代企业制度，完善国资监管体制。（国务院国资委、财政部等按职责分工负责，年内持续推进）深化混合所有制改革。（国家发展改革委、国务院国资委牵头，年内持续推进）基本完成剥离办社会职能和解决历史遗留问题。（国务院国资委牵头，12 月底前完成）国企要聚焦主责主业，健全市场化经营机制，提高核心竞争力。（国务院国资委牵头，年内持续推进）

（十三）优化民营经济发展环境。

16. 保障民营企业平等获取生产要素和政策支持，清理废除与企业性质挂钩的不合理规定。构建亲清政商关系，促进非公有制经济健康发展。（国家发展改革委、工业和信息化部、财政部、市场监管总局、全国工商联等按职责分工负责，年内持续推进）限期完成清偿政府机构、国有企业拖欠民营和中小企业

款项的任务。（工业和信息化部牵头，有关部门按职责分工负责，逐月调度通报清欠情况）

（十四）推动制造业升级和新兴产业发展。

17. 支持制造业高质量发展。（工业和信息化部、国家发展改革委等按职责分工负责，年内持续推进）大幅增加制造业中长期贷款。（人民银行、银保监会、国家发展改革委牵头，年内持续推进）发展工业互联网，推进智能制造，培育新兴产业集群。发展研发设计、现代物流、检验检测认证等生产性服务业。电商网购、在线服务等新业态在抗疫中发挥了重要作用，要继续出台支持政策，全面推进“互联网+”，打造数字经济新优势。（国家发展改革委、工业和信息化部、商务部、国家邮政局等按职责分工负责，9月底前出台相关政策，年内持续推进）

（十五）提高科技创新支撑能力。

18. 稳定支持基础研究和应用基础研究，引导企业增加研发投入，促进产学研融通创新。加快建设国家实验室，重组国家重点实验室体系，发展社会研发机构，加强关键核心技术攻关。发展民生科技。深化国际科技合作。改革科技成果转化机制，畅通创新链，营造鼓励创新、宽容失败的科研环境。实行重点项目攻关“揭榜挂帅”，谁能干就让谁干。（科技部、国家发展改革委、工业和信息化部、教育部、财政部、外交部、国家卫生健康委、农业农村部、国务院国资委、中科院、工程院、国家能源局、国家国防科工局等按职责分工负责，年内持续推进）加强知识产权保护。（国家知识产权局牵头，年内持续推进）

（十六）深入推进大众创业万众创新。

19. 发展创业投资和股权投资，增加创业担保贷款。（国家发展改革委、财政部、人力资源社会保障部、人民银行、银保监会、证监会等按职责分工负责，年内持续推进）深化新一轮全面创新改革试验。（国家发展改革委、科技部牵头，年内持续推进）新建一批双创示范基地。（国家发展改革委牵头，年内持续推进）坚持包容审慎监管，发展平台经济、共享经济，更大激发社会创造力。（国务院办公厅、国家发展改革委、科技部、工业和信息化部、商务部、市场监管总局等按职责分工负责，年内持续推进）

四、实施扩大内需战略，推动经济发展方式加快转变

（十七）推动消费回升。

20. 通过稳就业促增收保民生，提高居民消费意愿和能力。（国家发展改革委、人力资源社会保障部、民政部、商务部、国家医保局等按职责分工负责，年内持续推进）支持餐饮、商场、文化、旅游、家政等生活服务业恢复发展，推动线上线下融合。促进汽车消费，大力解决停车难问题。发展养老、托幼服务。

发展大健康产业。改造提升步行街。支持电商、快递进农村，拓展农村消费。要多措并举扩消费，适应群众多元化需求。(国家发展改革委、教育部、科技部、工业和信息化部、民政部、财政部、住房城乡建设部、农业农村部、商务部、文化和旅游部、国家卫生健康委、市场监管总局、体育总局、国家医保局、国家邮政局、国家中医药局、国家药监局、全国老龄办、全国妇联等按职责分工负责，年内持续推进)

(十八)扩大有效投资。

21. 今年拟安排地方政府专项债券3.75万亿元，比去年增加1.6万亿元，提高专项债券可用作项目资本金的比例，中央预算内投资安排6000亿元。重点支持既促消费惠民生又调结构增后劲的“两新一重”建设，主要是：加强新型基础设施建设，发展新一代信息网络，拓展5G应用，建设数据中心，增加充电桩、换电站等设施，推广新能源汽车，激发新消费需求、助力产业升级。加强新型城镇化建设，大力提升县城公共设施和服务能力，以适应农民日益增加的到县城就业安家需求。新开工改造城镇老旧小区3.9万个，支持管网改造、加装电梯等，发展居家养老、用餐、保洁等多样社区服务。加强交通、水利等重大工程建设。增加国家铁路建设资本金1000亿元。健全市场化投融资机制，支持民营企业平等参与。要优选项目，不留后遗症，让投资持续发挥效益。(国家发展改革委、财政部、工业和信息化部、住房城乡建设部、交通运输部、水利部、农业农村部、民政部、商务部、国家卫生健康委、人民银行、银保监会、国家能源局、中国国家铁路集团有限公司、开发银行、进出口银行、农业发展银行等按职责分工负责，年内持续推进)

(十九)深入推进新型城镇化。

22. 发挥中心城市和城市群综合带动作用，培育产业、增加就业。(国家发展改革委牵头，年内持续推进)坚持房子是用来住的、不是用来炒的定位，因城施策，促进房地产市场平稳健康发展。完善便民、无障碍设施，让城市更宜业宜居。(住房城乡建设部牵头，年内持续推进)

(二十)加快落实区域发展战略。

23. 继续推动西部大开发、东北全面振兴、中部地区崛起、东部率先发展。深入推进京津冀协同发展、粤港澳大湾区建设、长三角一体化发展。推进长江经济带共抓大保护。编制黄河流域生态保护和高质量发展规划纲要。推动成渝地区双城经济圈建设。促进革命老区、民族地区、边疆地区、贫困地区加快发展。发展海洋经济。(国家发展改革委牵头，年内持续推进)

24. 实施好支持湖北发展一揽子政策，支持保就业、保民生、保运转，促进经济社会秩序全面恢复。(国家发展改革委牵头，年内持续推进)

（二十一）提高生态环境治理成效。

25. 突出依法、科学、精准治污。深化重点地区大气污染治理攻坚。（生态环境部牵头，年内持续推进）加强污水、垃圾处置设施建设，推进生活垃圾分类。（国家发展改革委、住房城乡建设部、生态环境部等按职责分工负责，年内持续推进）加快人口密集区危化品生产企业搬迁改造。（工业和信息化部牵头，年内持续推进）壮大节能环保产业。（国家发展改革委、工业和信息化部、生态环境部等按职责分工负责，年内持续推进）

26. 严惩非法捕杀、交易、食用野生动物行为。（国家林草局、农业农村部、市场监管总局、公安部、海关总署等按职责分工负责，年内持续推进）实施重要生态系统保护和修复重大工程，促进生态文明建设。（国家发展改革委、财政部、自然资源部、生态环境部、国家林草局等按职责分工负责，年内持续推进）

（二十二）保障能源安全。

27. 推动煤炭清洁高效利用，发展可再生能源，完善石油、天然气、电力产供销体系，提升能源储备能力。（国家发展改革委、财政部、国家能源局牵头，年内持续推进）

五、确保实现脱贫攻坚目标，促进农业丰收农民增收

（二十三）坚决打赢脱贫攻坚战。

28. 加大剩余贫困县和贫困村攻坚力度，对外出务工劳动力，要在就业地稳岗就业。开展消费扶贫行动，支持扶贫产业恢复发展。继续执行对摘帽县的主要扶持政策。接续推进脱贫与乡村振兴有效衔接，全力让脱贫群众迈向富裕。（国务院扶贫办、国家发展改革委、人力资源社会保障部、农业农村部、人民银行、开发银行、农业发展银行等按职责分工负责，年内持续推进）加强易地扶贫搬迁后续扶持。（国家发展改革委、国务院扶贫办牵头，年内持续推进）深化东西部扶贫协作和中央单位定点扶贫。（国务院扶贫办牵头，年内持续推进）强化对特殊贫困人口兜底保障。（民政部牵头，年内持续推进）搞好脱贫攻坚普查。（国家统计局、国务院扶贫办牵头，7 月开始对第 1 批普查对象进行现场登记）

（二十四）着力抓好农业生产。

29. 稳定粮食播种面积和产量，提高复种指数，提高稻谷最低收购价，增加产粮大县奖励，大力防治重大病虫害。支持大豆等油料生产。（农业农村部、国家发展改革委、财政部等按职责分工负责，12 月底前完成）惩处违法违规侵占耕地行为。（自然资源部、农业农村部等按职责分工负责，年内持续推进）新建高标准农田 8000 万亩。培育推广优良品种。（农业农村部牵头，12 月底前完成）完善农机补贴政策。（农业农村部、财政部等按职责分工负责，年内持续

推进)深化农村改革。(农业农村部牵头,年内持续推进)加强非洲猪瘟等疫病防控,恢复生猪生产,发展畜禽水产养殖。(农业农村部牵头,年内持续推进)健全农产品流通体系。(商务部、国家发展改革委、农业农村部等按职责分工负责,年内持续推进)压实"米袋子"省长负责制和"菜篮子"市长负责制。14亿中国人的饭碗,务必牢牢端在自己手中。(国家发展改革委、农业农村部、国家粮食和储备局等按职责分工负责,12 月底前完成)

(二十五)拓展农民就业增收渠道。

30. 支持农民就近就业创业,促进一二三产业融合发展,扩大以工代赈规模,让返乡农民工能打工、有收入。加强农民职业技能培训。依法根治拖欠农民工工资问题。(国家发展改革委、财政部、人力资源社会保障部、农业农村部等按职责分工负责,年内持续推进)扶持适度规模经营主体,加强农户社会化服务。(农业农村部牵头,年内持续推进)支持农产品深加工。(工业和信息化部、农业农村部等按职责分工负责,年内持续推进)完善乡村产业发展用地保障政策。(自然资源部、农业农村部牵头,年内持续推进)增强集体经济实力。(农业农村部牵头,年内持续推进)增加专项债券投入,支持现代农业设施、饮水安全工程和人居环境整治,持续改善农民生产生活条件。(国家发展改革委、财政部、农业农村部、水利部、住房城乡建设部、生态环境部、农业发展银行等按职责分工负责,12 月底前完成)

六、推进更高水平对外开放,稳住外贸外资基本盘

(二十六)稳定产业链供应链。

31. 面对外部环境变化,要坚定不移扩大对外开放,稳定产业链供应链,以开放促改革促发展。(国家发展改革委、商务部牵头,年内持续推进)

(二十七)促进外贸基本稳定。

32. 围绕支持企业增订单稳岗位保就业,加大信贷投放,扩大出口信用保险覆盖面,降低进出口合规成本,支持出口产品转内销。(商务部、财政部、人民银行、银保监会、进出口银行等按职责分工负责,6 月底前出台相关政策,年内持续推进)加快跨境电商等新业态发展,提升国际货运能力。(商务部、国家发展改革委、交通运输部、海关总署、国家邮政局等按职责分工负责,9 月底前出台相关政策,年内持续推进)推进新一轮服务贸易创新发展试点。(商务部牵头,8 月底前完成)筹办好第三届进博会,积极扩大进口,发展更高水平面向世界的大市场。(商务部牵头,11 月底前完成)

(二十八)积极利用外资。

33. 大幅缩减外资准入负面清单。(国家发展改革委、商务部等按职责分工负责,6 月底前完成)出台跨境服务贸易负面清单。(商务部牵头,12 月底前

完成)深化经济特区改革开放。(国家发展改革委牵头,年内持续推进)赋予自贸试验区更大改革开放自主权。(商务部牵头,年内持续推进)在中西部地区增设自贸试验区、综合保税区,增加服务业扩大开放综合试点。(商务部、海关总署等按职责分工负责,12 月底前完成)加快海南自由贸易港建设。(国家发展改革委牵头,商务部等有关部门按职责分工负责,年内持续推进)营造内外资企业一视同仁、公平竞争的市场环境。(国家发展改革委、商务部、市场监管总局等按职责分工负责,年内持续推进)

(二十九)高质量共建"一带一路"。

34. 坚持共商共建共享,遵循市场原则和国际通行规则,发挥企业主体作用,开展互惠互利合作。引导对外投资健康发展。(国家发展改革委、商务部、外交部等按职责分工负责,年内持续推进)

(三十)推动贸易和投资自由化便利化。

35. 坚定维护多边贸易体制,积极参与世贸组织改革。推动签署区域全面经济伙伴关系协定,推进中日韩等自贸谈判。(商务部牵头,年内持续推进)共同落实中美第一阶段经贸协议。(财政部、国家发展改革委、农业农村部、商务部、人民银行、海关总署等按职责分工负责,年内持续推进)致力于加强与各国经贸合作,实现互利共赢。(商务部牵头,年内持续推进)

七、围绕保障和改善民生,推动社会事业改革发展

(三十一)加强公共卫生体系建设。

36. 坚持生命至上,改革疾病预防控制体制,加强传染病防治能力建设,完善传染病直报和预警系统,坚持及时公开透明发布疫情信息。(国家卫生健康委牵头,12 月底前出台相关政策)用好抗疫特别国债,加大疫苗、药物和快速检测技术研发投入,增加防疫救治医疗设施,增加移动实验室,强化应急物资保障,强化基层卫生防疫。加快公共卫生人才队伍建设。(国家发展改革委、教育部、科技部、工业和信息化部、财政部、人力资源社会保障部、交通运输部、商务部、国家卫生健康委、市场监管总局、国家中医药局、国家药监局等按职责分工负责,年内持续推进)深入开展爱国卫生运动。普及卫生健康知识,倡导健康文明生活方式。(国家卫生健康委牵头,教育部、民政部、生态环境部、住房城乡建设部、农业农村部、市场监管总局等按职责分工负责,10 月底前出台相关政策)要大幅提升防控能力,坚决防止疫情反弹,坚决守护人民健康。(国家卫生健康委牵头,年内持续推进)

(三十二)提高基本医疗服务水平。

37. 居民医保人均财政补助标准增加 30 元。(财政部、国家医保局牵头,7 月底前出台相关政策)开展门诊费用跨省直接结算试点。(国家医保局牵头,年内持续推进)对受疫情影响的医疗机构给予扶持。(国家发展改革委、财政部、人力资源社会保障部、国家卫生健康委、国家医保局等按职责分工负责,年内持续推进)深化公立医院综合改革。(国家卫生健康委、财政部牵头,12月底前出台相关政策)建设区域医疗中心。(国家发展改革委、国家卫生健康委、国家中医药局牵头,年内持续推进)发展“互联网+医疗健康”。提高城乡社区医疗服务能力。推进分级诊疗。构建和谐医患关系。(国家卫生健康委牵头,年内持续推进)促进中医药振兴发展,加强中西医结合。(国家卫生健康委、国家中医药局、国家发展改革委牵头,教育部、科技部、财政部、农业农村部、国家医保局、国家药监局等按职责分工负责,7月底前出台相关政策,年内持续推进)严格食品药品监管,确保安全。(市场监管总局、国家药监局、海关总署等按职责分工负责,年内持续推进)

(三十三)推动教育公平发展和质量提升。

38. 坚持立德树人。有序组织中小学教育教学和中高考工作。加强乡镇寄宿制学校、乡村小规模学校和县城学校建设。完善随迁子女义务教育入学政策。办好特殊教育、继续教育,支持和规范民办教育。发展普惠性学前教育,帮助民办幼儿园纾困。推动高等教育内涵式发展,推进一流大学和一流学科建设,支持中西部高校发展。扩大高校面向农村和贫困地区招生规模。发展职业教育。加强教师队伍建设。推进教育信息化。要稳定教育投入,优化投入结构,缩小城乡、区域、校际差距,让教育资源惠及所有家庭和孩子,让他们有更光明未来。(教育部牵头,国家发展改革委、工业和信息化部、司法部、财政部、人力资源社会保障部、中国残联等按职责分工负责,年内持续推进)

(三十四)加大基本民生保障力度。

39. 上调退休人员基本养老金,提高城乡居民基础养老金最低标准。实现企业职工基本养老保险基金省级统收统支,提高中央调剂比例。全国近3亿人领取养老金,必须确保按时足额发放。扩大失业保险保障范围,将参保不足1年的农民工等失业人员都纳入常住地保障。(人力资源社会保障部、财政部牵头,7月底前出台相关政策)落实退役军人优抚政策。(退役军人部牵头,12月底前出台相关政策)做好因公殉职人员抚恤。(人力资源社会保障部、财政部、退役军人部等按职责分工负责,年内持续推进)

40. 完善社会救助制度。扩大低保保障范围,对城乡困难家庭应保尽保,将符合条件的城镇失业和返乡人员及时纳入低保。对因灾因病因残遭遇暂时困难的人员,都要实施救助。要切实保障所有困难群众基本生活,保民生也必将助力更多失业人员再就业敢创业。(民政部牵头,财政部、人力资源社会保障部、中国残联等按职责分工负责,6月底前出台相关政策,年内持续推进)

（三十五）丰富群众精神文化生活。

41. 培育和践行社会主义核心价值观，发展哲学社会科学、新闻出版、广播影视等事业。加强文物保护利用和非物质文化遗产传承。（文化和旅游部、广电总局、国家文物局等按职责分工负责，年内持续推进）加强公共文化服务，倡导全民健身和全民阅读，使全社会充满活力、向上向善。（文化和旅游部、体育总局等按职责分工负责，年内持续推进）筹办北京冬奥会、冬残奥会。（有关部门按职责分工负责，年内持续推进）

（三十六）加强和创新社会治理。

42. 健全社区管理和服务机制。加强乡村治理。支持社会组织、人道救助、志愿服务、慈善事业等健康发展。保障妇女、儿童、老人、残疾人合法权益。（民政部、国务院妇儿工委办公室、全国老龄办、全国妇联、中国残联、中国红十字会总会等按职责分工负责，年内持续推进）完善信访制度，化解信访突出矛盾。（国家信访局牵头，有关部门按职责分工负责，年内持续推进）加强法律援助，及时解决群众合理诉求，妥善化解矛盾纠纷。（司法部牵头，年内持续推进）开展第七次全国人口普查。（国家统计局牵头，普查标准时点是2020年11月1日零时）加强国家安全能力建设。（安全部牵头，年内持续推进）完善社会治安防控体系，依法打击各类犯罪，建设更高水平的平安中国。（公安部牵头，年内持续推进）

（三十七）强化安全生产责任。

43. 加强洪涝、火灾、地震等灾害防御，做好气象服务，提高应急管理、抢险救援和防灾减灾能力。实施安全生产专项整治。坚决遏制重特大事故发生。（应急部、工业和信息化部、公安部、自然资源部、生态环境部、住房城乡建设部、交通运输部、水利部、中国地震局、中国气象局、国家粮食和储备局、国家林草局等按职责分工负责，年内持续推进）

八、加强政府自身建设，做好“十四五”规划编制

（三十八）坚持依法行政，建设廉洁政府。

44. 各级政府要自觉在思想上政治上行动上同以习近平同志为核心的党中央保持高度一致，践行以人民为中心的发展思想，落实全面从严治党要求，坚持依法行政，建设法治政府，坚持政务公开，提高治理能力。要依法接受同级人大及其常委会的监督，自觉接受人民政协的民主监督，主动接受社会和舆论监督。发挥好工会、共青团、妇联等群团组织作用。政府工作人员要自觉接受法律、监察和人民监督。加强廉洁政府建设，坚决惩治腐败。（国务院各部门分别负责，年内持续推进）强化审计监督。（审计署牵头，年内持续推进）

（三十九）突出求真务实，主动担当作为。

45. 各级政府要始终坚持实事求是，牢牢把握社会主义初级阶段这个基本国情，遵循客观规律，一切从实际出发，立足办好自己的事。要大力纠治“四风”，力戒形式主义、官僚主义，把广大基层干部干事创业的手脚从形式主义的束缚中解脱出来，为担当者担当，让履职者尽责。要紧紧依靠人民群众，尊重基层首创精神，以更大力度推进改革开放，激发社会活力，凝聚亿万群众的智慧和力量。广大干部应临难不避、实干为要，凝心聚力抓发展、保民生。（国务院各部门分别负责，年内持续推进）

（四十）做好“十四五”规划编制工作。

46. 今年要编制好“十四五”规划，为开启第二个百年奋斗目标新征程擘画蓝图。（国家发展改革委牵头，年内持续推进）

九、做好民族、宗教、侨务、国防、港澳台、外交工作

（四十一）全面贯彻党的民族政策和宗教工作基本方针，认真落实侨务政策。

47. 要坚持和完善民族区域自治制度，支持少数民族和民族地区加快发展，铸牢中华民族共同体意识。（国家民委牵头，年内持续推进）全面贯彻党的宗教工作基本方针，发挥宗教界人士和信教群众在促进经济社会发展中的积极作用。（有关部门按职责分工负责，年内持续推进）要发挥好侨胞侨眷的独特优势，不断增强中华儿女凝聚力，同心共创辉煌。（有关部门按职责分工负责，年内持续推进）

（四十二）扎实推进国防和军队建设。

48. 要深入贯彻习近平强军思想，深入贯彻新时代军事战略方针，坚持政治建军、改革强军、科技强军、人才强军、依法治军。坚持党对人民军队的绝对领导，严格落实军委主席负责制。全力加强练兵备战，坚定维护国家主权、安全、发展利益。打好军队建设发展“十三五”规划落实攻坚战，编制军队建设“十四五”规划。深化国防和军队改革，提高后勤和装备保障能力。完善国防动员体系，始终让军政军民团结坚如磐石。（有关部门按职责分工负责，年内持续推进）推动国防科技创新发展。（国家国防科工局等按职责分工负责，年内持续推进）

（四十三）全面准确贯彻“一国两制”、“港人治港”、“澳人治澳”、高度自治的方针。

49. 建立健全特别行政区维护国家安全的法律制度和执行机制，落实特区政府的宪制责任。支持港澳发展经济、改善民生，更好融入国家发展大局，保持香港、澳门长期繁荣稳定。（国务院港澳办牵头，年内持续推进）

（四十四）坚持对台工作大政方针。

50. 坚持一个中国原则，在"九二共识"基础上推动两岸关系和平发展。坚决反对和遏制"台独"分裂行径。完善促进两岸交流合作、深化两岸融合发展、保障台湾同胞福祉的制度安排和政策措施，团结广大台湾同胞共同反对"台独"、促进统一，开创民族复兴的美好未来。（有关部门按职责分工负责，年内持续推进）

（四十五）坚定不移走和平发展道路。

51. 同各国携手共进，应对公共卫生危机、经济严重衰退等全球性挑战。加强防疫合作，促进世界经济稳定，推进全球治理，维护以联合国为核心的国际体系和以国际法为基础的国际秩序，推动构建人类命运共同体。坚定不移走和平发展道路，在扩大开放中深化与各国友好合作。（外交部、科技部、商务部、国家卫生健康委、国际发展合作署、国家中医药局、国家药监局等按职责分工负责，年内持续推进）

今年是决胜全面小康、决战脱贫攻坚的收官之年，也是实现"两个一百年"奋斗目标的历史交汇之年。我们要更加紧密地团结在以习近平同志为核心的党中央周围，高举中国特色社会主义伟大旗帜，以习近平新时代中国特色社会主义思想为指导，认真贯彻党中央、国务院决策部署，迎难而上，锐意进取，统筹推进疫情防控和经济社会发展，努力完成全年目标任务。**一是加强组织领导。**各部门主要负责同志要切实履职尽责，抓紧组织制定本部门贯彻实施方案，于6月20日前报国务院。要对照分工逐项建立工作台账，明确时间表、责任人和成果形式，确保各项任务有措施、可量化、能落实。**二是强化协同配合。**各部门要切实加大工作力度，加快工作进度，任务牵头部门和协办部门要立足大局，协同配合，形成合力，不推诿扯皮。**三是注重统筹兼顾。**各部门要加强形势研判，统筹国内和国际，兼顾当前和长远，坚定发展信心，增强发展动力。要深入实际、深入基层、深入群众，及时推动解决实际困难和问题，根据形势变化调整完善政策。**四是抓好督查督办。**各部门要增强责任感和紧迫感，主动担当、积极作为，狠抓工作落实，做好日常跟踪督办。要切实加强对各地的指导服务，减轻基层负担。各省（自治区、直辖市）人民政府要主动对接国务院有关部门，结合本地实际进一步明确工作重点，细化措施，抓好落实。国务院办公厅建立《政府工作报告》督查总台账，定期对账督办，对进度慢、办事敷衍、成效不明显的开展专项督查，对不作为、乱作为的坚决追责问责，切实推动各项重点工作落地见效。

国务院办公厅关于支持出口产品转内销的实施意见

（2020年6月17日　国办发〔2020〕16号）

为深入贯彻落实党中央、国务院关于统筹推进新冠肺炎疫情防控和经济社会发展工作的决策部署，做好"六稳"工作、落实"六保"任务，在鼓励企业拓展国际市场的同时，支持适销对路的出口产品开拓国内市场，着力帮扶外贸企业渡过难关，促进外贸基本稳定，经国务院同意，现提出以下意见：

一、工作原则

发挥政府引导作用，支持出口产品转内销，帮助外贸企业纾困，确保产业链供应链畅通运转，稳住外贸外资基本盘。发挥企业主体作用，坚持市场化运作，鼓励外贸企业拓展销售渠道，促进国内消费提质升级。落实地方属地责任，因地制宜推动出口产品转内销工作，重点帮扶本地区重要产业链供应链外贸企业和中小微外贸企业。

二、支持出口产品进入国内市场

（一）加快转内销市场准入。在2020年底前，对依据出口目的国标准生产且相关标准技术指标达到我国强制性标准要求的出口产品，因疫情影响转内销的，允许企业作出相关书面承诺，通过自我符合性声明的方式进行销售，法律法规另有规定的从其规定。外贸企业要对出口转内销产品加贴的中文和外文标签、标识的一致性负责。（市场监管总局、生态环境部、交通运输部、农业农村部、卫生健康委、应急部、铁路局、民航局、煤矿安监局等部门按职责分工负责）出口转内销产品涉及强制性产品认证（CCC认证）的，应当依法获得强制性产品认证证书。继续深化强制性产品认证制度改革，简化出口转内销产品认证程序，缩短办理时间。（市场监管总局负责）简化企业办税程序。（税务总局负责）

（二）促进"同线同标同质"发展。支持企业发展"同线同标同质"（以下称"三同"）产品，即在同一生产线上按照相同标准、相同质量要求生产既能出口又可内销的产品，帮助企业降低成本、实现内外销转型。扩大"三同"适用范围至一般消费品、工业品领域。（市场监管总局、工业和信息化部、商务部等部门按职责分工负责）开通国内生产销售审批快速通道。加快完善"三同"公共信息服务平台功能。（市场监管总局负责）开展"三同"产品宣传推广活动，提升

知名度和影响力。(中央宣传部、商务部、市场监管总局按职责分工负责)

(三)加强知识产权保障。支持外贸企业与品牌商协商出口转内销产品涉及的知识产权授权,做好专利申请、商标注册和著作权登记。加强对外贸企业知识产权运用的指导和服务。(中央宣传部、知识产权局按职责分工负责)

三、多渠道支持转内销

(四)搭建转内销平台。鼓励外贸企业对接电商平台,依托各类网上购物节,设置外贸产品专区。在符合国内疫情防控要求的前提下,引导主要步行街组织开展出口产品转内销专题活动。组织各地大型商业企业与外贸企业开展订单直采,设立外贸产品销售专区、专柜。组织国内采购商在中国进出口商品交易会(广交会)、中国加工贸易产品博览会等采购外贸产品。(商务部,各省、自治区、直辖市人民政府负责)

(五)发挥有效投资带动作用。重点结合各地新型基础设施、新型城镇化和重大工程("两新一重")建设需要,组织对接一批符合条件的出口产品转内销,帮助企业融入投资项目产业链供应链。(各省、自治区、直辖市人民政府负责)引导外贸企业积极补链固链强链,推动产业链协同创新和产业结构调整、加大技术和工艺升级改造力度,参与工业和通信业重大项目建设。(工业和信息化部,各省、自治区、直辖市人民政府负责)

(六)精准对接消费需求。引导外贸企业精准对接国内市场消费升级需求,发挥质量、研发等优势,应用大数据、工业互联网等技术,通过个性化定制、柔性化生产,研发适销对路的内销产品,创建自有品牌,培育和发展新的消费热点,推动消费回升。鼓励外贸企业充分利用网上销售、直播带货、场景体验等新业态新模式,促进线上线下融合发展。(工业和信息化部、商务部按职责分工负责,各省、自治区、直辖市人民政府负责)

四、加大支持力度

(七)提升转内销便利化水平。对符合条件可集中办理内销征税手续的加工贸易企业,在不超过手(账)册有效期或核销截止日期的前提下,由每月15日前申报,调整为最迟可在季度结束后15天内申报。(海关总署负责)

(八)做好融资服务和支持。鼓励各类金融机构对出口产品转内销提供金融支持,加强供应链金融服务,结合实际开展内销保险项下的保单融资业务,加大流动性资金贷款等经营周转类信贷支持,积极开展应收账款、存货、机器设备、仓单、订单等质押融资,依托大型电商平台加强对中小微外贸企业直贷业务。(财政部、人民银行、银保监会按职责分工负责)

(九)加大保险支持力度。支持保险公司加大对出口产品转内销的保障力度,提供多元化的保险服务。(银保监会负责)

（十）加强资金支持。用足用好外经贸发展专项资金，支持出口转内销相关业务培训、宣传推介、信息服务等，支持外贸企业参加线上线下内销展会。（财政部、商务部负责）

五、加强组织实施

各地方人民政府、各有关部门要高度重视支持出口产品转内销工作。各地方要根据本地区实际出台针对性配套措施，商务部要会同相关部门制定具体工作方案并组织实施，加强政策指导和业务培训，及时总结推广好经验好做法；组织引导媒体集中开展宣传报道，营造支持出口产品转内销的良好环境，引导拓展国内市场空间，促进公平竞争。（中央宣传部、发展改革委、工业和信息化部、财政部、商务部、人民银行、海关总署、税务总局、市场监管总局、银保监会按职责分工负责，各省、自治区、直辖市人民政府负责）

国务院办公厅关于印发 2020年政务公开工作要点的通知

（2020年6月21日　国办发〔2020〕17号）

《2020年政务公开工作要点》已经国务院同意，现印发给你们，请结合实际认真贯彻落实。

2020年政务公开工作要点

做好今年政务公开工作，要以习近平新时代中国特色社会主义思想为指导，全面贯彻党的十九大和十九届二中、三中、四中全会精神，坚持以人民为中心的发展思想，认真落实党中央、国务院关于政务公开工作的决策部署，准确执行新修订的《中华人民共和国政府信息公开条例》，以更高质量公开助力推进国家治理体系和治理能力现代化，聚焦做好"六稳"工作、落实"六保"任务，着眼深化"放管服"改革优化营商环境，以公开促落实、促规范、促服务，为实现今年经济社会发展目标任务提供有力支撑。

一、围绕贯彻落实党的十九届四中全会精神加强用权公开

（一）以权责清单为依托，加强权力配置信息公开。要对照法律法规规章，全面梳理本机关依法行使的行政权力和依法承担的公共服务职责，更新完善权责清单并按要求公开。地方各级政府信息公开工作主管部门要按权限督促行政机关依法公开工作职能、机构设置等信息,在此基础上组织编写本级政府行政机关机构职能目录并向社会公开,全面展现政府机构权力配置情况。

(二)以基层政务公开标准化规范化为抓手,加强权力运行过程信息公开。抓紧构建基层行政决策公众参与机制,凡是直接涉及相对人权益的重大行政决策,都应以适当方式听取利益相关方和社会公众意见。以用权公开为导向,重点聚焦权力运行关键环节、关键岗位,按照有关文件要求于2020年底前编制完成基层政务公开事项标准目录,确保权力运行到哪里,公开和监督就延伸到哪里。

(三)以行政法规规章规范性文件为重点,加强政务信息管理。国务院司法行政工作主管部门要在2020年底前集中统一对外公开现行有效行政法规,并提供在线查阅、检索、下载等服务。各级政府部门要系统梳理本机关制发的规章和规范性文件,按照"放管服"改革要求及时立改废,集中统一对外公开并动态更新,2020年底前初步解决底数不清、体系不完善等问题。各政府信息公开工作主管部门要加强统筹指导,逐步整理形成本级政府和本系统制度文件汇编并集中统一对外公开,服务国家治理体系和治理能力现代化。

二、围绕"六稳"、"六保"加强政策发布解读

(一)助力做好"六稳"工作。围绕中央经济工作会议精神和《政府工作报告》要求,加大政策解读力度,加强舆论引导,全面阐释稳就业、稳金融、稳外贸、稳外资、稳投资、稳预期各项政策举措及其效果,主动回应经济社会热点问题,释放更多积极信号,为有效克服新冠肺炎疫情影响、努力实现今年经济社会发展目标任务营造良好舆论环境。拓宽发布渠道,丰富内容形式,增强传播力影响力,充分阐释经济运行总体平稳、稳中有进、长期向好态势,有效提振市场信心。

(二)助力落实"六保"任务。实时发布保居民就业、保基本民生、保市场主体、保粮食能源安全、保产业链供应链稳定、保基层运转等相关政策信息。紧紧围绕着力稳企业保就业、增强发展新动能、实施扩大内需战略、确保实现脱贫攻坚目标、稳住外贸外资基本盘、保障和改善民生等重大部署和重点工作任务,解读好相关政策措施、执行情况和工作成效。尤其要加大纾困和激发市场活力规模性政策的公开力度,确保政策资金流向、使用公开透明,让政策资金直达市县基层、直接惠企利民。

三、围绕优化营商环境加强政务信息公开

(一)提高市场监管规则和标准公开质量。贯彻落实党中央、国务院关于深化"放管服"改革优化营商环境的决策部署,向市场主体全面公开市场监管

规则和标准，以监管规则和标准的确定性保障市场监管的公正性。各级市场监管部门要加强窗口服务，为市场主体提供更加精准、便捷的政策咨询。

（二）提高政务服务透明度便利度。全面优化办事流程，通过互联网等技术手段让办事人动态掌握办事进展，最大限度实现网络化、透明化办事。根据“放管服”改革进程，及时更新并公开办事方式、办事条件等信息。加强“一件事”、“一类事”等综合办事信息公开，进一步提升办事便利度。

（三）提高经济政策发布解读针对性精准性。提升经济政策发布质量，注重对基层一线政策执行人员开展政策解读和培训，确保减税降费等各项经济政策在实际执行环节不遗漏、不走样，全面及时惠及市场主体。注重提升经济政策解读回应渠道的权威性，增强解读回应实际效果。

四、围绕突发事件应对加强公共卫生信息公开

（一）及时准确发布疫情信息。坚持做好疫情防控常态化下疫情信息发布工作，依法做到及时、准确、公开、透明，让公众实时了解最新疫情动态和应对处置工作进展。融合各类信息发布渠道，有效运用新闻发布会、政府网站、政务新媒体和各类新闻媒体，全方位解读党中央、国务院重大决策部署和本地区、本部门重要工作举措，为疫情防控工作提供有力支撑。密切关注涉及疫情的舆情动态，针对相关舆情热点问题，快速反应、正面回应。有关地方和部门主要负责人要带头主动发声，以权威信息引导社会舆论。

（二）加强各级各类应急预案公开和公共卫生知识普及。严格落实政府信息公开条例关于主动公开突发公共事件应急预案的要求，有针对性地加强宣传培训，增强社会公众特别是应急预案执行人员的风险防范意识和能力，切实发挥应急预案实际效用。大力加强公共卫生知识日常普及工作，特别是对公众在新冠肺炎疫情防控过程中养成的好习惯好做法，通过科普作品等形式加强宣传推广，提高公众对传染病的防治意识和应对能力。

（三）严格依法保护各项法定权利。妥善办理涉及公共卫生事件的政府信息公开申请，除公开后将损害公共利益、侵犯他人合法权益等法定禁止公开情形外，最大限度向申请人提供相关信息，更好满足人民群众知情权，维护政府公信力。加强个人信息保护，对因新冠肺炎疫情防控工作需要收集的个人信息，要严格落实个人信息保护有关规定，采取有效措施保管并妥善处理。

五、围绕落实新修订的政府信息公开条例加强制度执行

（一）落实政府信息主动公开新要求。正确执行关于主动公开的新规定，以政府信息公开平台为依托，推动公开内容进一步聚焦重点政务信息，公开方式更加统一规范。2020 年底前，各级政府及其部门建设完成政府信息公开平台，法定主动公开内容全部公开到位。

（二）规范政府信息公开申请办理工作。以完善内部制度为抓手，以规范答复文书格式为重点，全面提升政府信息公开申请办理工作质量，依法保障公众合理信息需求。准确适用依申请公开各项规定，从严把握不予公开范围，对法定不予公开条款坚持最小化适用原则，切实做到以公开为常态、不公开为例外。

（三）加强政府网站与政务新媒体建设。加强政府网站和政务新媒体内容保障，更多发布权威准确、通俗易懂、形式多样、易于传播的政策解读产品，不断提高政策知晓度。做好政府网站集约化试点工作，推进政府网站、政务新媒体、在线政务服务平台的数据融通、服务融通、应用融通，提升大数据分析能力、辅助决策能力、整体发声能力和服务公众水平。强化网络安全责任，抓好政府网站和政务新媒体安全防护。2020 年底前，省级和地市级政府门户网站全部支持互联网协议第 6 版。

（四）建立健全公共企事业单位信息公开制度。国务院有关主管部门要根据政府信息公开条例的要求和授权，按照全国政府信息公开工作主管部门统一安排，着手研究制定或者修订教育、卫生健康、供水、供电、供气、供热、环境保护、公共交通等领域企事业单位信息公开专门规定，加快构建具有中国特色的公共企事业单位信息公开制度体系。通过推进公共企事业单位信息公开，助力监管效能提升。

六、强化做好政务公开工作的各项保障措施

（一）明确领导责任。各级政府部门要依法确定一名负责同志，履行本机关政府信息公开工作领导职责，报同级政府信息公开工作主管部门备案，实行垂直管理的政府部门向其上级政府信息公开工作主管部门备案。各政府信息公开工作主管部门要加强日常指导监督，帮助解决实际问题，及时纠正不当行为。上级政府信息公开工作主管部门要加强对下级政府信息公开工作主管部门的业务指导，全面依法履职。

（二）加强机构队伍建设。县级以上地方政府要严格落实政府信息公开条例要求，明确政府办公厅（室）为本地区政府信息公开工作主管部门。各行政机关的政府信息公开工作机构，原则上应在本机关内设机构中指定，并配齐配强工作力量。

（三）强化培训工作。要把政府信息公开条例作为落实领导干部学法制度的重要内容，并列入公务员初任培训必修课程，稳步提升政府工作人员的政务公开意识和能力。各政府信息公开工作主管部门要切实改进培训工作，增强培训的针对性、系统性，科学设置培训课程，提升培训效果。

（四）规范考核评估。地方各级政府信息公开工作主管部门要认真梳理本级政府绩效考核体系中政务公开各项指标，根据新形势新要求予以调整完善。优化第三方评估，清理规范以行政机关名义参加社会上各类政务公开评估颁奖活动。

各地区、各部门贯彻落实本要点的主要情况，要纳入政府信息公开工作年度报告予以公开，接受社会监督。

国务院部门规章

商务部关于废止和修改部分规章的决定

（2019 年 11 月 30 日商务部令 2019 年第 1 号公布　自公布之日起施行　国司备字[2020002136]）

为继续深化简政放权、放管结合、优化服务改革，根据国务院关于清理证明事项等工作要求，商务部对相关规章进行了清理。经相关联发部门同意，现决定：

一、废止 2 部规章

（一）经商市场监督管理总局同意，决定废止《对外劳务合作经营资格管理办法》（商务部、工商行政管理总局令 2004 年第 3 号）。

（二）决定废止《外商投资国际货物运输代理企业管理办法》（商务部令 2005 年第 19 号）。

二、修改 10 部规章

（一）决定删除《拍卖管理办法》（商务部令 2004 年第 24 号）第八条的“（四）法定代表人简历和有效身份证明；”和第十一条的“（四）分公司负责人简历及有效身份证明；”。

决定修改第八条的“（六）固定办公场所产权证明或租用合同”和第十一条的“（六）固定办公场所产权证明或租用合同”为“企业已购买或租用固定办公场所的书面承诺”。

删除第三章“外商投资企业申请取得拍卖业务的许可、变更和终止”。

（二）经商海关总署、国家市场监督管理总局同意，决定将《重点旧机电产品进口管理办法》（商务部、海关总署、国家质检总局令 2008 年第 5 号）第九条修改为：“从事翻新业务进口重点旧机电产品的单位，国家规定有资质要求的，还须提供已取得相关资质证明的书面承诺。”

（三）经商海关总署同意，决定在《机电产品自动进口许可实施办法》（商务部　海关总署令 2008 年第 6 号　商务部令 2018 年第 7 号修改）第六条第一款第四项增加如下表述作为第 8 项：“上述规定的材料可通过国家政务服务系统联网查询的，可不再提交。”删除第3、4项，并修改第7项为：“7. 进口采用国际招标方式采购的机电产品，应提供机电产品国际招标中标通知书。”

（四）决定删除《对外贸易经营者备案登记办法》（商务部令2004年第14号）第五条第二款第三项第5目：“5. 依法办理工商登记的个体工商户（独资经营者），须提交合法公证机构出具的财产公证证明；依法办理工商登记的外国（地区）企业，须提交经合法公证机关出具的资金信用证明文件。”

（五）决定对《对外援助项目实施企业资格认定办法（试行）》（商务部令2015年第1号）作如下修改：

1. 删除第六条第二款第二项的“（二）具备对外承包工程经营资格”。

2. 修改第十二条第一款第（四）项为：“企业出资情况的说明并承诺属实”。

3. 删除第十二条第二款中的“对外贸易经营者备案登记证明”。

（六）决定删除《货物出口许可证管理办法》（商务部令2008年第11号）第二十五条第一款第二项中的“及出国（境）经济贸易展览会组展单位提供的参展证明”。

（七）经商国家发展改革委、公安部、生态环境部、住房和城乡建设部、国家市场监督管理总局同意，决定对《再生资源回收管理办法》（商务部、发展改革委、公安部、建设部、工商总局、环保总局令2007年第8号）作如下修改：

1. 修改第六条为：

“第六条　从事再生资源回收经营活动，必须符合工商行政管理登记条件，工商注册登记后，方可从事经营活动。

再生资源回收经营者备案事项整合到营业执照上，市场监管部门核准工商注册登记后，通过省级共享平台将企业信息共享给各相关部门。”

2. 删除第七条和第二十一条：

“第七条　从事再生资源回收经营活动，应当在取得营业执照后30日内，按属地管理原则，向登记注册地工商行政管理部门的同级商务主管部门或者其授权机构备案。备案事项发生变更时，再生资源回收经营者应当自变更之日起30日内（属于工商登记事项的自工商登记变更之日起30日内）向商务主管部门办理变更手续。”

“第二十一条　违反本办法第七条规定，由商务主管部门给予警告，责令其限期改正；逾期拒不改正的，可视情节轻重，对再生资源回收经营者处500元以上2000元以下罚款，并可向社会公告。”

3. 删除第八条中的“除应当按照本办法第七条规定向商务主管部门备案外”。

4. 修改第二十条中的“《无照经营查处取缔办法》”为“《无证无照经营查处办法》”。

5. 相关条款涉及以下机构名称的,作如下修改:建设部修改为住房和城乡建设部,工商总局修改为市场监管总局,环保总局修改为生态环境部。

(八)决定删除《成品油市场管理办法》(商务部令 2006 年第 23 号)以下内容:

第十条第二款的“同一外国投资者在中国境内从事成品油零售经营超过 30 座及以上加油站的(含投资建设加油站、控股和租赁站),销售来自多个供应商的不同种类和品牌的成品油的,不允许外方控股。”。

第十一条的“(五)外商投资企业还应提交《中华人民共和国外商投资企业批准证书》;”。

(九)经商发展改革委同意,决定对《农产品进口关税配额管理暂行办法》(商务部、发展改革委令 2003 年第 4 号)作如下修改:

1. 删除第三条、第四条、第七条、第十条、第十一条、第十二条、第二十四条、第二十六条中的“豆油、菜子油、棕榈油”。

2. 将第三条第二款修改为:“实施关税配额管理农产品相应的税目及适用税率另行公布。”

3. 删除第四条第二款:“羊毛、毛条实施进口指定公司经营。进口经营按原外经贸部《货物进口指定经营管理办法》(外经贸部令 2001 年第 21 号)的有关规定执行。”

4. 将第八条修改为:“商务部、发展改革委分别委托省级商务主管部门和省级发展改革主管部门(以下简称委托机构)负责下列事项:

(一)接收申请者的申请并将申请材料转报商务部、发展改革委;

(二)受理咨询并将其转达商务部、发展改革委;

(三)通知申请者其申请中不符合要求之处,并提醒其修正;

(四)向经过批准的申请者发放《中华人民共和国农产品进口关税配额证》(以下简称为《农产品进口关税配额证》)。

委托机构名单另行公布。”

5. 将第九条、第二十条中的“保税仓库、保税区、出口加工区”修改为“保税监管场所、海关特殊监管区域”。

6. 将第十条第一款修改为“农产品进口关税配额的申请期为每年 10 月 15 日至 30 日(凭合同先来先领分配方式除外)。商务部、发展改革委于申请期前 1 个月,分别在商务部网站(网址为 http://www.mofcom.gov.cn,下同)、发展改革委网站(网址为 http://www.ndrc.gov.cn,下同)上公布每种农产品下一年度进口关税配额总量、申请条件及国务院关税税则委员会确定的当年度关税配额农产品税目和适用税率。”

7. 将第十一条、第十二条、第十四条中的“授权机构”修改为“委托机构”；将第十一条、第十二条中的“受理”修改为“接收”；将第十二条中的“将申请”修改为“将申请材料”；将第二十八条中的“及授权机构”删除；将第三十一条中的“原发证授权机构”修改为“受委托的原发证机构”；将第三十四条中的“其授权机构”修改为“委托机构”。

8. 将第十二条中的“11 月 30 日”修改为“11 月 15 日”。

9. 将第十八条修改为：“加工贸易进口实行关税配额管理的农产品，海关凭企业提交的在‘贸易方式’栏目中注明‘加工贸易’的《农产品进口关税配额证》办理通关验放手续。

加工贸易企业未能按规定期限加工复出口的，应在到期后 30 天内办理加工贸易核销手续。海关按加工贸易的有关规定执行。”

10. 将第二十二条修改为：“分配给最终用户的国营贸易农产品进口关税配额量，在当年 8 月 15 日前未签订合同的，最终用户可以委托有贸易权的任何企业进口；有贸易权的最终用户可以自行进口。”

11. 将第二十四条修改为：“农产品进口关税配额再分配量的申请期为每年 9 月 1 日至 15 日（凭合同先来先领分配方式除外）。申请者的申请材料需由委托机构分别转报并同时抄报商务部或发展改革委。

商务部、发展改革委于申请期前 1 个月，分别在商务部网站、发展改革委网站上公布农产品进口关税配额再分配量的申请条件。

食糖、羊毛、毛条由商务部公布。小麦、玉米、大米、棉花由发展改革委公布。”

（十）决定对《禁止进口限制进口技术管理办法》（商务部令 2009 年第 1 号）作如下修改：

1. 将第六条第一款修改为：“地方商务主管部门自收到《申请书》之日起 30 个工作日内，对申请进口的技术进行审查，并决定是否准予进口。”

2. 将第十二条第二款修改为：“地方商务主管部门应在收到前款规定的文件之日起 40 个工作日内，对申请进口的技术进行审查，并对技术进口合同的真实性进行审查，决定是否准予许可。”

3. 删去第七条第一款、第三款和第八条第四款，将第七条和第八条合并为第七条，规定：“限制进口技术的审查应包括以下内容：（一）是否危及国家安全、社会公共利益或者公共道德；（二）是否危害人的健康或安全和动物、植物的生命或健康；（三）是否破坏环境；（四）是否符合我国对外承诺的义务。”

4. 增加一条，作为第八条，规定："商务主管部门及其工作人员对在技术进口审查中所知悉的商业秘密负有保密义务。"

5. 将附表1《中国限制进口技术申请书》最后一行第一栏中的"技术审查意见"修改为"审查意见"，删去第二栏。

商务部关于废止部分规章的决定

（2019年12月28日商务部令2019年第3号公布　自2020年1月1日起施行　国司备字［2020002135］）

为贯彻落实国务院关于清理与现行开放政策以及《中华人民共和国外商投资法》不符的法规、规章和规范性文件的工作部署，商务部对相关规章进行了清理。经相关部门同意，现决定：

一、废止《关于设立外商投资股份有限公司若干问题的暂行规定》（外经贸部令1995年第1号，经商务部令2015年第2号修订）。

二、经商市场监管总局同意，废止《外商投资企业投资者股权变更的若干规定》（〔1997〕外经贸法发第267号）。

三、经商财政部、人民银行、银保监会同意，废止《金融资产管理公司吸收外资参与资产重组与处置的暂行规定》（外经贸部、财政部、中国人民银行令2001年第6号）。

四、经商海关总署同意，废止《外商投资企业自动进口许可管理实施细则》（外经贸部、海关总署令2002年第4号，经商务部令2015年第2号修订）。

五、经商自然资源部同意，废止《外商投资矿产勘查企业管理办法》（商务部、国土资源部令2008年第4号，经商务部令2015年第2号修订）。

六、废止《商务部关于涉及外商投资企业股权出资的暂行规定》（商务部令2012年第8号，经商务部令2015年第2号修订）。

外商投资信息报告办法

（2019年12月30日商务部、国家市场监督管理总局令2019年第2号公布　自2020年1月1日起施行　国司备字[2020002134]）

第一章　总　　则

第一条　为进一步扩大对外开放，提升外商投资促进、保护和管理水平，完善外商投资政策措施，改善营商环境，根据《中华人民共和国外商投资法》及《中华人民共和国外商投资法实施条例》，制定本办法。

第二条　外国投资者直接或者间接在中国境内进行投资活动，应由外国投资者或者外商投资企业根据本办法向商务主管部门报送投资信息。

第三条　商务部负责统筹和指导全国范围内外商投资信息报告工作。

县级以上地方人民政府商务主管部门以及自由贸易试验区、国家级经济技术开发区的相关机构负责本区域内外商投资信息报告工作。

第四条　外国投资者或者外商投资企业应当通过企业登记系统以及国家企业信用信息公示系统向商务主管部门报送投资信息。

市场监管部门应当及时将外国投资者、外商投资企业报送的上述投资信息推送至商务主管部门。

商务部建立外商投资信息报告系统，及时接收、处理市场监管部门推送的投资信息以及部门共享信息等。

第五条　市场监管总局统筹指导全国企业登记系统、国家企业信用信息公示系统建设，保障外商投资信息报告的实施。

第六条　各级商务主管部门和市场监管部门应当做好工作衔接。商务主管部门应当为外国投资者和外商投资企业报送投资信息提供专门指导。

第七条　外国投资者或者外商投资企业应当及时报送投资信息，遵循真实、准确、完整原则，不得进行虚假或误导性报告，不得有重大遗漏。

第二章　报告主体、内容与方式

第八条　外国投资者或者外商投资企业应当按照本办法规定通过提交初始报告、变更报告、注销报告、年度报告等方式报送投资信息。

第九条　外国投资者在中国境内设立外商投资企业，应于办理外商投资企业设立登记时通过企业登记系统提交初始报告。

外国投资者股权并购境内非外商投资企业,应在办理被并购企业变更登记时通过企业登记系统提交初始报告。

第十条 外国投资者提交初始报告,应当报送企业基本信息、投资者及其实际控制人信息、投资交易信息等信息。

第十一条 初始报告的信息发生变更,涉及企业变更登记(备案)的,外商投资企业应于办理企业变更登记(备案)时通过企业登记系统提交变更报告。

不涉及企业变更登记(备案)的,外商投资企业应于变更事项发生后 20 个工作日内通过企业登记系统提交变更报告。企业根据章程对变更事项作出决议的,以作出决议的时间为变更事项的发生时间;法律法规对变更事项的生效条件另有要求的,以满足相应要求的时间为变更事项的发生时间。

外商投资的上市公司及在全国中小企业股份转让系统挂牌的公司,可仅在外国投资者持股比例变化累计超过 5% 或者引起外方控股、相对控股地位发生变化时,报告投资者及其所持股份变更信息。

第十二条 外商投资企业提交变更报告,应当报送企业基本信息、投资者及其实际控制人信息、投资交易信息等信息的变更情况。

第十三条 外商投资企业注销或者转为内资企业的,在办理企业注销登记或者企业变更登记后视同已提交注销报告,相关信息由市场监管部门推送至商务主管部门,外商投资企业无需另行报送。

第十四条 外商投资企业应于每年 1 月 1 日至 6 月 30 日通过国家企业信用信息公示系统提交上一年度的年度报告。

当年设立的外商投资企业,自下一年起报送年度报告。

第十五条 外商投资企业提交年度报告,应当报送企业基本信息、投资者及其实际控制人信息、企业经营和资产负债等信息,涉及外商投资准入特别管理措施的,还应当报送获得相关行业许可信息。

第十六条 初始报告、变更报告和年度报告等的具体内容,按照确有必要原则,结合外商投资实际情况和企业登记注册、企业信息公示的有关规定确定,由商务部以公告形式对外发布。

第三章 信息共享、公示与更正

第十七条 商务主管部门与有关部门应当根据信息报告工作需要建立外商投资信息共享机制。

除法律、行政法规另有规定外,有关部门在履行职责过程中获取的外商投资信息，应当及时与商务主管部门共享。

第十八条 外国投资者或者外商投资企业报送的投资信息，根据《企业信息公示暂行条例》应当向社会公示或者外国投资者、外商投资企业同意公示的，将通过国家企业信用信息公示系统及外商投资信息报告系统向社会公示。

第十九条 外国投资者或者外商投资企业发现其存在未报、错报、漏报有关投资信息的，应当及时进行补报或更正。外商投资企业对《企业信息公示暂行条例》第九条所列年度报告公示信息的补报或者更正应当符合该条例有关规定。

商务主管部门发现外国投资者或者外商投资企业存在未报、错报、漏报的，应当通知外国投资者或者外商投资企业于20个工作日内进行补报或更正。

更正涉及公示事项的，更正前后的信息应当同时公示。

第四章 监督管理

第二十条 商务主管部门对外国投资者、外商投资企业遵守本办法情况实施监督检查。

商务主管部门可联合有关部门，采取抽查、根据举报进行检查、根据有关部门或司法机关的建议和反映的情况进行检查，以及依职权启动检查等方式开展监督检查。

第二十一条 商务主管部门采取抽查方式对外国投资者、外商投资企业履行信息报告义务的情况实施监督检查，应当随机抽取检查对象、随机选派执法检查人员，抽查事项及查处结果及时通过外商投资信息报告系统公示平台予以公示。

公民、法人或其他组织发现外国投资者或者外商投资企业存在违反本办法的行为的，可向商务主管部门举报。举报采取书面形式，有明确的被举报人，并提供相关事实和证据的，商务主管部门接到举报后应当依法及时处理。

其他有关部门或司法机关在履行职责的过程中，发现外国投资者或者外商投资企业有违反本办法的行为的，可向商务主管部门提出监督检查的建议，商务主管部门接到相关建议后应当依法及时处理。

对于未按本办法的规定进行报告，或曾有报告不实、对监督检查不予配合、拒不履行商务主管部门作出的行政处罚决定记录的外国投资者或者外商投资企业，商务主管部门可依职权对其启动检查。

第二十二条 商务主管部门可采取实地核查、书面检查等方式进行监督检查，可根据需要从其他部门获取信息用于核实外国投资者或者外商投资企业报送的投资信息是否真实、准确、完整、及时。商务主管部门可依法查阅或者要求被检查人提供有关材料，被检查人应当配合检查，如实提供。

第二十三条 商务主管部门实施监督检查不得妨碍被检查人正常的生产经营活动，不得接受被检查人提供的财物或者服务，不得谋取其他非法利益。

第二十四条 商务主管部门、市场监管部门应当依法保护履行职责过程中知悉的外国投资者、外商投资企业的商业秘密。

第五章 法律责任

第二十五条 外国投资者或者外商投资企业未按照本办法要求报送投资信息，且在商务主管部门通知后未按照本办法第十九条予以补报或更正的，由商务主管部门责令其于20个工作日内改正；逾期不改正的，处十万元以上三十万元以下罚款；逾期不改正且存在以下情形的，处三十万元以上五十万元以下罚款：

（一）外国投资者或者外商投资企业故意逃避履行信息报告义务，或在进行信息报告时隐瞒真实情况、提供误导性或虚假信息；

（二）外国投资者或者外商投资企业就所属行业、是否涉及外商投资准入特别管理措施、企业投资者及其实际控制人等重要信息报送错误；

（三）外国投资者或者外商投资企业未按照本办法要求报送投资信息，并因此受到行政处罚的，两年内再次违反本办法有关要求；

（四）商务主管部门认定的其他严重情形。

第二十六条 商务主管部门在监督检查中掌握的外国投资者、外商投资企业未依法履行信息报告义务的有关情况，应当记入外商投资信息报告系统，并按照国家关于信用体系建设的有关规定完善信用监管。

外国投资者、外商投资企业因违反信息报告义务受到商务主管部门行政处罚的，商务主管部门可将相关情况在外商投资信息报告系统公示平台上予以公示，并按照国家有关规定纳入信用信息系统。

商务主管部门可与市场监管、外汇、海关、税务等有关部门共享外国投资者、外商投资企业履行信息报告义务以及受到相应行政处罚的有关情况。

第二十七条 外国投资者或者外商投资企业认为外商投资信息报告系统公示平台上有关信息记录不完整或者有错误的，可提供相关证明材料并向商务主管部门申请修正。经核查属实的，予以修正。

外国投资者或者外商投资企业改正违法行为、履行相关义务后1年内未再发生违反信息报告义务行为的，可向商务主管部门申请移除外商投资信息报告系统公示平台上有关信息记录。经核查属实的，予以移除。

第六章　附　则

第二十八条　外商投资企业在中国境内投资（含多层次投资）设立企业的，在向市场监管部门办理登记备案、报送年报信息后，相关信息由市场监管部门推送至商务主管部门，上述企业无需另行报送。

第二十九条　外商投资举办的投资性公司、创业投资企业和以投资为主要业务的合伙企业在境内投资设立企业的，应当参照本办法第二章的规定报送投资信息。

第三十条　非企业形式的外商投资，应由外国投资者参照本办法第二章的规定报送投资信息，但通过部门信息共享可以获得相关信息的除外。

第三十一条　法律、行政法规规定企业设立、变更、注销登记前须行业主管部门许可的，外国投资者或者外商投资企业应当在申请登记注册时向市场监管部门提交有关批准文件。

第三十二条　外国投资者在中国境内投资银行业、证券业、保险业等金融行业，适用本办法。

第三十三条　香港特别行政区、澳门特别行政区、台湾地区投资者以及定居在国外的中国公民的投资，参照本办法报送投资信息。

第三十四条　本办法由商务部、市场监管总局负责解释。

第三十五条　本办法自2020年1月1日起实施。《外商投资企业设立及变更备案管理暂行办法》同时废止。

网络安全审查办法

（2020年4月13日国家互联网信息办公室、国家发展和改革委员会、工业和信息化部、公安部、国家安全部、财政部、商务部、中国人民银行、国家市场监督管理总局、国家广播电视总局、国家保密局、国家密码管理局令第6号公布　自2020年6月1日起施行　国司备字［2020001968］）

第一条　为了确保关键信息基础设施供应链安全，维护国家安全，依据《中华人民共和国国家安全法》《中华人民共和国网络安全法》，制定本办法。

第二条 关键信息基础设施运营者(以下简称运营者)采购网络产品和服务,影响或可能影响国家安全的,应当按照本办法进行网络安全审查。

第三条 网络安全审查坚持防范网络安全风险与促进先进技术应用相结合、过程公正透明与知识产权保护相结合、事前审查与持续监管相结合、企业承诺与社会监督相结合,从产品和服务安全性、可能带来的国家安全风险等方面进行审查。

第四条 在中央网络安全和信息化委员会领导下,国家互联网信息办公室会同中华人民共和国国家发展和改革委员会、中华人民共和国工业和信息化部、中华人民共和国公安部、中华人民共和国国家安全部、中华人民共和国财政部、中华人民共和国商务部、中国人民银行、国家市场监督管理总局、国家广播电视总局、国家保密局、国家密码管理局建立国家网络安全审查工作机制。

网络安全审查办公室设在国家互联网信息办公室,负责制定网络安全审查相关制度规范,组织网络安全审查。

第五条 运营者采购网络产品和服务的,应当预判该产品和服务投入使用后可能带来的国家安全风险。影响或者可能影响国家安全的,应当向网络安全审查办公室申报网络安全审查。

关键信息基础设施保护工作部门可以制定本行业、本领域预判指南。

第六条 对于申报网络安全审查的采购活动,运营者应通过采购文件、协议等要求产品和服务提供者配合网络安全审查,包括承诺不利用提供产品和服务的便利条件非法获取用户数据、非法控制和操纵用户设备,无正当理由不中断产品供应或必要的技术支持服务等。

第七条 运营者申报网络安全审查,应当提交以下材料:

(一)申报书;

(二)关于影响或可能影响国家安全的分析报告;

(三)采购文件、协议、拟签订的合同等;

(四)网络安全审查工作需要的其他材料。

第八条 网络安全审查办公室应当自收到审查申报材料起,10个工作日内确定是否需要审查并书面通知运营者。

第九条 网络安全审查重点评估采购网络产品和服务可能带来的国家安全风险,主要考虑以下因素:

(一)产品和服务使用后带来的关键信息基础设施被非法控制、遭受干扰或破坏,以及重要数据被窃取、泄露、毁损的风险;

(二)产品和服务供应中断对关键信息基础设施业务连续性的危害;

（三）产品和服务的安全性、开放性、透明性、来源的多样性，供应渠道的可靠性以及因为政治、外交、贸易等因素导致供应中断的风险；

（四）产品和服务提供者遵守中国法律、行政法规、部门规章情况；

（五）其他可能危害关键信息基础设施安全和国家安全的因素。

第十条 网络安全审查办公室认为需要开展网络安全审查的，应当自向运营者发出书面通知之日起30个工作日内完成初步审查，包括形成审查结论建议和将审查结论建议发送网络安全审查工作机制成员单位、相关关键信息基础设施保护工作部门征求意见；情况复杂的，可以延长15个工作日。

第十一条 网络安全审查工作机制成员单位和相关关键信息基础设施保护工作部门应当自收到审查结论建议之日起15个工作日内书面回复意见。

网络安全审查工作机制成员单位、相关关键信息基础设施保护工作部门意见一致的，网络安全审查办公室以书面形式将审查结论通知运营者；意见不一致的，按照特别审查程序处理，并通知运营者。

第十二条 按照特别审查程序处理的，网络安全审查办公室应当听取相关部门和单位意见，进行深入分析评估，再次形成审查结论建议，并征求网络安全审查工作机制成员单位和相关关键信息基础设施保护工作部门意见，按程序报中央网络安全和信息化委员会批准后，形成审查结论并书面通知运营者。

第十三条 特别审查程序一般应当在45个工作日内完成，情况复杂的可以适当延长。

第十四条 网络安全审查办公室要求提供补充材料的，运营者、产品和服务提供者应当予以配合。提交补充材料的时间不计入审查时间。

第十五条 网络安全审查工作机制成员单位认为影响或可能影响国家安全的网络产品和服务，由网络安全审查办公室按程序报中央网络安全和信息化委员会批准后，依照本办法的规定进行审查。

第十六条 参与网络安全审查的相关机构和人员应严格保护企业商业秘密和知识产权，对运营者、产品和服务提供者提交的未公开材料，以及审查工作中获悉的其他未公开信息承担保密义务；未经信息提供方同意，不得向无关方披露或用于审查以外的目的。

第十七条 运营者或网络产品和服务提供者认为审查人员有失客观公正，或未能对审查工作中获悉的信息承担保密义务的，可以向网络安全审查办公室或者有关部门举报。

第十八条 运营者应当督促产品和服务提供者履行网络安全审查中作出的承诺。

网络安全审查办公室通过接受举报等形式加强事前事中事后监督。

第十九条 运营者违反本办法规定的，依照《中华人民共和国网络安全法》第六十五条的规定处理。

第二十条 本办法中关键信息基础设施运营者是指经关键信息基础设施保护工作部门认定的运营者。

本办法所称网络产品和服务主要指核心网络设备、高性能计算机和服务器、大容量存储设备、大型数据库和应用软件、网络安全设备、云计算服务，以及其他对关键信息基础设施安全有重要影响的网络产品和服务。

第二十一条 涉及国家秘密信息的，依照国家有关保密规定执行。

第二十二条 本办法自2020年6月1日起实施，《网络产品和服务安全审查办法(试行)》同时废止。

新化学物质环境管理登记办法

(2020年4月29日生态环境部令第12号公布　自2021年1月1日起施行　国司备字[2020002117])

第一章　总　　则

第一条 为规范新化学物质环境管理登记行为，科学、有效评估和管控新化学物质环境风险，聚焦对环境和健康可能造成较大风险的新化学物质，保护生态环境，保障公众健康，根据有关法律法规以及《国务院对确需保留的行政审批项目设定行政许可的决定》，制定本办法。

第二条 本办法适用于在中华人民共和国境内从事新化学物质研究、生产、进口和加工使用活动的环境管理登记，但进口后在海关特殊监管区内存放且未经任何加工即全部出口的新化学物质除外。

下列产品或者物质不适用本办法：

(一)医药、农药、兽药、化妆品、食品、食品添加剂、饲料、饲料添加剂、肥料等产品，但改变为其他工业用途的，以及作为上述产品的原料和中间体的新化学物质除外；

(二)放射性物质。

设计为常规使用时有意释放出所含新化学物质的物品，所含的新化学物质适用本办法。

第三条 本办法所称新化学物质，是指未列入《中国现有化学物质名录》

的化学物质。

已列入《中国现有化学物质名录》的化学物质，按照现有化学物质进行环境管理；但在《中国现有化学物质名录》中规定实施新用途环境管理的化学物质，用于允许用途以外的其他工业用途的，按照新化学物质进行环境管理。

《中国现有化学物质名录》由国务院生态环境主管部门组织制定、调整并公布，包括2003年10月15日前已在中华人民共和国境内生产、销售、加工使用或者进口的化学物质，以及2003年10月15日以后根据新化学物质环境管理有关规定列入的化学物质。

第四条 国家对新化学物质实行环境管理登记制度。

新化学物质环境管理登记分为常规登记、简易登记和备案。新化学物质的生产者或者进口者，应当在生产前或者进口前取得新化学物质环境管理常规登记证或者简易登记证（以下统称登记证）或者办理新化学物质环境管理备案。

第五条 新化学物质环境管理登记，遵循科学、高效、公开、公平、公正和便民的原则，坚持源头准入、风险防范、分类管理，重点管控具有持久性、生物累积性、对环境或者健康危害性大，或者在环境中可能长期存在并可能对环境和健康造成较大风险的新化学物质。

第六条 国务院生态环境主管部门负责组织开展全国新化学物质环境管理登记工作，制定新化学物质环境管理登记相关政策、技术规范和指南等配套文件以及登记评审规则，加强新化学物质环境管理登记信息化建设。

国务院生态环境主管部门组织成立化学物质环境风险评估专家委员会（以下简称专家委员会）。专家委员会由化学、化工、健康、环境、经济等方面的专家组成，为新化学物质环境管理登记评审提供技术支持。

设区的市级以上地方生态环境主管部门负责对本行政区域内研究、生产、进口和加工使用新化学物质的相关企业事业单位落实本办法的情况进行环境监督管理。

国务院生态环境主管部门所属的化学物质环境管理技术机构参与新化学物质环境管理登记评审，承担新化学物质环境管理登记具体工作。

第七条 从事新化学物质研究、生产、进口和加工使用的企业事业单位，应当遵守本办法的规定，采取有效措施，防范和控制新化学物质的环境风险，并对所造成的损害依法承担责任。

第八条 国家鼓励和支持新化学物质环境风险评估及控制技术的科学研究与推广应用，鼓励环境友好型化学物质及相关技术的研究与应用。

第九条 一切单位和个人对违反本办法规定的行为，有权向生态环境主管部门举报。

第二章 基本要求

第十条 新化学物质年生产量或者进口量10吨以上的，应当办理新化学物质环境管理常规登记（以下简称常规登记）。

新化学物质年生产量或者进口量1吨以上不足10吨的，应当办理新化学物质环境管理简易登记（以下简称简易登记）。

符合下列条件之一的，应当办理新化学物质环境管理备案（以下简称备案）：

（一）新化学物质年生产量或者进口量不足1吨的；

（二）新化学物质单体或者反应体含量不超过2%的聚合物或者属于低关注聚合物的。

第十一条 办理新化学物质环境管理登记的申请人，应当为中华人民共和国境内依法登记能够独立承担法律责任的，从事新化学物质生产或者进口的企业事业单位。

拟向中华人民共和国境内出口新化学物质的生产或者贸易企业，也可以作为申请人，但应当指定在中华人民共和国境内依法登记能够独立承担法律责任的企业事业单位作为代理人，共同履行新化学物质环境管理登记及登记后环境管理义务，并依法承担责任。

本办法第二条规定的医药、农药、兽药、化妆品、食品、食品添加剂、饲料、饲料添加剂、肥料等产品属于新化学物质，且拟改变为其他工业用途的，相关产品的生产者、进口者或者加工使用者均可以作为申请人。

已列入《中国现有化学物质名录》且实施新用途环境管理的化学物质，拟用于允许用途以外的其他工业用途的，相关化学物质的生产者、进口者或者加工使用者均可以作为申请人。

第十二条 申请办理新化学物质环境管理登记的，申请人应当向国务院生态环境主管部门提交登记申请或者备案材料，并对登记申请或者备案材料的真实性、完整性、准确性和合法性负责。

国家鼓励申请人共享新化学物质环境管理登记数据。

第十三条 申请人认为其提交的登记申请或者备案材料涉及商业秘密且要求信息保护的，应当在申请登记或者办理备案时提出，并提交申请商业秘密保护的必要性说明材料。对可能对环境、健康公共利益造成重大影响的信息，国务院生态环境主管部门可以依法不予商业秘密保护。对已提出的信息保护要求，申请人可以以书面方式撤回。

新化学物质名称等标识信息的保护期限自首次登记或者备案之日起不超过五年。

从事新化学物质环境管理登记的工作人员和相关专家,不得披露依法应当予以保护的商业秘密。

第十四条 为新化学物质环境管理登记提供测试数据的中华人民共和国境内测试机构,应当依法取得检验检测机构资质认定,严格按照化学物质测试相关标准开展测试工作;健康毒理学、生态毒理学测试机构还应当符合良好实验室管理规范。测试机构应当对其出具的测试结果的真实性和可靠性负责,并依法承担责任。

国务院生态环境主管部门组织对化学物质生态毒理学测试机构的测试情况及条件进行监督抽查。

出具健康毒理学或者生态毒理学测试数据的中华人民共和国境外测试机构应当符合国际通行的良好实验室管理要求。

第三章 常规登记、简易登记和备案

第一节 常规登记和简易登记申请与受理

第十五条 申请办理常规登记的,申请人应当提交以下材料:

(一)常规登记申请表;

(二)新化学物质物理化学性质、健康毒理学和生态毒理学特性测试报告或者资料;

(三)新化学物质环境风险评估报告,包括对拟申请登记的新化学物质可能造成的环境风险的评估,拟采取的环境风险控制措施及其适当性分析,以及是否存在不合理环境风险的评估结论;

(四)落实或者传递环境风险控制措施和环境管理要求的承诺书,承诺书应当由企业事业单位的法定代表人或者其授权人签字,并加盖公章。

前款第二项规定的相关测试报告和资料,应当满足新化学物质环境风险评估的需要;生态毒理学测试报告应当包括使用中华人民共和国的供试生物按照相关标准的规定完成的测试数据。

对属于高危害化学物质的,申请人还应当提交新化学物质活动的社会经济效益分析材料,包括新化学物质在性能、环境友好性等方面是否较相同用途的在用化学物质具有相当或者明显优势的说明,充分论证申请活动的必要性。

除本条前三款规定的申请材料外,申请人还应当一并提交其已经掌握的新化学物质环境与健康危害特性和环境风险的其他信息。

第十六条 申请办理简易登记的,申请人应当提交以下材料:

(一)简易登记申请表;

(二)新化学物质物理化学性质,以及持久性、生物累积性和水生环境毒性等生态毒理学测试报告或者资料;

(三)落实或者传递环境风险控制措施的承诺书,承诺书应当由企业事业单位的法定代表人或者其授权人签字,并加盖公章。

前款第二项规定的生态毒理学测试报告应当包括使用中华人民共和国的供试生物按照相关标准的规定完成的测试数据。

除前款规定的申请材料外,申请人还应当一并提交其已经掌握的新化学物质环境与健康危害特性和环境风险的其他信息。

第十七条 同一申请人对分子结构相似、用途相同或者相近、测试数据相近的多个新化学物质,可以一并申请新化学物质环境管理登记。申请登记量根据每种物质申请登记量的总和确定。

两个以上申请人同时申请相同新化学物质环境管理登记的,可以共同提交申请材料,办理新化学物质环境管理联合登记。申请登记量根据每个申请人申请登记量的总和确定。

第十八条 国务院生态环境主管部门收到新化学物质环境管理登记申请材料后,根据下列情况分别作出处理:

(一)申请材料齐全、符合法定形式,或者申请人按照要求提交全部补正申请材料的,予以受理;

(二)申请材料存在可以当场更正的错误的,允许申请人当场更正;

(三)所申请物质不需要开展新化学物质环境管理登记的,或者申请材料存在法律法规规定不予受理的其他情形的,应当当场或者在五个工作日内作出不予受理的决定;

(四)存在申请人及其代理人不符合本办法规定、申请材料不齐全以及其他不符合法定形式情形的,应当当场或者在五个工作日内一次性告知申请人需要补正的全部内容。逾期不告知的,自收到申请材料之日起即为受理。

第二节 常规登记和简易登记技术评审与决定

第十九条 国务院生态环境主管部门受理常规登记申请后,应当组织专家委员会和所属的化学物质环境管理技术机构进行技术评审。技术评审应当主要围绕以下内容进行:

(一)新化学物质名称和标识;

（二）新化学物质测试报告或者资料的质量；

（三）新化学物质环境和健康危害特性；

（四）新化学物质环境暴露情况和环境风险；

（五）列入《中国现有化学物质名录》时是否实施新用途环境管理；

（六）环境风险控制措施是否适当；

（七）高危害化学物质申请活动的必要性；

（八）商业秘密保护的必要性。

技术评审意见应当包括对前款规定内容的评审结论，以及是否准予登记的建议和有关环境管理要求的建议。

经技术评审认为申请人提交的申请材料不符合要求的，或者不足以对新化学物质的环境风险作出全面评估的，国务院生态环境主管部门可以要求申请人补充提供相关测试报告或者资料。

第二十条 国务院生态环境主管部门受理简易登记申请后，应当组织其所属的化学物质环境管理技术机构进行技术评审。技术评审应当主要围绕以下内容进行：

（一）新化学物质名称和标识；

（二）新化学物质测试报告或者资料的质量；

（三）新化学物质的持久性、生物累积性和毒性；

（四）新化学物质的累积环境风险；

（五）商业秘密保护的必要性。

技术评审意见应当包括对前款规定内容的评审结论，以及是否准予登记的建议。

经技术评审认为申请人提交的申请材料不符合要求的，国务院生态环境主管部门可以要求申请人补充提供相关测试报告或者资料。

第二十一条 国务院生态环境主管部门对常规登记技术评审意见进行审查，根据下列情况分别作出决定：

（一）未发现不合理环境风险的，予以登记，向申请人核发新化学物质环境管理常规登记证（以下简称常规登记证）。对高危害化学物质核发常规登记证，还应当符合申请活动必要性的要求；

（二）发现有不合理环境风险的，或者不符合高危害化学物质申请活动必要性要求的，不予登记，书面通知申请人并说明理由。

第二十二条 国务院生态环境主管部门对简易登记技术评审意见进行审查，根据下列情况分别作出决定：

（一）对未发现同时具有持久性、生物累积性和毒性，且未发现累积环境风

险的,予以登记,向申请人核发新化学物质环境管理简易登记证(以下简称简易登记证);

(二)不符合前项规定登记条件的,不予登记,书面通知申请人并说明理由。

第二十三条 有下列情形之一的,国务院生态环境主管部门不予登记,书面通知申请人并说明理由:

(一)在登记申请过程中使用隐瞒情况或者提供虚假材料等欺骗手段的;

(二)未按照本办法第十九条第三款或者第二十条第三款的要求,拒绝或者未在六个月内补充提供相关测试报告或者资料的;

(三)法律法规规定不予登记的其他情形。

第二十四条 国务院生态环境主管部门作出登记决定前,应当对拟登记的新化学物质名称或者类名、申请人及其代理人、活动类型、新用途环境管理要求等信息进行公示。公示期限不得少于三个工作日。

第二十五条 国务院生态环境主管部门受理新化学物质环境管理登记申请后,应当及时启动技术评审工作。常规登记的技术评审时间不得超过六十日,简易登记的技术评审时间不得超过三十日。国务院生态环境主管部门通知补充提供相关测试报告或者资料的,申请人补充相关材料所需时间不计入技术评审时限。

国务院生态环境主管部门应当自受理申请之日起二十个工作日内,作出是否予以登记的决定。二十个工作日内不能作出决定的,经国务院生态环境主管部门负责人批准,可以延长十个工作日,并将延长期限的理由告知申请人。

技术评审时间不计入本条第二款规定的审批时限。

第二十六条 登记证应当载明下列事项:

(一)登记证类型;

(二)申请人及其代理人名称;

(三)新化学物质中英文名称或者类名等标识信息;

(四)申请用途;

(五)申请登记量;

(六)活动类型;

(七)环境风险控制措施。

对于高危害化学物质以及具有持久性和生物累积性,或者具有持久性和毒性,或者具有生物累积性和毒性的新化学物质,常规登记证还应当载明下列一项或者多项环境管理要求:

（一）限定新化学物质排放量或者排放浓度；

（二）列入《中国现有化学物质名录》时实施新用途环境管理的要求；

（三）提交年度报告；

（四）其他环境管理要求。

第二十七条 新化学物质环境管理登记申请受理后，国务院生态环境主管部门作出决定前，申请人可以依法撤回登记申请。

第二十八条 国务院生态环境主管部门作出新化学物质环境管理登记决定后，应当在二十个工作日内公开新化学物质环境管理登记情况，包括登记的新化学物质名称或者类名、申请人及其代理人、活动类型、新用途环境管理要求等信息。

第三节 常规登记和简易登记变更、撤回与撤销

第二十九条 对已取得常规登记证的新化学物质，在根据本办法第四十四条规定列入《中国现有化学物质名录》前，有下列情形之一的，登记证持有人应当重新申请办理登记：

（一）生产或者进口数量拟超过申请登记量的；

（二）活动类型拟由进口转为生产的；

（三）拟变更新化学物质申请用途的；

（四）拟变更环境风险控制措施的；

（五）导致环境风险增大的其他情形。

重新申请办理登记的，申请人应当提交重新登记申请材料，说明相关事项变更的理由，重新编制并提交环境风险评估报告，重点说明变更后拟采取的环境风险控制措施及其适当性，以及是否存在不合理环境风险。

第三十条 对已取得常规登记证的新化学物质，在根据本办法第四十四条规定列入《中国现有化学物质名录》前，除本办法第二十九条规定的情形外，登记证载明的其他信息发生变化的，登记证持有人应当申请办理登记证变更。

对已取得简易登记证的新化学物质，登记证载明的信息发生变化的，登记证持有人应当申请办理登记证变更。

申请办理登记证变更的，申请人应当提交变更理由及相关证明材料。其中，拟变更新化学物质中英文名称或者化学文摘社编号（CAS）等标识信息的，证明材料中应当充分论证变更前后的化学物质属于同一种化学物质。

国务院生态环境主管部门参照简易登记程序和时限受理并组织技术评审，作出登记证变更决定。其中，对于拟变更新化学物质中英文名称或者化学文摘社编号（CAS）等标识信息的，国务院生态环境主管部门可以组织专家委

员会进行技术评审；对于无法判断变更前后化学物质属于同一种化学物质的，不予批准变更。

第三十一条 对根据本办法第四十四条规定列入《中国现有化学物质名录》的下列化学物质，应当实施新用途环境管理：

（一）高危害化学物质；

（二）具有持久性和生物累积性，或者具有持久性和毒性，或者具有生物累积性和毒性的化学物质。

对高危害化学物质，登记证持有人变更用途的，或者登记证持有人之外的其他人将其用于工业用途的，应当在生产、进口或者加工使用前，向国务院生态环境主管部门申请办理新用途环境管理登记。

对本条第一款第二项所列化学物质，拟用于本办法第四十四条规定的允许用途外其他工业用途的，应当在生产、进口或者加工使用前，向国务院生态环境主管部门申请办理新用途环境管理登记。

第三十二条 申请办理新用途环境管理登记的，申请人应当提交新用途环境管理登记申请表以及该化学物质用于新用途的环境暴露评估报告和环境风险控制措施等材料。对高危害化学物质，还应当提交社会经济效益分析材料，充分论证该物质用于所申请登记用途的必要性。

国务院生态环境主管部门收到申请材料后，按照常规登记程序受理和组织技术评审，根据下列情况分别作出处理，并书面通知申请人：

（一）未发现不合理环境风险的，予以登记。对高危害化学物质，还应当符合申请用途必要性的要求；

（二）发现有不合理环境风险，或者不符合高危害化学物质申请用途必要性要求的，不予登记。

国务院生态环境主管部门作出新用途环境管理登记决定后，应当在二十个工作日内公开予以登记的申请人及其代理人名称、涉及的化学物质名称或者类名、登记的新用途，以及相应的环境风险控制措施和环境管理要求。其中，不属于高危害化学物质的，在《中国现有化学物质名录》中增列该化学物质已登记的允许新用途；属于高危害化学物质的，该化学物质在《中国现有化学物质名录》中的新用途环境管理范围不变。

第三十三条 申请人取得登记证后，可以向国务院生态环境主管部门申请撤销登记证。

第三十四条 有下列情形之一的，为了公共利益的需要，国务院生态环境主管部门可以依照《中华人民共和国行政许可法》的有关规定，变更或者撤回登记证：

（一）根据本办法第四十二条的规定需要变更或者撤回的；

（二）新化学物质环境管理登记内容不符合国家产业政策的；

（三）相关法律、行政法规或者强制性标准发生变动的；

（四）新化学物质环境管理登记内容与中华人民共和国缔结或者参加的国际条约要求相抵触的；

（五）法律法规规定的应当变更或者撤回的其他情形。

第三十五条 有下列情形之一的，国务院生态环境主管部门可以依照《中华人民共和国行政许可法》的有关规定，撤销登记证：

（一）申请人或者其代理人以欺骗、贿赂等不正当手段取得登记证的；

（二）国务院生态环境主管部门工作人员滥用职权、玩忽职守或者违反法定程序核发登记证的；

（三）法律法规规定的应当撤销的其他情形。

第四节 备 案

第三十六条 办理新化学物质环境管理备案的，应当提交备案表和符合本办法第十条第三款规定的相应情形的证明材料，并一并提交其已经掌握的新化学物质环境与健康危害特性和环境风险的其他信息。

第三十七条 国务院生态环境主管部门收到新化学物质环境管理备案材料后，对完整齐全的备案材料存档备查，并发送备案回执。申请人提交备案材料后，即可按照备案内容开展新化学物质相关活动。

新化学物质环境管理备案事项或者相关信息发生变化时，申请人应当及时对备案信息进行变更。

国务院生态环境主管部门应当定期公布新化学物质环境管理备案情况。

第四章 跟踪管理

第三十八条 新化学物质的生产者、进口者、加工使用者应当向下游用户传递下列信息：

（一）登记证号或者备案回执号；

（二）新化学物质申请用途；

（三）新化学物质环境和健康危害特性及环境风险控制措施；

（四）新化学物质环境管理要求。

新化学物质的加工使用者可以要求供应商提供前款规定的新化学物质的相关信息。

第三十九条 新化学物质的研究者、生产者、进口者和加工使用者应当建立新化学物质活动情况记录制度，如实记录新化学物质活动时间、数量、用途，以及落实环境风险控制措施和环境管理要求等情况。

常规登记和简易登记材料以及新化学物质活动情况记录等相关资料应当至少保存十年。备案材料以及新化学物质活动情况记录等相关资料应当至少保存三年。

第四十条 常规登记新化学物质的生产者和加工使用者，应当落实环境风险控制措施和环境管理要求，并通过其官方网站或者其他便于公众知晓的方式公开环境风险控制措施和环境管理要求落实情况。

第四十一条 登记证持有人应当在首次生产之日起六十日内，或者在首次进口并向加工使用者转移之日起六十日内，向国务院生态环境主管部门报告新化学物质首次活动情况。

常规登记证上载明的环境管理要求规定了提交年度报告要求的，登记证持有人应当自登记的次年起，每年 4 月 30 日前向国务院生态环境主管部门报告上一年度获准登记新化学物质的实际生产或者进口情况、向环境排放情况，以及环境风险控制措施和环境管理要求的落实情况。

第四十二条 新化学物质的研究者、生产者、进口者和加工使用者发现新化学物质有新的环境或者健康危害特性或者环境风险的，应当及时向国务院生态环境主管部门报告；可能导致环境风险增加的，应当及时采取措施消除或者降低环境风险。

国务院生态环境主管部门根据全国新化学物质环境管理登记情况、实际生产或者进口情况、向环境排放情况，以及新发现的环境或者健康危害特性等，对环境风险可能持续增加的新化学物质，可以要求相关研究者、生产者、进口者和加工使用者，进一步提交相关环境或者健康危害、环境暴露数据信息。

国务院生态环境主管部门收到相关信息后，应当组织所属的化学物质环境管理技术机构和专家委员会进行技术评审；必要时，可以根据评审结果依法变更或者撤回相应的登记证。

第四十三条 国务院生态环境主管部门应当将新化学物质环境管理登记情况、环境风险控制措施和环境管理要求、首次活动情况、年度报告等信息通报省级生态环境主管部门；省级生态环境主管部门应当将上述信息通报设区的市级生态环境主管部门。

设区的市级以上生态环境主管部门，应当对新化学物质生产者、进口者和加工使用者是否按要求办理新化学物质环境管理登记、登记事项的真实性、登记证载明事项以及本办法其他相关规定的落实情况进行监督抽查。

新化学物质的研究者、生产者、进口者和加工使用者应当如实提供相关资料，接受生态环境主管部门的监督抽查。

第四十四条 取得常规登记证的新化学物质，自首次登记之日起满五年的，国务院生态环境主管部门应当将其列入《中国现有化学物质名录》，并予以公告。

对具有持久性和生物累积性，或者持久性和毒性，或者生物累积性和毒性的新化学物质，列入《中国现有化学物质名录》时应当注明其允许用途。

对高危害化学物质以及具有持久性和生物累积性，或者持久性和毒性，或者生物累积性和毒性的新化学物质，列入《中国现有化学物质名录》时，应当规定除年度报告之外的环境管理要求。

本条前三款规定适用于依照本办法第三十三条规定申请撤销的常规登记新化学物质。

简易登记和备案的新化学物质，以及依照本办法第三十四条、第三十五条规定被撤回或者撤销的常规登记新化学物质，不列入《中国现有化学物质名录》。

第四十五条 根据《新化学物质环境管理办法》（环境保护部令第7号）的规定取得常规申报登记证的新化学物质，尚未列入《中国现有化学物质名录》的，应当自首次生产或者进口活动之日起满五年或者本办法施行之日起满五年，列入《中国现有化学物质名录》。

根据《新化学物质环境管理办法》（国家环境保护总局令第17号）的规定，取得正常申报环境管理登记的新化学物质，尚未列入《中国现有化学物质名录》的，应当自本办法施行之日起六个月内，列入《中国现有化学物质名录》。

本办法生效前已列入《中国现有化学物质名录》并实施物质名称等标识信息保护的，标识信息的保护期限最长至2025年12月31日止。

第五章 法律责任

第四十六条 违反本办法规定，以欺骗、贿赂等不正当手段取得新化学物质环境管理登记的，由国务院生态环境主管部门责令改正，处一万元以上三万元以下的罚款，并依法依规开展失信联合惩戒，三年内不再受理其新化学物质环境管理登记申请。

第四十七条 违反本办法规定，有下列行为之一的，由国务院生态环境主管部门责令改正，处一万元以下的罚款；情节严重的，依法依规开展失信联合惩戒，一年内不再受理其新化学物质环境管理登记申请：

（一）未按要求报送新化学物质首次活动情况或者上一年度获准登记新化学物质的实际生产或者进口情况，以及环境风险控制措施和环境管理要求的落实情况的；

（二）未按要求报告新化学物质新的环境或者健康危害特性或者环境风险信息，或者未采取措施消除或者降低环境风险的，或者未提交环境或者健康危害、环境暴露数据信息的。

第四十八条 违反本办法规定，有下列行为之一的，由设区的市级以上地方生态环境主管部门责令改正，处一万元以上三万元以下的罚款；情节严重的，依法依规开展失信联合惩戒，一年内不再受理其新化学物质环境管理登记申请：

（一）未取得登记证生产或者进口新化学物质，或者加工使用未取得登记证的新化学物质的；

（二）未按规定办理重新登记生产或者进口新化学物质的；

（三）将未经国务院生态环境主管部门新用途环境管理登记审查或者审查后未予批准的化学物质，用于允许用途以外的其他工业用途的。

第四十九条 违反本办法规定，有下列行为之一的，由设区的市级以上地方生态环境主管部门责令限期改正，处一万元以上三万元以下的罚款；情节严重的，依法依规开展失信联合惩戒，一年内不再受理其新化学物质环境管理登记申请：

（一）未办理备案，或者未按照备案信息生产或者进口新化学物质，或者加工使用未办理备案的新化学物质的；

（二）未按照登记证的规定生产、进口或者加工使用新化学物质的；

（三）未办理变更登记，或者不按照变更内容生产或者进口新化学物质的；

（四）未落实相关环境风险控制措施或者环境管理要求的，或者未按照规定公开相关信息的；

（五）未向下游用户传递规定信息的，或者拒绝提供新化学物质的相关信息的；

（六）未建立新化学物质活动等情况记录制度的，或者未记录新化学物质活动等情况或者保存相关资料的；

（七）未落实《中国现有化学物质名录》列明的环境管理要求的。

第五十条 专家委员会成员在新化学物质环境管理登记评审中弄虚作假，或者有其他失职行为，造成评审结果严重失实的，由国务院生态环境主管部门取消其专家委员会成员资格，并向社会公开。

第五十一条 为新化学物质申请提供测试数据的测试机构出具虚假报告

的，由国务院生态环境主管部门对测试机构处一万元以上三万元以下的罚款，对测试机构直接负责的主管人员和其他直接责任人员处一万元以上三万元以下的罚款，并依法依规开展失信联合惩戒，三年内不接受该测试机构出具的测试报告或者相关责任人员参与出具的测试报告。

第六章　附　　则

第五十二条　本办法中下列用语的含义：

（一）环境风险，是指具有环境或者健康危害属性的化学物质在生产、加工使用、废弃及废弃处置过程中进入或者可能进入环境后，对环境和健康造成危害效应的程度和概率，不包括因生产安全事故、交通运输事故等突发事件造成的风险。

（二）高危害化学物质，是指同时具有持久性、生物累积性和毒性的化学物质，同时具有高持久性和高生物累积性的化学物质，或者其他具有同等环境或者健康危害性的化学物质。

（三）新化学物质加工使用，是指利用新化学物质进行分装、配制或者制造等生产经营活动，不包括贸易、仓储、运输等经营活动和使用含有新化学物质的物品的活动。

第五十三条　根据《新化学物质环境管理办法》（环境保护部令第 7 号）和《新化学物质环境管理办法》（国家环境保护总局令第 17 号）的规定已办理新化学物质环境管理登记的，相关登记在本办法施行后继续有效。

第五十四条　本办法由国务院生态环境主管部门负责解释。

第五十五条　本办法自 2021 年 1 月 1 日起施行，原环境保护部发布的《新化学物质环境管理办法》（环境保护部令第 7 号）同时废止。

自然资源部关于第三批废止和修改的部门规章的决定

（2020 年 4 月 30 日自然资源部令第 7 号公布　自 2020 年 5 月 1 日起施行　国司备字［2020001949］）

为贯彻落实党中央、国务院关于矿业权出让制度改革等有关要求，全面推进矿业权竞争性出让，自然资源部对矿产资源管理相关部门规章进行了清理。

经过清理，自然资源部决定：

一、废止1部规章

废止《关于委托山西省等6个省级国土资源主管部门实施原由国土资源部实施的部分矿产资源勘查开采审批登记的决定》（国土资源部令第75号）。

二、修改《矿产资源登记统计管理办法》

（一）将名称修改为“矿产资源统计管理办法”；

（二）删去第二章；

（三）删去第一章、第三章、第四章和第五章第二十二条中的“登记”；

（四）删去第三条第一款、第二款；

（五）将第四条第二款修改为“县级以上地方人民政府自然资源主管部门负责本行政区域内矿产资源统计的管理工作，但石油、天然气、页岩气、天然气水合物、放射性矿产除外”；

（六）删去第十一条第二款中的“占用”；

将第三款修改为“未列入矿产资源统计基础表的查明矿产资源、压覆矿产资源储量、残留矿产资源储量及其变化情况等的统计另行规定”；

（七）将第十三条第二款修改为“开采石油、天然气、页岩气、天然气水合物和放射性矿产的，采矿权人应当于每年3月底前完成矿产资源统计基础表的填报工作，并将矿产资源统计基础表一式二份报送自然资源部”；

（八）删去第十五条第一项；

将第三项修改为“本行政区域内采矿权人矿产资源储量变化情况的统计”；

（九）删去第二十一条中的“《矿产资源补偿费征收管理规定》第十六条以及”；

（十）将第二十二条中的“行政处分”修改为“处分”；

（十一）将《矿产资源登记统计管理办法》中的“国土资源部”修改为“自然资源部”；“国土资源行政主管部门”修改为“自然资源主管部门”。

上述规章根据本决定作相应修改并对条文序号作相应调整，重新公布。

本决定自2020年5月1日起施行。

矿产资源统计管理办法

（2004年1月9日国土资源部令第23号公布　根据2020年4月29日《自然资源部关于第三批废止和修改的部门规章的决定》修订）

第一章　总　则

第一条　为加强矿产资源统计管理，维护国家对矿产资源的所有权，根据《中华人民共和国矿产资源法》《中华人民共和国统计法》及有关行政法规，制定本办法。

第二条　在中华人民共和国领域及管辖的其他海域从事矿产资源勘查、开采或者工程建设压覆重要矿产资源的，应当依照本办法的规定进行矿产资源统计。

第三条　本办法所称矿产资源统计，是指县级以上人民政府自然资源主管部门对矿产资源储量变化及开发利用情况进行统计的活动。

第四条　自然资源部负责全国矿产资源统计的管理工作。

县级以上地方人民政府自然资源主管部门负责本行政区域内矿产资源统计的管理工作，但石油、天然气、页岩气、天然气水合物、放射性矿产除外。

第二章　矿产资源统计

第五条　矿产资源统计调查计划，由自然资源部负责制定，报国务院统计行政主管部门批准后实施。

全国矿产资源统计信息，由自然资源部定期向社会发布。

第六条　矿产资源统计，应当使用由自然资源部统一制订并经国务院统计行政主管部门批准的矿产资源统计基础表及其填报说明。

矿产资源统计基础表，包括采矿权人和矿山（油气田）基本情况、生产能力和实际产量、采选技术指标、矿产组分和质量指标、矿产资源储量变化情况、共伴生矿产综合利用情况等内容。

未列入矿产资源统计基础表的查明矿产资源、压覆矿产资源储量、残留矿产资源储量及其变化情况等的统计另行规定。

第七条　开采矿产资源，以年度为统计周期，以采矿许可证划定的矿区范围为基本统计单元。但油气矿产以油田、气田为基本统计单元。

第八条 采矿权人应当于每年 1 月底前，完成矿产资源统计基础表的填报工作，并将矿产资源统计基础表一式三份，报送矿区所在地的县级自然资源主管部门。统计单元跨行政区域的，报共同的上级自然资源主管部门指定的县级自然资源主管部门。

开采石油、天然气、页岩气、天然气水合物和放射性矿产的，采矿权人应当于每年 3 月底前完成矿产资源统计基础表的填报工作，并将矿产资源统计基础表一式二份报送自然资源部。

第九条 上级自然资源主管部门负责对下一级自然资源主管部门上报的统计资料和采矿权人直接报送的矿产资源统计基础表进行审查、现场抽查和汇总分析。

省级自然资源主管部门应当于每年 3 月底前将审查确定的统计资料上报自然资源部。

第十条 县级自然资源主管部门履行下列统计职责：

（一）本行政区域内采矿权人的矿产资源统计基础表的组织填报、数据审查、录入、现场抽查；

（二）本行政区域内采矿权人矿产资源储量变化情况的统计；

（三）本行政区域内采矿权人的开发利用情况的统计；

（四）向上一级自然资源主管部门报送本条第（二）项、第（三）项统计资料。

第十一条 填报矿产资源统计基础表，应当如实、准确、全面、及时，并符合统计核查、检测和计算等方面的规定，不得虚报、瞒报、迟报、拒报。

第三章 统计资料管理

第十二条 自然资源主管部门应当建立矿产资源统计资料档案管理制度，加强对本行政区域内矿产资源统计资料、统计台账及数据库的管理。

上报矿产资源统计资料应当附具统一要求的电子文本。

全国矿产资源统计数据库由自然资源部统一制定。

探矿权人、采矿权人和建设单位应当建立矿产资源统计资料档案管理制度，妥善保管本单位的矿产资源统计资料、统计台账及其他相关资料，并接受县级以上人民政府自然资源主管部门的监督检查。

第十三条 自然资源主管部门审查和现场抽查矿产资源统计资料时，探矿权人、采矿权人和建设单位应当予以配合，并如实提供相关数据资料。

第十四条 探矿权人、采矿权人或者建设单位要求保密的矿产资源统计资料，自然资源主管部门应当依法予以保密。

县级以上人民政府自然资源主管部门发布本行政区矿产资源统计信息，提供有关信息服务时，应当遵守国家保密法律、法规的规定。

第十五条 县级以上人民政府自然资源主管部门应当确定具有相应专业知识的人员具体承担统计工作，定期对统计工作人员进行考评；对成绩显著、贡献突出的，应当给予表彰和奖励。

第四章 法律责任

第十六条 采矿权人不依照本办法规定填报矿产资源统计基础表，虚报、瞒报、拒报、迟报矿产资源统计资料，拒绝接受检查、现场抽查或者弄虚作假的，依照《矿产资源开采登记管理办法》第十八条、《中华人民共和国统计法》及其实施细则的有关规定进行处罚。

第十七条 自然资源主管部门工作人员在矿产资源统计工作中玩忽职守、滥用职权、徇私舞弊的，依法给予处分；构成犯罪的，依法追究刑事责任。

第五章 附 则

第十八条 本办法自2004年3月1日起施行。1995年1月3日原地质矿产部发布的《矿产储量登记统计管理暂行办法》同时废止。

高速铁路安全防护管理办法

（2020年5月6日交通运输部令2020年第8号公布 自2020年7月1日起施行 国司备字[2020001965]）

第一章 总 则

第一条 为了加强高速铁路安全防护，防范铁路外部风险，保障高速铁路安全和畅通，维护人民生命财产安全，根据《中华人民共和国铁路法》《中华人民共和国安全生产法》《中华人民共和国反恐怖主义法》《铁路安全管理条例》等法律、行政法规，制定本办法。

第二条 本办法适用于设计开行时速250公里以上（含预留），并且初期运营时速200公里以上的客运列车专线铁路(以下称高速铁路)。

第三条 高速铁路安全防护坚持安全第一、预防为主、依法管理、综合治理的方针,坚持技防、物防、人防相结合,构建政府部门依法管理、企业实施主动防范、社会力量共同参与的综合治理格局。

第四条 国家铁路局负责全国高速铁路安全监督管理工作。地区铁路监督管理局负责辖区内的高速铁路安全监督管理工作。

国家铁路局和地区铁路监督管理局(以下统称铁路监管部门)应当按照法定职责,健全完善高速铁路安全防护标准,加强行政执法,协调相关单位及时消除危及高速铁路安全的隐患。

第五条 各级公安、自然资源、生态环境、住房和城乡建设、交通运输、水利、应急管理等部门和消防救援机构(以下统称相关部门)应当依照法定职责,协调和处理保障高速铁路安全的有关事项,做好保障高速铁路安全的相关工作,防范和制止危害高速铁路安全的行为。

第六条 从事高速铁路运输、建设、设备制造维修的相关企业应当落实安全生产主体责任,建立、健全安全生产责任制和高速铁路安全防护相关管理制度,执行国家关于高速铁路安全防护的相关标准,保障安全生产管理机构或者人员配备,加强对从业人员的教育培训,改善安全生产条件,保证高速铁路安全防护所必需的资金投入。

第七条 铁路监管部门、铁路运输企业等单位应当按照国家有关规定制定突发事件应急预案,并组织应急演练。

铁路运输企业应当按照《中华人民共和国突发事件应对法》等国家有关规定,在车站、列车等场所配备报警装置以及必要的应急救援设备设施和人员。

第八条 铁路监管部门、高速铁路沿线地方各级人民政府相关部门应当落实“谁执法谁普法”的普法责任制,加强保障高速铁路安全有关法律法规、安全生产知识的宣传教育,增强安全防护意识,防范危害高速铁路安全的行为。

第九条 支持和鼓励社会力量积极参与高速铁路安全防护工作,铁路监管部门和相关部门以及铁路运输企业应当建立并公开监督举报渠道,根据各自职责及时处理影响高速铁路安全的问题。

对维护高速铁路安全作出突出贡献的单位或者个人,按照有关规定给予表彰奖励。

第二章 线路安全防护

第十条 铁路监管部门应当推动协调相关部门、高速铁路沿线地方人民政府构建高速铁路综合治理体系,健全治安防控运行机制,落实高速铁路护路联防责任制。

第十一条 国家铁路局应当联合国务院相关部门和有关企业、地区铁路监督管理局应当联合地方人民政府及相关部门和有关企业,推动建立安全信息通报和问题督办机制,做到协调配合、齐抓共管、联防联控。

第十二条 高速铁路线路安全保护区的划定,按照《铁路安全管理条例》等法律、行政法规和国家有关规定执行。高速铁路线路安全保护区用地依法纳入国土空间规划统筹安排。

铁路建设单位或者铁路运输企业应当配合地区铁路监督管理局或者地方人民政府开展高速铁路线路安全保护区划定工作。地方人民政府组织划定高速铁路线路安全保护区的,高速铁路线路安全保护区划定并公告完成后,铁路建设单位或者铁路运输企业应当将相关资料提供给地区铁路监督管理局。

建设跨河、临河的高速铁路桥梁等工程设施并划定高速铁路线路安全保护区的,应当符合防洪标准、岸线规划等要求,其工程建设方案应当按照《中华人民共和国水法》《中华人民共和国防洪法》有关规定报经有关水行政主管部门或者经授权的流域管理机构审查同意。

建设跨越或者穿越航道、临航道的高速铁路桥梁、隧道等工程设施并划定高速铁路线路安全保护区的,应当按照《中华人民共和国航道法》有关规定开展航道通航条件影响评价,并报送有关交通运输主管部门或者航道管理机构审核。

第十三条 禁止在高速铁路线路安全保护区内烧荒、放养牲畜。

禁止向高速铁路线路安全保护区排污、倾倒垃圾以及其他危害铁路安全的物质。

禁止擅自进入、毁坏、移动高速铁路安全防护设施。

在高速铁路线路安全保护区内建造建筑物、构筑物等设施,取土、挖砂、挖沟、采空作业或者堆放、悬挂物品,必须符合保证高速铁路安全的国家标准、行业标准,征得铁路运输企业同意并签订安全协议,遵守施工安全规范,采取措施防止影响铁路运输安全。铁路运输企业应当公布办理相关手续的部门以及相应的渠道,及时办理相关手续,并派员对施工现场实行安全监督。

第十四条 高速铁路与道路立体交叉设施及其附属安全设施竣工验收合格后,应当按照国家规定移交有关单位管理、维护。

上跨高速铁路的道路桥梁及其他建筑物、构筑物的管理部门或者经营企业应当建立定期检查及维护机制,定期检查道路桥梁及其他建筑物、构筑物,以及相关的安全防护设施、警示标志,加强风险研判,采取有效措施,防止道路桥梁构筑物、附着物等坠入高速铁路线路。

对可能影响高速铁路安全的检查、维护行为,应当提前与铁路运输企业沟通,共同制定安全保障措施。铁路运输企业应当提供便利条件。

第十五条 下穿高速铁路桥梁、涵洞的道路,其限高、限宽标志和限高防护架应当符合国家标准,由公路管理部门或者当地人民政府指定的部门、铁路运输企业等按照有关规定设置、维护。

下穿高速铁路桥梁、涵洞的道路进行改造时,施工单位要与铁路运输企业协商一致后实施,严格控制桥梁、涵洞下净高,并根据路面标高的变化及时调整限高防护架的设置。

第十六条 跨越、下穿或者并行高速铁路线路的油气、供气供热、供排水、电力等管线规划、设计、施工应当满足相关国家标准、行业标准及管理规定。施工前应当向铁路运输企业通报,与铁路运输企业协商一致后方可施工,必要时铁路运输企业可以派员进行安全防护。对跨越高速铁路的电力线路,应当采取可靠的防坠落措施。

跨越、下穿高速铁路的油气、供气供热、供排水等管线应当设置满足国家相关技术规范和标准要求的安全保护设施。下穿时,优先选择在铁路桥梁、预留管线涵洞、综合管廊等既有设施处穿越;特殊条件下,需穿越路基时,应当进行专项设计,满足路基沉降的限制指标。

并行高速铁路的油气、供气供热、供排水等管线敷设时,最小水平净距应当满足相关国家标准、行业标准和安全保护要求。

油气、供气供热、供排水、电力等管线的产权单位或者经营企业应当加强检查维护管理,确保状态良好。铁路运输企业应当积极配合。

第十七条 在高速铁路线路两侧建造、设立生产、加工、储存或者销售易燃、易爆或者放射性物品等危险物品的场所、仓库的,应当符合国家标准、行业标准规定的安全防护距离。

第十八条 在高速铁路线路两侧从事采矿、采石或者爆破作业的,应当遵守有关采矿和民用爆炸物品的法律法规,符合保障安全生产的国家标准、行业标准和铁路安全保护的相关要求。

在高速铁路线路路堤坡脚、路堑坡顶、铁路桥梁外侧起向外各1000米范围内,以及在铁路隧道上方中心线两侧各1000米范围内,确需从事露天采矿、采石或者爆破作业的,应当充分考虑高速铁路安全需求,依法进行安全评估、安全监理,与铁路运输企业协商一致,依照法律法规规定报经有关主管部门批准,并采取相应的安全防护措施。

矿产资源开采过程中,在矿井、水平、采区设计时,对高速铁路及其主要配套建筑物、构筑物应当划定保护矿柱。

新建高速铁路用地与探矿权人的矿产资源勘查范围、采矿权人的采矿采石影响范围发生重叠或者在尾矿库溃坝冲击范围的，或者新建高速铁路线路跨越上述范围的，铁路建设单位应当与有关权利主体协商一致，签订安全协议，共同制定安全保障措施，按照国家有关规定处理，确保矿山生产经营单位安全生产条件符合相关规定。

第十九条 禁止违反有关规定在高速铁路桥梁跨越处河道上下游的一定范围内采砂、淘金。县级以上地方人民政府水行政主管部门、自然资源主管部门应当按照各自职责划定并公告禁采区域、设置禁采标志，制止非法采砂、淘金行为。

禁止在高速铁路线路路堤坡脚、路堑坡顶或者铁路桥梁外侧起向外各200米范围内抽取地下水；200米范围外，高速铁路线路经过的区域属于地面沉降区域，抽取地下水危及高速铁路安全的，应当设置地下水禁止开采区或者限制开采区，具体范围由地区铁路监督管理局会同县级以上地方人民政府水行政主管部门提出方案，报省、自治区、直辖市人民政府批准并公告。

第二十条 在高速铁路附近从事排放粉尘、烟尘及腐蚀性气体的生产活动，应当严格执行国家规定的排放标准。

生态环境主管部门应当加大检查和管理力度，对相关违法行为依法进行处罚。

第二十一条 有关单位和个人在高速铁路邻近区域内施工、建造构筑物或者从事其他生产经营活动，应当遵守保证高速铁路安全的法律法规和相关标准，采取措施防止影响高速铁路运输安全。

第二十二条 在高速铁路线路及其邻近区域进行施工作业，应当符合工程建设安全管理规定，并执行铁路营业线施工安全管理规定。建设单位应当会同设计、施工单位与铁路运输企业共同制定安全施工方案，按照方案进行施工。施工完毕应当及时清理现场，不得影响高速铁路运营安全。

铁路运输企业应当向社会公布办理铁路营业线施工手续的部门以及相应的渠道，及时办理相关手续。

在高速铁路线路安全保护区内和纳入邻近营业线施工计划的施工，铁路运输企业应当按照国家规定派员对施工现场实行安全监督。

第二十三条 邻近高速铁路的杆塔应当按照国家标准、行业标准和铁路安全防护要求进行设计安装，杆塔产权单位应当建立定期检查维护制度，确保杆塔牢固稳定。

在高速铁路线路安全保护区内，禁止种植妨碍行车瞭望或者有倒伏危险可能影响线路、电力、牵引供电安全的树木等植物；对已种植的，应当依法限期迁移或者修剪、砍伐。

铁路运输企业发现高速铁路线路安全保护区内既有的林木存在可能危及高速铁路安全隐患的，应当告知其产权人或者管理人及时采取措施消除安全隐患。产权人或者管理人拒绝或者怠于处置的，铁路运输企业应当及时向铁路沿线林业主管部门报告，由林业主管部门协调产权人或者管理人采取措施消除安全隐患。

第二十四条 在高速铁路电力线路导线两侧各500米范围内，不得升放风筝、气球、孔明灯等飘浮物体，不得使用弓弩、弹弓、汽枪等攻击性器械从事可能危害高速铁路安全的行为。在高速铁路电力线路导线两侧升放无人机的，应当遵守国家有关规定。

对高速铁路线路两侧的塑料大棚、彩钢棚、广告牌、防尘网等轻质建筑物、构筑物，其所有权人或者实际控制人应当采取加固防护措施，并对塑料薄膜、锡箔纸、彩钢瓦、铁皮等建造、构造材料及时清理，防止大风天气条件下危害高速铁路安全。

第二十五条 铁路运输企业应当对高速铁路线路、防护设施、警示标志、安全环境等进行经常性巡查和维护；对巡查中发现的安全问题应当立即处理，不能立即处理的应当及时报告地区铁路监督管理局或者其他相关部门。巡查和处理情况应当记录留存。

第三章 安全防护设施及管理

第二十六条 高速铁路应当实行全封闭管理，范围包括线路、车站、动车存放场所、隧道斜井和竖井的出入口，以及其他与运行相关的附属设备设施处所。铁路建设单位或者铁路运输企业应当按照国家铁路局的规定在铁路用地范围内设置封闭设施和警示标志。

高速铁路与普速铁路共用车站的并行地段，在高速铁路线路与普速铁路线路间设置物理隔离；区间的并行地段，在普速铁路外侧依照高速铁路线路标准进行封闭。

高速铁路高架桥下的铁路用地，应当根据周边生产、生活环境情况，按照确保高速铁路设备设施安全的要求，实行封闭管理或者保护性利用管理。

铁路运输企业应当建立进出高速铁路线路作业门的管理制度。

第二十七条 铁路运输企业应当在客运车站广场、售票厅、进出站口、安检区、直梯及电扶梯、候车区、站台、通道、车厢、动车存放场所等重要场所和其他人员密集的场所，以及高速铁路桥梁、隧道、重要设备设施处所和路基重要区段等重点部位配备、安装监控系统。监控系统应当符合相关国家标准、行业标准，与当地公共安全视频监控系统实现图像资源共享。

客运车站以及动车存放场所周界应当设置实体围墙。车站广场应当设置防冲撞设施，有条件的设置硬隔离设施。

第二十八条 铁路运输企业应当在高速铁路沿线桥头、隧道口、路基地段等易进入重点区段安装、设置周界入侵报警系统。站台两端应当安装、设置警示标志和封闭设施，防止无关人员进入高速铁路线路。高速铁路周界入侵报警系统应当符合相关国家标准、行业标准。

高速铁路沿线视频监控建设应当纳入当地公共安全视频监控建设联网应用工作体系，并充分利用公共通信杆塔等资源，减少重复建设。

第二十九条 铁路运输企业应当根据沿线的自然灾害、地质条件、线路环境等情况，建立必要的灾害监测系统。

第三十条 高速铁路长大隧道、高架桥、旅客聚集区等重点区域，应当按照国家有关规定设置紧急情况下的应急疏散逃生通道并保证畅通，同时安装、设置指示标识。高速铁路长大隧道的照明设施设备、消防设施应当保持状态良好。

第三十一条 在下列地点，应当按照国家有关规定安装、设置防止车辆以及其他物体进入、坠入高速铁路线路的安全防护设施和警示标志：

（一）高速铁路路堑上的道路；

（二）位于高速铁路线路安全保护区内的道路；

（三）跨越高速铁路线路的道路桥梁及其他建筑物、构筑物。

第三十二条 船舶通过高速铁路桥梁应当符合桥梁的通航净空高度并遵守航行规则。桥区航标中的桥梁航标、桥柱标、桥梁水尺标由铁路运输企业负责设置、维护，水面航标由铁路运输企业负责设置，航道管理部门负责维护。

建设跨越通航水域的高速铁路桥梁，应当根据有关规定同步设计、同步建设桥梁防撞设施。铁路运输企业或者铁路桥梁产权单位负责防撞设施的维护管理。

第三十三条 铁路建设单位应当按照相关法律法规和国家标准、行业标准，在建设高速铁路客运站和直接为其运营服务的段、厂、调度指挥中心、到发中转货场、仓库时，确保相关安全防护设备设施同时设计、同时施工、同时投入生产和使用。

第四章　运营安全防护

第三十四条　除生产作业或者监督检查工作需要外，任何人一律不得进入动车组司机室。

进入动车组司机室，应当严格遵守国家安全管理规定和铁路运输企业安全生产制度。

第三十五条　旅客购买高速铁路列车车票、乘坐高速铁路列车，应当出示有效身份证件。对车票所记载身份信息与所持身份证件或者真实身份不符的持票人，铁路运输企业有权拒绝其进站乘车，并报告公安机关。

依照有关规定办理的高铁快运，铁路运输企业应当对客户身份进行查验，登记身份信息，并按规定对运送的物品进行安全检查。

铁路运输企业应当为公安机关依法履行职责提供数据支持和协助。

第三十六条　铁路禁止或者限制携带的物品种类及其数量由国家铁路局会同公安部规定。铁路运输企业应当在高速铁路车站、列车等场所对禁止或者限制携带的物品种类及其数量进行公布，并通过广播、视频等形式进行宣传。

第三十七条　铁路运输企业应当依照法律、行政法规和有关规定，承担安全检查的主体责任，设立相应的安检机构和安检场地，配备与运量相适应的安全检查人员和设备设施，对进入高速铁路车站的人员、物品进行安全检查。

从事安全检查的工作人员应当经过识别和处置危险物品等相关专业知识培训并考试合格。安全检查工作人员应当佩戴安全检查标志，依法履行安全检查职责，并有权拒绝不接受安全检查的旅客进站乘车或者经高速铁路运输物品。

第三十八条　禁止任何单位和个人扰乱高速铁路建设和运输秩序，损坏或者非法占用高速铁路设施设备、相关标志和高速铁路用地。

铁路运输企业应当按规定配备安保人员和相应设备、设施，加强安全检查和保卫工作。有关重点目标管理单位应当依照《中华人民共和国反恐怖主义法》等相关法律法规的规定，履行防范和应对处置恐怖活动职责，制定建立公共安全视频图像信息系统值班监看、信息保存使用、运行维护等管理制度，落实对重要岗位人员进行安全背景审查，以及对进入重点目标的人员、物品和交通工具进行安全检查等相关工作。

公安机关应当按照法定职责，维护高速铁路车站、列车等场所和高速铁路沿线的治安秩序，依法监督检查指导铁路运输企业治安保卫工作；依法查处摆放障碍、破坏设施、损坏设备、盗割电缆、擅自进入高速铁路线路等危及高速铁路运输安全和秩序的违法行为。

第三十九条 高速铁路的重要桥梁和隧道按照国家有关规定进行守护。

第四十条 县级以上各级人民政府相关部门、铁路运输企业应当依照自然灾害防治法律法规的规定，加强高速铁路沿线灾害隐患的排查、治理、通报、预防和应急处理等工作。

高速铁路勘察、设计阶段应当加强地质灾害危险性评估工作，尽量避开地质灾害隐患威胁，无法避让的，应当在设计、建设阶段及时采取治理措施排除地质灾害隐患风险，为铁路建设及运营提供安全环境。

高速铁路规划、勘察、设计、建设，应当优化地质选线，加强沿线区域地震活动性研究。位于活动断裂带的高速铁路，沿线应当装设地震预警监测系统。大型桥梁、隧道、站房等重点工程，应当强化场址地震安全性评价，满足抗震设防相关标准。

县级以上各级人民政府相关部门、铁路运输企业应当依照法律、行政法规的规定，建立地质灾害、气象灾害等预警信息互联互通机制，研判灾害对高速铁路安全的影响，及时进行预报预警。铁路运输企业应当针对不同灾害等级或者情况采取相应的防范措施。

第四十一条 铁路运输企业应当依照有关法律法规和技术标准要求，建立高速铁路网络安全保障体系，落实网络安全管理制度和技术防护措施，制定网络安全事件应急预案，采取有效措施确保网络安全稳定运行，保护旅客、托运人电子信息安全。

第四十二条 铁路运输企业应当遵守消防法律法规规章和消防技术标准，落实消防安全主体责任，制定消防安全制度、消防安全操作规程，配置符合要求的消防设施、器材，设置消防安全标志、组织防火检查，及时消除火灾隐患，制定灭火和应急疏散预案，并定期演练。

消防救援机构等相关部门依法履行消防监督管理职责。

第五章 监督管理

第四十三条 铁路监管部门应当制定年度安全监督检查计划，重点对以下事项进行监督检查：

（一）铁路运输高峰期和恶劣气象条件下关键时期的运输安全；

（二）高速铁路开通运营、重要设施设备运用状态、沿线外部环境等铁路运输安全关键环节；

（三）铁路运输突发事件应急预案的建立和落实情况。

铁路监管部门根据需要，可以牵头协调组织相关部门开展高速铁路安全防护联合监督检查。

第四十四条 铁路监管部门应当对监督检查过程中发现的问题，以及铁路运输企业等单位报送的问题进行梳理分析。对影响高速铁路运营安全的，应当及时采取函告、约谈等方式督促相关企业或者地方政府相关部门落实责任、消除隐患；对安全防护推进不力的部门和单位，可以在铁路监管部门政府网站上向社会公告。

对高速铁路事故隐患，铁路监管部门应当责令有关单位立即排除，并加强督办落实；重大事故隐患排除前或者排除过程中无法保证安全的，铁路监管部门应当责令从危险区域内撤出人员、设备，停止作业，重大事故隐患排除后方可恢复。

相关部门发现铁路安全隐患，属于职责范围内的，应当依法责令有关单位或者个人立即排除。

第四十五条 铁路监管部门和相关部门应当依照法律法规和相关职责规定对影响高速铁路安全的行为进行处罚。

第四十六条 发生涉及高速铁路运输安全的突发事件后，铁路运输企业及其所属的生产经营单位应当立即采取措施组织抢救，防止事故扩大，减少人员伤亡和财产损失，并向事件发生地地方人民政府及相关部门和地区铁路监督管理局报告。

第四十七条 事件发生地相关部门和地区铁路监督管理局接到报告后，应当依照有关法律、行政法规的规定和应急预案要求，立即采取措施控制事态发展，组织开展应急救援和处置工作，并按规定报告。

第六章　附　　则

第四十八条 本办法自2020年7月1日起施行。

交通运输部关于修改《大型飞机公共航空运输承运人运行合格审定规则》的决定

（2020 年 5 月 11 日交通运输部令 2020 年第 9 号公布　自 2020 年 7 月 1 日起施行　国司备字[2020002124]）

交通运输部决定对《大型飞机公共航空运输承运人运行合格审定规则》（交通运输部令 2017 年第 29 号）作如下修改：

一、将第 121.417 条（c）款（1）项中的“总驾驶员飞行经历时间不得少于 250 小时”修改为“总驾驶员飞行经历时间不得少于 500 小时”。（c）款（2）项（i）目中的“总驾驶员飞行经历时间不得少于 500 小时”修改为“总驾驶员飞行经历时间不得少于 800 小时”。（c）款（3）项（i）目中的“总驾驶员飞行经历时间不得少于 500 小时”修改为“总驾驶员飞行经历时间不得少于 800 小时”。

二、将第 121.481 条（b）款（2）项（iii）目修改为：

“（iii）3 级休息设施，是指飞机客舱内或者驾驶舱内的座位，应可倾斜 40 度，并可为脚部提供支撑；或者符合局方要求的其他方式”。

三、将第 121.495 条（b）款修改为：

“（b）任一机组成员在实施按本规则运行的飞行任务或者主备份前的 144 小时内，合格证持有人应当为其安排一个至少连续 48 小时的休息期。对于飞行值勤期的终止地点所在时区与机组成员的基地所在时区之间时差少于 6 个小时的，除仅实施全货物运输飞行的合格证持有人外，如机组成员飞行值勤期和主备份已达到 4 个连续日历日，不得安排机组成员在第 5 个日历日执行任何飞行任务，但是前续航班导致的备降情况除外。本条款所述基地是指合格证持有人确定的机组成员驻地并接受排班的地方。”

删去（c）款中的“本条款所述基地是指合格证持有人确定的机组成员驻地并接受排班的地方”。

四、将第 121.629 条（a）款和（b）款分别修改为：

“（a）对于定期载客运行，除本条（b）款规定外，在每次飞行前，只有确认在航路批准时本规则第 121.97 条和第 121.101 条所要求的通信和导航设施处于良好工作状态，方可签派飞机在该航路或者航段上飞行。”

“（b）对于定期载客运行，如果由于超出合格证持有人控制能力的技术原因或者其他原因,在航路上没有本规则第 121.97 条和第 121.101 条所要求的设施或者设施不可用,只要机长和飞行签派员认为现有的设施与航路所要求的通信和导航设施等同并处于良好的工作状态,即可签派飞机在相应航路或者航段上飞行。”

五、将第 121.719 条(h)款(2)项(i)目修改为:

“(i)动力系统监控:

“(1)如果作为机体发动机组合一部分的发动机的空中停车率(基于 12 个月滚动平均值)超过下列数值,合格证持有人应当综合评审其运行,以识别任何共因影响和系统错误。

“(A)如果延程运行时间小于或者等于 120 分钟,空中停车率为 0.005 次/1000 发动机工作小时。

“(B)如果在北太平洋区域延程运行时间超过 120 分钟且小于或者等于 207 分钟,以及在其他区域延程运行时间超过 120 分钟且小于或者等于 180 分钟,空中停车率为 0.003 次/1000 发动机工作小时。

“(C)如果在北太平洋运行区域延程运行时间超过 207 分钟,以及其他区域延程运行时间超过 180 分钟,空中停车率为 0.002 次/1000 发动机工作小时。

“(2)在空中停车率超过上述数值 30 天之内,合格证持有人应当向局方提交一个调查报告以及已采取的任何必要的纠正措施。”

六、将条文中所有“保安”统一改为“安保”。

本决定自 2020 年 7 月 1 日起施行。但是对第 121.417 条的修改自 2021 年 1 月 1 日起施行。

《大型飞机公共航空运输承运人运行合格审定规则》根据本决定作相应修改,重新公布。

大型飞机公共航空运输承运人运行合格审定规则

（2017年9月4日交通运输部令2017年第29号公布　根据2020年5月11日《交通运输部关于修改〈大型飞机公共航空运输承运人运行合格审定规则〉的决定》修订）

目　录

A章　总　　则

第121.1条　目的和依据

第121.3条　适用范围

第121.5条　定义

第121.7条　运行合格审定和持续监督

第121.9条　飞机的湿租

第121.11条　境外运行规则

B章　运行合格审定的一般规定

第121.20条　运行合格证及其运行规范

第121.21条　运行合格证及其运行规范的申请和颁发程序

第121.23条　运行合格证及其运行规范的颁发条件

第121.25条　运行合格证及其运行规范的内容

第121.27条　运行合格证及其运行规范的有效性

第121.29条　运行合格证及其运行规范的检查

第121.31条　运行合格证的修改

第121.33条　合格证持有人保存和使用运行规范的责任

第121.35条　运行规范的修改

第121.37条　申请人的责任

C章　管理运行合格证持有人的一般规定

第121.41条　监察和检查的实施

第121.42条　安全管理体系

第121.43条　按照本规则实施运行所必需的管理人员和机构

第121.45条　管理人员的合格条件

第 121.47 条　运行的近期经历
第 121.49 条　主运营基地、飞行基地和维修基地
第 121.51 条　合格证持有人名称的使用
第 121.53 条　按照军方合同实施运行的偏离批准
第 121.55 条　实施应急运行的偏离批准
第 121.57 条　遵守运行合格证及其运行规范的要求
E 章　国内、国际定期载客运行航路的批准
第 121.91 条　航路批准的基本要求
第 121.93 条　航路宽度
第 121.95 条　必需的机场资料
第 121.97 条　通信设施
第 121.99 条　气象服务
第 121.101 条　航路导航设施
第 121.103 条　飞行签派中心
第 121.105 条　地面服务
F 章　补充运行的区域和航路批准
第 121.113 条　航路和区域要求概则
第 121.115 条　航路宽度
第 121.117 条　必需的机场资料
第 121.119 条　气象服务
第 121.121 条　航路导航设施
第 121.123 条　地面服务
第 121.125 条　飞行跟踪系统
第 121.127 条　飞行跟踪系统要求
G 章　手册的要求
第 121.131 条　手册的制定和保存
第 121.133 条　手册内容总体要求
第 121.135 条　手册的分发和可用性
第 121.137 条　飞机飞行手册
H 章　飞机的要求
第 121.151 条　飞机的基本要求
第 121.153 条　飞机的审定和设备要求
第 121.155 条　禁止使用单台发动机飞机
第 121.157 条　飞机的航路类型限制

第 121.159 条　飞机的运行验证试飞
第 121.161 条　应急撤离程序的演示
I 章　飞机性能使用限制
第 121.171 条　用语定义
第 121.173 条　概则
第 121.175 条　活塞式发动机驱动的飞机的重量限制
第 121.177 条　活塞式发动机驱动的飞机的起飞限制
第 121.179 条　活塞式发动机驱动的飞机的航路限制——所有发动机工作
第 121.181 条　活塞式发动机驱动的飞机的航路限制——一台发动机不工作
第 121.183 条　型号合格审定为四台或者四台以上活塞式发动机驱动的飞机的航路限制——两台发动机不工作
第 121.185 条　活塞式发动机驱动的飞机的着陆限制——目的地机场
第 121.187 条　活塞式发动机驱动的飞机的着陆限制——备降机场
第 121.189 条　涡轮发动机驱动的飞机的起飞限制
第 121.191 条　涡轮发动机驱动的飞机的航路限制——一台发动机不工作
第 121.193 条　三台或者三台以上涡轮发动机驱动的飞机的航路限制——两台发动机不工作
第 121.195 条　涡轮发动机驱动的飞机的着陆限制——目的地机场
第 121.197 条　涡轮发动机驱动的飞机的着陆限制——备降机场
J 章　特殊适航要求
第 121.211 条　总则
第 121.213 条　旅客座椅间距
第 121.215 条　在客舱内装货
第 121.217 条　在货舱内装货
K 章　仪表和设备要求
第 121.301 条　概则
第 121.305 条　飞机仪表和设备
第 121.307 条　发动机仪表
第 121.308 条　厕所防火
第 121.309 条　应急设备
第 121.310 条　附加应急设备

第 121. 311 条　座椅、安全带和肩带装置
第 121. 312 条　座舱内部材料
第 121. 313 条　其他设备
第 121. 314 条　货舱和行李舱
第 121. 315 条　驾驶舱检查单
第 121. 316 条　燃油箱
第 121. 317 条　旅客告示
第 121. 318 条　机内广播系统
第 121. 319 条　机组成员机内通话系统
第 121. 320 条　高度保持和警告系统
第 121. 323 条　夜间运行的仪表和设备
第 121. 325 条　仪表飞行规则运行的仪表和设备
第 121. 327 条　活塞发动机飞机用于生命保障的补充供氧要求
第 121. 329 条　涡轮发动机飞机用于生命保障的补充供氧要求
第 121. 331 条　具有增压座舱的活塞发动机飞机应急下降和急救用的补充氧气要求
第 121. 333 条　具有增压座舱的涡轮发动机飞机应急下降和急救用的补充氧气要求
第 121. 335 条　氧气设备的标准
第 121. 337 条　防护式呼吸装置
第 121. 339 条　跨水运行的飞机的应急设备
第 121. 341 条　结冰条件下运行的设备
第 121. 342 条　空速管加温指示系统
第 121. 343 条　飞行数据记录器
第 121. 345 条　无线电设备
第 121. 346 条　空地双向数据通信系统
第 121. 347 条　地标领航的航路上目视飞行规则运行的无线电设备
第 121. 349 条　仪表飞行规则运行或者非地标领航的航路上目视飞行规则运行的无线电设备
第 121. 351 条　延伸跨水运行和某些其他运行的无线电设备
第 121. 352 条　快速存取记录器或等效设备
第 121. 353 条　无人烟地区上空飞行的应急设备
第 121. 354 条　地形提示和警告系统
第 121. 355 条　使用特殊导航方法的运行所用的设备

第 121.356 条　机载防撞系统
第 121.357 条　机载气象雷达设备要求
第 121.358 条　低空风切变系统的设备要求
第 121.359 条　驾驶舱话音记录器
第 121.360 条　近地警告/下滑道偏离警告系统
第 121.361 条　飞机标记和标牌的文字要求
L 章　飞机维修
第 121.362 条　总则
第 121.363 条　适航性责任
第 121.365 条　合格证持有人的维修系统
第 121.366 条　维修工程管理手册
第 121.367 条　飞机维修方案
第 121.368 条　可靠性方案
第 121.371 条　维修系统的机构和人员
第 121.372 条　培训大纲和人员技术档案
第 121.373 条　飞机的修理和改装
第 121.375 条　飞机的适航性检查
第 121.379 条　飞机放行
第 121.380 条　维修记录
M 章　机组成员和其他航空人员的要求
第 121.381 条　航空人员的条件及限制
第 121.383 条　飞行机组的组成
第 121.385 条　飞行机械员
第 121.391 条　客舱乘务员
第 121.393 条　在经停站旅客不下飞机时对机组成员的要求
第 121.395 条　飞行签派员
第 121.397 条　紧急情况和应急撤离职责
N 章　训练大纲
第 121.401 条　训练的基本要求
第 121.402 条　实施训练的特殊规定
第 121.403 条　训练大纲的制订要求
第 121.405 条　训练大纲及其修订的批准
第 121.407 条　飞行模拟机、客舱模拟器和其他训练设备的批准
第 121.409 条　使用飞行模拟机、客舱模拟器和其他训练设备的训练

课程
第121.411条　航空检查人员和教员的资格
第121.413条　航空检查人员和教员的训练
第121.415条　机组成员和飞行签派员的训练要求
第121.417条　驾驶员初始、转机型和升级训练的进入条件
第121.419条　机组成员的应急生存训练
第121.421条　机组成员和飞行签派员的差异训练
第121.422条　机组成员的安保训练
第121.423条　驾驶员、飞行机械员的初始、转机型地面训练和驾驶员的升级地面训练
第121.429条　客舱乘务员的初始和转机型地面训练
第121.431条　飞行签派员的初始和转机型地面训练
第121.433条　驾驶员的初始、转机型和升级飞行训练
第121.435条　飞行机械员的初始和转机型飞行训练
第121.439条　定期复训
O章　机组成员的合格要求
第121.451条　概则
第121.453条　驾驶员的执照要求
第121.455条　必需的训练
第121.457条　新机型和新职位上的运行经历要求
第121.459条　驾驶员的使用限制和搭配要求
第121.461条　驾驶员的近期经历要求
第121.463条　航线检查
第121.465条　熟练检查
第121.467条　机长的区域、航路和机场合格要求
第121.469条　机长的特殊区域、航路和机场合格要求
第121.471条　飞行机械员的合格要求
第121.475条　客舱乘务员的搭配要求
第121.477条　客舱乘务员的合格要求
第121.479条　飞行机组成员的英语要求
P章　机组成员值勤期限制、飞行时间限制和休息要求
第121.481条　概则
第121.483条　飞行机组的飞行时间限制
第121.485条　飞行机组的飞行值勤期限制

第 121.487 条　飞行机组的累积飞行时间、值勤时间限制
第 121.491 条　客舱乘务员的飞行值勤期限制
第 121.493 条　客舱乘务员的累积飞行时间、值勤时间限制
第 121.495 条　机组成员休息时间的附加要求
Q 章　飞行签派员的合格要求和值勤时间限制
第 121.501 条　飞行签派员的合格要求
第 121.503 条　飞行签派员的值勤时间限制
R 章　高级训练大纲
第 121.504 条　目的和资格要求
第 121.505 条　高级训练大纲的一般要求
第 121.506 条　涉及商业秘密的信息
第 121.507 条　定义
第 121.508 条　高级训练大纲的批准
第 121.509 条　基础理论课程
第 121.510 条　资格认定课程
第 121.511 条　持续资格保持课程
第 121.512 条　其他要求
第 121.513 条　执照或等级颁发的条件
第 121.514 条　训练器和模拟机
第 121.515 条　由他人提供训练、资格认定或检查安排的批准
第 121.516 条　记录保持要求
S 章　特殊运行
第 121.521 条　基于性能的导航运行(PBN)
第 121.523 条　广播式自动相关监视(ADS - B)
第 121.525 条　管制员 - 飞行员数据链通信(CPDLC)
第 121.527 条　平视显示器(HUD)或等效显示器、增强视景系统(EVS)、增强飞行视景系统(EFVS)、合成视景系统(SVS)和/或组合视景系统(CVS)
第 121.529 条　电子飞行包(EFB)
T 章　飞行运作
第 121.531 条　国内、国际定期载客运行的运行控制责任
第 121.532 条　补充运行的运行控制责任
第 121.533 条　飞机追踪
第 121.534 条　安保要求

第 121.535 条　运行通告
第 121.537 条　运行时刻表
第 121.538 条　客舱乘务员机型数量的限制
第 121.539 条　机组成员的值勤要求
第 121.541 条　在操作位置上的飞行机组成员
第 121.543 条　操纵装置的控制
第 121.545 条　进入驾驶舱的人员的限制
第 121.547 条　局方监察员进入驾驶舱的权力
第 121.549 条　飞行装具
第 121.550 条　机场运行最低标准
第 121.551 条　国内、国际定期载客运行的运行限制或者暂停运行
第 121.552 条　补充运行的运行限制或者暂停运行
第 121.553 条　国内、国际定期载客运行对批准航路和限制的遵守
第 121.555 条　飞行中燃油管理
第 121.556 条　国内、国际定期载客运行的紧急情况
第 121.557 条　危险天气和地面设施与导航设施不正常的报告
第 121.558 条　补充运行的紧急情况
第 121.559 条　机械故障的报告
第 121.561 条　发动机不工作时的着陆和报告
第 121.563 条　仪表进近程序和仪表飞行规则着陆最低标准
第 121.565 条　飞机互换
第 121.567 条　飞机应急撤离的能力
第 121.569 条　起飞前对旅客的简介
第 121.571 条　延伸跨水运行中对旅客的简介
第 121.573 条　便携式电子设备的禁用和限制
第 121.574 条　旅客医用氧气
第 121.575 条　在机上饮用含酒精饮料的限制
第 121.576 条　航空卫生保障
第 121.577 条　禁止使用和携带毒品、麻醉药品和精神药品
第 121.579 条　饮用含酒精饮料后的值勤限制
第 121.581 条　客舱和驾驶舱内大件物品的固定
第 121.583 条　飞机地面移动、起飞和着陆期间食品、饮料和旅客服务设施的固定
第 121.585 条　客舱臭氧浓度

第 121.587 条　使用自动驾驶仪的最低高度
第 121.588 条　电子导航数据管理
第 121.589 条　用于航路监察的向前观察员座位
第 121.591 条　无需符合本规则载客要求载运的人员
第 121.593 条　出口座位的安排
第 121.595 条　拒绝运输的权力
第 121.597 条　禁止吸烟的规定
第 121.605 条　驾驶舱门的关闭与锁定
第 121.607 条　手提行李
第 121.609 条　审定合格的陆上机场的使用
U 章　签派和飞行放行
第 121.621 条　国内、国际定期载客运行的签派权
第 121.622 条　补充运行的飞行放行权
第 121.623 条　气象条件的熟悉
第 121.625 条　国内、国际定期载客运行中飞行签派员向机长的通告
第 121.626 条　补充运行的设施和服务
第 121.627 条　飞机设备
第 121.629 条　通信和导航设施
第 121.631 条　目视飞行规则的签派或者放行
第 121.633 条　仪表飞行规则的签派或者放行
第 121.635 条　跨水运行的签派或者放行
第 121.637 条　起飞备降机场
第 121.639 条　仪表飞行规则国内定期载客运行的目的地备降机场
第 121.641 条　国际定期载客运行的目的地备降机场
第 121.642 条　仪表飞行规则补充运行的目的地备降机场
第 121.643 条　备降机场最低天气标准
第 121.645 条　在不安全状况中继续飞行
第 121.647 条　仪表或者设备失效
第 121.649 条　在结冰条件下运行
第 121.651 条　初始签派或者放行、重新或者更改签派或者放行
第 121.653 条　国内、国际定期载客运行飞至或者飞离加油机场或者临时使用机场的签派
第 121.655 条　国内、国际定期载客运行从备降机场和未列入运行规范的机场起飞

第121.657条　燃油量要求
第121.659条　特定情况燃油要求
第121.663条　计算所需燃油应当考虑的因素
第121.665条　目视飞行规则国内运行的起飞和着陆最低天气标准
第121.667条　仪表飞行规则的起飞和着陆最低标准
第121.669条　新机长的仪表飞行规则着陆最低天气标准
第121.671条　报告的最低天气条件的适用性
第121.673条　飞行高度规则
第121.675条　起始进近高度
第121.677条　国内、国际定期载客运行的签派责任
第121.679条　装载舱单的制定
V章　记录和报告
第121.691条　机组成员和飞行签派员记录
第121.693条　飞机记录
第121.695条　国内、国际定期载客运行的签派单
第121.696条　补充运行的飞行放行单
第121.697条　装载舱单
第121.699条　国内、国际定期载客运行装载舱单、签派单和运行飞行计划的处置
第121.700条　补充运行的装载舱单、飞行放行单和运行飞行计划的处置
第121.701条　飞机飞行记录本
第121.703条　通信记录
第121.705条　飞行中紧急医学事件报告
第121.707条　使用困难报告(运行)
第121.708条　使用困难报告(结构)
第121.709条　机械原因中断使用汇总报告
第121.710条　运行中人为差错报告
W章　延程运行与极地运行
第121.711条　总则
第121.713条　备降和改航机场的附加要求
第121.714条　通信设施的附加要求
第121.715条　延程运行备降机场:救援与消防服务
第121.716条　手册内容

第 121.718 条　延程运行型号设计批准依据
第 121.719 条　延程运行持续适航性维修方案(CAMP)
第 121.720 条　机组成员与签派人员培训要求
第 121.727 条　签派放行
X 章　应急医疗设备和训练
第 121.741 条　适用范围
第 121.743 条　应急医疗设备
第 121.745 条　机组成员处置飞行中紧急医学事件的训练
Y 章　罚　则
第 121.761 条　未取得运行合格证从事本规则规定的运行
第 121.762 条　提供虚假材料的处罚
第 121.763 条　违反本规则规定的行为
第 121.764 条　违反本规则规定的行为
Z 章　附　则
第 121.771 条　施行
附件 A　定义
附件 B　急救箱、应急医疗箱和卫生防疫包
附件 C　本规则第 121.161 条　规定的应急撤离程序演示准则
附件 D　飞行训练要求
附件 E　熟练检查要求
附件 G　高级飞行模拟机的使用
附件 I　多普勒雷达和惯性导航系统
附件 J　飞机的持续适航与安全改进

A 章　总　则

第 121.1 条　目的和依据

为了对大型飞机公共航空运输承运人进行运行合格审定和持续监督检查,保证其达到并保持规定的运行安全水平,根据《中华人民共和国民用航空法》和《国务院对确需保留的行政审批项目设定行政许可的决定》制定本规则。

第 121.3 条　适用范围

(a)本规则适用于在中华人民共和国境内依法设立的航空运营人实施的下列公共航空运输运行:

(1)使用最大起飞全重超过 5,700 千克的多发飞机实施的定期载客运输

飞行；

(2)使用旅客座位数超过30座或者最大商载超过3,400千克的多发飞机实施的不定期载客运输飞行；

(3)使用最大商载超过3,400千克的多发飞机实施的全货物运输飞行。

(b)对于适用于本条(a)款规定的航空运营人，在本规则中称之为大型飞机公共航空运输承运人。

(c)对于应按照本规则审定合格的大型飞机公共航空运输承运人，中国民用航空局(以下简称民航局)及民航地区管理局按照审定情况在其运行合格证及其运行规范中批准其实施下列一项或者多项运行种类的运行：

(1)国内定期载客运行，是指符合本条(a)款第(1)项规定，在中华人民共和国境内两点之间的运行，或者一个国内地点与另一个由局方专门指定、视为国内地点的国外地点之间的运行；

(2)国际定期载客运行，是指符合本条(a)款第(1)项规定，在一个国内地点和一个国外地点之间，两个国外地点之间，或者一个国内地点与另一个由局方专门指定、视为国外地点的国内地点之间的运行；

(3)补充运行，是指符合本条(a)款第(2)、(3)项规定的运行。

(d)大型飞机公共航空运输承运人应当遵守其他有关的涉及民航管理的规章，但在本规则对相应要求进行了增补或者提出了更高标准的情况下，应当按照本规则的要求执行。

(e)大型飞机公共航空运输承运人在运行中所使用的人员和大型飞机公共航空运输承运人所载运的人员应当遵守本规则中的适用要求。

(f)在本规则中，对于载运邮件的飞行，视为载运货物飞行；对于同时载运旅客和货物的飞行，视为载运旅客飞行，但应当同时满足本规则中有关货物运输条款的要求。

第121.5条　定义

(a)在本规则中，局方是指民航局和民航地区管理局及其派出机构。

(b)除本规则其他章中另有规定外，本规则中用语的含义在本规则附件A《定义》中规定。

第121.7条　运行合格审定和持续监督

(a)民航局对大型飞机公共航空运输承运人的合格审定和运行实施统一监督管理。

(b)民航局飞行标准职能部门依据本规则组织指导大型飞机公共航空运输承运人的运行合格审定和持续监督检查工作，制定必要的工作程序，规定运行合格证、运行规范及其申请书的统一格式。

(c)民航地区管理局负责对其所辖地区内设立的大型飞机公共航空运输承运人实施运行合格审定,颁发运行合格证及其运行规范,并及时向民航局飞行标准职能部门备案。

(d)大型飞机公共航空运输承运人取得运行合格证及其运行规范后,即成为本规则规定的运行合格证持有人(以下简称合格证持有人)。

(e)民航地区管理局及其派出机构负责对其所辖地区内设立的或者在其所辖地区内运行的合格证持有人实施持续监督检查。

第121.9条 飞机的湿租

(a)除经民航局批准外,合格证持有人不得湿租境外航空运营人或者境内未按照本规则批准运行的航空运营人的飞机。

(b)合格证持有人在进行涉及湿租的运行前,应当向局方提交一份与国内外其他公共航空运营人所签订的飞机湿租租赁合同和有关批准文件的副本,局方收到租赁合同副本后,将确定合同中飞机的运行控制方,并根据需要,向合同一方或者双方分别颁发运行规范的修改项,否则合格证持有人不得进行湿租运行。

(c)合格证持有人实施湿租运行,应当提供下列需要列入运行规范的信息:

(1)合同双方的名称和合同的有效期限;

(2)合同所涉及的每架飞机的国籍标志和登记标志;

(3)运行种类;

(4)运行的机场或者区域;

(5)具体说明计划由哪一方负责运行控制和实施这种运行控制的时间、机场或者区域。

(d)在对前款事项作出决定时,局方将考虑下列因素:

(1)机组成员资格;

(2)飞机适航性和维修工作;

(3)飞行签派;

(4)飞机的补给服务;

(5)航班计划;

(6)安全运行责任;

(7)局方认为有关的其他因素。

(e)经局方批准,合格证持有人在因特殊原因取消其飞机的飞行时,可以租用带有一名或者多名机组成员的飞机,载运其旅客进行飞行。这种飞行应当遵守本规则中与所实施运行有关的规定。

第121.11条　境外运行规则

大型飞机公共航空运输承运人在中国境外运行时，应当遵守《国际民用航空公约》附件二《空中规则》和所适用的外国法规。在《民用航空器驾驶员合格审定规则》（CCAR61）、《一般运行和飞行规则》（CCAR91）和本规则的规定严于上述附件和外国法规的规定并且不与其发生抵触时，还应当遵守《民用航空器驾驶员合格审定规则》（CCAR61）、《一般运行和飞行规则》（CCAR91）和本规则的规定。

B章　运行合格审定的一般规定

第121.20条　运行合格证及其运行规范

（a）在本规则中，运行合格证是指批准大型飞机公共航空运输承运人从事特定公共航空运输运行的许可证书。

（b）运行规范是运行合格证的附件，是指与运行合格证相对应的，大型飞机公共航空运输承运人运行应符合的批准、条件和限制等规范。

第121.21条　运行合格证及其运行规范的申请和颁发程序

（a）大型飞机公共航空运输承运人实施本规则第121.3条规定的运行，应向其主运营基地所在地的民航地区管理局申请颁发运行合格证及其运行规范。民航地区管理局按照预先申请、正式申请、文件审查、演示验证和发证五个步骤进行审查。运行合格证及其运行规范的申请人应当按照规定的格式和方法向其主运营基地所在地的民航地区管理局提交申请书，申请书应当至少附有下列材料：

（1）审查活动日程表；

（2）本规则第121.133条所要求的手册；

（3）训练大纲及课程；

（4）管理人员资历；

（5）飞机及运行设施、设备的购买或者租用合同复印件；

（6）说明申请人如何符合本规则所有适用条款的符合性声明。

（b）初次申请运行合格证的申请人，应当在提交申请书的同时，提交说明计划运行的性质和范围的文件，包括准许申请人从事经营活动的有关证明文件。

（c）民航地区管理局应当在收到申请书之后的5个工作日内书面通知申请人是否受理申请。申请人未能按照本条（a）款要求提交齐全的材料或者申请书格式不符合要求，需要申请人补充申请材料的，民航地区管理局应当在该

5 个工作日内一次性告知需要补正的全部内容。

(d)民航地区管理局受理申请后,将对申请人的申请材料是否符合本规则的要求进行审查,对申请人能否按照本规则安全运行进行验证检查。对于申请材料的内容与本规则要求不符或者申请人不能按照本规则安全运行的,应当书面通知申请人对申请材料的相关内容作出修订或者对运行缺陷进行纠正。

(e)民航地区管理局应当在 20 个工作日内做出是否颁发运行合格证及其运行规范的决定,民航地区管理局进行验证检查、组织专家评审的时间不计入前述期限。

(f)申请人属于本规则第 121.23 条(b)款规定情形的,不予颁发运行合格证及其运行规范。对于此种情况,民航地区管理局应当书面通知申请人,说明理由并告知申请人享有依法申请行政复议或者提起行政诉讼的权利。

第 121.23 条　运行合格证及其运行规范的颁发条件

(a)申请人经过审查后符合下列全部条件,可以取得大型飞机公共航空运输承运人运行合格证及其运行规范:

(1)满足本规则和涉及民航管理的规章所有适用条款的要求;

(2)按照涉及民航管理的规章的规定,配备了合格和足够的人员、设备、设施和资料,并且能够按照本规则的规定及其运行规范实施安全运行;

(3)符合安全保卫相关的涉及民航管理的规章的要求。

(b)申请人具有下列情形之一的,不予颁发运行合格证:

(1)申请人没有配备合格的或者足够的人员、设备、设施和资料,或者不能按照有关涉及民航管理的规章实施安全运行;

(2)申请人或者对其经营管理有控制权的人员,存在严重失信行为记录的;

(3)申请人安排或者计划安排担任本规则第 121.43 条(a)款规定的主要管理职位的人员,存在严重失信行为记录的;

第 121.25 条　运行合格证及其运行规范的内容

经审查合格后,局方应当向申请人颁发大型飞机公共航空运输承运人运行合格证及其运行规范。

(a)大型飞机公共航空运输承运人运行合格证包含下列内容:

(1)合格证持有人的名称;

(2)合格证持有人主运营基地的地址;

(3)合格证的编号;

(4)合格证的生效日期和有效期;

(5)负责监督该合格证持有人运行的局方机构名称和联系方式；

(6)被批准的运行种类；

(7)说明经审定，该合格证持有人符合本规则的相应要求，批准其按照所颁发的运行规范实施运行。

(b)大型飞机公共航空运输承运人的运行规范包含下列内容：

(1)主运营基地的具体地址，作为合格证持有人与局方进行通信联系的不同于其主运营基地地址的地址，以及其文件收发机构的名称与通信地址；

(2)对每种运行的实施规定的权利、限制和主要程序；

(3)每个级别和型别的飞机在运行中需要遵守的其他程序；

(4)批准使用的每架飞机的型号、系列编号、国籍标志和登记标志，运行中需要使用的每个正常使用机场、备降机场、临时使用机场和加油机场。经批准，这些项目可以列在现行有效的清单中，作为运行规范的附件，并在运行规范的相应条款中注明该清单名称。合格证持有人不得使用未列在清单上的任何飞机或者机场；

(5)批准的运行种类；

(6)批准运行的航线和区域及其限制；

(7)机场的限制；

(8)机体、发动机、螺旋桨、设备(包括应急设备)的维修时限或者确定维修时限的标准；

(9)批准的控制飞机重量与平衡的方法；

(10)飞机互换的要求；

(11)湿租飞机的有关资料；

(12)按照规定颁发的豁免或者批准的偏离；

(13)按照本规则需要局方批准的手册和训练大纲；

(14)按照本规则实施运行所必须的管理人员和机构；

(15)按照本规则需要局方批准的其他项目。

第121.27条　运行合格证及其运行规范的有效性

(a)运行合格证在出现下列情形之一时失效：

(1)合格证持有人自愿放弃，并将其交回局方；

(2)局方暂扣、撤销或者以其他方式终止该合格证。

(b)在出现下列情形时，运行规范全部失效或者部分条款失效：

(1)局方暂扣、撤销或者以其他方式终止运行合格证，则运行规范全部失效；

(2)局方暂停或者终止该运行规范中批准的全部运行，则运行规范全部失效；

(3)局方暂停或者终止该运行规范中批准的部分运行，则运行规范中关于该部分运行的条款失效；

(4)对于某一运行种类，合格证持有人没有满足本规则第121.47条(a)款中规定的近期经历要求，并且没有按照第121.47条(b)款规定的程序恢复该种类运行时，运行规范中关于该种类运行的条款失效。

(c)当运行合格证或者运行规范被暂扣、撤销或者因其他原因而失效时，合格证持有人应当将运行合格证或者运行规范交还局方。

第121.29条　运行合格证及其运行规范的检查

合格证持有人应当将其运行合格证及其运行规范保存在主运营基地，并能随时接受局方的检查，合格证持有人的飞机上应携带运行合格证及其运行规范复印件。

第121.31条　运行合格证的修改

(a)在下列情形下，局方可以修改按照本规则颁发的运行合格证：

(1)局方认为为了安全和公众利益需要修改；

(2)合格证持有人申请修改，并且局方认为安全和公众利益允许进行这种修改。

(b)合格证持有人申请修改其运行合格证时，适用本规则第121.21条(c)款至(f)款规定的程序和期限并应当遵守下列规定：

(1)合格证持有人应当在不迟于其计划的修改生效日期前适当的时间向其主运营基地所在地的民航地区管理局提交修改其运行合格证的申请书；

(2)申请书应当按照规定的格式和方法提交。

(c)当合格证持有人对其运行合格证修改的申请被拒绝或者对局方发出的修改决定有不同意见，请求重新考虑时，应当在收到通知后20个工作日内向局方提出重新考虑的请求。

第121.33条　合格证持有人保存和使用运行规范的责任

(a)合格证持有人应当在其主运营基地保存一套独立的和完整有效的运行规范。

(b)合格证持有人应当将其运行规范中的有关内容或者信息，写进本规则G章规定的手册中，并且应当清楚地写明这些内容是其运行规范的一部分，还应当说明运行规范的每一条要求具有强制性；或者将完整的运行规范与手册编制在一起进行分发、携带、保存和更新。

(c)合格证持有人应当持续保证其每个参与运行工作的人员，熟知运行规范中适用于该人员工作职责的有关规定。

第 121.35 条　运行规范的修改

(a)在下列任一情形下,局方可以修改按照本规则颁发的运行规范:

(1)局方为了安全和公众利益需要修改;

(2)合格证持有人申请修改,局方认为安全和公众利益允许此种修改。

(b)除本条(e)款规定的情形外,局方提出修改合格证持有人的运行规范时,使用下列程序:

(1)局方以书面形式提出修改内容,通知合格证持有人;

(2)局方确定一个不少于 5 个工作日的合理期限,在此期限内,合格证持有人可以对修改内容提交有关书面资料和意见;

(3)局方在审核了所提交的全部材料后,作出下列决定并通知合格证持有人:

(i)采用全部修改内容;

(ii)采用部分修改内容;

(iii)撤销所提出的修改内容。

(4)当局方颁发了运行规范的修改项时,修改项在合格证持有人收到通知之日起的 20 个工作日后生效,但下列情况除外:

(i)局方发现,根据本条(e)款,存在紧急情况,为了安全,需要立即行动;

(ii)合格证持有人根据本条(d)款,请求对修改的决定重新考虑。

(c)合格证持有人申请修改其运行规范,适用本规则第 121.21 条(c)款至(f)款规定的程序和期限并应当遵守下列规定:

(1)合格证持有人应当在计划的运行规范修改生效日期前适当时间提交修改其运行规范的申请书,但有下列情形之一的,申请人应当在计划的运行规范修改生效日期前足够的时间内提出申请:

(i)兼并其他运营人或者增设按照本规则运行的分支机构的;

(ii)增加运行的资产、需要通过验证试飞重新证明其能够安全运行的;

(iii)本规则第 121.3 条(c)款中确定的运行种类改变的;

(iv)由于破产行为而暂停运行后需要恢复运行的;

(v)初次引进以前未经大型飞机公共航空运输承运人运行验证试飞的飞机的。

(2)申请书应当以规定的格式和方法向其主运营基地所在地的民航地区管理局提交。

(3)在考虑了申请人提交的所有材料以及局方的审查情况后,局方将以下列方式之一通知合格证持有人:

(i)接受所申请的全部修改;

(ii)接受所申请的部分修改；

(iii)拒绝所申请的修改。此时，合格证持有人可以按照本条(d)款规定请求局方对其拒绝决定进行重新考虑。

(4)如果局方批准了修改，在与合格证持有人就其修改的贯彻问题进行协调后，修改项在局方批准的日期生效。

(5)如果合格证持有人守法信用信息记录中存在严重失信行为记录，局方可以拒绝其申请的部分或全部修改。

(d)当合格证持有人对局方关于运行规范修改项的决定提出重新考虑请求时，应当遵守下列程序：

(1)合格证持有人应当在收到局方拒绝修改其运行规范的通知后，或者在收到局方提出修改其运行规范的通知后20个工作日内，向局方提出对该决定进行重新考虑的请求；

(2)如果重新考虑的请求是在20个工作日内提出的，则局方颁发的任何修改暂停生效，除非局方发现，根据本条(e)款，存在紧急情况，为了安全，需要立即行动；

(3)如果重新考虑的请求不是在20个工作日内提出的，那么应当使用本条(c)款的程序。

(e)如果局方发现，存在危及安全、需要立即行动的紧急情况，不能执行本条规定的程序，或者按照程序进行将违背公众利益，则可以采取下列措施：

(1)局方修改运行规范，并使修改项在合格证持有人收到该修改通知日期起立即生效；

(2)在发给合格证持有人的通知中，局方将说明原因，指出存在危及安全、需要立即行动的紧急情况，或者指出修改推迟生效将违背公众利益的情况。

第121.37条　申请人的责任

申请人申请或者申请修改运行合格证及其运行规范以及与运行合格审定有关的其他项目，应当保证申请材料真实完整。

C章　管理运行合格证持有人的一般规定

第121.41条　监察和检查的实施

(a)合格证持有人应当接受局方在任何时间或者地点对其进行的监察或者检查，以确定其是否符合涉及民航管理的规章的规定，是否符合其运行合格证及其运行规范的规定。

(b)合格证持有人应当能在其主运营基地向局方提供下列资料：

(1)合格证持有人的大型飞机公共航空运输承运人运行合格证及其运行规范；

(2)负责按照涉及民航管理的规章规定应当保存的每种记录、文件、报告的人员的姓名、地点的现行清单。

(c)负责保存合格证持有人记录、文件、报告的所有人员，应当能向局方提供这些资料。

(d)局方可以根据本条(a)款检查的结果或者任何其他适当的材料，确定合格证持有人是否合格于继续持有其运行合格证及其运行规范。

(e)合格证持有人如果不能按照局方要求，提供其运行合格证、运行规范或者任何必需的记录、文件、报告，局方可以暂停其运行合格证或运行规范中的部分或者全部运行批准。

第121.42条　安全管理体系

合格证持有人应建立安全管理体系，并且能够按照本规则的规定实施安全管理，该体系应当：

(a)至少具备了下列功能：

(1)对影响安全的危险源能够及时识别；

(2)保证采取必要的纠正措施，保持可接受的安全水平；

(3)对安全水平进行持续的监督和定期评估；

(4)持续改进整体安全水平。

(b)明确地界定了整个组织内部的安全责任界限，包括高层管理者应对安全直接承担的责任；

(c)制订并持续实施非惩罚性的飞行数据分析计划，该计划应包含保护数据来源的妥当防护措施；

(d)制订供运行人员使用的飞行安全文件系统。

第121.43条　按照本规则实施运行所必需的管理人员和机构

(a)合格证持有人应当拥有能够有效控制和监督其整个运行的管理机构，并拥有足够的合格管理人员和技术人员，以保证在其运行中保持最高的安全水平。合格证持有人应当在下列职位或者同等职位上安排合格的人员：

(1)安全总监，负责独立地对合格证持有人的运行安全管理过程进行监督，并应该直接向总经理报告；

(2)运行副总经理，负责合格证持有人飞行运行的管理，使之符合本规则要求；

(3)维修副总经理，负责合格证持有人的飞机维修管理，使之符合本规则要求；

(4)总飞行师,负责合格证持有人的飞行人员训练和技术管理,使之符合本规则的要求;

(5)总工程师,负责合格证持有人飞机的维修工程技术管理,使之符合本规则的要求;

(6)本款要求的包括总经理在内的上述所有管理和技术人员不得在同一时间任职于多个按本规则运行的合格证持有人。

(b)对于某一项具体运行,如果合格证持有人能证明,由于所涉及的运行种类、所使用的飞机数量与型号和运行的区域等因素,使用较少的管理人员能够完成本条(a)款规定的除安全总监以外其他职位的全部职责并能以同等安全水平完成运行,局方可以认可其管理人员的配备。除经局方批准外,安全总监不允许由本条(a)款其余职务的人员兼任。

(c)本条(a)款要求的或者按照本条(b)款认可的职位名称和管理人员数量,应当在合格证持有人的运行规范中明确载明。

(d)担任本条(a)款或者(b)款要求的或者认可的职位的人员,以及按照运行合格证实施运行的各级负责人,应当符合下列要求:

(1)在训练、经验、专业知识上保持合格水平;

(2)在其职责范围内,理解有关合格证持有人各种运行的下列资料:

(i)有关涉及民航管理的规章;

(ii)合格证持有人的运行规范;

(iii)航空安全标准和安全运行常规;

(iv)本规则及其他涉及民航管理的规章中所有适用的维修和适航要求;

(v)本规则第121.131条要求的手册。

(3)严格履行其职责,以符合适用的规章要求,并保证安全运行。

(e)合格证持有人应当在本规则G章要求的手册内的一般政策规定中,写明本条(a)款规定的人员的任务、职责和权力,并写明担任这些职务人员的姓名和业务地址。合格证持有人应当在上述所列职位上的人员变换或者空缺后10天内通知局方。

(f)合格证持有人应当设立由飞行、维修、签派和客舱安全等专业人员组成的运行管理机构,负责协调各业务部门有关运行的事项;办理运行合格审定的有关事宜;负责手册的分发、更改和报批工作,保持其有效性。

(g)合格证持有人应当设立独立于运行的安全监督机构,在安全总监的直接领导下,负责安全水平的持续监督和定期评估;调查安全相关事件;就安全有关事务提出建议和组织员工安全教育等。

第 121.45 条　管理人员的合格条件

(a)担任本规则第 121.43 条(a)款规定的安全总监应当符合下列条件：

(1)掌握运行安全管理知识、质量管理知识、涉及民航管理的规章、标准及程序；

(2)最近 6 年内在合格证持有人或局方的安全监督岗位工作 3 年以上，或持有下列任一专业执照并在相应岗位上工作 3 年以上：

(i)航线运输驾驶员执照；

(ii)维修人员执照；

(iii)飞行签派员执照。

(3)理解合格证持有人的运行规范、运行手册及其他相关要求；

(4)具有较强的分析解决问题能力和良好的沟通技能。

(b)担任第 121.43 条(a)款中规定的运行副总经理应当符合下列条件：

(1)持有航线运输驾驶员执照；

(2)在最近 6 年内，在该合格证持有人使用相同级别飞机按照本规则所实施的运行中具有运行控制权的职位上，至少有 3 年管理经历；

(3)对于初次担任运行副总经理的人员，在最近的 6 年内，至少在该合格证持有人按照本规则运行的相同级别的飞机上具有担任机长 3 年的经历；对于具有负责运行副总经理经历的人员，至少在该合格证持有人按照本规则运行的相同级别的飞机上具有担任机长 3 年的经历。

(c)担任本规则第 121.43 条(a)款中规定的维修副总经理应当符合下列条件：

(1)接受了局方认可的相关法规的培训并合格；

(2)在前 6 年内具有至少 3 年从事合格证持有人运行的至少一种类别和级别飞机的维修或者维修管理经历。

(d)担任第 121.43 条(a)款中总飞行师的人员应当符合下列条件：

(1)持有航线运输驾驶员执照，至少具有该合格证持有人按照本规则运行中所用的一种飞机的合适等级；

(2)对于初次担任总飞行师的人员，在最近 6 年内，至少在该合格证持有人按照本规则运行的相同级别的飞机上，具有担任机长 3 年的经历；对于具有总飞行师经历的人员，至少在与该合格证持有人按照本规则运行的相同级别的飞机上，具有担任机长 3 年的经历。

(e)担任本规则第 121.43 条(a)款中总工程师的人员应当符合下列条件：

(1)具备本条(c)款维修副总经理的条件；

(2)具有维修本规则运行的飞机至少 5 年的经历，其中至少有 2 年作为维修工程技术管理人员的经历；

(f)如果合格证持有人拟选任的人员不符合本条(a)、(b)、(c)、(d)或者(e)款规定的经历，但具有相应的经历，能够有效履行涉及民航管理的规章要求的相应职位的职责和合格证持有人手册规定的程序，局方可以批准对本条相应款项规定经历的偏离。

第121.47条　运行的近期经历

(a)合格证持有人如果连续中断其运行规范中批准实施的某一种类的运行达30个日历日，则在此日期之后，应当按照本条(b)款规定恢复运行，否则不得继续实施此种运行。

(b)在本条(a)款的中断期之后，只有符合下列条件并经局方批准后，方可以恢复相应种类的运行：

(1)在恢复该种运行之前，至少提前5个工作日通知局方；

(2)如果局方决定重新进行全面检查，以确定其是否保持了合适和足够的配备，能否实施安全运行，合格证持有人应当在前述5个工作日期间处于能随时接受检查的状态。

第121.49条　主运营基地、飞行基地和维修基地

(a)合格证持有人应当保持一个主运营基地。合格证持有人还可以按照运行需要建立飞行基地和维修基地，飞行基地和维修基地可以与主运营基地在同一地点，也可以在不同地点。

(b)在计划建立或者变更主运营基地、飞行基地或者维修基地之前至少30天，合格证持有人应当以书面形式通知局方。

第121.51条　合格证持有人名称的使用

(a)合格证持有人按照本规则实施运行时所使用的名称应当与其运行规范上所列名称一致。

(b)除经局方在运行规范中批准外，在按照本规则运行的飞机上应当明显地标出运行该飞机的合格证持有人的名称，否则不得运行该飞机。飞机上标示名称的方法及其可读性应当经局方认可。

第121.53条　按照军方合同实施运行的偏离批准

(a)局方可以批准合格证持有人偏离本规则的适用规定，实施其按照军方合同确定的运行。

(b)在按照本条批准一项偏离时，局方将对合格证持有人的运行规范颁发相应的修改项。

(c)局方在任何时候可以终止按照本条颁发的偏离批准。

第 121.55 条　实施应急运行的偏离批准

(a)在紧急情况下并满足下列条件时,局方可以批准合格证持有人偏离本规则的适用规定:

(1)在该紧急情况下为保护人员生命和财产应当采取运送人员或者财产的行动;

(2)局方认为,为了立即实施这些运行,应当偏离有关规定。

(b)在紧急情况下,局方可以使用下列方法之一批准偏离:

(1)局方对合格证持有人的运行规范颁发相应的修改项;

(2)如果情况紧急不允许及时修改运行规范,则局方可以用口头或者其他方式批准该偏离,但合格证持有人应当在开始这种运行后 24 小时之内,向局方提交说明这种紧急情况性质的报告。

第 121.57 条　遵守运行合格证及其运行规范的要求

合格证持有人不得违反运行合格证、运行规范和其他批准项目实施运行,不得超越批准的偏离或者豁免。

E 章　国内、国际定期载客运行航路的批准

第 121.91 条　航路批准的基本要求

(a)申请航路批准的合格证持有人应当证明符合下列条件:

(1)能在该航路上每一正常使用机场、临时使用机场或者加油机场之间令人满意地实施运行;

(2)对于计划的运行,具有满足本规则第 121.95 条至第 121.105 条要求的设施与服务。

(b)在证明符合本条(a)款要求时,如果合格证持有人在考虑了机场、灯光、维修、通信、导航、加油、地面、机载无线电等各种设施的可用性和充分性,以及参与运行的全体人员的能力之后,证明能保证飞行安全,局方可以不要求在该航路上作航路试飞。

第 121.93 条　航路宽度

(a)经批准的航路、航段及固定航线具有的宽度应当至少与这些固定航线或者航路的规定宽度相等。在局方认为有必要对经批准的航路另行确定宽度时,将考虑下列因素:

(1)地形障碍的超越;

(2)最低航路高度;

(3)地面和机载导航设备;

(4)空中交通密度;

(5)空中交通管制程序。

(b)局方对经批准的航路另行确定的宽度,将具体规定在该大型飞机公共航空运输承运人的运行规范中。

第121.95条　必需的机场资料

(a)合格证持有人应当证明,所申请批准的航路上具有足够的机场,并且这些机场装备了适合于所申请运行的设施。其中所考虑的因素应当包括机场的等级、道面、障碍物、设施、公众保护、灯光、导航、通信、气象设施以及空中交通管制等。

(b)合格证持有人应当证明,对于所使用的每个机场,都能够获得、保存现行有效的航行资料,并且具有将其分发给每个有关人员的经批准的资料管理系统,以确保飞机在该机场运行的安全。这种航行资料应当包括下列方面的内容:

(1)机场

(i)基本设施;

(ii)公众保护设施;

(iii)导航、通信、气象设施;

(iv)影响起飞、着陆或者地面运行的建筑物;

(v)空中交通服务设施。

(2)跑道、停止道和净空道

(i)尺寸;

(ii)道面性质、PCN值;

(iii)标志和灯光系统;

(iv)标高和坡度。

(3)内移的跑道入口

(i)位置;

(ii)尺寸;

(iii)用于起飞、用于着陆或者二者兼用。

(4)障碍物

(i)影响按照本规则I章进行起飞和着陆性能计算的障碍物;

(ii)起控制作用的障碍物。

(5)仪表飞行程序

(i)离场程序;

(ii)进场程序;

(iii)进近程序；

(iv)复飞程序。

(6)特殊资料

(i)跑道视程测量设备；

(ii)低能见度条件下的盛行风。

(c)如果负责管理该合格证持有人的民航地区管理局发现该合格证持有人经批准的关于收集、分发和使用航行资料的系统应当予以改进才能恰当地继续工作,则合格证持有人在接到该部门的通知后,应当立即对其系统进行改进。在合格证持有人接到这样的通知之后 30 天内,可以向民航局飞行标准部门提出重新考虑的请求。重新考虑的请求使该通知处于暂缓执行状态,直至民航局飞行标准部门作出决定时止。但是,如果民航地区管理局认为存在关系到航空运输安全、需要立即采取措施的紧急情况,则民航局飞行标准部门可以根据所陈述的理由,使要求改进的通知立即生效。

第 121.97 条　通信设施

合格证持有人应当证明,在正常运行条件下,在整个航路上,所有各点都具有陆空双向无线电通信系统,能保证每一架飞机与相应的签派室之间,每一架飞机与相应的空中交通管制单位之间,以直接的或者通过经批准的点到点间的线路进行迅速可靠的通信联系。除经局方根据所用机型和运行情况作出特殊批准外,对于合格证持有人的所有运行,每架飞机与签派室之间的通信系统应当是空中交通管制通信系统之外的独立系统,能够满足在正常运行条件下,在 4 分钟内建立迅速可靠语音通信联系。

第 121.99 条　气象服务

(a)合格证持有人应当证明,每一条航路沿线,均有足够的气象报告服务站可以供使用,以保证提供运行所必需的气象实况报告和气象预报。

(b)合格证持有人只能使用经局方认可的气象服务系统提供的气象资料。

(c)使用气象预报控制飞行活动的合格证持有人,应当使用依据本条(b)款规定的气象资料而编制的气象预报,以及按照本条(d)款规定采用的系统所批准的任何来源而编制的气象预报。

(d)合格证持有人应当使用经局方批准的危险天气实况报告与预报系统,以便获得可能影响所飞航路和所用机场飞行安全的危险天气现象,如晴空颠簸、雷暴和低空风切变等情况的实况报告和预报。

第 121.101 条　航路导航设施

(a)除本条(b)款规定外,合格证持有人应当证明,对于每一条计划中的航路,非目视地面导航设施符合下列要求:

(1)具有足够的非目视地面导航设施,能在空中交通管制要求的精度之内,在整个航路上为飞机导航;

(2)非目视地面导航设施的位置,能保证在该运行所必需的精度范围之内,引导飞机至任一正常使用机场、临时使用机场、加油机场或者备降机场。

(b)下列运行不需要非目视地面导航设施:

(1)昼间目视飞行规则运行,但合格证持有人应当证明,能够根据地形的特征,使用地标领航而安全运行;

(2)在经局方批准使用特殊导航方法导航的航段上实施的运行。

第121.103条　飞行签派中心

合格证持有人应当证明,对于其所实施的运行拥有足够数量的飞行签派中心,并且这些飞行签派中心的位置和能力,能够确保对每次飞行进行恰当的运行控制。

第121.105条　地面服务

每个实施国内、国际定期载客运行的合格证持有人应当建立相应的地面服务管理组织机构,在相关的手册中明确对所有地面服务的培训要求、外部委托政策、管理程序、工作标准和规范等内容,并具备足够的合格人员和适当的设施和设备(包括备件、地面保障和材料等),确保飞机起飞前或着陆后的地面服务符合本规则的相应要求。当合格证持有人通过外部委托方式由他人提供部分或全部地面服务时,合格证持有人应当向相应的地面服务人员提供必要的训练,并对其操作的安全性负责。

F章　补充运行的区域和航路批准

第121.113条　航路和区域要求概则

(a)实施补充运行的合格证持有人应当按照下列规定申请运行区域和航路的批准:

(1)对于国内运行,中国境内的空域按照一个运行区域批准,但包含高高原机场(海拔高度在2438米或8000英尺及以上的机场)起降点的航路还需按照航路进行批准;

(2)对于国际运行,所飞机场所在的每一国家(地区)按照一个运行区域批准,但包含高高原机场或者局方确定的特殊机场起降点的航路还需按照航路进行批准。

(b)按照本条(a)款申请运行区域和航路批准的合格证持有人,应当证明其具有足够的装备和能力,能够使用中国或者外国公布航路上有关导航设施,在仪表飞行规则和夜间目视飞行规则条件下实施安全运行。

(c)如果实施补充运行的合格证持有人可以证明,对于运行的航路是安全的,并且局方能够确定空中交通密度有足够的安全水平,局方可以批准合格证持有人管制空域外的航路。合格证持有人不可以使用没有经局方批准的,或者运行规范中没有列出的航路。

第121.115条 航路宽度

(a)经批准的航路、航段及固定航线具有的宽度应当至少与这些固定航线或者航路的规定宽度相等。在局方认为有必要对经批准的航路另行确定宽度时,将考虑下列因素:

(1)地形障碍的超越;

(2)最低航路高度;

(3)地面和机载导航设备;

(4)空中交通密度;

(5)空中交通管制程序。

(b)合格证持有人运行规范中局方加以规定的任何其他航路宽度。

第121.117条 必需的机场资料

(a)实施补充运行的合格证持有人使用的任何机场应当具有适当的装备并适合于所申请运行的设施。其中所考虑的因素应当包括机场的等级、道面、障碍物、设施、公众保护、灯光、导航、通信、气象设施以及空中交通管制等。

(b)每一实施补充运行的合格证持有人应当证明其有一个经批准的系统,能够获得、保存和分发给每个有关人员所使用机场现行有效的航行资料,以确保飞机在该机场运行的安全。这种航行资料应当包括下列方面的内容:

(1)机场

(i)基本设施;

(ii)公众保护设施;

(iii)导航、通信、气象设施;

(iv)影响起飞、着陆或者地面运行的建筑物;

(v)空中交通服务设施。

(2)跑道、停止道和净空道

(i)尺寸;

(ii)道面性质;

(iii)标志和灯光系统;

(iv)标高和坡度。

(3)内移的跑道入口

(i)位置；

(ii)尺寸；

(iii)用于起飞、用于着陆或者二者兼用。

(4)障碍物

(i)影响按照本规则I章进行起飞和着陆性能计算的障碍物；

(ii)起控制作用的障碍物。

(5)仪表飞行程序

(i)离场程序；

(ii)进场程序；

(iii)进近程序；

(iv)复飞程序。

(6)特殊资料

(i)跑道视程测量设备；

(ii)低能见度条件下的盛行风。

(c)如果负责管理该合格证持有人的民航地区管理局发现该合格证持有人经批准的关于收集、分发和使用航行资料的系统应当予以改进才能恰当地继续工作，则合格证持有人在接到该部门的通知后，应当立即对其系统进行改进。在合格证持有人接到这样的通知之后30天内，可以向民航局飞行标准部门提出重新考虑的请求。重新考虑的请求使该通知处于暂缓执行状态，直至民航局飞行标准部门作出决定时止。但是，如果民航地区管理局认为存在关系到航空运输安全、需要立即采取措施的紧急情况，则民航局飞行标准部门可以根据所陈述的理由，使要求改进的通知立即生效。

第121.119条　气象服务

(a)合格证持有人应当证明，每一条航路沿线，均有足够的气象报告服务站可以供使用，以保证提供运行所必需的气象实况报告和气象预报。

(b)合格证持有人只能使用经局方认可的气象服务系统提供的气象资料。

(c)使用气象预报控制飞行活动的合格证持有人，应当使用依据本条(b)款规定的气象资料而编制的气象预报。

第121.121条　航路导航设施

(a)除本条(b)款规定外，合格证持有人应当证明，对于每一条计划中的航路，非目视地面导航设施符合下列要求：

(1)能在空中交通管制要求的精度之内，在整个航路上为飞机导航；

(2)非目视地面导航设施的位置，能保证在该运行所必需的精度范围之内，引导飞机至任一目的地机场或者备降机场。

(b)下列运行不需要非目视地面导航设施：

(1)昼间目视飞行规则运行，但合格证持有人应当证明，能够根据地形的特征，使用地标领航而安全运行；

(2)在经局方批准使用特殊导航方法导航的航段上实施的运行。

第121.123条　地面服务

每个实施补充运行的合格证持有人应当建立相应的地面服务管理组织机构，在相关的手册中明确对所有地面服务的培训要求、外委政策、管理程序和工作标准、规范等内容，并具备足够的合格人员和适当的设施和设备(包括备件、地面保障和材料等)，确保飞机起飞前或着陆后的地面服务符合本规则的相应要求。当合格证持有人通过外委方式由他人提供部分或全部的地面服务时，合格证持有人应当向相应的地面服务人员提供必要的训练，并对其操作的安全性负责。

第121.125条　飞行跟踪系统

(a)实施补充运行的合格证持有人应当证明：

(1)具有符合本规则U章要求的飞行跟踪系统，该系统根据所实施的运行可以对每次飞行进行有效的跟踪；

(2)飞行跟踪中心应当设在适用于对下列情况实施飞行跟踪的位置：

(i)确保对每次飞行的始发机场和目的地机场的飞行进程进行适当的监控，包括对中途停留机场和改航备降机场飞行进程的监控，以及对在这些机场所需的维修或者机械延误进行适当的监控；

(ii)确保机长能够得到安全飞行必需的所有资料。

(b)实施补充运行的合格证持有人可以使用非所属人员提供的飞行跟踪设施，但在这种情况下，合格证持有人应当对每次飞行的运行控制持续负责。

(c)飞行跟踪系统不要求与空中飞行的机组建立通信联系。

(d)在合格证持有人的运行规范中应当明确批准使用的飞行跟踪系统和飞行跟踪中心的所在位置。

第121.127条　飞行跟踪系统要求

(a)实施补充运行的每个合格证持有人应当证明：

(1)系统具备足够的设备和合格人员，为下列人员提供每一次飞行的起始和安全运行所必需的信息：

(i)每架飞机的飞行机组；

(ii)合格证持有人指定实施运行控制的人员。

(2)飞行跟踪系统具有利用公共或者私人设施(例如电话、电报或者无线电)获得通信的能力，以进行第121.125条(a)款第(2)项第(i)目要求的监控。

（b）实施补充运行的合格证持有人应当证明本条（a）款所述人员能够履行他们的职责。

G章　手册的要求

第121.131条　手册的制定和保存

（a）合格证持有人应当具有为实施其各种运行的全体飞行、维修和其他地面运行工作人员制定并供其使用和指导其操作的手册，并且有合适的手册管理系统，负责制定、分发、修订和补充手册，使其保持现行有效。

（b）本条（a）款要求的手册应当符合下列要求：

（1）包含必需的指令和信息，使有关人员能安全地完成所担负的工作职责；

（2）除局方批准外，使用中文写成。如果合格证持有人在运行中使用了不熟悉中文的人员，则应当同时为其提供相应文字的手册，并且应当保证这些手册的一致性和同等有效性；

（3）采用易于修订的形式；

（4）在有关的每一页上，具有最后一次修订的日期；

（5）符合所有适用的涉及民航管理的规章、该合格证持有人的运行合格证与运行规范；对于实施国际运行的合格证持有人，还应当符合所适用的外国规章。

（c）合格证持有人在其主运营基地至少要保存一套完整的手册。

第121.133条　手册内容总体要求

手册应当包含下列所有内容，但可以分为两个或者两个以上的单独分册，每一分册应当包括所有适用于该类人员的内容：

（a）概述：

（1）实施飞行运行有关的人员与其职责的说明；

（2）飞行签派和运行控制，包括：适用的签派协调、飞行控制、飞行跟踪程序等；

（3）航路飞行、导航和通信程序，包括：当任何所需的特定设备不工作或无法提供服务时，签派或放行飞机继续飞行；

（4）关于限制飞行机组成员和客舱乘务员的飞行时间和值勤期以及为其提供足够休息期的规定；

（5）机载导航设备清单，其中包含与基于性能导航区域内的运行有关的任何规定；

(6)适用的远程导航程序、ETOPS 的发动机失效程序和备降机场的选择与使用；

(7)应持续保持无线电监听的情况；

(8)确定飞行最低高度的方法；

(9)确定机场运行最低标准的方法；

(10)乘客在机上时实施燃油加注的安全预防措施；

(11)地面操作的安排和程序；

(12)机长发现有事故发生后使用的搜寻和救援程序；

(13)不同类型运行中飞行机组指挥权接替次序的指定；

(14)对所要装载的燃油与滑油量计算的具体说明,其中考虑到运行中的所有情况,包括在航路上释压和一台或多台动力装置失效的可能性；

(15)应当使用氧气的情况和按照本规则第 121.327、329、331 和 333 条规定确定氧气的携带量；

(16)重量与平衡控制方面的操作指示；

(17)地面除冰、防冰操作的实施和控制方面的操作指示；

(18)空中交通服务飞行计划的填写规范,运行飞行计划的内容和使用方法；

(19)飞行各阶段标准操作程序(SOP)；

(20)关于正常检查单的使用及其使用时机的操作指示；

(21)离场应急程序；

(22)保持高度意识和使用自动或飞行机组高度喊话的操作指示；

(23)在仪表气象条件下使用自动驾驶仪与自动油门的操作指示；

(24)关于空中交通管制许可的确认与接受的操作指示,特别是针对那些许可中包含有超越障碍物许可的情况；

(25)离场与进近简令；

(26)用于熟悉空域、航路和机场的程序；

(27)稳定进近程序；

(28)接近机场道面时的大下降率限制；

(29)开始或继续仪表进近所需的条件；

(30)实施精密、类精密和非精密仪表进近程序的操作指示；

(31)夜间与仪表气象条件下,仪表进近与着陆运行中的飞行机组职责分配和机组成员工作负荷管理的程序；

(32)避免可控飞行撞地的操作指示与训练要求,以及近地警告系统的使用政策；

(33)避免空中相撞和使用空中交通防撞系统(ACAS)的政策、操作指示、程序和训练要求;

(34)关于拦截民用飞机方面的信息和操作指示,包括:

(i)被拦截飞机的机长应当采取的程序;

(ii)拦截和被拦截飞机使用的目视信号。

(35)对准备在15000米(49000英尺)以上运行的飞机,还需要以下资料:

(i)在受到太阳宇宙射线辐射时,使驾驶员能够确定应采取的最佳行动方案的资料;

(ii)决定下降后的程序,其中包括:

(A)向合适的空中交通服务单位发出预先情况警告以及获得临时下降许可所必需的程序;

(B)与空中交通服务单位之间的通信不能建立或被中断时应采取的措施。

(36)安全管理体系的详细内容;

(37)载运危险物品的操作指示和资料,包括紧急情况下采取的措施;

(38)安保方面的操作指示及指南;

(39)根据安保部门相关规定制定的搜查程序检查单;

(40)航空人员健康管理、航空食品卫生、飞机消毒和卫生防疫的规定与程序;

(41)电子飞行包(EFB)管理要求和程序(如适用);

(42)电子导航数据管理程序。

(43)飞机追踪程序。

(b)飞机运行信息:

(1)飞机型号审定数据和运行极限数据;

(2)飞行机组使用的正常、非正常和应急程序及有关检查单;

(3)所有发动机工作时爬升性能的操作指示和信息;

(4)供飞行前和飞行中制定计划使用的飞行计划数据,包含不同的推力、功率和速度设定情况下的数据;

(5)所用每个机型的最大侧风和顺风分量限制,以及在考虑了阵风、低能见、跑道道面状况、机组经历、自动驾驶使用、非正常或紧急情况或其它有关运行因素影响时,对这些限制数值进行的缩减;

(6)重量与平衡计算方面的操作指示和数据;

(7)飞机装载和载荷固定方面的操作指示;

(8)可供每一型号飞机运行人员和飞行机组所使用的包括与该型号飞机运行有关的正常、非正常和应急程序以及该飞机各系统和所用检查单的详细信息在内的飞机操作手册，手册的设计还需符合人的因素要求；

(9)供所用机型和经批准的特殊运行使用的最低设备清单和外形缺损清单，其中包含与基于性能导航区域内的运行有关的任何规定；

(10)应急和安全设备的检查单和使用说明；

(11)应急撤离程序，包括与机型相关的程序、机组协调、紧急情况下机组成员的指定位置和紧急情况下每个机组成员的职责；

(12)客舱乘务员所使用的正常、非正常和应急程序，以及与此有关的检查单和必需的飞机系统信息，并且包括一个用于解释这些程序是供飞行机组成员和客舱乘务员之间协调使用的说明；

(13)用于不同航路的救生和应急设备清单，以及在起飞前验证其工作正常的必要程序，包括确定所需氧气量和可用量的程序；

(14)供幸存者使用的地空目视信号说明。

(c)航路和机场：

(1)航路信息指导，用于确保飞行机组每次飞行都能够获得适用于该运行的通讯设施、助航设备、机场、仪表进近、仪表进场和仪表离场方面的信息以及承运人认为正确实施飞行运行所必需其他信息。

(2)每一所飞航路的最低飞行高度；

(3)可能用作目的地机场或备降机场的每个机场的运行最低标准；

(4)在进近或机场设施降级的情况下机场运行最低标准的提高；

(5)符合规章要求的所有飞行剖面的必需信息，包括但不仅限于下列确定内容：

(i)干、湿和受污染情况下的起飞跑道长度要求，包括影响起飞距离的系统失效情况；

(ii)起飞爬升限制；

(iii)航路爬升限制；

(iv)进近爬升限制和着陆爬升限制；

(v)干、湿和受污染情况下的着陆跑道长度要求，包括影响着陆距离的系统失效情况；

(vi)补充信息，如轮胎速度限制。

(d)训练：

本规则N章规定的飞行机组成员、客舱乘务员和飞行签派员训练大纲的详细内容。

第121.135条手册的分发和可用性

(a)合格证持有人应当向下列人员提供本规则第121.131条所要求的手

册及其修改和补充,或者该手册的有关部分:

(1)维修人员和有关地面运行工作人员;

(2)机组成员;

(3)负责管理该合格证持有人的局方人员。

(b)按照本条(a)款持有手册或者手册相关部分的每个人,应当使用合格证持有人提供的修改和补充页,使手册内容保持最新有效状态,并在执行指定任务时可以随时查阅。

第121.137条　飞机飞行手册

(a)合格证持有人对其使用的每一型号飞机,应当保持现行有效的经局方批准的飞机飞行手册。

(b)合格证持有人的每架飞机应当携带用机组人员所熟悉的文字写成的经局方批准的飞机飞行手册,或者携带本规则第121.131条要求的手册,但该手册中应当包含相应的飞机飞行手册所要求的资料,并且应当清楚地标明这些资料中作为飞行手册的内容。

(c)如果该合格证持有人选择携带本规则第121.131条所要求的手册,合格证持有人可以根据相应的飞机飞行手册,修订其操作程序部分和修改性能数据的编排形式,但经修订的操作程序和经修改的性能数据编排形式应当符合下列要求:

(1)经局方批准;

(2)清楚地标明作为飞机飞行手册的内容。

H章　飞机的要求

第121.151条　飞机的基本要求

(a)除本条(c)款规定外,合格证持有人运行的飞机应当符合下列要求:

(1)是在中华人民共和国登记的民用飞机,并携带现行有效的适航证、国籍登记证和无线电电台执照;

(2)处于适航状态并符合涉及民航管理的规章适用的适航要求,包括与标识和设备有关的要求。

(b)合格证持有人可以使用经批准的重量与平衡控制系统来符合适用的适航要求和运行限制,该重量与平衡控制系统可以以平均的、假定的或者估算的重量为基础。

(c)合格证持有人可以租用不含机组人员的国际民用航空公约缔约国所属的某一国家登记的民用飞机实施本规则运行,但应当符合下列规定:

(1)该飞机带有经民航局审查认可的原国籍登记国颁发的适航证和由民航局颁发的适航认可证书,以及无线电电台执照;

(2)合格证持有人已将该飞机的租赁合同副本报局方。

第121.153条 飞机的审定和设备要求

合格证持有人按照本规则运行的飞机应当是型号合格审定为运输类或者通勤类的飞机,并符合本规则第121.173条的要求,否则不得实施本规则运行。

第121.155条 禁止使用单台发动机飞机

合格证持有人不得使用单台发动机的飞机实施本规则运行。

第121.157条 飞机的航路类型限制

(a)除经依据本规则W章的规定得到局方批准且满足合格证持有人运行规范许可的条件下,合格证持有人不得使用以涡轮发动机为动力的飞机实施以下运行:

(1)延程运行;

(2)在北极区域内的运行;

(3)在南极区域内的运行。

(b)合格证持有人用于延伸跨水运行的陆上飞机,应当是按照《运输类飞机适航标准》(CCAR25)中的水上迫降规定审定合格或者被批准为适合于水上迫降的飞机。

第121.159条 飞机的运行验证试飞

(a)合格证持有人使用以前未在公共航空运输运行中使用过的飞机,应当完成局方认可的至少100小时的运行验证试飞,包括相当数量的进入航路机场的飞行。在运行验证试飞过程中,如果局方认为试飞已达到令人满意的熟练水平,则局方可以减少验证试飞时间。上述运行验证试飞至少应当有10小时在夜间完成。

(b)除经局方特殊批准外,合格证持有人首次使用曾在公共航空运输运行中使用过的某一型号飞机,或者使用在设计上作了实质性更改的某一型号飞机,则在拟使用该飞机实施运行之前,应当完成经局方认可的至少25小时的运行验证试飞,包括相当数量的进入航路机场的飞行。

(c)本条(b)款所述飞机在设计上进行了实质性更改是指下述情形之一:

(1)整套动力装置的型号与飞机合格审定时所装动力装置的型号不相类似;

(2)对飞机或者其部件进行了实质上影响其飞行特性的更改。

(d)除了实施试飞所需的人员和局方指定的人员之外,合格证持有人不得在运行验证试飞的飞机上携带旅客。经局方批准，运行验证试飞的飞机可以携带邮件、快递或者其他货物。

第 121.161 条　应急撤离程序的演示

(a)合格证持有人应当依照本规则附件 C《本规则第 121.161 条规定的应急撤离程序演示准则》(a)款规定进行应急撤离程序的实际演示，证明在载客飞行中所用的旅客座位数大于 44 座的每个型号的飞机，能够使包括机组成员在内的满载量乘员在 90 秒(含)以内撤离飞机。但是，如果该型号飞机已被证明符合本规则附件 C(a)款规定或者适用的型号合格审定标准，可以不实施实际的演示。

(b)使用旅客座位数大于 44 座的飞机实施载客运行的合格证持有人，有下列情形之一的，应当按照本条(c)款进行应急撤离程序的部分演示：

(1)该合格证持有人新引进的某型号飞机投入载客飞行并且该合格证持有人没有按照本条(a)款实施实际演示；

(2)本规则第 121.391 条所要求的客舱乘务员的人数、位置或者其应急撤离职责、程序发生改变；

(3)应急出口的数量、位置、型号或者供撤离用的应急出口开启机构的型号发生改变。

(c)在实施(b)款要求的部分演示时，合格证持有人应当遵守下列规定：

(1)实施不要求旅客参加但要在局方观察下进行的演示，以验证其机组成员应急生存训练和应急撤离程序的有效性。在这种演示中，该型号飞机的客舱乘务员，应当使用该合格证持有人的航线操作程序，按照本规则第 121.397 条规定的应急撤离职责，打开 50% 所要求的地板高度的应急出口和 50% 所要求的非地板高度的应急出口，并放下 50% 的应急出口滑梯。这些应急出口和滑梯由局方选定，并且应当在 15 秒钟内准备就绪以供使用；

(2)在实施这种演示之前，向负责监督其运行的民航地区管理局提出申请；

(3)在这种演示中使用的客舱乘务员，由局方从已经完成合格证持有人经局方批准的该型号飞机训练大纲的训练并已通过应急设备和应急程序考试的客舱乘务员中随机挑选；

(4)在开始实施该型号飞机的运行之前，向负责监督其运行的民航地区管理局提出申请并获得批准。

(d)每个使用或者计划使用一架或者多架陆上飞机作延伸跨水运行或者按照要求配备相应应急设备的合格证持有人，应当按照本规则附件 C(b)款进行模拟水上迫降，证明其能有效地完成水上迫降程序。

(e)对于已经由其他合格证持有人进行过本条(d)款规定的模拟水上迫降的那种型号飞机,如果每个救生筏都从其存放处取下,其中一个救生筏被投放并充气或者一个滑梯救生筏被充气,并且指定负责该充气救生筏或者滑梯救生筏的机组成员表演并说明了每项必需应急设备的使用,则认为已经符合本规则附件C(b)款第(2)项、(b)款第(4)项和(b)款第(5)项的要求。前述待充气的救生筏或者滑梯救生筏由局方选定。

I章 飞机性能使用限制

第121.171条 用语定义

本章中的用语按照下述定义:

(a)着陆的"跑道有效长度"是指从跑道进近端的超障面与跑道中心线的交点至跑道最远端的距离。

(b)"超障面"是指以与水平面成1∶20的斜率从跑道向上倾斜,并与跑道周围规定区域内的所有障碍物相切或者越过其上的平面。在平面图上看,该规定区域的中心线与跑道的中心线相重合,以超障面与跑道中心线的交点为起点,延伸到距起点至少为450米(1500英尺)的那一点处。此后,该中心线与该跑道的起飞轨迹(在起飞时)重合,或者与仪表进近轨迹(在着陆时)重合,或者当这些轨迹中适用的一个未确定时,它沿至少1200米(4000英尺)半径的转弯延伸,直至某点,在此点外,超障面超越所有障碍物。这一区域在超障面与跑道中心线交点处的中心线两侧横向扩展各60米(200英尺),并以此宽度延伸至跑道端点;然后,向中心线两侧均匀扩大,至距超障面与跑道相交处450米(1500英尺)那一点扩展至两侧各150米(500英尺);在此之后,保持此宽度延伸。

第121.173条 概则

(a)使用活塞式发动机驱动的飞机的合格证持有人应当遵守本规则第121.175条至第121.187条的规定。

(b)使用涡轮发动机驱动的飞机的合格证持有人应当遵守本规则第121.189条至第121.197条的规定。

(c)合格证持有人应当使用飞机飞行手册中的性能数据来确定是否符合本规则第121.175条至第121.197条的规定。当涉及的条件与这些性能数据所依据的条件不同时,如果内插法或者计算法所得结果在实质上与直接试验的结果同样准确,则可以用内插法或者通过计算具体变量变化的影响来确定是否符合规定。合格证持有人在确定是否符合本规则第121.175条至第

121.197 条的规定时还应当考虑到所用航图的精度。

(d)在考虑到飞机飞行手册中所规定的温度修正因素后,活塞式发动机驱动的飞机,不得在起飞重量超过拟用跑道所允许重量的情况下起飞,拟用跑道所允许的重量依据本规则中对跑道起飞限制的使用规定确定。

(e)如果在特殊的环境条件下遵守某些规定对于安全已无必要,局方可以在运行规范中批准偏离本章的这些要求。

第 121.175 条　活塞式发动机驱动的飞机的重量限制

(a)活塞式发动机驱动的飞机不得从确定该飞机最大起飞重量所用的气压高度范围之外的机场起飞。

(b)活塞式发动机驱动的飞机不得飞向确定该飞机最大着陆重量所用的气压高度范围之外的目的地机场。

(c)活塞式发动机驱动的飞机不得使用确定最大着陆重量所用的气压高度范围之外的机场作为备降机场。

(d)活塞式发动机驱动的飞机不得以超过机场气压高度所确定的最大起飞重量起飞。

(e)活塞式发动机驱动的飞机起飞前,应当在考虑航路上正常的燃油和滑油消耗后,使到达目的地机场时的重量不超过该机场气压高度所确定的最大着陆重量。

第 121.177 条　活塞式发动机驱动的飞机的起飞限制

(a)活塞式发动机驱动的飞机,应当满足下列所有条件方可以起飞:

(1)在起飞过程中达到临界发动机失效决断速度 V1 之前的任一时刻,按照加速停止距离数据所示,能使该飞机安全停止在跑道或者停止道上;

(2)如果在该临界发动机在飞机达到临界发动机失效决断速度 V1 之后的任一时刻失效后继续起飞,在通过可用起飞距离末端上空之前,按照起飞轨迹数据所示高度能达到 15.2 米(50 英尺);

(3)在达到 15.2 米(50 英尺)的高度(按照起飞轨迹数据所示)之前不带坡度,在此后坡度不超过 15 度的情况下,预定起飞飞行轨迹能以 15.2 米(50 英尺) +0.01D(其中 D 是指飞机离可用起飞距离末端的距离值)的余度垂直超越所有障碍物,或者能以一个特定距离侧向避开障碍物。该特定距离的值为下列两目中规定值的较小值:

(i)90 米(300 英尺) +0.125D;

(ii)对于 VFR 飞行,预定航迹的航向变化小于 15 度时,为 300 米,预定航迹的航向变化大于 15 度时,为 600 米;对于 IFR 飞行,预定航迹的航向变化小于 15 度时,为 600 米,预定航迹的航向变化大于 15 度时,为 900 米。

(b)在使用本条时，应当对有效跑道坡度进行修正。考虑到风的影响，对于以静止大气为基础的起飞数据，可以按照不大于50%的报告的逆风分量和不小于150%的报告的顺风分量进行修正。

第121.179条　活塞式发动机驱动的飞机的航路限制——所有发动机工作

活塞式发动机驱动的飞机起飞前的重量，应当在考虑正常的燃油和滑油消耗后，能使飞机在所有发动机工作的条件下，在预定航迹两侧各25公里(13.5海里)以内最高地面或者障碍物之上至少300米(1000英尺)的高度上，上升率至少达到$0.0189V_{SO}$米/秒(V_{SO}的公里/小时数量乘以0.0189得到的上升率每秒米数)或者达到$6.90V_{SO}$英尺/分(V_{SO}的海里/小时数量乘以6.90得到的上升率每分钟英尺数)。否则，该飞机不得起飞。

第121.181条　活塞式发动机驱动的飞机的航路限制——一台发动机不工作

(a)除本条(b)款规定外，活塞式发动机驱动的飞机起飞前的重量，应当在考虑正常的燃油和滑油消耗后，能使飞机在一台发动机不工作的条件下，在预定航迹两侧各25公里(13.5海里)以内最高地面或者障碍物之上至少300米(1000英尺)的高度上，上升率至少达到$0.00148(0.079-0.106/N)V2\ SO_{SO}^{2}$米/秒(其中N为所装的发动机台数，$V_{SO}$以公里/小时表示)或者达到$(0.079-0.106/N)V2\ SO_{SO}^{2}$英尺/分(其中N为所装的发动机台数，$V_{SO}$以海里/小时表示)。否则，该飞机不得起飞。

(b)为代替本条(a)款的要求，活塞式发动机驱动的飞机可以按照经批准的程序，在所有发动机工作的某个高度上运行，在该高度上，当一台发动机停车后，考虑到正常的燃油和滑油消耗，飞机可以继续飞至符合本规则第121.187条规定能进行着陆的备降机场。在假定的故障发生之后，飞行轨迹应当高于预定航迹两侧各25公里(13.5海里)范围内的地面和障碍物至少600米(2000英尺)。

(c)如果按照本条(b)款使用经批准的程序，合格证持有人应当遵守下列各项规定：

(1)对于按照涉及民航管理的规章型号合格审定标准审定合格的飞机，计算飞机飞行轨迹时所用的上升率(按照飞机飞行手册中对相应重量和高度所确定的数值)应当减去一个等于$0.00148(0.079-0.106/N)V2\ SO_{SO}^{2}$米/秒的量(其中N为所装的发动机台数，$V_{SO}$以公里/小时表示)，或者减去一个等于$(0.079-0.106/N)V2\ SO_{SO}^{2}$英尺/分的量(其中N为所装的发动机台数，$V_{SO}$以海里/小时表示)。

(2)在航路上任何一点临界发动机停止工作时,通过使用经批准的程序,所有发动机工作时的高度应当能够足以使飞机继续飞行到某一预定的备降机场。在确定起飞重量时,假定飞机是在某点发动机停车后越过临界障碍物的,而且这一点距临界障碍物的距离不小于距最近的经批准的无线电导航定位点的距离。但是,如果局方批准了依据不同的原则制定的程序,且该程序有足够的运行安全保证,对该点可以不作要求。

(3)在该程序中,飞机飞至备降机场上空 300 米(1000 英尺)处时,其上升率应当符合本条(a)款的规定。

(4)在该程序中,应当包括对飞行轨迹有不利影响的风和温度的经批准的计算方法。

(5)在使用这一程序时,允许应急放油。但合格证持有人应当有适当的训练大纲,对飞行机组人员进行了合适的应急放油训练,并且为保证程序的安全性采取了其他安全措施。

(6)合格证持有人应当在签派或者放行单中指定符合本规则第 121. 643 条要求的备降机场。

第 121. 183 条型号合格审定为四台或者四台以上活塞式发动机驱动的飞机的航路限制——两台发动机不工作

(a)按照型号合格审定标准审定合格的装有四台或者四台以上发动机的飞机运行时,应当遵守下列规定之一:

(1)预定航道上任何一点到符合第 121. 187 条要求的机场的飞行时间不超过所有发动机以巡航功率工作飞行 90 分钟;

(2)飞机在某一重量下运行,在此重量下,飞机在预定航迹两侧各 25 公里(13. 5 海里)范围内最高地面或者障碍物之上 300 米(1000 英尺)或者在 1500 米(5000 英尺)两者中较高的高度上,在两台临界发动机不工作情况下,能以 0. 000019V2 SO^2_{SO}米/秒的上升率(由 V_{SO}的公里/小时数的平方乘以 0. 000019 而得到的上升率每秒米数)或者以 0. 013V2 SO^2_{SO}英尺/分的上升率(由 V_{SO}的海里/小时数的平方乘以 0. 013 而得到的上升率每分英尺数)上升。

(b)就本条(a)款第(2)项而言,假定:

(1)这两台发动机在对于起飞重量最为临界的那一点上失效;

(2)燃油和滑油消耗,在两台发动机失效的那一点之前,以所有发动机均工作时的正常消耗计算,在那一点之后,以两台发动机工作时的正常消耗计算;

(3)假定发动机是在高于规定的最低高度上失效的,在由巡航高度下降到规定的最低高度期间,无需证明是否符合在规定的最低高度上达到规定的上升率,但是在到达此规定的最低高度时,应当能满足这些要求,并且假定飞机是沿着净飞行轨迹下降的,其下降率应当比经批准的性能数据中规定的速率大 $0.000019V2\ SO^{2}_{SO}$ 米/秒(V_{SO}单位为公里/小时)或者大 $0.013V2\ SO^{2}_{SO}$ 英尺/分(V_{SO}单位为海里/小时);

(4)如果有应急放油设备,则认为飞机在两台发动机失效那一点上的重量不小于包括足够燃油的重量,这些燃油可以使飞机飞到符合本规则第 121.187 条要求的机场并到达该机场正上空至少 300 米(1000 英尺)的高度。

第 121.185 条　活塞式发动机驱动的飞机的着陆限制——目的地机场

(a)除本条(b)款规定外,活塞式发动机驱动的飞机在起飞前,应当在考虑到飞行中正常的燃油和滑油消耗后,使该飞机在到达目的地机场时的重量,允许该飞机在预定目的地的下述跑道上,自超障面与该跑道交点上方 15.2 米(50 英尺)处算起,在跑道有效长度的 60% 以内作全停着陆。为确定在目的地机场允许的着陆重量,假定:

(1)飞机是在最理想的跑道上在静止大气中以最理想的方向着陆。

(2)考虑到可能的风速和风向(预期到达时间的预报风)、该型别飞机的地面操纵特性以及诸如着陆助航设备和地形等其他条件,飞机在最适宜的跑道上着陆,允许考虑不大于 50% 逆风分量或者不小于 150% 顺风分量对着陆轨迹和着陆滑跑的影响。

(b)对于不能符合本条(a)款第(2)项的要求而被禁止起飞的飞机,如果指定了备降机场,除允许该飞机在备降机场跑道有效长度 70% 内完成全停着陆外,该备降机场符合本条的所有其他要求,则可以允许该飞机起飞。

第 121.187 条　活塞式发动机驱动的飞机的着陆限制——备降机场

在签派或者放行单中所列的备降机场,应当能使飞机以到达该机场时预计的重量和按照本规则第 121.185 条假定的条件在该跑道有效长度的 70% 以内完成全停着陆。

第 121.189 条　涡轮发动机驱动的飞机的起飞限制

(a)涡轮发动机驱动的飞机不得以大于该飞机飞行手册中对应于该机场气压高度和起飞时环境温度所确定的重量起飞。

(b)涡轮发动机驱动的运输类飞机不得以大于该飞机飞行手册中规定的重量起飞,该重量应当保证飞机符合下列各项要求:

(1)加速停止距离不得超过跑道长度加上停止道的长度。

(2)起飞距离不得超过跑道长度加上净空道长度,但净空道长度不得大于跑道长度的一半。

(3)起飞滑跑距离不得大于跑道长度。

(c)涡轮发动机驱动的飞机不得以大于该飞机飞行手册中所确定的某个重量起飞,在该重量下,预定净起飞飞行轨迹以10.7米(35英尺)的余度超越所有障碍物,或者能以一个特定距离侧向避开障碍物。该特定距离的值为下列两目中规定值的较小值:

(i)90米(300英尺)+0.125D,其中D是指飞机离可用起飞距离末端的距离值;

(ii)对于目视飞行规则飞行,预定航迹的航向变化小于15度时,为300米,预定航迹的航向变化大于15度时,为600米;对于仪表飞行规则飞行,预定航迹的航向变化小于15度时,为600米,预定航迹的航向变化大于15度时,为900米。

(d)在依据本条(a)至(c)款确定最大重量、最小距离和飞行轨迹时,应当对拟用的跑道、机场的标高、有效跑道坡度和起飞时的环境温度、风的分量进行修正。

(e)就本条而言,假定飞机在到达15.2米(50英尺)高度(按照飞机飞行手册中起飞轨迹或者净起飞飞行轨迹数据中的适用者)之前无坡度,并在此之后,最大坡度不超过15°。

(f)就本条而言,"起飞距离"、"起飞滑跑距离"、"净起飞飞行轨迹"和"起飞轨迹"等术语,与对该飞机进行型号合格审定的规章中所规定的术语具有相同的含意。

第121.191条　涡轮发动机驱动的飞机的航路限制——一台发动机不工作

(a)涡轮发动机驱动的飞机不得超过某一重量起飞,在该重量下,考虑到正常的燃油、滑油消耗和航路上预计的环境温度,根据经批准的该飞机飞行手册确定的一台发动机不工作时的航路净飞行轨迹数据应当能够符合下列两项要求之一:

(1)在预定航迹两侧各25公里(13.5海里)范围内的所有地形和障碍物上空至少300米(1000英尺)的高度上有正梯度,并且,在发动机失效后飞机要着陆的机场上空450米(1500英尺)的高度上有正梯度。

(2)净飞行轨迹允许飞机由巡航高度继续飞到可以按照本规则第121.197条要求进行着陆的机场,能以至少600米(2000英尺)的余度垂直超越预定航迹两侧各25公里(13.5海里)范围内所有地形和障碍物,并且在发动机失效后飞机要着陆的机场上空450米(1500英尺)的高度上有正梯度。

(b)就本条(a)款第(2)项而言,假定:

(1)发动机在航路上最临界的一点失效;

(2)飞机在发动机失效点之后飞越临界障碍物,该点距临界障碍物的距离不小于距最近的经批准的无线电导航定位点的距离,除非局方为充分保障运行安全批准了一个不同的程序;

(3)使用经批准的方法考虑了不利的风的影响;

(4)如果合格证持有人证明,机组人员进行了恰当的训练,并且采取了其他安全措施,能保证程序的安全性,则允许应急放油;

(5)在签派或者放行单中指定了备降机场,且该备降机场符合规定的最低气象条件;

(6)发动机失效后燃油和滑油的消耗与飞机飞行手册中经批准的净飞行轨迹数据所给定的消耗相同。

第 121.193 条　三台或者三台以上涡轮发动机驱动的飞机的航路限制——两台发动机不工作

三台或者三台以上涡轮发动机驱动的飞机沿预定航路运行时,应当符合下列两款要求之一:

(a)预定航迹上任何一点到符合本规则第 121.197 条要求的机场的飞行时间不超过所有发动机以巡航功率工作飞行 90 分钟。

(b)根据飞机飞行手册中航路上两台发动机不工作的净飞行轨迹数据,其重量允许该飞机从假定两台发动机同时失效的地点,飞到符合本规则第 121.197 条要求的某一机场。在这段飞行中,考虑到沿该航路的预计环境温度,其净飞行轨迹在垂直方向上至少高出预定航迹两侧各 25 公里(13.5 海里)范围内所有地形和障碍物 600 米(2000 英尺)。就本款而言,假定:

(1)两台发动机在航路上最临界的地点失效;

(2)这些发动机失效后在预定着陆的机场正上空 450 米(1500 英尺)处,该净飞行轨迹具有正梯度;

(3)如果合格证持有人证明,机组人员进行了恰当的训练,并且采取了其他预防措施,能保证程序的安全性,则可以批准应急放油;

(4)在两台发动机失效的那一点,该飞机重量包含有足够的燃油,使其能继续飞到该机场正上空至少 450 米(1500 英尺)的高度,此后还能以巡航功率或者推力飞行 15 分钟;

(5)发动机失效后,燃油和滑油的消耗与飞机飞行手册中净飞行轨迹数据所给定的消耗相同。

第 121.195 条　涡轮发动机驱动的飞机的着陆限制——目的地机场

(a)涡轮发动机驱动的飞机起飞前,应当在考虑到至目的地机场或者备降机场飞行中正常的燃油和滑油消耗后,使飞机到达时的重量不得超过该飞机飞行手册中对该目的地机场或者备降机场的气压高度以及着陆时预计的环境温度所确定的着陆重量。

(b)除本条(c)、(d)、(e)款规定外,涡轮发动机驱动的飞机起飞前,应当在考虑到飞行中正常的燃油和滑油消耗后,使该飞机到达目的地时的重量,根据飞机飞行手册中对该目的地机场的气压高度和预计在着陆时当地风的情况所规定的着陆距离,允许其在预定的目的地机场的下述跑道上,由超障面与该跑道交点上方15.2米(50英尺)处算起,在跑道的有效长度60%以内作全停着陆。为确定在目的地机场的允许着陆重量,假定:

(1)飞机在最理想的跑道上在静止大气中以最理想的方向着陆。

(2)考虑到可能的风速、风向和该飞机的地面操纵特性,以及考虑到诸如着陆助航设备和地形等其他条件,飞机在最适宜的跑道上着陆。

(c)对于不能符合本条(b)款第(2)项的要求而被禁止起飞的涡轮螺旋桨驱动的飞机,如果指定了备降机场,除允许飞机在备降机场跑道有效长度的70%以内完成全停着陆外,该备降机场符合本条所有其他要求,则可以允许该飞机起飞。

(d)对于涡轮喷气飞机,在有关的气象报告和预报表明目的地机场跑道在预计着陆时刻可能是湿的时,该目的地机场的有效跑道长度应当至少为本条(b)款所要求的跑道长度的115%,否则,该飞机不得起飞。如果在湿跑道上的实际着陆技术证明,对特定型号的飞机,已经批准了某一较短但决不小于本条(b)款要求的着陆距离,并且已经载入飞机飞行手册,则可以按照手册的要求执行。

(e)对于涡轮喷气飞机,在有关的气象报告和预报表明目的地机场跑道在预计着陆时刻可能是污染的时,该目的地机场的有效跑道长度应当至少为以下距离中的较大者:本条(b)款所要求的跑道长度的115%,以及根据认可的污染跑道实际着陆距离数据确定的着陆距离的115%,否则,该飞机不得起飞。如果上述污染跑道的道面已经进行了特殊处理,而且实际着陆技术证明,对特定型号的飞机,已经批准了某一较短但不小于本条(b)款要求的着陆距离,并且已经载入飞机飞行手册,则可以按照手册的要求执行。

(f)由于不能符合本条(b)款第(2)项而被禁止起飞的涡轮喷气动力的飞机,如果指定了符合本条(b)款所有要求的备降机场,则可以起飞。

第121.197条　涡轮发动机驱动的飞机的着陆限制——备降机场

在涡轮发动机驱动的飞机的签派或者放行单中列为备降机场的机场,应当能使该飞机在到达该备降机场时以根据本规则第121.195条(b)款规定的假定条件预计的重量,由超障面与跑道交点上方15.2米(50英尺)处算起,在跑道有效长度的70%（涡轮螺旋桨动力飞机）或者60%（涡轮喷气动力飞机）以内完成全停着陆。对于本规则第121.637条所规定的起飞备降机场，在确定到达时的预计重量时，除正常的燃油和滑油消耗之外，可以考虑应急放油量。

J章　特殊适航要求

第121.211条　总则

合格证持有人的飞机除满足相应型号合格审定要求外，还应符合本章的特殊适航要求。

第121.213条　旅客座椅间距

(a)对于2006年7月1日后加入合格证持有人运行规范的任何载客运行的飞机应当满足本条(b)款的要求。

(b)合格证持有人运行的任何载客运行的飞机，其座椅间距应当满足如下要求：

(1)任何座椅椅背与前面座椅椅背或者其他的固定结构之间的距离不得小于660毫米(26英寸)；

(2)任何座椅与前面的座椅或者其他的固定结构之间的距离不得小于178毫米(7英寸)；

(3)前后排座椅之间或者座椅与前面的任何固定结构之间的垂直投影距离不得小于76毫米(3英寸)。

(c)对于本条(b)款要求的距离的测量应满足如下要求：

(1)对于(b)款第(1)项要求的距离，以椅背腰垫(没有被压缩)76毫米(3英寸)高处为原点，在距地板635毫米(25英寸)以下的整个座椅宽度范围内测量与前面座椅或者其他固定结构之间的水平方向和垂直方向的距离(如下图所示)；

(2)对于(b)款第(2)项要求的距离，以椅垫和扶手最前端为原点测量水平方向和垂直方向的距离(如下图所示)；

(3)对于(b)款第(3)项要求的距离，测量椅垫和扶手最前端的投影与前面座椅或者固定结构的最后端的投影之间的距离(如下图所示)。

(d)对于有杂志袋和小桌板的座椅，在所有测量时杂志袋应当正常装载有关的客舱安全说明、清洁袋和合格证持有人提供的机上读物，小桌板应当在正常的收起位置(起飞和着陆位置)。

(e)所有测量应当在座椅调直和扶手放下的状态(起飞和着陆状态)下测量。

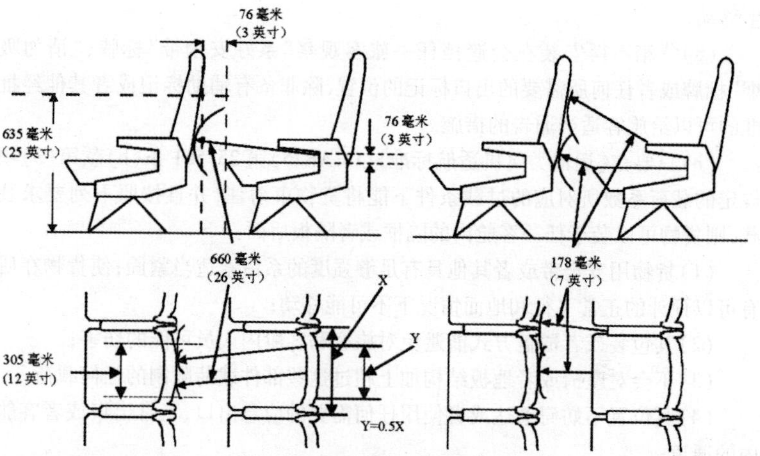

座椅间距测量方法示意图

第121.215条　在客舱内装货

(a)除本条(b)款或者(c)款规定之外,按照本规则运行的合格证持有人不得在飞机客舱内运载货物。

(b)如果货物在经批准的货箱之内且货箱满足下列要求,货物可以装在客舱内任一位置:

(1)货箱应当能承受适用于装有该货箱的飞机的旅客座椅载荷系数和应急着陆条件1.15倍的过载,计算时要用货箱重量和货箱中可以装载货物的最大重量的总重量;

(2)货箱上应当清晰地标出该货箱准许装载的货物的最大重量以及为保证货箱内正确的重量分布而必需的任何说明;

(3)货箱施加的载荷不得超过地板或者飞机其它结构件的载荷限制;

(4)货箱应当固定在座椅滑轨或者飞机地板结构件上,其固定点应当能承受适用于货箱安装于其上的飞机的旅客座椅的载荷系数和应急着陆情况一定倍数的过载,该倍数为1.15或者为该飞机规定的座椅固定系数,二者中取较大者,计算时要用货箱重量和在其中可能装载货物的最大重量的总重量;

(5)货箱不得装于妨碍通达或者使用任何需要的应急出口或者客舱通道之处;

(6)货箱应当为全封闭式的,而且应当用至少为阻燃的材料制成;

(7)货箱内应当有适当的安全防护装置以防止货物在应急着陆情况下发

生移动；

(8)货箱不得安装在会遮挡任一旅客观察“系好安全带”标牌、“请勿吸烟”标牌或者任何所需要的出口标记的位置，除非备有辅助标记或者其他经批准的可以给旅客适当通告的措施。

(c)只要在《运输类飞机适航标准》(CCAR25)第25.561条(b)款第(3)项规定的载荷系数所对应的过载条件下能将货物束缚住，并且按照下列要求装载，则货物可以装于任一客舱内的隔框或者隔板后面：

(1)货物用安全带或者其他具有足够强度的系留索适当紧固；使货物在所有可以预计的正常飞行和地面情况下不可能移动；

(2)其包装或者覆盖方式能避免对旅客和客舱内人员可能的伤害；

(3)不会对座椅或者地板结构加上超过这些部件载荷限制的任何载荷；

(4)其位置不妨碍通达或者使用任何需要的应急出口、正常出口或者客舱内的通道；

(5)其位置不遮拦任一旅客观察“系好安全带”标牌，“请勿吸烟”标牌或者所需要的出口标记的视线，除非备有辅助标记或者其他经批准的可以给旅客适当通告的措施。

第121.217条　在货舱内装货

当货物装在其设计要求机组从外部进入其中以扑灭飞行中可能发生的任何火情的货舱内时，货物的装载应当使机组人员能携带手提灭火器有效地到达舱内所有部位。

K章　仪表和设备要求

第121.301条　概则

(a)除具体指明适用于特定运行的条款外，本规则关于仪表和设备的要求适用于按照本规则实施的所有运行。

(b)本规则第121.305条至第121.360条所要求的仪表和设备，应当按照适用的适航要求进行批准和安装。

(c)每个空速指示器应当以公里/小时或者海里/小时为单位校准，并且飞机飞行手册和有关标牌中的每个空速限制和有关资料中的空速应当相应地以公里/小时或者海里/小时表示。

(d)除经局方批准外，2005年7月1日后首次投入运行的飞机应当装备有以米为单位显示的高度表。如果该飞机需在以英尺为单位确定飞行高度的国家或者地区运行，则应当同时装备有以英尺为单位显示的高度表。

(e)除本规则第121.645条(b)款和第121.647条规定外,只有当下列仪表和设备处于工作状态,方可以使飞机起飞:

(1)为符合对该飞机进行型号合格审定的适航要求所要求的仪表和设备;

(2)本规则第121.305条至第121.319条和第121.359条、第121.360条以及第121.743条中规定的适用于所有运行的仪表与设备,以及本规则第121.323条至第121.351条中规定的适用于不同运行类型的仪表与设备,而这些仪表与设备在本条(e)款第(1)项未作出要求。

第121.305条　飞机仪表和设备

按照本规则运行的飞机应当装备下列飞行和导航的仪表与设备:

(a)一个空速指示系统,带有加温空速管或者可以防止由于结冰而失效的等效装置。对于以马赫数为单位来表示速度限制的飞机,则还应至少装有一个马赫数指示器。

(b)一个灵敏高度表,带有以百帕斯卡(毫巴)为单位的校正装置,并且该装置对于飞行中可能遇到的气压可以进行修正。

(c)一个带指针和/或者数字式显示的精确指示小时、分和秒的时钟(或者经批准的等效装置)。

(d)一个大气静温指示器。

(e)一个陀螺坡度与俯仰指示器(地平仪)。

(f)一个组合有侧滑指示器的陀螺转弯速率指示器,但在按照本条(l)款装有第三套姿态仪表系统(可以在360°俯仰和滚转飞行姿态中使用)时,只需要侧滑指示器。

(g)一个陀螺航向指示器(航向陀螺或者等效仪表)。

(h)一个磁罗盘。

(i)一个垂直速度指示器(升降率指示器)。

(j)副驾驶位置处应单独配备下述仪表:

(1)一个空速指示系统,具有加温空速管或者可以防止由于结冰而失效的等效装置。对于以马赫数为单位来表示速度限制的飞机,则还应至少装有一个马赫数指示器;

(2)一个灵敏高度表,带有以百帕斯卡(毫巴)为单位的校正装置,并且该装置对于飞行中可能遇到的气压可以进行修正;

(3)一个垂直速度指示器(升降率指示器);

(4)一个组合有侧滑指示器的陀螺转弯速率指示器,但在按照本条(l)款装有第三套姿态仪表系统(可以在360°俯仰和滚转飞行姿态中使用)时,只需要侧滑指示器;

(5)一个陀螺坡度与俯仰指示器(地平仪);

(6)一个陀螺航向指示器(航向陀螺或者等效仪表)。

(k)当需要有重复的仪表时,要求对每个驾驶员有单独的显示和单独的选择开关或者其他相适用的设备。

(l)除局方批准的某些涡桨飞机外,在涡轮动力飞机上,除在每位驾驶员工作位置上各有一个陀螺坡度与俯仰指示器(地平仪)可以供使用之外,还应配备满足下列要求的第三套陀螺坡度与俯仰指示器(地平仪):

(1)由独立于飞机正常发电系统的应急备用电源供电;

(2)在正常发电系统全部失效之后至少能继续可靠地工作30分钟;

(3)不依赖任何其他姿态指示系统而独立工作;

(4)在正常发电系统全部失效之后无需选择就能工作;

(5)位于仪表板局方认可的位置上,使得任一驾驶员在其工作位置上都能清楚地看见并使用;

(6)在使用的所有阶段均有适当照明。

(m)对于本条要求的飞行和导航设备:

(1)可以通过仪表组合或者中央飞行系统或者在电子显示器上参数的组合来满足这些条款的各项要求,但要求每一必需驾驶员能够获得的信息不少于本条所规定的仪表及相应设备提供的信息。

(2)可以使用其他等效符合性方法来满足这些条款的设备要求,但要求在飞机型号审定批准过程中已表明该方法具有等效的安全水平。

第121.307条　发动机仪表

除了局方对涡轮发动机飞机允许或者要求具有等效安全性的不同仪表外,其他按照本规则实施运行的飞机应当安装下列发动机仪表:

(a)每台发动机一个汽化器空气温度指示器。

(b)每台空气冷却的发动机一个气缸头温度指示器。

(c)每台发动机一个燃油压力指示器。

(d)每台未装备自动高度混合气控制器的发动机一个燃油流量表或者燃油混合气指示器。

(e)所用每个燃油箱一个指示燃油量的装置。

(f)每台发动机一个进气压力指示器。

(g)每台发动机一个滑油压力指示器。

(h)当采用传输或者独立的供油方式时,每一滑油箱一个滑油量指示器。

(i)每台发动机一个滑油温度指示器。

(j)每台发动机一个转速表。

(k)每台发动机一个独立的燃油压力警告装置,或者一个用于所有发动机的总警告装置,该装置具有使单个警告电路与总警告装置隔离的功能。

(l)每一可以反桨的螺旋桨具有一个装置,当螺旋桨处于反桨状态时向飞行机组发出指示信号,该装置应符合下列要求:

(1)可以在正常低桨距限动位置至最大反桨距之间反桨循环过程中任一点被触发,但在正常低桨距限动位置或者高于此位置时不可以给出指示。

(2)指示的信号源应当由螺旋桨桨叶角触发或者直接对其作出响应。

第 121.308 条　厕所防火

(a)除经局方批准外,按照本规则运行的载客飞机应当在每个厕所装备烟雾探测系统或者等效装置,并能在驾驶舱提供警告灯光,或者在客舱中提供易于客舱机组发现的警告灯光或者音响警告。

(b)除经局方批准外,按照本规则运行的载客飞机应当在每个厕所每个处置纸制品或者废物的容器内装备内置式固定灭火器。该固定灭火器应当设计成当容器内失火时,能自动向容器内喷射灭火剂。

第 121.309 条　应急设备

(a)只有装备本条和本规则第 121.310 条所列的应急设备的飞机,方可以按照本规则实施运行。

(b)本条和本规则第 121.310 条和第 121.339 条所列的每项应急设备和漂浮设备应当符合下列要求:

(1)依照运行规范中规定的检验周期予以定期检验,以确保其处于持续可用和立即工作的状态,执行其预定的应急用途;

(2)易于机组成员取用,位于客舱的设备应当易于旅客取用;

(3)具有清楚的标识和标记,指明其使用方法,文字说明应当至少有中文;

(4)当装在某一舱室或者某一容器中时,在该舱室或者容器上易于观察的地方至少用中文标明其所装物品以及上次检验的日期。

(c)在驾驶舱、客舱、货舱、厨房内,应当按照下列规定,装备经批准型号的手提灭火器:

(1)灭火剂的型号和装量应当适用于该舱室可能发生的失火类型,并且对于客舱,应当设计成使有毒气体聚积的危险性减到最小;

(2)货舱。对于飞行中机组成员能够进入的 E 类货舱,应当配备至少一个手提灭火器,并放置于方便取用的地方;

(3)厨房隔舱。对于位于客舱、货舱或者驾驶舱之外隔舱内的厨房,应当在每个厨房内至少装备一个便于取用的手提灭火器;

(4)驾驶舱。驾驶舱内应当至少装备一个便于飞行机组使用的手提灭火器;

(5)客舱。在客舱使用的手提灭火器应当放置于方便的位置上。在要求配备两个或者两个以上手提灭火器时,这些设备应当均匀地分布于每个客舱内。应当按照下列要求配备手提灭火器:

(i)对于旅客座位数7至30的飞机,至少配备一个;

(ii)对于旅客座位数31至60的飞机,至少配备两个;

(iii)对于旅客座位数60以上的飞机,应当至少配备下列数量的手提灭火器:

旅客座位数	手提灭火器的最小数量
61至200座	3个
201至300座	4个
301至400座	5个
401至500座	6个
501至600座	7个
601座或以上	8个

(6)尽管本条(c)款第(5)项要求手提灭火器均匀分布,如果在客舱中有厨房,应当至少有一个手提灭火器位于方便之处并易于在厨房中取用;

(7)载运旅客飞机所要求配备的手提灭火器中至少2个应当装Halon 1211(溴氯二氟甲烷)或者等效的灭火剂。客舱中应当至少有一个这样的灭火器。

(d)载运旅客的飞机上应当配备本规则第121.743条要求的应急医疗设备。

(e)应急斧。每架飞机应当配备至少一把应急斧。

(f)扩音器。每架载运旅客飞机应当配有电池供电的便携式扩音器,放在负责指挥应急撤离的机组成员方便取用的地方,其配备数量和位置按照以下规定:

(1)在旅客座位数61至99(含)的飞机上配备一个,安放在客舱后部从客舱乘务员座位易于取用处。但是,如果局方认为安放在其他位置可能对应急情况下人员的撤离更为适合,可以批准偏离本款的要求;

(2)在旅客座位数大于99的飞机客舱内配备两个扩音器,一个安放在前部,另一个安放在后部,并且易于从客舱乘务员座位处取用。

第121.310条　附加应急设备

(a)应急撤离设施。当飞机停放于地面且起落架放下时,应急出口(机翼上方的应急出口除外)距地面高度超过183厘米(6英尺)的每一载客陆上飞机,应当有经批准的可以帮助机上人员撤到地面的设施。用于地板高度应急出口的这种辅助设施应当符合《运输类飞机适航标准》(CCAR25)第25.810条的相应适航要求。能自动放出的辅助设施在滑行、起飞和着陆期间应当处于待命状态。但是,如果局方认为这个出口的设计使得满足这些要求不切实际,则局方可以批准偏离关于自动放出的要求,但该辅助设施在放出时应能自动展开,并按照本规则第121.161条(a)款的规定对所要求的应急出口进行应急撤离演示。

(b)机内应急出口标记。每架载客飞机应当符合下列要求:

(1)每个旅客应急出口,其通达方式及开启方法,应当有明显易懂的标记。每个旅客应急出口本身及其位置应当能从等同于客舱宽度的距离上认清。每个旅客应急出口的所在位置应当用机上人员能看到的沿客舱主通道的标志指明,下述部位应当有位置指示标志:

(i)每个翼上旅客应急出口附近的通道上方,如通道高度较低,可以放在顶棚合适位置上;

(ii)在紧靠每一地板高度的旅客应急出口处,如果一个位置指示标志可以清楚标明两个应急出口的位置,则一个位置指示标志可以用于两个应急出口位置的指示;

(iii)在客舱每个挡住前后视线的隔框或者隔板上,用以指示被其挡住的应急出口,若这样做不可能时,可以将标志置于其他适当的位置。

(2)每个旅客应急出口标记和每个位置标示应当符合《运输类飞机适航标准》(CCAR25)第25.811条的相应适航要求。在这些飞机上,如果任一标志的发光度(亮度)降低到250微朗伯之下,则不可以继续使用。

(c)机内应急出口标志的照明。每架载运旅客飞机应当具有独立于主照明系统的应急照明系统。但是,如果应急照明系统的供电电源独立于主照明系统的供电电源,则客舱一般照明的光源可以为应急照明系统和主照明系统二者所共用。应急照明系统应当:

(1)照亮每一旅客出口标志和位置标志;

(2)在客舱内提供足够的一般照明,沿着旅客主通道中心线在座椅扶手高度以100厘米(40英寸)的间隔进行测量时,平均照度至少为0.538勒(0.05英尺烛光);

(3)具有贴近地板的应急逃生通道标志,该标志符合《运输类飞机适航标准》(CCAR25)第25.812条相应适航要求或者经局方批准的其他等效要求。

(d)应急灯的工作。除按照《运输类飞机适航标准》(CCAR25)第25.812条的相应适航要求设置的仅限于一个辅助装置使用、独立于飞机主应急照明系统、在该辅助装置放下时能自动接通的那些灯外,本条(c)和(h)款所要求的每个灯均应当满足下列要求：

(1)每个灯应当：

(i)能从飞行机组工作位置和客舱中客舱乘务员正常座位易于接近处的两个地方进行人工控制；

(ii)有防止人工控制装置误操作的装置；

(iii)当在任一机组成员工作位置上使其处于接通或者待命状态时，一旦飞机正常的供电电源中断时，它将保持燃亮或者开始燃亮。

(2)在滑行、起飞和着陆期间，每个灯均应当处于待命或者接通状态。在证明与本款相符时，无需考虑机身的横向垂直分隔；

(3)每个灯应当在应急着陆后的临界环境条件下，提供所要求照度水平的照明至少达10分钟；

(4)每个灯应当有驾驶舱内的控制装置，该装置具有"接通"、"断开"和"待命"三个位置。

(e)应急出口操纵手柄。每个旅客应急出口操纵手柄的位置和出口的开启说明应当符合《运输类飞机适航标准》(CCAR25)第25.811条的相应适航要求，除非局方引用了满足本款的其他要求。当任一操作手柄或者操作手柄外罩的发光度(亮度)降至100微朗伯之下时，该手柄或者手柄外罩不得继续使用。

(f)应急出口的通道。每架载客飞机应当按照下述要求设置至应急出口的通道：

(1)各旅客区域之间的或者通向Ⅰ型或者Ⅱ型应急出口的每条旅客通道应当无障碍物，其宽度不少于508毫米(20英寸)；

(2)靠近每个Ⅰ型或者Ⅱ型应急出口处，应当有足够的空间以使机组成员能够帮助旅客撤离飞机，同时又满足本条(f)款第(1)项所要求的通道无障碍宽度；

(3)应当有从主通道至每一Ⅲ型和Ⅳ型应急出口的通道。从主通道至这些出口的通道应当不受座椅、卧铺或者其他可能减小该出口效用的障碍物的阻碍。另外，该通道应当符合《运输类飞机适航标准》(CCAR25)第25.813条的相应适航要求，除非局方引用了满足本款的其他要求；

(4)如果从客舱中任一座位到达任何要求的应急出口需要经过客舱间的通道，则该通道应当无障碍，但是可以使用不影响自由通行的布帘；

(5)不得在客舱间的任何分隔板上设置门；

(6)如果从任一旅客座位到达要求的应急出口需要经过把客舱和其他区域隔开的门，则此门应当有装置将其闩在开启位置，并且在每次起飞和着陆期间，这个门应当闩在开启位置。此闩锁装置应当能够承受当该门相对于周围结构受到一个《运输类飞机适航标准》(CCAR25)第25.561条所述的极限惯性力时对其施加的载荷。

(g)机外出口标记。每个旅客应急出口和从外面开启这个出口的装置应当在飞机外部予以标记，机身侧面应当有框出每一旅客应急出口的5厘米(2英寸)宽的色带。每一外部标记(包括这种色带)的颜色应当与周围机身表面有明显的对比而易于区别。这些标记应当符合下列要求：

(1)如果较深颜色的反射率等于或者小于15%，则较浅颜色的反射率应当至少为45%。反射率是物体反射的光通量与其接收的光通量之比；

(2)如果较深颜色的反射率大于15%，则其反射率与较浅颜色反射率之差应当至少有30%；

(3)不在机身侧面的出口应当有外部开启装置，并用红色醒目地标出适用的操作说明，或者，如果背景的颜色使得红色不醒目，应当用鲜明的铬黄色作标记，并且当这种出口的开启装置仅位于机身一侧时，应当在另一侧上作同样效果的标记。

(h)外部应急照明和撤离路线。

(1)每架载运旅客飞机应当装备符合《运输类飞机适航标准》(CCAR25)第25.812条相应适航要求的外部照明设备；

(2)每架载运旅客飞机应当装备有符合《运输类飞机适航标准》(CCAR25)第25.810条相应适航要求的防滑撤离路线。

(i)地板高度的出口。机身侧面高等于或者大于1118毫米(44英寸)、宽等于或者大于508毫米(20英寸)但不到1168毫米(46英寸)的每个地板高度的舱门或者出口(不包括那些不能由客舱进入的通向货舱或者行李舱的舱门或者出口)、每个机身下部出口和每个尾锥出口，应当符合本条关于地板高度应急出口的要求。但是，如果环境条件使得完全满足这些要求不切实际，并且偏离这些要求能够达到可以接受的安全水平，局方可以批准偏离本款的要求。

(j)额外的应急出口。客舱内超过应急出口最少数量要求外的经批准应急出口，应当符合本条除(f)款第(1)、(2)、(3)项以外的所有款项的要求，并且应当易于接近。

(k)在每架载客涡轮喷气动力飞机上，每个机身下部出口和尾锥出口应当符合下列要求：

(1)设计和结构应使其在飞行中不能被打开；

(2)在靠近出口开启装置明显位置上设置从762毫米(30英寸)的距离上即可以辨读的标牌，说明此出口的设计和结构使其在飞行中不能被打开。

(l)手电筒。载运旅客飞机应当装备有从每个客舱乘务员座位处易于接近的手电筒及其储放装置。

(m)对于按照本规则实施运行并且机身每侧配备了多个旅客应急出口的飞机，机身同侧位于同层客舱的任何旅客应急出口与相邻旅客应急出口之间的距离应当不超过18.3米(60英尺)，该距离的测量应当平行于飞机的纵轴线测量两个应急出口相距最近的出口边缘之间的距离。

第121.311条　座椅、安全带和肩带装置

(a)载客飞机应当装备下列装置：

(1)可以供机上每一个2周岁以上人员使用的经批准的座椅或者卧铺；

(2)可以供机上每一个2周岁以上的人员单独使用的经批准的安全带，但在航路飞行期间，占用一个卧铺的两个人和占用一个多座座椅或者长座椅的两个人可以共用一条经批准的安全带。

(b)在飞机于地面移动、起飞和着陆期间，按照本规则运行的飞机上每一个人均应当在经批准的座椅或者卧铺上就座，并用单独的安全带适当扣紧。座椅上为该乘员配备的安全带不得被2周岁以上的人共用。但是：

(1)对于不满2周岁的儿童可以由占有经批准座椅或者卧铺的成年人抱着；

(2)可以乘坐于经局方批准的儿童限制装置内，该装置可以是合格证持有人配备的，也可以是儿童父母、监护人携带的，或者该儿童父母、监护人指定在飞行中照料其安全的护理人员携带的，但合格证持有人应当确保：

(i)儿童限制装置能够被恰当地固定在经批准的前向座椅或者卧铺上；

(ii)儿童能够被恰当地系紧在该限制装置内，并且其体重不超过该装置所规定的重量限制；

(iii)在飞机起飞、着陆和地面移动期间，不得使用助力式儿童限制装置、马甲式儿童限制装置、背带式儿童限制装置和抱膝式儿童限制装置。

(c)如果儿童的父母、监护人或者指定的护理人员请求让该儿童乘坐他们提供的儿童限制装置，当该儿童持有经批准座位或者卧铺的机票，或者这种座位或者卧铺能够由合格证持有人提供给该儿童使用，并且本条(b)款第(2)项中的要求能够满足，则该合格证持有人不得拒绝该儿童乘坐飞机。本条并不阻止合格证持有人提供儿童限制装置，也不阻止合格证持有人遵循安全操作常规，为儿童限制装置确定最适合的旅客座椅位置。

(d)每一面向侧方的座椅应当符合《运输类飞机适航标准》(CCAR25)第25.785条的相应适航要求。

(e)除本条(e)款第(1)项和第(2)项规定外，只有每一旅客座椅的椅背处于竖立位置，合格证持有人方可以使飞机起飞或者着陆。每个旅客应当遵守机组成员依照本款发出的指令。

(1)本款不适用于为符合本规则第121.310条(f)款第(3)项的要求而让其处于非竖立位置的座椅靠背；

(2)本款不适用于根据合格证持有人的手册中规定的程序，在座位上载有货物或者坐有由于健康方面的原因不能直坐的人的座椅，但其椅背不得妨碍机上乘员走向通道或者任一应急出口。

(f)每架飞机应当在驾驶舱每一工作位置上配备有符合《运输类飞机适航标准》(CCAR25)第25.785条的相应适航要求的组合式安全带和肩带，方可以实施运行。

(g)每个客舱乘务员应当在客舱具有一个符合《运输类飞机适航标准》(CCAR25)第25.785条的相应适航要求的座椅(含安全带和肩带)供起飞和着陆时使用。这些要求不适用于非本规则第121.391条要求的客舱乘务员乘坐的旅客座椅。

(h)要求装备组合式安全带和肩带装置的座椅上的每个乘员，在起飞和着陆过程中都应当用这种组合式安全带和肩带装置将乘员恰当扣紧，但在履行其正常职责需要时，可以松开肩带。

(i)在每个无人乘坐的座椅上，若装有安全带或者肩带装置，则应当将其固定好，使其不妨碍机组成员执行任务或者紧急情况下人员的迅速撤离。

(j)实施载客运行运输类飞机的旅客和客舱机组成员的座椅要求：

(1)合格证持有人引进的按照本规则实施运行的2019年1月1日以后新制造的飞机，其所安装的旅客和客舱机组成员的座椅必须满足1990年7月18日颁布实施的《运输类飞机适航标准》(CCAR25)第25.562条或其后续修订的适用要求，否则不得投入运行。

(2)自2019年1月1日起，合格证持有人引进的按照本规则实施运行的非中国民航登记注册的二手飞机，其所安装的旅客和客舱机组成员的座椅必须满足1990年7月18日颁布实施的《运输类飞机适航标准》(CCAR25)第25.562条或其后续修订的适用要求，否则不得投入运行。

第121.312条　座舱内部材料

(a)除局方另行批准外，对于按照本规则运行的飞机，其每个座舱内的所有内部材料应当符合《运输类飞机适航标准》(CCAR25)第25.853条的相应适航要求。

(b)除飞行机组成员座椅外，机组或者旅客使用的坐垫应当符合《运输类飞机适航标准》(CCAR25)第25.853条的适用防火特性要求。

第 121.313 条　其他设备

飞机只有安装下列设备,方可以实施本规则的运行:

(a)如果飞机上装有保护性熔断器,每种规格保护性熔断器的备用数量应为该飞机批准的并在合格证持有人手册中规定的数量。

(b)每个驾驶员工作位置上的风挡雨刷或者等效设备。

(c)符合运输类飞机型号合格审定适航要求的电源和配电系统,或者在任一电源或者配电系统部件失效时,利用外部电源,能为所需要的仪表和设备供电的发电和配电系统。在系统中准许使用公共的元部件,只要局方认为其设计能合理地防止失效。当使用由发动机驱动的多个电源时,它们应当分装在各个发动机上。

(d)向必需飞行仪表供电的品质和充裕程度的指示装置。

(e)两个独立的静压系统,与外部大气相通,使得其受气流变化、湿气或者其他外来物影响最小,且其安装除通气口外均为气密的。当有装置将仪表从主工作系统转接到备用系统上时,这一装置里应当具有一个可靠的位置控制器,且应当予以标记,清楚地指明正在使用的系统。

(f)对于按照本规则运行的飞机,除机组成员外,如果机上还搭载有其他乘员,则驾驶舱和乘员舱之间应当装有带锁定装置的门(即驾驶舱门),该锁定装置应当设计成只能从驾驶舱内解锁,并且在使用中有效,以防止其他机上乘员未经驾驶舱内飞行机组成员的同意将门打开,否则只有驾驶舱内的飞行机组成员才能持有驾驶舱门的钥匙。对于从驾驶舱和客舱都能进入的机组休息区的飞机,则该区和客舱之间应当安装有带类似锁定装置的门。

(1)对于最大客座数大于 20 人的载客飞机,其驾驶舱门还应当满足下述要求:

(i)机上应急出口的布局应当设计成使机组成员或者旅客无需通过该舱门就能到达为他们设置的应急出口;

(ii)应当有措施使飞行机组成员在该舱门被卡住的情况下能从驾驶舱直接进入客舱;

(iii)合格证持有人应当建立紧急情况下的措施,使得客舱乘务员在飞行机组失去能力时能够进入驾驶舱。每位飞行机组成员应当能够从其工作位置处操纵驾驶舱门锁定和解锁装置,以及任何相关的指示信号或者身份确认系统。

(2)对于最大审定起飞重量超过 45,500 千克或者客座数超过 60 人的载客飞机,驾驶舱门还应当符合下述要求:

(i)能抵御未经许可人员的暴力入侵和关键部位能够承受 300 焦耳

(221.3 英尺磅)的冲击,同时在旋钮和把手处能够承受 1,113 牛顿(250 磅)的拉伸载荷;

(ii)能抵御轻型武器火力和爆炸装置的穿透,符合有关适航要求规定的标准。

(g)将客舱与设有应急出口设施的其他舱室隔开的每一扇门应当配备钥匙,所配钥匙应当便于每个机组成员使用。

(h)在通往每一指定的旅客应急出口的每扇门上应有一块标牌,用以指明在起飞和着陆期间此门应当处于打开状态。

(i)对于旅客可以进入的舱室,如果舱门有可能被旅客锁上,则应当为机组配备这些门的开锁装置,以便在紧急情况下打开这些门。

第 121.314 条　货舱和行李舱

(a)飞机中每个容积大于 5.7 立方米(200 立方英尺)、符合《运输类飞机适航标准》(CCAR25)第 25.857 条定义的 C 类舱,应当有下述任一材料构成的顶棚和侧墙衬板:

(1)玻璃纤维加强树脂;

(2)符合《运输类飞机适航标准》(CCAR25)附录 F 要求的材料;

(3)经局方批准的铝衬板。

(b)为符合本条,术语"衬板"包括诸如连结处或者紧固件这些影响衬板失火安全包容性能的任何设计细节。

第 121.315 条　驾驶舱检查单

(a)合格证持有人应当为每一型号飞机提供经批准的驾驶舱检查单。

(b)这些经批准的检查单应当至少包括在起动发动机、起飞或者着陆之前,以及在发动机和系统出现了紧急情况时,飞行机组成员为确保安全应当进行的每一项检查。检查单的设计应当使飞行机组成员无需依赖于对所要进行检查的项目的记忆。

(c)经批准的检查单应当放置在每架飞机驾驶舱内方便飞行机组成员使用的地方,飞行机组在操作飞机时应当遵循检查单规定的程序。

第 121.316 条　燃油箱

按照本规则运行的涡轮发动机飞机应当符合《运输类飞机适航标准》(CCAR25)第 25.963 条的要求。

第 121.317 条　旅客告示

(a)按照本规则实施运行的飞机应当装备旅客告示信号和标牌。这些信号装置应当设计成能由机组成员接通或者断开。

(b)飞机在地面的任何移动,以及每次起飞、着陆和机长认为必要的其它任何时间,应当接通"系好安全带"信号。

(c)按照本规则运行的载运旅客飞机,应当从每个旅客座位都能看到至少一个"系好安全带"的明显信号或者标牌。这些信号或者标牌无需符合本条(a)款的要求。

(d)当"系好安全带"信号亮时,本规则第121.311条(b)款要求具有座位的每位旅客,应当系好旅客座椅安全带并保持系紧状态。

(e)飞机在运行时,应当使"禁止吸烟"的告示信号灯保持常亮,或者出示一个或者几个符合《运输类飞机适航标准》(CCAR25)第25.1541条要求的"禁止吸烟"的标牌。若同时使用灯光信号及标牌,则灯光信号在整个飞行航段上应当保持常亮。

(f)每一厕所内应当有一个标志或者标牌,其上标明"严禁破坏厕所烟雾探测器"。该标志或者标牌无需符合本条(a)款的要求。

(g)在飞机上的任何人应当遵守下列规定:

(1)当"禁止吸烟"信号灯亮时或者"禁止吸烟"标牌出示时,不得在客舱内吸烟;

(2)不得在飞机的厕所内吸烟;

(3)不得触动、损害或者破坏飞机厕所内安装的烟雾探测器。

(h)当飞机在地面的任何移动,在每次起飞、着陆和机长认为必要的其它任何时间内,应当接通"禁止吸烟"信号。

(i)每个旅客应当遵守机组成员为符合本条(e)款、(g)款第(1)项和(f)款第(2)项要求而发出的指令。

第121.318条　机内广播系统

(a)旅客座位数超过19的飞机实施载客运行时,应当装备有符合下列要求的机内广播系统:

(1)除手持受话器、耳机、话筒、选择开关和信号发送装置外,能不依赖于本规则第121.319条所要求的机组成员机内通话系统而独立工作;

(2)依据《民用航空产品和零部件合格审定规定》(CCAR21)的规定获得批准或者认可。

(b)本条(a)款要求的机内广播系统应当符合下列要求:

(1)从驾驶舱两个飞行机组成员的每个工作位置上易于接近并能立即使用;

(2)为每个有邻近客舱乘务员座位的地板高度旅客应急出口配备一个话筒,使在邻近的客舱乘务员座位上就坐的客舱乘务员易于迅速使用。但若出口很接近,就坐的客舱乘务员之间能无困难地口头联络,则一个话筒可以为几个出口所共用；

(3)应当能让每一客舱内便于使用它的位置上的客舱乘务员，在10秒钟之内使其工作；

(4)在所有旅客座位、厕所、客舱乘务员座位与工作台上都能听见。

(c)按照本规则实施运行的1995年12月18日后制造的飞机，还应当符合《运输类飞机适航标准》(CCAR25)第25.1423条的要求。

第121.319条 机组成员机内通话系统

(a)旅客座位数超过19的飞机应当装备有符合下列要求的机组成员机内通话系统：

(1)除手持受话器、耳机、话筒、选择开关和信号发射装置外，能不依赖于本规则第121.318条(a)款所要求的机内广播系统而独立工作；

(2)符合本条(b)款的要求。

(b)本条(a)款所要求的机组成员机内通话系统应当依据《民用航空产品和零部件合格审定规定》(CCAR21)的规定获得批准或者认可，并且应当符合下列要求：

(1)应当提供驾驶舱与下列各处的双向通信：

(i)每一旅客客舱；

(ii)不在主客舱地板高度上的每一厨房。

(2)应当便于在驾驶舱内两个飞行机组成员工作位置中每一个位置上立即使用；

(3)应当便于在每个客舱内至少一个客舱乘务员正常工作位置上使用；

(4)应当能让每一客舱内便于使用它的位置上的客舱乘务员，在10秒钟之内使其工作；

(5)对于涡轮喷气动力的飞机：

(i)应当便于从足够数量的客舱乘务员工作位置上使用，使得从一个或者几个这样装备的工作位置上可以看到每一客舱内所有地板高度的应急出口(或者当出口在厨房内时看到通向这些出口的进口通道)；

(ii)应当具有一个包括音响或者目视信号的警戒系统，用于飞行机组人员呼叫客舱乘务员和客舱乘务员呼叫飞行机组成员；

(iii)本条(b)款第(5)项第(ii)目所要求的警戒系统应当能使接收到呼叫的人确定是正常的呼叫还是紧急的呼叫；

(iv)当飞机停放于地面时，它应当有装置使地面人员和驾驶舱内至少两个飞行机组成员中的任一人之间进行双向通话。供地面人员使用的机内通话系统位置应当使得从飞机内看不到使用该系统的人员。

第 121. 320 条　高度保持和警告系统

(a)按照本规则实施运行的飞机应当安装有一个具有下述功能的高度保持和警告系统：

(1)向飞行机组指示所飞的高度；

(2)自动保持所选择的高度；

(3)当接近预选高度时，能至少发出音频或者视频信号提示飞行机组；

(4)当飞机偏离预选高度时，能向飞行机组至少发出音频或者视频警告。

第 121. 323 条　夜间运行的仪表和设备

在夜间实施运行的飞机，除装备有本规则第 121. 305 条至第 121. 320 条、第 121. 743 条所要求的仪表和设备之外，还应当加装下列仪表和设备：

(a)航行灯；

(b)防撞灯；

(c)两个着陆灯；

(d)仪表灯光，能提供足够照明的仪表灯，其可以使每一必需的仪表、开关或者类似的装置清晰易读，并且其安装方式使得光线既不会直射飞行机组成员的眼睛，也不会造成有害的反射光线。除非无调光的仪表灯光是令人满意的，否则应有措施控制照明的强度；

(e)一个空速指示系统，带加温的空速管或者等效装置，以防止因结冰而故障；

(f)一个灵敏型高度表。

第 121. 325 条　仪表飞行规则运行的仪表和设备

在仪表飞行规则条件下运行的飞机，除应装备有本规则第 121. 305 条至第 121. 319 条、第 121. 743 条所要求的仪表和设备之外，还应当加装下列仪表和设备：

(a)一个空速指示系统，带加温的空速管或者等效装置，以防止因结冰而故障。

(b)一个灵敏型高度表。

(c)仪表灯光，能提供足够照明的仪表灯，可以使每一必需的仪表、开关或者类似的装置清晰易读，并且其安装方式使得光线既不会直射飞行机组成员的眼睛，也不会造成有害的反射光线。除非无调光的仪表灯光是令人满意的，否则应有措施控制照明的强度。

第 121. 327 条　活塞发动机飞机用于生命保障的补充供氧要求

(a)除按照本规则第 121. 331 条提供补充供氧的情况外，按照本规则运行的飞机应当按照本条(b)和(c)款的规定装备和使用补充供氧。某一特定运行所需要的补充供氧量，应当根据飞行高度和飞行持续时间，按照为每次运行和航路所制定的运行程序来确定。

(b)机组成员。

(1)在座舱气压高度3000米(10000英尺)以上至3600米(12000英尺)(含)，应当对在驾驶舱内值勤的飞行机组每一成员提供氧气，驾驶舱内值勤的飞行机组成员也应当用氧，并且对于在这些高度上超过30分钟的那部分飞行中，应当对其他机组成员提供氧气；

(2)在座舱气压高度3600米(12000英尺)以上，应当对在驾驶舱内值勤的飞行机组每一成员提供氧气，驾驶舱内值勤的飞行机组成员也应当用氧，并且在此高度上整个飞行时间内，应当对其他机组成员提供氧气；

(3)当要求某一飞行机组成员用氧时，他应当连续用氧，除非为执行其正常勤务必需除去氧气面罩或者其他氧气分配器时。对那些处于待命状态的或者在完成此次飞行前肯定要在驾驶舱内值勤的后备机组成员，应当按照不在驾驶舱内值勤的其他值勤机组成员供氧量提供氧气。如果某一后备机组成员不在待命状态，并且在剩下的一段飞行中将不在驾驶舱内值勤，则就补充氧气要求而言，可将其视为一名旅客。

(c)旅客。合格证持有人应当按照下列要求提供为保证旅客安全的经批准的氧气源：

(1)对于座舱气压高度2400米(8000英尺)以上至4300米(14000英尺)(含)时间超过30分钟的飞行，足以为10%的旅客供氧30分钟；

(2)对于座舱气压高度4300米(14000英尺)以上至4600米(15000英尺)(含)的飞行，足以为30%的旅客在这些高度上的那部分飞行提供氧气；

(3)对于座舱气压高度4600米(15000英尺)以上的飞行，足以在此高度上的整个飞行时间内为机上每一旅客提供氧气。

(d)本章中“座舱气压高度”指与飞机座舱内压力相对应的气压高度，“飞行高度”指飞机在海平面以上的运行高度。对于无增压座舱的飞机，“座舱气压高度”和“飞行高度”是相同的。

第121.329条　涡轮发动机飞机用于生命保障的补充供氧要求

(a)在运行涡轮发动机驱动的飞机时，每个合格证持有人应当根据本条的规定，在飞机上配备生命保障氧气和分配设备以供使用：

(1)所提供的氧气量应当至少是为遵守本条(b)和(c)款所必需的量；

(2)某一特定运行符合本规则所需要的生命保障和急救用氧气量，应根据座舱气压高度和飞行持续时间，按照为每次飞行和每一航路所制定的运行程序确定；

(3)对具有增压座舱的飞机，氧气量应根据座舱气压高度和下列假设来确定：座舱增压故障发生在供氧需求临界的飞行高度或者飞行中某点，飞机按照飞机飞行手册中规定的应急程序，在不超过其使用限制的情况下，下降到不再需要补充氧气的飞行高度；

(4)发生了这种故障之后，座舱气压高度被认为与飞行高度相同，除非能证明，座舱增压设备任何可能的故障均不会导致座舱气压高度等于飞行高度。在这种情况下，应将达到的最大座舱气压高度作为审定或者确定供氧量的依据，或者它们二者的共同依据。

(b)机组成员。每个合格证持有人应当按照下列要求为机组成员提供氧气源：

(1)在座舱气压高度 3000 米(10000 英尺)以上至 3600 米(12000 英尺)(含)，应当对在驾驶舱内值勤的每一飞行机组成员提供氧气，他们也应当用氧，并且如果在这些高度上超过 30 分钟，则对于 30 分钟后的那段飞行应当对其他机组成员提供氧气；

(2)在座舱气压高度 3600 米(12000 英尺)以上，应当对在驾驶舱内值勤的每一飞行机组成员提供氧气，他们也应当用氧，并且在此高度上整个飞行时间内，应当对其他机组成员提供氧气；

(3)当要求某一飞行机组成员用氧时，他应当连续用氧，除非为执行其正常任务需要除去氧气面罩或者其他氧气分配器。对那些处于待命状态的或者在完成此次飞行前肯定要在驾驶舱内值勤的后备飞行机组成员，视为本款第(1)、(2)项所述的其他机组成员。如果某一后备飞行机组成员不在待命状态，并且在剩下的一段飞行中将不在驾驶舱内值勤，则就补充氧气要求而言，可以将其视为一名旅客。

(c)旅客。每个合格证持有人应当按照下列要求为旅客提供氧气：

(1)对于座舱气压高度 3000 米(10000 英尺)以上至 4300 米(14000 英尺)(含)的飞行，如果在这些高度上超过 30 分钟，则对于 30 分钟后的那段飞行应当为 10% 的旅客提供足够的氧气；

(2)对于座舱气压高度 4300 米(14000 英尺)以上至 4600 米(15000 英尺)(含)的飞行，足以为 30% 的旅客在这些高度的飞行中提供氧气；

(3)对于座舱气压高度 4600 米(15000 英尺)以上的飞行，在此高度上整个飞行时间内为机上每一旅客提供足够的氧气。

第 121.331 条　具有增压座舱的活塞发动机飞机应急下降和急救用的补充氧气要求

(a)当运行活塞发动机驱动的有增压座舱的飞机时，合格证持有人应当按照本条(b)至(d)款在座舱增压失效时的要求来装备飞机。

(b)对机组成员。当在飞行高度3000米(10000英尺)以上运行时,合格证持有人应当提供在这些高度上整个飞行时间内每一机组成员充足的氧气,并且对驾驶舱内值勤的每一飞行机组成员提供的氧气量不得少于2小时。所要求的2小时供氧量,是飞机以恒定的下降率从其最大合格审定使用高度用10分钟下降至3000米(10000英尺),随后在3000米(10000英尺)高度上保持110分钟所必需的氧气量。可用本规则第121.337条所要求的供氧量来确定在驾驶舱内值勤的飞行机组人员在座舱增压失效情况下所需要的补充供氧量。

(c)对旅客。当在飞行高度2400米(8000英尺)以上运行时,合格证持有人应当按照下列要求提供氧气:

(1)当飞机在飞行高度7600米(25000英尺)(含)以下飞行时,如果在飞行航路上任一点飞机均能在4分钟之内安全下降到飞行高度4300米(14000英尺)(含)以下,则足以为10%的旅客供氧30分钟;

(2)如果飞机不能在4分钟之内降至飞行高度4300米(14000英尺)(含)以下,则应当按照下列要求提供氧气:

(i)对于在飞行高度4600米(15000英尺)以上时间超过4分钟的那部分飞行,按照本规则第121.327条(c)款第(3)项所要求的供氧量;

(ii)对于飞行高度4300米(14000英尺)以上至4600米(15000英尺)(含)的飞行,按照本规则第121.327条(c)款第(2)项所要求的供氧量;

(iii)对于飞行高度2400米(8000英尺)以上至4300米(14000英尺)(含)的飞行,足以为10%的旅客提供30分钟的供氧量。

(3)当飞机在飞行高度7600米(25000英尺)以上飞行时,在飞行高度2400米(8000英尺)至4300米(14000英尺)(含)的整个飞行期间(包括应急下降)足以为10%的旅客提供30分钟的氧气量,加上在4300米(14000英尺)以上符合本规则第121.327条(c)款第(2)和(3)项要求的供氧量。

(d)就本条而言,假设座舱增压是在最临界的飞行高度或者飞行中某点上出现故障,飞机在不超过其正常使用限制的情况下,下降到能够超越地形障碍的安全飞行高度。

第121.333条　具有增压座舱的涡轮发动机飞机应急下降和急救用的补充氧气要求

(a)当运行具有增压座舱的涡轮发动机飞机时,合格证持有人应当提供氧气和分配设备,以在座舱增压失效时符合本条(b)款至(e)款的要求。

(b)机组成员。当在飞行高度3000米(10000英尺)以上运行时,合格证持有人应当向在驾驶舱内值勤的每一飞行机组成员提供足以符合本规则第121.329条要求的但供氧时间不少于2小时的氧气。所要求的2小时供氧量，是飞机从其最大审定运行高度以恒定下降率用10分钟下降至3000米(10000英尺),并随后在3000米(10000英尺)高度上保持110分钟所必需的供氧量。在确定驾驶舱内值勤的飞行机组成员所需要的供氧量时,可以包括座舱增压失效时本规则第121.337条所要求的供氧量。

(c)飞行机组人员对氧气面罩的使用。

(1)当在飞行高度7600米(25000英尺)以上运行时,在驾驶舱内值勤的每一飞行机组成员均应当配备有一个氧气面罩,其设计应保证能将其迅速取下戴在脸上,适当固定并密封,在需要时能立即供氧,并且不妨碍该飞行机组成员与其他机组成员之间用飞机内话系统立即通话。当在飞行高度7600米(25000英尺)以上未使用氧气面罩时,它应当保持在备用状态,且位于飞行机组人员在其值勤位置上可以立即取用的范围内;

(2)当在飞行高度7600米(25000英尺)以上运行时,操纵飞机的一名驾驶员应当按照下述规定,始终使用一个固定在脸上、密封并供氧的氧气面罩:

(i)如果在驾驶舱值勤的每一个飞行机组成员均有一个速戴型氧气面罩,合格证持有人已经证明用一只手在5秒钟内即可以戴到脸上,适当固定、密封并在需要时能立即供氧,则在低于下述飞行高度(含)时,驾驶员不需要戴上和使用氧气面罩:

(A)客座数在30以上(不包括任何必需的机组成员座位),或者商载大于3,400千克(7,500磅)的飞机,低于飞行高度层12500米(41000英尺)(含);

(B)客座数在31以下(不包括任何必需的机组成员座位),或者商载不大于3,400千克(7,500磅)的飞机,低于飞行高度层10500米(35000英尺)(含)。

(ii)合格证持有人还应当证明,佩戴面罩不妨碍戴眼镜,也不会延误飞行机组成员执行其指定的紧急任务。氧气面罩在戴上后,不得妨碍该飞行机组成员与其他机组成员之间用飞机内话系统立即通话。

(3)尽管有本条(c)款第(2)项的规定,当在飞行高度7600米(25000英尺)以上运行时,如果由于任何一种原因,在任一时刻,操纵飞机的一名驾驶员需要离开其工作位置时,则操纵飞机的另一名驾驶员应当戴上并使用氧气面罩,直至那名驾驶员回到其工作位置;

(4)在每次飞行的起飞之前,每个飞行机组成员应当对其所使用的氧气设备进行飞行前检查,以确保氧气面罩功能正常、固定合适并连接到适当的供氧接头上,且供氧源及其压力适于使用。

(d)客舱乘务员对便携式氧气设备的使用。在飞行高度7600米(25000英尺)以上飞行期间,每一客舱乘务员应当携带至少可以供氧15分钟的便携式氧气设备,除非经证明,在整个客舱内分布有足够的带有面罩或者备用接口的便携式氧气装置,或者在整个客舱内分布有足够的备用接口和面罩,可以确保在座舱释压时,无论客舱乘务员在何处,每一客舱乘务员均可以立即使用氧气。

(e)旅客。当飞机在飞行高度3000米(10000英尺)以上运行时,应当对旅客提供满足下列要求的氧气源:

(1)经合格审定在飞行高度7600米(25000英尺)以下(含)运行的飞机能在所飞航路的任一点上4分钟之内安全下降到飞行高度4300米(14000英尺)(含)以下时,应当按照本规则规定的供氧率为至少10%的旅客提供30分钟的氧气;

(2)当飞机运行在飞行高度7600米(25000英尺)(含)以下且不能在4分钟之内安全下降到飞行高度4300米(14000英尺)时,或者当飞机运行在飞行高度7600米(25000英尺)以上时,在座舱释压后座舱气压高度3000米(10000英尺)以上至4300米(14000英尺)(含)的整个飞行期间应当能以本规则规定的供氧率为至少10%的旅客供氧,并且按照适用情况,能够符合本规则第121.329条(c)款第(2)和(3)项的要求,但对旅客的供氧时间应当不少于10分钟;

(3)为了对那些由于生理上的原因,在从飞行高度7600米(25000英尺)以上的座舱气压高度下降后可能需要纯氧的机上乘员进行急救护理,在座舱失密后座舱气压高度2400米(8000英尺)以上的整个飞行时间内,应当为2%的乘员(但在任何情况下不得少于1人)提供符合《运输类飞机适航标准》(CCAR25)第25.1443条的氧气源。应当有适当数量(但在任何情况下不得少于2个)的经认可的氧气分配装置,并带有一种装置供客舱乘务员使用这一供氧源。

(f)旅客简介。在飞行高度7600米(25000英尺)以上的飞行实施之前,机组成员应当将一旦座舱释压时使用氧气的重要性向旅客说明,并向他们指出氧气分配设备的所在位置和向他们演示其使用方法。

第121.335条 氧气设备的标准

按照本规则实施运行的飞机,为遵守本规则第121.329条和第121.331条规定所必需的氧气设备、氧气最低流量和氧气源应当符合适用的适航标准,但是,如果合格证持有人证明,要完全符合这些标准是不实际的,局方可以批准对这些标准作能提供等效安全性的任何更改。

第 121.337 条　防护式呼吸装置

(a)合格证持有人应当提供经批准的防护式呼吸装置(PBE),这些防护式呼吸装置应当符合本条(b)款所包含的设备、呼吸气体和通信要求。

(b)按照本规则实施运行的飞机,应当按照下列要求装备符合本条要求的防护式呼吸装置:

(1)该装置应当使在驾驶舱值勤的飞行机组成员免受烟雾、二氧化碳或者其它有害气体,或者由飞机释压以外的原因造成的缺氧环境的影响,并且还应当保护机组成员在飞机上灭火时也免受上述影响;

(2)该装置应当按照设备制造人制定的检查准则和周期进行定期检查,确保其处于持续可靠和立即可用状态,以完成其预期应急目的。如果合格证持有人证明能够提供等效安全水平,则检查周期可以更改;

(3)该装置保护眼睛的部分,应当使佩戴者的视力不致受影响到不能完成机组成员职责的程度,并且应当允许戴矫正眼镜而不致于影响视力或者降低本条(b)款第(1)项规定的防护要求;

(4)当该装置在使用时,应当允许飞行机组在其指定的工作位置上用飞机无线电设备通信和用机内通话器互相通话,还应当允许在驾驶舱每个驾驶员位置与每个客舱内至少一个正常的客舱乘务员工作位置之间进行机组成员机内通话器通话;

(5)当该装置在使用时,应当允许任何机组成员在本条(b)款第(4)项要求的任何客舱乘务员工作位置上使用机内通话系统;

(6)如果该装置符合本规则第 121.335 条氧气设备的标准,则它也可以用来满足本章的补充氧气要求;

(7)防护式呼吸装置的供气持续时间和供气系统设备的要求如下:

(i)该装置应当在 2400 米(8000 英尺)气压高度上对在驾驶舱值勤的飞行机组成员和正在空中灭火的机组成员供给 15 分钟的呼吸用气体;

(ii)该呼吸供气系统本身及其工作方式和对其它部件的影响方面应当没有危险;

(iii)对于化学氧气发生器以外的呼吸供气系统,应当有装置使机组在飞行前能迅速测定每个供气源中的呼吸用气体已经完全充满;

(iv)对于每一化学氧气发生器,其供气系统设备应当符合《运输类飞机适航标准》(CCAR25)第 25.1450 条的相应适航要求。

(8)满足本条要求的带有一个固定的或者便携式呼吸用气体源的防护式呼吸装置应当安置在驾驶舱内方便的地方,使得每个必需飞行机组成员在其工作位置上易于取得并能立即使用。

(9)满足本条要求的带有一个便携式呼吸气源的防护式呼吸装置应当易于取得,并按照下述要求置于实施灭火的机组成员能立即取用的地方:

(i)在飞行期间机组可以进入的符合《运输类飞机适航标准》(CCAR25)25.857定义的A级、B级或者E级货舱配备一个;

(ii)对于不在客舱、货舱或者驾驶舱内的厨房,每一手提灭火器配备一个防护式呼吸装置;

(iii)在驾驶舱配备一个防护式呼吸装置,但是,如果存在特殊环境条件,使得符合本要求不实际,则局方可以批准在能够提供等效安全水平的地方设置该防护式呼吸装置;

(iv)在每一客舱内,在本规则第121.309条要求的每一手提灭火器1米(3英尺)范围内设置一个防护式呼吸装置,如果存在特殊环境条件,使得符合本要求不实际,且所建议的偏离将提供同等的安全水平,则局方可以批准允许防护式呼吸装置的设置离所要求的手提灭火器位置超过1米(3英尺)。

(c)设备的飞行前检查。

(1)每次飞行前,将使用防护式呼吸装置的飞行机组成员应当对其值勤位置上的防护式呼吸装置进行检查,以确保该设备:

(i)对于非化学氧气发生器系统,其功能正常,适于工作,对于通用配合型以外的设备还应当与面部配合适当,并已连接到供气端头,呼吸气源及压力适于使用;

(ii)对于化学氧气发生器系统,适于工作,对于通用配合型以外的设备还应当与面部配合适当。

(2)安装在飞行机组成员工作位置以外的每个防护式呼吸装置,应当由指定的机组成员检查,确保每个装置都存放适当,适于工作,对于非化学氧气发生器系统,呼吸气源应充满。合格证持有人在其运行手册中应当指定至少一名机组成员在该飞机当天首次起飞前进行上述检查,如果更换机组,则应当重新执行该检查。

第121.339条　跨水运行的飞机的应急设备

(a)作下列情况运行时,所有飞机应当携带供机上每位乘员使用的配备有经批准幸存者定位灯的救生衣或者经批准的等效漂浮装置,存放在每个座位或者铺位上的乘员易于取用的地方:

(1)距最近海岸线的水平距离超过该飞机滑翔距离的跨水运行;

(2)自特定机场起飞或者着陆时,飞机的起飞或者进近航迹处于水面上空,局方认为飞机发生不正常情况时有可能迫降水上的情况;

(3)考虑特定水域的深度和范围,局方要求携带上述设备的在该水域上空实施的运行。

(b)按照本规则实施包括(a)款所列情况在内的跨水运行的所有飞机必须配备至少一个自动式应急定位发射机。

(c)除经局方批准外,对距最近海岸线的水平距离超过93公里(50海里)的延伸跨水运行,除需携带本条(a)款中要求的救生衣外,还需携带以下设备:

(1)额定容量和浮力足以容纳机上乘员的救生筏,每只筏应当配备有经批准的幸存者定位灯。除非提供了容量足够的多余救生筏,否则这些救生筏的浮力和座位量应当在损失了一条额定容量最大的救生筏后,还能容纳飞机上的全体乘员;

(2)每个救生筏至少一个烟火信号器;

(3)经批准的救生型应急定位发射器。当这种发射器累计使用时间超过1小时时,或者按照发射器制造厂在该设备批准时制定的标准,其电池已到使用寿命的一半,或者对于可充电的电池已到充电使用寿命的一半,这种发射机内的电池应当予以更换或者重新充电。更换电池或者重新充电的新到期日期应当清晰地标在发射器的外部。本款中关于电池的使用寿命或者充电使用寿命的要求不适用于那些在可能的存放期间基本不受影响的电池,如水激活电池。

(d)所要求的救生筏、救生衣和救生型应急定位发射器应当在无充裕时间作准备程序而进行水上迫降的情况下易于取用。这些设备应当安装在有明显标记的经批准的位置。

(e)应当在所要求的每个救生筏上配备适于所飞航路的救生包。

第121.341条　结冰条件下运行的设备

(a)在结冰条件下运行的飞机,应当在风挡、机翼、尾翼、螺旋桨以及在其上结冰将会对飞机的安全有不利影响的其它部位上,安装防冰或者除冰的装置。

(b)在夜间结冰条件下运行的飞机,应当有照明或者其他方式,能从积冰角度确定机翼上关键部位的结冰情况。所采用的照明类型,不得产生可能影响机组人员执行其任务的眩光或者反光。

第121.342条　空速管加温指示系统

具有空速管加温系统的飞机应当配备有符合《运输类飞机适航标准》(CCAR25)第25.1326条相应要求的工作正常的空速管加温指示系统。

第121.343条　飞行数据记录器

(a)按照本规则实施运行的飞机应当按照《一般运行和飞行规则》(CCAR91)第91.433条的要求安装飞行数据记录器。

(b)合格证持有人应当按照《一般运行和飞行规则》(CCAR91)第91.433条的要求使用、检查或者评估上述要求的飞行数据记录器,遵守规定的运行限制,并按照规定保存飞行数据记录器的原始信息。

第121.345条　无线电设备

(a)按照本规则实施运行的飞机应当装备所实施运行类型要求的无线电设备。

(b)在本规则第121.347条和第121.349条要求两套独立的(单独和完整的)无线电系统的情况下,每一系统应当具有一个独立的天线装置,但是在采用刚性支撑的非钢索天线或者其他具有同等可靠性天线装置的情况下,只要求一根天线。

(c)ATC应答机应当符合CTSO-C112(S模式)适当类别的性能和环境要求,但不包括下列情况:

(i)在固定设备维护期间,临时安装符合CTSO-74c的替代设备;

(ii)已批准安装符合CTSO-74c ATC应答机的飞机,临时拆卸维修后的重新安装;

(iii)对于已批准安装符合CTSO-74c ATC应答机的机队运行,从一架飞机拆下ATC应答机维修后,安装在机队中的另一架飞机上。

第121.346条　空地双向数据通信系统

(a)除本条(b)款的情况外,合格证持有人按照本规则实施运行的旅客座位数大于99座的飞机应当安装满足本规则第121.97条要求的空地双向数据通信系统。

(b)除局方特别批准外,2004年4月20日以前投入运行的旅客座位数大于99座的飞机应当在2005年12月31日前安装满足本规则第121.97条要求的空地双向数据通信系统。

第121.347条　地标领航的航路上目视飞行规则运行的无线电设备

在使用地标领航的航路上按照目视飞行规则运行飞机时,该飞机应当装备有在正常运行情况下为满足下列要求所需的无线电设备:

(a)在航路上任一地点与至少一个适当的地面台站进行通信联系。

(b)在计划飞行的那个机场侧方边界范围内任何一点,与相应的空中交通管制设施进行通信联系。

(c)在航路上任一点使用两套独立系统中任一套系统接收气象信息。为遵守本款而装备的两套设施之一可用于满足本条(a)和(b)款的要求。

(d)在地标领航的航路上按照目视飞行规则在夜间实施运行的飞机,应当配备正常运行条件下必需的无线电设备,以满足本条(a)款至(c)款的规定,并在所飞的航路上接收适用的无线电导航信号，不要求信标接收机或者仪表着陆系统接收机的情况除外。

第 121.349 条　仪表飞行规则运行或者非地标领航的航路上目视飞行规则运行的无线电设备

(a)按照仪表飞行规则或者在非地标领航的航路上按照目视飞行规则运行飞机时，该飞机应当装备有在正常运行条件下为满足本规则第 121.347 条规定功能所必需的无线电设备，并且装备有两套独立的无线电系统，使用其中任一套系统都能令人满意地接收所飞航路所有主要导航设施和所用进近导航设施的无线电导航信号。但是，只要求一套可以提供目视和音响信号的指点标接收机和一套仪表着陆系统(ILS)接收机。为接收航路导航信号而安装的设备亦可用于接收进近信号，只要它能接收这两种信号。

(b)在依靠低频无线电信号或者自动定向仪(ADF)进行导航的航路上飞行时，如果飞机装备有两台甚高频全向信标(VOR)接收机，并且 VOR 导航设施的所在位置及飞机的油量情况，使得飞机在低频无线电定位接收机或者 ADF 接收机失效时，借助于 VOR 设备，可以继续安全地飞到某一适当的机场，并使用其他的飞机无线电系统完成仪表进近，则只需装一台低频无线电定位接收机或者 ADF 接收机。

(c)当本条(a)或者(b)款要求有 VOR 导航接收机时，在每架飞机上应当至少安装一套经批准的能接收并指示距离信息的测距设备(DME)。

(d)如果在航路上 DME 失效，则在发生这种故障时，驾驶员应当立即将故障通报空中交通管制部门。

第 121.351 条　延伸跨水运行和某些其他运行的无线电设备

(a)按照本规则实施延伸跨水运行的飞机应当装备有为遵守第 121.349 条所必需的无线电设备和遵守本规则第 121.347 条(a)款的一套独立系统，以及在 VOR 或者 ADF 等无线电导航设备不能使用的航段上，装备两套远程导航系统。

(b)如果局方确定由于所飞越地形的特性，本条(a)款规定的设备是实施运行所必需的，则局方可以规定在没有配备本条(a)款规定的设备的情况下，任何人不得在该区域内实施定期或者补充运行。

(c)尽管有本条(a)款的要求，对于在特定地形区域的运行和航路，局方可以批准安装和使用单一的远程导航系统和单一的远程通信系统。局方在进行批准时需考虑的运行因素如下：

(1)飞行机组在空中交通管制部门要求的精度范围内可靠确定飞机位置的能力；

(2)所飞航路的长度；

(3)甚高频通讯间断的持续时间。

第 121.352 条　快速存取记录器或等效设备

(a)合格证持有人应当对所有运行的飞机安装一个经局方批准的快速存取记录器(QAR)或等效设备,并制定飞行品质监控程序,作为其安全管理体系的组成部分。

(b)合格证持有人可与另一方签订合同,由其负责飞行品质监控具体工作,但本条(a)要求的符合性责任则由合格证持有人负责。

(c)合格证持有人应当定期向负责合格证管理的地区管理局职能部门报告其通过飞行品质监控得到的统计数据和趋势分析报告,局方认为必要时可随时查阅或分析快速存取记录器(QAR)或等效设备的原始数据。

(d)飞行品质监控程序应是无惩罚性的,该程序应包含保护数据的妥当措施。

第 121.353 条　无人烟地区上空飞行的应急设备

除经局方批准外,合格证持有人在无人烟地区上空或者在局方规定的需要配备紧急情况下进行搜寻和救援的设备的任何其他地域上空(局方在该合格证持有人的运行规范中规定)实施运行时,该飞机应当装备有下列设备:

(a)适当的烟火信号器。

(b)至少一个自动式应急定位发射机。

(c)经批准的救生型应急定位发射器。当这种发射器累计使用时间超过 1 小时,或者电池已到按照发射器制造厂在该设备批准时制定的标准使用寿命的一半时,或者对于可充电的电池已到充电使用寿命的一半时,这种发射机内的电池应当予以更换或者重新充电。更换电池或者重新充电的新到期日期应当清晰地标在发射器的外部。本款中关于电池的使用寿命或者充电使用寿命的要求不适用于那些在可能的存放期间基本不受影响的电池,如水激活电池。

(d)根据所飞航路和飞机上乘员数量,配备足够的救生包。

第 121.354 条　地形提示和警告系统

(a)对于按照本规则实施运行的飞机,应安装经批准的 A 类 TAWS 系统;

(b)飞机的飞行手册中应当包含下述程序:

(1)地形提示和警告系统(TAWS)的操作、使用;

(2)对于地形提示和警告系统(TAWS)的音频和视频警告,飞行机组的正确应对措施。

(c)对于安装了 TAWS 系统的飞机,本规则第 121.360 条规定的要求不再适用。

第 121.355 条　使用特殊导航方法的运行所用的设备

(a)合格证持有人使用多普勒雷达或者惯性导航系统运行时,这些系统应当按照本规则附件 I 的规定经过批准。

(b)合格证持有人使用其他特殊导航方法运行时,装备的机载系统应当适合于特定运行所要求的特殊导航方法,并获得局方的批准。

第 121.356 条　机载防撞系统

(a)自 2017 年 1 月 1 日起,合格证持有人新引进的按照本规则实施运行的飞机应当配备有经批准的 ACAS II 机载防撞系统。

(b)自 2018 年 1 月 1 日起,所有按照本规则实施运行的飞机应当配备有经批准的 ACAS II 机载防撞系统。

(c)本规则第 121.131 条要求的相应手册中应当包含下述有关 ACAS II 机载防撞系统的信息:

(1)关于以下方面的适当程序:

(i)设备的操作和使用;

(ii)对应设备的正确飞行机组操作。

(2)所有与 ACAS II 机载防撞系统功能正常相关的输入源应当工作正常。

(d)本条中规定的 ACAS II 等同于 TCAS II 7.1 版本。

第 121.357 条　机载气象雷达设备要求

(a)按照本规则实施运行的飞机应当装备有经批准的机载气象雷达设备。

(b)合格证持有人在按照本规则运行时,应当遵守下列规定:

(1)根据当时的气象报告,如果所飞航路上可能有可用机载气象雷达探测到的雷暴或者其他潜在的危险气象条件时,机载气象雷达设备应当处于令人满意的工作状态,否则,任何人不得按照仪表飞行规则条件签派飞机;

(2)如果机载气象雷达在航路上失效,则应当按照运行手册中对这种情况所规定的经批准的指南和程序运行飞机。

(c)本条不适用于在进行训练、试验或者调机飞行的飞机。

(d)对于机载气象雷达设备,不要求有备用的供电电源。

第 121.358 条　低空风切变系统的设备要求

除经局方批准外,按照本规则实施运行的涡轮动力飞机(涡轮螺旋桨动力飞机除外)应当装备有经批准的机载风切变警告与飞行指引系统,经批准的机载风切变探测和避让系统,或者经批准的这些系统的组合。

第 121.359 条　驾驶舱话音记录器

(a)合格证持有人按照本规则运行的所有飞机应当装备经批准的驾驶舱话音记录器,并且该记录器从使用检查单开始(为飞行而起动发动机之前),到飞行结束完成最后检查单止始终连续工作。

(b)驾驶舱话音记录器应当至少能够保存最后30分钟运行中所记录的信息。但2003年1月1日以后,首次颁发单机适航证并且最大审定起飞质量超过5,700千克的飞机上的驾驶舱话音记录器应当至少能够保存最后2小时运行中所记录的信息。

(c)本条要求的驾驶舱话音记录器应当符合下列适用标准:

(1)涉及民航管理的规章对运输类飞机的型号合格审定要求;

(2)每个话音记录器外壳应当符合下列所有要求:

(i)为鲜橙色或者鲜黄色的;

(ii)在外表面上附有反光带,以便于确定其在水下的位置;

(iii)在外壳上或者靠近外壳处有经批准的水下定位装置,该装置的固定方式应保证在发生坠毁撞击时不易与记录器分离,除非该驾驶舱话音记录器和本规则第121.343条要求的飞行数据记录器相互靠近安装,在发生坠毁撞击时它们不易分离。

(d)为遵守本条要求,可以使用具有抹音特性的经批准的驾驶舱话音记录器。这样,在录音工作过程中,可以随时抹掉或者用其它方法消除所记录内容最后30分钟时间之前的记录内容。

(e)一旦发生了导致飞行终止、需要立即通知局方的事故或者事件,合格证持有人应当将所记录的内容保留至少60天,或者按照局方要求保留更长的时间。

第121.360条　近地警告/下滑道偏离警告系统

(a)按照本规则实施运行的涡轮发动机飞机应当装备符合局方规定性能和设计标准的近地警告系统/下滑道偏离警告系统。

(b)按照本规则实施运行的飞机所配备的机载近地警告系统应当具备无线电高度报告功能。

(c)对于本条所要求的近地警告系统,飞机飞行手册中应当包括下列信息:

(1)关于下列各目的适当程序:

(i)设备的使用;

(ii)飞行机组人员对该设备所发警告的恰当反应;

(iii)在已知的不正常和应急状态时使其不工作;

(iv)襟翼不在着陆形态时抑制"方式4"警告。

(2)关于所有应当处于工作状态的输入信号源的概述。

(d)除按照飞机飞行手册中包含的程序使其不工作时外,任何人不得使本条所要求的近地警告系统不工作。

（e）每次使本条所要求的近地警告系统不工作时，合格证持有人有责任确保将其记录在飞机维修记录中，包括不工作的日期和时间。

第 121.361 条　飞机标记和标牌的文字要求

（a）飞机上所有对旅客进行的提示、警告和通知的文字标记和标牌应当至少有中文表述。

（b）机上所有向旅客或者机外营救人员指示应急出口和门的位置以及开启方法的文字标记和标牌应当至少有中文表述。

（c）旅客可能使用的机上所有应急设备的操作、使用说明应当至少有中文表述。

L 章　飞机维修

第 121.362 条　总则

本章规定了飞机的维修要求，这些要求是按照本规则运行的合格证持有人应当符合的要求：

（a）合格证持有人应当建立一个维修系统来保证其飞机持续符合型号设计要求及有关涉及民航管理的规章中的维修要求。

（b）按照本规则运行的合格证持有人的飞机及其部件的维修工作应当由《民用航空器维修单位合格审定规定》（CCAR145）批准的维修单位承担。

（c）合格证持有人应当保证其飞机及其部件、维修系统接受局方为保证其对本章规定的符合性而进行的检查和监督。

第 121.363 条　适航性责任

（a）合格证持有人应当对飞机的适航性负责，包括机体、发动机、螺旋桨、设备及其部件的适航性。

（b）合格证持有人应当按照本章的要求并依据局方批准或者认可的手册、程序实施下述工作，以确保飞机的适航性和运行设备、应急设备的可用性：

（1）每次飞行前按照本规则第 121.367 条要求的飞机维修方案完成所有维修任务，并进行必要的检查和放行；

（2）对于影响安全运行的有关缺陷和损伤进行处理并达到批准的标准，如该型飞机有可用的最低设备清单，应符合该清单规定的要求；

（3）依据本规则第 121.368 条要求的可靠性方案分析并保持本规则第 121.367 条要求的飞机维修方案的有效性；

（4）完成适航指令、本规则附件 J 规定的飞机持续适航和安全改进要求，以及局方要求强制执行的任何其它持续适航要求；

(5)依据批准的标准完成改装，对于非强制性改装，制定具体政策。

(c)在满足下述条件的情况下，合格证持有人可以通过协议将本规则第121.371条中工程技术、维修计划与控制、质量和培训管理职能所涉及到的具体工作进行委托：

(1)合格证持有人对飞机的适航性承担全部责任；

(2)合格证持有人应对受委托方及其委托实施的维修工程管理工作进行有效的监督，以确保落实其飞机的适航性责任；

(3)承担合格证持有人委托工作的受委托方应被视为合格证持有人维修工程管理体系的一部分，并接受局方的监督、检查。

第121.365条　合格证持有人的维修系统

(a)任何合格证持有人应当建立一个由维修副总经理负责组织落实其飞机适航性责任，并由总工程师负责落实其飞机工程技术管理责任的维修系统。维修系统应当具备必要的机构、设施、工具设备、器材、人员和工作程序来实施或者安排实施维修工作，合格证持有人可以通过外委的方式来符合上述要求。

(b)维修系统应当至少包括一个获得《民用航空器维修单位合格审定规定》(CCAR145)航线维修批准的维修单位，这个维修单位可以是自己建立的，也可以是通过协议委托的其他维修单位(以下简称协议维修单位)。

第121.366条　维修工程管理手册

(a)合格证持有人的维修系统应当制定阐述如何符合本章要求及实施规范性管理的维修工程管理手册，并在实际工作中执行。

(b)维修工程管理手册应当载明合格证持有人落实其飞机适航性责任和符合本章要求的总体叙述、具体工作程序和管理要求，并应当获得局方的批准或者认可。

(c)维修工程管理手册应当包括以下内容：

(1)概述部分：其中至少包括维修系统的总体状况及政策、维修副总经理签署的符合性声明、对本手册的符合性和有效性控制方法；

(2)维修系统的组织机构和设施：其中至少包括组织机构图及其必要说明、厂房设施图及其必要的说明(包括主基地以外的航线维修设施)；

(3)人员和部门职责说明：其中至少包括维修副总经理、总工程师及本规则第121.371条要求的部门主管的名单和技术经历；维修系统中各部门、人员及其包含的《民用航空器维修单位合格审定规定》(CCAR145)批准的维修单位或者协议维修单位的职责说明；维修放行人员清单及其授权的放行范围；

(4)工程技术管理：其中至少包括编制维修方案和最低设备清单相关部

分、制定具体维修技术要求和改装方案的要求和程序说明；

(5)维修计划和控制:其中至少包括飞机使用和维修计划、选择和安排实施维修工作、器材供应、统计和监控飞机及其部件的使用状况、飞机放行的要求和程序说明；

(6)协议维修:其中至少包括协议维修单位说明、协议委托工作范围、协调方式和对协议维修单位的监督管理的要求和程序；

(7)质量管理:其中至少包括质量管理政策、对各类人员和单位评估、单机适航性状况监控、质量审核、维修差错管理和质量调查的管理要求和程序；

(8)可靠性管理:其中应当至少包括可靠性管理的机构、可靠性控制体系及可靠性方案的管理要求和程序；

(9)人员培训管理:其中应当至少包括培训大纲的制定,培训计划和实施,人员技术档案和培训记录的管理要求和程序；

(10)维修工程管理外委:其中至少包括承接外委工作的机构说明、外委工作范围、职责和分工、联络协调方式和对承接外委工作机构的监督管理要求和程序；

(11)有关附件:其中至少包括实际使用的表格标牌样件,工作程序清单及其它必要的附件；

(12)符合性说明。

(d)维修工程管理手册中经局方批准部分的任何变化应当至少在计划的生效日期前30天向局方申请批准,只有在获得局方的批准后维修工程管理手册才能变更。

第121.367条　飞机维修方案

(a)合格证持有人应当为其所运营的每架飞机编制维修方案,并呈交给局方审查批准后按照方案准备和计划维修任务。

(b)合格证持有人飞机的初始维修方案应当以局方批准或者认可的计划维修要求以及型号合格证持有人的维修计划文件或者维修手册中制造商建议的维修方案为基础。这些维修建议的结构和形式可以由合格证持有人重新调整,以更好地符合合格证持有人特定维修方案的执行和控制。

(c)对于没有局方批准或者认可的计划维修要求的飞机,合格证持有人应当按照维修审查委员会的逻辑决断方法和过程制订初始维修方案。

(d)合格证持有人应当对维修方案进行定期检查以确保其中反映出飞机使用特点、型号合格证持有人最新建议、局方批准或者认可的计划维修要求修订的评估、改装的状况以及局方的强制性要求,并根据本规则第121.368条要求的可靠性方案来持续监控维修方案的有效性。维修方案的任何修订应当获得局方的批准。

(e)维修方案应当至少包括下列基本信息：

(1)维修方案的使用说明和控制；

(2)载重平衡控制；

(3)飞机计划检查和维修工作；

(4)飞机非计划检查和维修工作；

(5)发动机、螺旋桨、设备的修理或者翻修；

(6)结构检查或者机体翻修；

(7)必检项目；

(8)维修资料的使用。

(f)当合格证持有人的飞机从一个已批准的维修方案转为另一个经批准的维修方案时，应当对飞机利用率、使用环境、安装的设备和维修系统的经验进行评估，进行必要的转换检查，并经局方批准后方可以转换。

(g)当合格证持有人使用其他合格证持有人经批准的维修方案时，应当通过书面的协议进行，并经局方批准后方可以使用。

(h)在合理的不可预见情况下导致无法按照计划实施维修方案规定的维修工作时，其对维修方案的偏离应当在局方规定的范围内，并向局方报告。

第 121.368 条　可靠性方案

(a)合格证持有人应当建立可靠性管理体系来持续监控维修方案的有效性，对于机队较小的飞机可以采用加入其他合格证持有人或者飞机制造厂的可靠性管理体系的方法。可靠性管理体系监控的项目应当至少包括飞机各主要系统、维修重要项目和结构重要项目。

(b)可靠性管理体系中应当包含一个以维修副总经理或者其授权人员为首的、由维修系统中各有关部门参加的可靠性管理机构，并明确其成员的职责和工作程序。

(c)合格证持有人应当制定可靠性方案来说明可靠性管理体系的工作方式。可靠性方案可以是一个复杂的整体方案，也可以按照机型或者监控对象各自单独制定可靠性方案。

(d)可靠性方案的内容应当至少包括方案说明、可靠性管理机构和从数据收集、数据分析、改正措施、性能标准、数据显示和报告、维修间隔调整和工作内容(或者方式)变更，到可靠性方案修订等可靠性控制体系的说明。

(e)可靠性方案及其任何修订应得到局方的批准；可靠性管理机构应根据局方的要求定期向局方报告其活动情况并提交有关的报告。

第 121.371 条　维修系统的机构和人员

(a)合格证持有人的维修系统应当按照下述要求设置机构,以落实本规则第 121.363 条规定的适航性责任:

(1)一个工程技术部门,负责制定维修方案和最低设备清单的相关部分,并制定具体的飞机维修技术要求或者改装方案;

(2)一个维修计划和控制部门,根据本条(a)款所述工程技术部门制定的维修方案、维修技术要求和改装方案选择和安排实施维修工作,保证飞机运行和维修中供应必要的合格器材,统计和监控飞机及其部件的使用和维修状况。维修计划和控制部门可以是自己建立的,也可以是通过协议委托的协议维修单位;

(3)一个质量部门,对各类人员和单位进行评估、对单机适航性状况进行监控,并实施维修差错管理和质量调查。质量部门应当具有独立的质量审核职能;

(4)一个培训管理部门,执行维修系统的培训政策,组织实施对维修系统的人员(包括协议维修单位中的有关人员和合格证持有人授权的维修放行人员)的培训,并建立和保存人员技术档案和培训记录。

(b)维修系统的人员应当满足如下资格要求:

(1)工程技术部门、维修计划和控制部门、质量部门的主管应当具备维修管理经验,接受了局方认可的相关法规的培训并合格;

(2)工程技术部门、维修计划和控制部门、质量部门中从事工程技术管理、维修质量管理和飞机放行的人员应当具有《民用航空器维修人员执照管理规则》(CCAR66)的《维修人员执照》,其专业和机型类别应当与所从事的工作相适应;

(3)维修系统的所有人员应当经过与其从事工作有关的专业知识、专业技能、工作程序、维修人为因素及新技术应用等内容的培训并经相应的工作项目授权后才能上岗,并且至少每两年进行一次必要的再培训。

第 121.372 条　培训大纲和人员技术档案

(a)合格证持有人应当针对本规则第 121.371 条(b)款第(3)项要求的培训内容制订培训大纲,其中应当至少明确培训对象、培训目标、学时要求、培训形式、考试制度及培训机构、培训管理职责等内容。培训大纲及其任何修订应当经过局方的批准。

(b)专业知识和专业技能的培训应当由局方批准或者认可的培训机构实施,但合格证持有人的培训管理部门应当对其培训进行监督,并确保能满足合格证持有人的培训大纲的要求。

(c)维修系统应当建立并保存其所有人员的技术档案及培训记录,并对其及时修订,以保证现行有效。人员技术档案至少应当包括如下内容:

(1)现任职务或者工作范围;

(2)按照年月填写的技术简历;

(3)参加过的培训课程、培训形式、培训学时及考试成绩(如适用);

(4)学历证明及合格证件的复印件。

(d)维修人员技术档案及培训记录应当妥善保存,防止非授权人员接近和修改。技术档案应当在维修人员离开合格证持有人后至少保存2年。

第121.373条　飞机的修理和改装

(a)按照本规则运行的合格证持有人在对其飞机及其部件实施设计更改时,如果对飞机的重量、平衡、结构强度、性能、动力装置工作、飞行特性有显著影响或者影响适航性的其他特性,应当按照《民用航空产品和零部件合格审定规定》(CCAR21)的规定申请批准。

(b)按照本规则运行的合格证持有人在对其飞机及其部件实施超过持续适航文件规定的修理或者除本条(a)款的改装时,应当向局方申请批准,并提交证明性和说明性资料。

第121.375条　飞机的适航性检查

(a)合格证持有人的每架飞机在首次投入运行前应当通过局方适航监察员或局方授权人员的检查,符合本规则的要求并获得适航证签署或者其他方式的签署后才能投入运行。

(b)按照本规则运营的飞机应当接受局方适航监察员或局方授权人员进行的年度适航性检查,符合本规则的要求并获得适航证签署或者其他方式的签署后才能继续投入运行。

(c)合格证持有人应当接受局方适航监察员或局方授权人员在任何时间对其正在运营的飞机进行的适航性检查,对检查中发现的任何存在缺陷的飞机,应当在其改正措施满足局方的要求后方可以再投入使用。

(d)对于飞机首次投入运行的检查和年度适航性检查,合格证持有人应当按照规定支付检查费用。

第121.379条　飞机放行

(a)合格证持有人在每次完成维修工作和对任何缺陷、故障进行处理后,在符合本条(b)款的要求后由合格证持有人授权的维修放行人员在飞机飞行记录本上签署飞机放行。

(b)飞机放行的条件如下:

(1)维修工作是按照合格证持有人的要求进行的;

(2)所有的工作项目都是由合格的维修人员完成,并按照《民用航空器维修单位合格审定规定》(CCAR145)颁发了维修放行证明;

(3)没有已知的飞机不适航的任何状况;

(4)至目前所完成的维修工作为止,飞机处于安全运行的状态。

(c)在规定的使用限制条件下,合格证持有人可以在符合局方批准的最低设备清单和外形缺损清单时放行带有某些不工作的设备或者带有缺陷的飞机。

(d)对于航线维修、A 检或者相当级别(含)以下的飞机定期检修工作及结合其完成的改装工作,如飞机放行结合《民用航空器维修单位合格审定规定》(CCAR145)维修放行证明一同进行,则无需重复签署。

第 121.380 条　维修记录

(a)合格证持有人应当保存所运营的飞机的下述记录:

(1)能表明每一本规则第 121.379 条要求的飞机放行满足其要求的所有详细维修记录;

(2)包含下述信息的记录内容:

(i)机体总的使用时间;

(ii)每一发动机和螺旋桨的总使用时间;

(iii)每一机体、发动机、螺旋桨和设备上的时寿件的现行状况;

(iv)装在飞机上的所有要求定期翻修项目自上次翻修后的使用时间;

(v)飞机的目前维修状态,包括按照飞机维修方案要求进行的上次检查或者维修工作后的使用时间;

(vi)目前适用的适航指令的符合状况,包括符合的方法和数据,如果适航指令涉及连续的工作,应当列明下次工作的时间和日期;

(vii)目前对每一机体、发动机、螺旋桨和设备进行的重要改装的情况。

(b)合格证持有人应当按照下述期限要求保存本条要求的维修记录:

(1)除飞机、发动机、螺旋桨和设备上一次翻修的记录外,本条(a)款第(1)项要求的维修记录应当保存至该工作完成后至少 2 年;

(2)飞机、发动机、螺旋桨和设备上一次翻修的记录应保存至该工作被等同范围和深度的工作所取代;

(3)本条(a)款第(2)项要求的维修记录应当保存至飞机出售或者永久性退役后一年,飞机出售时维修记录应随同飞机转移。

(c)合格证持有人终止运行时,所有保存的维修记录应转交给新的合格证持有人。

(d)合格证持有人将飞机干租给另一合格证持有人超过 6 个月时,所有保存的维修记录应转交给新的合格证持有人;如果干租的租赁期小于6个月,所有必要的维修记录都应转交给承租方或者承租方可以获取这些记录的副本。

(e)合格证持有人应当保证所有的维修记录可以提供给局方或者国家授权的安全调查机构的检查。

M章 机组成员和其他航空人员的要求

第121.381条 航空人员的条件及限制

(a)合格证持有人不得使用,任何人员也不得作为按照本规则运行的航空人员被使用,除非该人员符合下列条件:

(1)持有局方颁发的相应的现行有效航空人员执照或证件;

(2)在按照本规则运行时,按照要求携带现行有效的航空人员执照、体检合格证和其他必需的证件;

(3)合格于所从事的工作。

(b)按照要求携带证件的每个航空人员,应当在局方检查时出示证件。

(c)合格证持有人不得使用已满63周岁的人员在实施本规则运行的飞机上担任飞行机组必需成员。任何已满63周岁的人员,也不得在按照本规则运行的飞机上担任飞行机组必需成员。

第121.383条 飞行机组的组成

(a)合格证持有人在运行飞机时,其飞行机组成员不得少于所批准的该型飞机飞行手册中规定的数量,也不得少于本规则对所从事的该种运行所要求的最少飞行机组成员数量。

(b)对于本规则要求应当具有飞行人员执照才能完成的两种或者两种以上职能,不得由一名飞行人员同时完成。

(c)合格证持有人在按照本规则运行时,飞行机组至少配备两名驾驶员,并且应当指定一名驾驶员为机长。

(d)在飞行机组必需成员中要求有飞行机械员的每次飞行中,应当有飞行机组成员在飞行机械员生病或者由于其他原因而丧失工作能力时能代替其工作,合格于应急完成相应的职能,以保证安全完成飞行。在这种情况下,飞行人员完成所代替的职能时,无需持有相应的执照。

第121.385条 飞行机械员

担任飞行机组必需成员的飞行机械员,其配备应当符合飞机飞行手册中对机组定员的要求。

第 121.391 条　客舱乘务员

(a)为保证安全运行,合格证持有人在所用每架载运旅客的飞机上,应当按照下列要求配备客舱乘务员:

(1)对于旅客座位数量为 20 至 50 的飞机,至少配备 1 名客舱乘务员;

(2)对于旅客座位数量为 51 至 100 的飞机,至少配备 2 名客舱乘务员;

(3)对于旅客座位数量超过 100 的飞机,在配备 2 名客舱乘务员的基础上,按照每增加 50 个旅客座位增加 1 名客舱乘务员的方法配备,不足 50 的余数部分按照 50 计算。

(b)如果在按照本规则第 121.161 条(a)款或者(b)款的要求进行的应急撤离演示中,合格证持有人使用的客舱乘务员人数,多于按照本条(a)款对演示所用飞机的最大旅客座位数量所要求的客舱乘务员人数,则该合格证持有人应当按照下列条件配备客舱乘务员:

(1)飞机为最大旅客座位数量布局时,客舱乘务员人数至少应当等于应急撤离演示期间所用的人数;

(2)飞机为任一减少了旅客座位数量的布局时,客舱乘务员人数至少应当在本条(a)款对该布局旅客座位数量要求的客舱乘务员人数之外再增加应急撤离演示期间所用客舱乘务员人数与本条(a)款对原布局所要求人数之差。

(c)合格证持有人在制定客舱乘务员配备数时,除了满足本条(a)款和(b)款要求外,还需考虑以下因素:

(1)出口的数量;

(2)出口的类型和撤离手段;

(3)出口的位置;

(4)客舱乘务员座位位置;

(5)水上迫降时客舱乘务员要求的程序;

(6)负责成对出口的客舱乘务员额外程序要求;

(7)航线类型。

(d)按照本条(a)、(b)和(c)款所批准的客舱乘务员人数应当规定在该合格证持有人的运行规范中。

(e)在起飞和着陆过程中,本条要求的客舱乘务员应当尽可能地靠近所要求的地板高度出口,而且应当在整个客舱内均匀分布,以便在应急撤离时最有效地疏散旅客。在滑行期间,本条要求的客舱乘务员,除完成保障飞机和机上人员安全的任务外,其他时间应当坐在其值勤位置并系好安全带和肩带。

第 121.393 条　在经停站旅客不下飞机时对机组成员的要求

在中途过站停留时,如果乘坐该机的旅客仍停留在飞机上,合格证持有人应当遵守下列规定：

(a)如果保留在飞机上的客舱乘务员数量少于本规则第121.391条(a)款要求的数量，则合格证持有人应当采取下列措施：

(1)保证飞机发动机关车并且至少保持打开一个地板高度出口，供旅客下飞机；

(2)保留在飞机上的客舱乘务员数量应当至少是本规则第121.391条(a)款要求数量的一半，有小数时，舍去小数，但至少为1人；

(3)可以用其他人员代替要求的客舱乘务员，代替客舱乘务员的人员应当是符合第121.419条应急撤离训练要求的合格人员且应当能够为旅客所识别。

(b)如果在过站时该飞机上只保留1名客舱乘务员或者其他合格人员，则该客舱乘务员或者其他合格人员所在的位置应当符合经局方批准的该合格证持有人运行程序的规定。如果在飞机上保留1名以上客舱乘务员或者其他合格人员，这些客舱乘务员或者其他合格人员应当均匀分布在飞机客舱内，以便在紧急情况下最有效地帮助旅客撤离。

第121.395条　飞行签派员

实施国内或者国际定期载客运行的合格证持有人，应当在每一飞行签派中心安排有足够数量的合格飞行签派员，以确保对每次飞行进行恰当的运行控制。

第121.397条　紧急情况和应急撤离职责

(a)对于每一型号及其改型飞机，合格证持有人应当对要求的每类机组人员，分别指派其在紧急情况时或者应急撤离时应当完成的任务。合格证持有人应当证明，完成这些任务是现实可行的，并且考虑到了任何有理由预见到的紧急情况的处置，包括个别机组成员可能丧失工作能力或者在客货混装的飞机上，由于货物的移动，机组成员不能到达客舱这样的紧急情况。

(b)合格证持有人应当将本条(a)款要求的每类机组必需成员的任务规定在其手册中。

N章　训练大纲

第121.401条　训练的基本要求

(a)合格证持有人应当按照下列要求，保证为所有机组成员、飞行签派员和其他相关人员提供充分的训练：

(1)制订符合本章、本规则附件D《飞行训练要求》、附件E《熟练检查要求》和本规则附件G《高级飞行模拟机的使用》规定要求的训练大纲,使其获得相应的初始批准和最终批准,并按照训练大纲进行训练;

(2)为训练提供足够的地面训练设施和飞行训练设施;

(3)对于每一型别飞机及在该飞机型别范围内的各种改型,提供实施本规则训练和检查所需的合适的训练资料、考试题、表格、指南、程序,并使其保持现行有效;

(4)提供足够的地面教员、飞行教员、飞行模拟机教员、飞行签派教员和航空检查人员,以实施所要求的训练和检查。

(b)对应当进行定期复训、飞行检查或者资格检查的机组成员、飞行签派员,在要求进行训练或者检查的那个日历月之前一个或者之后一个的日历月中完成了训练或者进行了检查的,被视为在所要求的那个日历月中完成了训练或者进行了检查。

(c)负责每一段训练或者检查的每个教员、主管人员或者航空检查人员,在完成这些训练或者检查后,应当对被训练或者检查合格的机组成员、飞行签派员、飞行教员或者航空检查人员的技术熟练程度和知识水平作出合格证明。这种合格证明应当作为该机组成员或者飞行签派员记录的一部分。

(d)适用于一个以上飞机型别或者机组成员位置的训练科目,如果已在其中某一型别或者某一机组成员位置上完成了该训练科目,则这些科目在以后的训练中,除定期复训之外,不需要重复训练。

(e)对于在飞行训练中进步较快、完成较好的受训人员,经其教员或者航空检查人员推荐,并顺利通过航空检查人员或者局方的相应飞行检查,则该员的飞行训练的计划小时数可以适当减少。但是,如果局方发现该训练单位在前6个月训练期间,按照本款推荐的人员有20%飞行检查不合格,则不得适用本款,直至局方认为该单位飞行训练效果已有改善为止。

第121.402条 实施训练的特殊规定

(a)除合格证持有人自身提供训练之外,合格证持有人可以与取得《飞行训练中心合格审定规则》(CCAR142)飞行训练中心合格证的训练中心签订合同或者协议,委托该训练中心或者使用其提供的服务对合格证持有人的飞行机组成员进行本规则要求的训练、考试或者检查,但该训练中心应当:

(1)取得按照《飞行训练中心合格审定规则》(CCAR142)颁发的运行规范;

(2)有符合《飞行训练中心合格审定规则》(CCAR142)要求并适用的训练设施、设备和教程;

(3)有批准的符合于本章要求并适用于训练教学的课程、课程段和课程部分；

(4)有可以提供训练、考试或者检查的足够教员和检查员。

(b)经局方对训练大纲的批准，本规则合格证持有人可以与其他本规则合格证持有人或者训练机构签订合同或者协议，委托其提供对合格证持有人飞行机组成员之外的人员进行本规则要求的训练、考试或者检查。

第 121.403 条　训练大纲的制订要求

(a)合格证持有人应当按照每一飞机型别分别制订训练大纲并保持其现行有效，供运行该型别所需要的每一机组成员和飞行签派员使用。

(b)每个训练大纲应当包括新雇员训练、初始训练、转机型训练、升级训练、复训和重新获得资格训练等基本类别的训练提纲。一般每一种训练提纲应当包含地面训练、飞行模拟机飞行训练、飞机飞行训练、应急生存训练、差异训练和资格检查等课程段的课程设置。每一课程段应当列明所训练的内容和计划小时数，在飞行模拟机飞行训练、飞机飞行训练和资格检查课程段中，还应当列明正常、非正常和应急动作、程序的详细说明。

(c)每种训练提纲还应当包括下列内容：

(1)受训人员的进入条件及训练后应当达到的质量要求；

(2)合格证持有人将使用的所有训练设施、设备，包括飞行训练器、飞行模拟机等训练设备的清单；

(3)所使用的教员、航空检查人员的资格；

(4)局方按照本规则第 121.405 条(d)款颁发的关于减少训练计划小时数的批准文件。

第 121.405 条　训练大纲及其修订的批准

(a)申请训练大纲及其修订的初始批准和最终批准时，合格证持有人应当向局方提交按照本规则第 121.403 条制订或者修订的训练大纲，并提供局方要求的有关资料。

(b)对于符合本章要求的训练大纲或者其修订，局方以书面形式发出初始批准，合格证持有人即可依照该大纲进行训练。在训练中局方对该训练大纲的训练效果作出评估，指出应当予以纠正的缺陷。

(c)合格证持有人按照初始批准的训练大纲所进行的训练，能使每个受训人员获得充分的训练，完成其指定任务的，局方可以为其颁发该训练大纲或者其修订的最终批准。

(d)在颁发训练大纲或者其修订的初始批准和最终批准，包括批准减少本章规定的计划小时数时，局方主要考虑，该合格证持有人训练中使用的资料、设备、方法和程序，是否有助于保证教学质量和提高效率。在颁发减少训练计划小时数的批准时，局方将向合格证持有人提供一份作出这种批准所依据的必要条件的文件。

(e)当局方认为，为了使已经获得最终批准的训练大纲继续保持良好训练效果，应当对其作某些修订时，则合格证持有人在接到局方的通知之后，应当对大纲进行相应的修改。合格证持有人在接到这种通知后30天之内，可以向局方提出重新考虑的请求。在对重新考虑的请求未作出决定的期间，该通知暂停生效。

第121.407条　飞行模拟机、客舱模拟器和其他训练设备的批准

(a)在按照本规则所进行的训练和检查中所用的每一飞行模拟机、客舱模拟器和其他训练设备均应当符合下列条件：

(1)经局方批准，可以用于该合格证持有人、该型别飞机和所涉及的具体动作、程序或者机组成员职能；

(2)持续保持获得批准所要求的性能、功能和其他特性；

(3)在所模拟的飞机作了改装，导致获得批准所要求的性能、功能或者其他特性发生变化时，作与其相一致的改装；

(4)在使用之前，对其进行每日的飞行前功能检查；

(5)具有每日的缺陷记录本，在每次训练飞行或者检查飞行结束时，由有关的教员或者航空检查人员将发现的每个缺陷记入该记录本中。

(b)一台飞行模拟机、客舱模拟器或者其他训练设备，可以批准给一个以上的合格证持有人使用。

(c)飞行模拟机满足下列条件方可以用于代替飞机，来满足本规则第121.461条、第121.465条和本规则附件D、附件E中的飞机飞行训练和检查要求：

(1)按照本条得到批准，并且符合本规则附件G对高级飞行模拟机的相应要求；

(2)在经批准的训练大纲中使用，该大纲符合本规则附件G的相应要求。

第121.409条　使用飞行模拟机、客舱模拟器和其他训练设备的训练课程

(a)合格证持有人的经批准训练大纲中，可以包括使用飞行模拟机、客舱模拟器或者其他训练设备的训练课程。

(b)在飞行模拟机上的训练课程可以用于代替本规则第121.465条规定的熟练检查，但该课程应当符合下列条件并且应当按照第121.465条要求进行检查以确定是否圆满完成训练课程：

(1)至少设置了4小时在飞行模拟机驾驶员操纵位置上的训练，并且在训练前后有简要讲解和讲评；

(2)至少设置了本规则附件 E 规定的程序和动作的训练,或者设置了航线模拟训练,该航线模拟训练应当使用一个完整的飞行机组,至少包括了在航线运行中可以预见到的动作与程序(含非正常和应急),并在该合格证持有人一个典型航路上实施;

(3)是由符合本规则第 121.411 条中相应要求的教员实施的。

(c)要求在其飞机上装备低空风切变系统的每个合格证持有人,应当在相应机型的驾驶员训练课程中,使用经批准的飞行模拟机,进行低空风切变飞行程序和动作的训练。

(d)对于本规则第 121.419 条(c)款、第 121.429 条(a)款和(b)款、第 121.439 条(b)款所要求的训练课程,合格证持有人应使用客舱模拟器等客舱训练设备和设施来实施完成这些训练或者训练的某些部分。在客舱模拟器上的训练课程应由符合本规则第 121.411 条要求的客舱乘务教员实施。

第 121.411 条　航空检查人员和教员的资格

(a)在按照本规则制定的训练大纲中担任教员或者航空检查人员的人员应当符合下列条件:

(1)持有相应的航空人员执照、等级或证书,令人满意地完成与该型别飞机相应的各种训练,包括复训的训练,并且通过相应的熟练检查或者资格检查,这些证件、训练和检查是在按照本规则实施的运行中,担任相应的机长、飞行机械员、飞行签派员和客舱乘务员所必需的;

(2)对于实施飞行训练的飞行教员,应完成本规则第 121.413 条所要求的训练,对于实施型别等级训练的飞行教员,还应取得按照《民用航空器驾驶员合格审定规则》(CCAR61)颁发的型别教员等级;

(3)对于飞行机械教员及相应检查人员,应当按照《民用航空器领航员、飞行机械员、飞行通信员合格审定规则》(CCAR63FS)的规定取得相应的教员执照;

(4)对于飞行签派员教员及相应的检查员,应当持有《民用航空飞行签派员执照管理规则》(CCAR65FS)颁发的签派员执照,从事签派工作满 5 年,并在运行控制部门担任主任签派员满两年;

(5)对于客舱乘务教员和客舱乘务检查员,在执行航线飞行经验指导或监督任务时,应持有有效的航空人员体检合格证;

(6)已经令人满意地完成了本规则要求的适用训练;

(7)针对该航空检查人员或者教员的任务和所涉及的机型,获得了局方的批准;

(8)对机组必需成员实施检查的航空检查人员,应当持有相应的体检合格证。

(b)在飞行模拟机上实施的训练课程中担任飞行模拟机教员的人员，应当符合下列条件：

(1)完成了飞行模拟机教员操纵台及其他教员操纵设备的使用方法和飞行模拟机教学方法的训练；

(2)针对相应的教学任务，获得了局方的批准，实施型别等级训练的，持有按照《民用航空器驾驶员合格审定规则》(CCAR61)颁发的型别教员等级或局方颁发的批准函；

(3)对于不参与运行的飞行模拟机教员，每半年至少参加一次相应型别飞机按照本规则运行的观察飞行或符合局方要求的航线模拟飞行训练；实施型别等级训练的，每年由局方对其教员资格进行一次认可。

第 121.413 条　航空检查人员和教员的训练

(a)飞行检查员的地面训练应当包括下列内容：

(1)飞行检查员的职责；

(2)适用的涉及民航管理的规章和合格证持有人的规定与程序；

(3)实施所规定检查的相应方法、程序和技术；

(4)对驾驶员表现的恰当评价，包括如何发现不适当或者不充分的训练和可能对安全产生不利影响的个人特性；

(5)检查不满意时应当采取的措施；

(6)在该型别飞机上完成所规定的正常、非正常和应急程序的方法、程序与限制。

(b)飞行教员的地面训练应当包括下列内容：

(1)教员的职责；

(2)适用的涉及民航管理的规章和合格证持有人的规定与程序；

(3)实施飞行教学的相应方法、程序和技术；

(4)对驾驶员表现的恰当评价，包括如何发现不适当或者不充分的训练和可能对安全产生不利影响的个人特性；

(5)发现影响受训人员进步的原因及纠正措施；

(6)在该型别飞机上完成所规定的正常、非正常和应急程序的方法、程序与限制；

(7)教学理论的训练，包括教学过程的基本原理、教授方法和程序、教员与学员之间的关系。

(c)飞行检查员和飞行教员的飞行训练应当包括下列内容，这些训练可以在飞机或者经批准的飞行模拟机上完成：

(1)在左、右座上对所要求的正常、非正常和应急动作都应当进行足够的飞行教学和飞行检查的练习，以保证其能胜任本规则所要求的飞行检查和飞行教学任务；

(2)对于训练中可能发生的各种紧急情况，从任一个驾驶员座位上采取的相应安全措施；

(3)飞行中偏差动作的防止和纠正。

(d)飞行机械教员、客舱乘务教员及其检查人员的地面训练与飞行训练，应当充分保证其胜任指定的任务。

第 121.415 条　机组成员和飞行签派员的训练要求

(a)合格证持有人的每一训练大纲应当根据机组成员或者飞行签派员的具体任务，提供下列地面训练：

(1)对于新招聘的机组成员或者飞行签派员，提供至少 40 个计划小时数的基础教育地面训练，除非按照本规则第 121.405 条规定予以减少或者符合本规则第 121.401 条(d)款的规定。该训练至少包括下列内容：

(i)机组成员或者飞行签派员的相应职责；

(ii)涉及民航管理的规章的相应条款；

(iii)合格证持有人的运行合格证及其运行规范的内容；

(iv)合格证持有人运行手册的相应部分。

(2)按照适用情况，本规则第 121.423 条至第 121.431 条规定的初始和转机型地面训练；

(3)本规则第 121.419 条规定的应急生存训练，飞行签派员除外。

(b)每一训练大纲应当按照适用情况，提供本规则第 121.433 条至第 121.435 条规定的飞行训练。

(c)每一训练大纲应当提供本规则第 121.439 条规定的定期复训地面和飞行训练。

(d)合格证持有人使用的同一型别飞机之间具有差别时，为确保每一机组成员和飞行签派员获得完成其指定任务所需的充分训练，训练大纲中应当设置本规则第 121.421 条规定的差异训练。

(e)每一训练大纲中应当按照适用情况，包括本规则第 121.423 条和第 121.433 条规定的升级训练内容，用于副驾驶转升同一型别飞机机长的训练。

(f)对于转机型或者升级训练，本规则第 121.423 条至第 121.435 条规定的某些具体科目、动作、程序或者其一部分，可以根据适用情况按照本规则第 121.401 条(d)款的规定予以省略，或者按照本规则第 121.405 条的规定减少其地面教学或者飞机飞行训练的计划小时数。

(g)除本条以上规定的训练内容外,合格证持有人应当根据本单位具体情况,在训练大纲中增加必要的地面和飞行训练内容,以确保每一机组成员和飞行签派员达到下列要求:

(1)对于所服务的每架飞机、每一机组成员工作位置、每种运行,持续保持充分的训练和近期熟练水平;

(2)对新的设备、设施、程序和技术,包括对飞机的改装,具有合格的知识和技术水平。

第121.417条 驾驶员初始、转机型和升级训练的进入条件

(a)进入机长训练的驾驶员,应当满足《民用航空器驾驶员合格审定规则》(CCAR61)中对申请航线运输驾驶员执照所规定的资格要求和经历要求。此外,在组类II飞机担任机长之前,需满足下列附加条件:

(1)对于最大起飞全重136,000千克(含)以下的飞机,应当担任机长飞行一年以上,相应机长飞行经历时间不少于300小时,且总驾驶员飞行经历时间不少于2200小时;如不具有上述机长经历,则其总驾驶员飞行经历时间不得少于2700小时,其中在组类II飞机上不少于1000小时,且作为操作驾驶员不少于400个包括起飞和着陆的航段,其中在本机型上作为操作驾驶员不少于200个包括起飞着陆的航段;

(2)对于最大起飞全重136,000千克(不含)以上的飞机,应当担任组类II飞机机长飞行一年以上,相应机长飞行经历时间不少于500小时,且总驾驶员飞行经历时间不少于4000小时;如不具有上述组类II飞机机长经历,则其总驾驶员飞行经历时间不得少于5500小时,其中在组类II飞机上不少于2500小时,且作为操作驾驶员不少于450个包括起飞和着陆的航段,其中在本机型上作为操作驾驶员不少于250个包括起飞着陆的航段。

(b)本条(a)款所述机长飞行经历时间是指在商业运输中担任机长飞行的经历时间。

(c)进入副驾驶训练的驾驶员应当至少具备本规则第121.453条(b)款规定的资格条件,持有商用驾驶员执照的驾驶员,还应通过航线运输驾驶员执照地面理论考试,并符合下列要求:

(1)拟在组类I飞机上担任副驾驶的驾驶员,总驾驶员飞行经历时间不得少于500小时,或者毕业于按照《民用航空器驾驶员学校合格审定规则》(CCAR141)批准的课程,该课程至少有230小时飞行训练时间。

(2)拟在最大起飞全重136,000千克(含)以下的组类II飞机上担任副驾驶的驾驶员:

(i)总驾驶员飞行经历时间不得少于800小时,或者毕业于按照《民用航

空器驾驶员学校合格审定规则》(CCAR141)批准的课程,该课程至少有250小时飞行训练时间;

(ii)按局方批准的高性能训练课程进行训练,该课程应当包括理论训练、飞行训练器训练和至少20小时在局方认可的高性能多发飞机上的飞行训练(其中可以包括不超过10小时的飞行模拟机飞行训练时间)或者等效训练;

(iii)在涡轮驱动、具备增压舱的多发飞机上担任机长飞行经历时间70小时或担任副驾驶飞行经历时间300小时的驾驶员在进入本款规定的副驾驶训练前可以不进行高性能多发飞机训练。

(3)拟在最大起飞全重136,000千克(不含)以上的组类II飞机上担任副驾驶的驾驶员:

(i)总驾驶员飞行经历时间不得少于800小时,或者毕业于按照《民用航空器驾驶员学校合格审定规则》(CCAR141)批准的课程,该课程至少有280小时飞行训练时间;

(ii)按局方批准的高性能训练课程进行训练,该课程应当包括理论训练、飞行训练器训练和至少50小时在局方认可的高性能多发飞机上的飞行训练(其中可以包括不超过25小时的飞行模拟机飞行训练时间)或者等效训练;

(iii)在涡轮驱动、具备增压舱的多发飞机上担任机长飞行经历时间100小时或担任副驾驶飞行经历时间500小时的驾驶员,在进入本款规定的副驾驶训练前可以不进行高性能多发飞机训练。

(iv)对于已在按本规则运行的最大起飞全重136,000千克(含)以下的组类II飞机上担任副驾驶的驾驶员,在按本规则的运行中担任副驾驶飞行经历时间250小时后,可直接进入最大起飞全重136,000千克(不含)以上组类II飞机的副驾驶训练,无需满足本款的上述要求。

第121.419条 机组成员的应急生存训练

(a)机组必需成员应当针对所飞飞机的型别、布局及所实施的每种运行,完成本条规定的应急生存训练。

(b)应急生存训练应当包括下列内容:

(1)讲解应急工作的任务分派和程序,包括机组成员之间的协调配合;

(2)逐个讲解下列应急设备的所在位置、功能和使用方法:

(i)用于水上迫降和撤离的设备;

(ii)急救设备;

(iii)手提灭火器,重点是适用不同类型失火的灭火器型号;

(iv)配有撤离滑梯或者滑梯救生筏的应急出口,重点是不利情况下应急出口的操作。

(3)讲解紧急情况的处理,包括下列内容:

(i)急剧释压;

(ii)空中或者地面的失火和烟雾控制程序,重点是找到客舱区域(包括所有厨房、服务舱、升降机、盥洗室和放置电影屏幕处)内的电气设备和相关的断路器;

(iii)水上迫降或者其他形式的撤离,包括在紧急情况下,撤离那些需要由别人帮助才能迅速移至某一出口的人员;

(iv)旅客或者机组人员生病、受伤等非正常情况的处置,包括熟悉应急医疗设备;

(v)劫机和其他非法干扰情况的处理。

(4)回顾和讨论以前与实际紧急情况有关的飞行事故和事件。

(c)每一机组成员应当在规定的训练期限内,使用配置在其所服务的每一型别飞机上的应急设备,完成下列应急演练:

(1)一次性应急演练。在初次转入该机型的训练中,每个机组成员应当完成下列一次性应急演练:

(i)至少一次佩戴防护式呼吸装置的演练。在该次演练中,该员应当佩戴该型飞机机载防护式呼吸装置或者经批准的模拟设备,使用一个型号的机载手提灭火器或者经批准的灭火器去扑灭实际或者模拟的失火,该灭火器应当适合所扑灭的失火的类型;

(ii)至少一次经批准的灭火演练。在该次演练中,该员至少应当使用一个型号的机载手提灭火器或者经批准的灭火器去扑灭实际或者模拟的失火,该灭火器应当适合所扑灭的失火的类型。如果该机组成员在上述(i)目的防护式呼吸装置演练中扑灭的是实际失火,则本目规定的灭火演练不必再进行;

(iii)每人使用至少一种机载或者经批准的用于训练的应急撤离滑梯进行撤出飞机的应急撤离演练。机组成员可以观察飞机出口在应急方式下被打开以及与之相连的出口滑梯或者滑梯救生筏被放出并充气的过程,或者亲自操作设备完成这些动作。

(2)定期应急演练。下列训练应当在该机型初次训练时完成,以后每 24 个日历月定期复训一次。在训练中应当完成下列第(i)至第(v)目的应急演练和设备操作练习,并完成对第(vi)至第(ix)目演练的观察:

(i)每种类型应急出口的正常和应急方式操作,包括放出应急撤离滑梯所要求的动作和力量;

(ii)安装的每种型号手提灭火器;

(iii)每种类型的应急氧气系统,包括防护式呼吸装置;

(iv)个人漂浮装置的穿戴、使用和充气(如适用);

(v)水上迫降(如适用),至少包括驾驶舱的准备工作和程序、机组的协调配合、对旅客的简要说明和客舱的准备工作、救生衣的穿戴和充气、救生绳的使用、组织旅客和机组登上救生筏或者滑梯救生筏;

(vi)从飞机(或者训练设施)上取出每种型号的救生筏并充气(如适用);

(vii)将每种型号的滑梯救生筏从一舱门转移到另一舱门;

(viii)将每种型号的滑梯救生筏展开、充气和从飞机或者训练设施上脱开;

(ix)应急撤离,包括机组的准备工作和程序、滑梯的使用。

(d)在7600米(25000英尺)以上高度的飞行中服务的机组成员,应当接受下列内容的教育:

(1)呼吸原理;

(2)生理组织缺氧;

(3)高空不供氧情况下的有知觉持续时间;

(4)气体膨胀;

(5)气泡的形成;

(6)减压的物理现象和事件。

第121.421条　机组成员和飞行签派员的差异训练

(a)机组成员和飞行签派员的差异训练,至少应当包括适用于其所担负的任务与职责的下列内容和时间:

(1)讲授该飞机初始地面训练所要求的每一相应科目或者其一部分的差异;

(2)进行该飞机初始飞行训练所要求的每一相应动作或者程序的差异飞行训练;

(3)局方认为对于该飞机、该运行、该机组成员或者飞行签派员所必需的地面和飞行训练计划小时数。

(b)某一具体型别飞机的所有改型的差异训练,可以包括在该飞机的新雇员训练、初始训练、转机型训练、升级训练和定期复训中。

第121.422条　机组成员的安保训练

合格证持有人应当制定供机组成员使用的安保训练大纲,并经局方批准后按照该大纲实施训练。该训练大纲应当根据国家以及民航保卫部门不同时期的具体要求、国内外形势变化以及运行区域和特点等情况及时进行更新和修订。机组成员的安保训练大纲至少包括以下内容:

(a)事件严重性的确定;

(b)机组成员之间的信息传递和协调；

(c)恰当的自我防卫；

(d)经批准供机组成员使用的非致命性保护器具的使用方法；

(e)了解恐怖分子的行为，以使机组成员有能力应对劫机者的行为和乘客的反应；

(f)针对不同威胁情况的真实场景演练；

(g)用于保护飞机的驾驶舱程序；

(h)飞机的搜查程序和最低风险爆炸区的指南。

第 121.423 条　驾驶员、飞行机械员的初始、转机型地面训练和驾驶员的升级地面训练

(a)驾驶员、飞行机械员的初始、转机型地面训练和驾驶员的升级地面训练，至少应当讲授适用于其指定职位的下列内容：

(1)一般科目，包括下列内容：

(i)合格证持有人的签派或者放行程序；

(ii)确定重量与平衡、起飞与着陆跑道限制的基本原则与方法；

(iii)足够的气象学内容，以保证掌握有关天气现象的实用知识，包括锋面系统、结冰、雾、雷暴及各种高空气象情况的原理；

(iv)空中交通管制系统、程序和用语；

(v)导航和导航设备的使用，包括仪表进近程序；

(vi)正常和应急通信程序；

(vii)下降到决断高度(DA)/决断高(DH)或者最低下降高度(MDA)/最低下降高(MDH)之前，以及在其后下降过程中的目视参考；

(viii)对于喷气飞机，喷气发动机的工作原理及使用特点，高速空气动力学和现代大型客机的操纵特性，包括喷气飞机失速、飘摆原理及其改出方法；

(ix)机组资源管理；

(x)确保其胜任工作所必需讲授的其他内容。

(2)对于每一飞机型别，应讲授下列内容：

(i)一般介绍；

(ii)性能特征；

(iii)发动机和螺旋桨；

(iv)主要部件；

(v)飞机主要系统(如飞行操纵、电气、液压)和其他有关的系统；

(vi)正常、非正常和应急操作的原则以及相应的程序和限制；

(vii)识别和避开危险天气的程序，包括意外遭遇危险天气时(包括低空风切变)从中脱离的程序,以及进入或者靠近雷暴(包括最佳穿越高度)、颠簸(包括晴空颠簸)、结冰、冰雹和其他危险天气环境时的操作程序;

(viii)使用限制;

(ix)燃油消耗和巡航控制;

(x)飞行的计划;

(xi)每一正常和应急程序;

(xii)经批准的飞机飞行手册。

(b)驾驶员和飞行机械员的初始地面训练,除经批准按照第121.405条的规定予以减少外,其计划小时数应当符合下列规定:

(1)对于组类Ⅰ飞机,至少具有下列计划小时数:

(i)以活塞式发动机为动力的,64小时;

(ii)以涡轮螺旋桨发动机为动力的,80小时。

(2)对于组类Ⅱ飞机,至少具有120小时。

第121.429条　客舱乘务员的初始和转机型地面训练

(a)客舱乘务员的初始和转机型地面训练应当至少讲授下列内容:

(1)一般科目,包括下列内容:

(i)机长的职权和客舱乘务员的职责;

(ii)旅客的管理,包括遇有精神错乱或者其他具有危及安全举动的人时所应遵循的程序;

(iii)机组资源管理训练。

(2)对于每一飞机型别,讲授的内容应当包括下列项目:

(i)飞机的一般介绍,着重介绍影响水上迫降、撤离、空中应急程序及其他有关任务的物理特征;

(ii)机内广播系统和与其他飞行机组成员联络的设备的使用,包括遇到试图劫持飞机或者其他非正常情况时的应急处置方法;

(iii)厨房电器设备和客舱加温、通风控制装置的正确使用。

(b)客舱乘务员的初始和转机型地面训练,应当包括资格检查,以确定其完成指定任务和职责的能力。

(c)客舱乘务员的初始地面训练,除经批准按照本规则第121.405条予以减少外,其计划小时数应当符合下列规定:

(1)对于组类Ⅰ飞机,至少具有32小时。

(2)对于组类Ⅱ飞机,至少具有48小时。

第121.431条　飞行签派员的初始和转机型地面训练

(a)飞行签派员的初始和转机型地面训练应当至少讲授下列内容:

(1)一般科目,应当包括下列内容:

(i)通信系统的使用,包括这些系统的特性和相应的正常、应急程序;

(ii)气象学,包括各种类型的气象信息和预报,气象资料的分析(包括航路与终端区的气温和其他天气条件的预报),锋面系统,风的条件,以及各种高度的气象实况图和预报图的使用;

(iii)航行通告系统;

(iv)导航设备及其公布资料;

(v)飞行签派员与驾驶员的共同责任;

(vi)有关机场的特征;

(vii)盛行的天气现象和可以供使用的气象资料来源;

(viii)空中交通管制和仪表进近程序;

(ix)签派员资源管理训练。

(2)对于每一架飞机,讲授的内容应当包括下列项目:

(i)飞机的一般介绍,着重于运行特性与性能特性、导航设备、仪表进近与通信设备、应急设备与使用程序、最低设备清单以及其他与飞行签派员任务和职责有关的课题;

(ii)飞行操作程序,包括本规则第 121.423 条(a)款第(2)项第(vi)目规定的程序;

(iii)重量与平衡的计算;

(iv)飞机性能签派的基本要求和程序;

(v)飞行的计划,包括航路选择、飞行时间分析及燃油要求;

(vi)应急程序。

(3)在训练过程中应当强调应急程序,包括在飞机遇危险时,向有关政府部门和单位发出紧急通报,以给予该飞机最大限度的帮助。

(b)飞行签派员的初始和转机型地面训练,应当包括由有关主管人员或者地面教员对其进行的资格检查,以验证其在本条(a)款规定科目方面的知识和能力。

(c)飞行签派员的初始地面训练,除经批准按照本规则第 121.405 条予以减少外,其计划小时数应当符合下列规定:

(1)对于组类Ⅰ飞机,至少具有下列计划小时数:

(i)以活塞式发动机为动力的,30 小时;

(ii)以涡轮螺旋桨发动机为动力的,40 小时。

(2)对于组类Ⅱ飞机,至少具有 40 小时。

第 121.433 条　驾驶员的初始、转机型和升级飞行训练

(a)驾驶员的初始、转机型和升级训练应当包含本规则附件 D 中规定的动作与程序的飞行训练和低空风切变飞行训练。

(b)本条(a)款所要求的动作与程序的飞行训练应当符合下列要求：

(1)风切变动作与程序应当在经批准能完成这些动作与程序的飞行模拟机上完成；

(2)本规则附件 D 规定的动作与程序可以在该附件所允许的范围内，分别在飞行模拟机、飞行训练器或者该型别飞机上完成；

(3)本规则附件 D 中规定应当在飞机上完成的动作和程序，可以按照本规则附件 G 的规定在相应级别的高级飞行模拟机上完成。

(c)除本条(d)款规定者外，本条(a)款所要求的初始飞行训练，应当在该型别飞机上至少完成下列计划小时数的飞行训练，除非按照本规则第 121.405 条的规定予以减少：

(1)对于组类Ⅰ飞机，至少具有下列计划小时数：

(i)以活塞式发动机为动力的：机长—10 小时；副驾驶—6 小时；

(ii)以涡轮螺旋桨发动机为动力的：机长—24 小时；副驾驶—24 小时。

(2)对于组类Ⅱ飞机，计划小时数至少为：机长—28 小时；副驾驶—28 小时。

(d)如果合格证持有人使用符合本规则附件 G 要求的高级飞行模拟机进行系统的飞行训练，且其训练大纲符合附件 G 的要求，则(c)款要求的计划小时数可以按照附件 G 的规定部分或者全部在高级飞行模拟机上完成，但同时应当满足下列要求：

(1)对于初次在按照本规则运行的组类 II 飞机上进行的初始训练，在飞机的驾驶员操作位置上完成至少 20 次起飞和着陆。

(2)对于初次在按照本规则运行的组类 II 飞机上进行的升机长训练，在飞机的驾驶员操作位置上完成至少 15 次起飞和着陆。

第 121.435 条　飞行机械员的初始和转机型飞行训练

(a)飞行机械员的初始和转机型飞行训练应当至少包括下列内容：

(1)与完成飞行机械员的任务与职责有关的程序的训练，这些程序的训练可以在飞机、飞行模拟机或者训练设备上完成；

(2)飞行检查，包括下列项目：

(i)飞行前飞机检查；

(ii)在滑行、滑跑、起飞、上升、巡航、下降、进近、着陆期间，在飞行机械员工作位置上完成规定的任务；

(iii)在飞行中或者在飞行模拟机或者训练设备上完成其他职能,如燃油管理和燃油消耗记录的编制,正常、应急或者备用操作飞机的所有飞行系统。

(b)持有商用驾驶员执照带仪表等级、飞机类别与多发级别等级的飞行机械员,或者在取得副驾驶资格后转为飞行机械员的驾驶员,可以在经批准的飞行模拟机上完成本条(a)款第(2)项中规定的全部飞行检查。

(c)本条(a)款所要求的初始飞行训练,应当至少具有与第121.433条(c)款对副驾驶规定的飞行训练相同的计划小时数,除非按照本规则第121.405条的规定予以减少。

第121.439条　定期复训

(a)定期复训应当以每12个日历月为一周期安排,保证每一机组成员或者飞行签派员,获得关于该型别飞机和所涉及的机组成员工作位置的充分训练并保持近期熟练水平。

(b)机组成员和飞行签派员的定期复训地面训练应当至少包括下列内容:

(1)机组成员或者飞行签派员在所涉及的飞机和工作位置方面知识状况的问答或者考查;

(2)根据需要讲授本规则第121.415条(a)款要求的初始地面训练的适当科目,包括应急生存训练(对飞行签派员不作要求);

(3)对于客舱乘务员和飞行签派员,分别按照本规则第121.429条(b)款和第121.431条(b)款的要求进行资格检查;

(4)机组资源管理定期复训,对飞行机组成员,可以在航线模拟训练中完成这一训练或者训练的某些部分。

(c)机组成员和飞行签派员的定期复训地面训练,除按照本规则第121.405条的规定予以减少外,其计划小时数应当符合下列规定:

(1)对于飞行机组成员,至少具有下列计划小时数:

(i)组类Ⅰ,以活塞式发动机为动力的飞机,16小时;

(ii)组类Ⅰ,以涡轮螺旋桨发动机为动力的飞机,20小时;

(iii)组类Ⅱ飞机,25小时。

(2)对于客舱乘务员,至少具有下列计划小时数:

(i)组类Ⅰ,10小时;

(ii)组类Ⅱ飞机,16小时。

(3)对于飞行签派员,至少具有下列计划小时数:

(i)组类Ⅰ,以活塞式发动机为动力的飞机,8小时;

(ii)组类Ⅰ,以涡轮螺旋桨发动机为动力的飞机,10小时;

(iii)组类Ⅱ飞机,20小时。

(d)飞行机组成员的定期复训飞行训练应当至少包括下列内容：

(1)对于驾驶员，至少完成本规则附件 E 规定的动作与程序和低空风切变训练。复训的飞行训练应该在经局方鉴定合格，至少 B 级以上的高级飞行模拟机上进行，飞行训练的计划小时数为每 12 个日历月不少于 8 小时。除局方批准外，对于没有飞行模拟机的机型，复训应当在地面利用该型别飞机或者训练设备训练应急操作动作与程序，并且每 12 个日历月内至少应当有 4 小时使用飞机进行飞行训练；

(2)对于飞行机械员，完成本规则第 121.435 条(a)款规定的飞行训练；

O 章 机组成员的合格要求

第 121.451 条 概则

(a)在配备三名(含)以上驾驶员的运行中，如需配备一名在巡航阶段替代机长工作的巡航机长，该驾驶员除无需满足本规则 121.457 条规定的运行经历外，应当完全合格于在该型别飞机上担任机长。

(b)除下列检查和训练外，合格证持有人不得在按照本规则实施的运行中进行其他任何飞行检查或者训练：

(1)驾驶员的航线检查；

(2)飞行机械员的检查(除应急程序外)，但被检查的飞行机械员应当是已按照本规则第 121.471 条(a)款规定合格并符合近期经历要求的；

(3)客舱乘务员的训练和资格检查。

(c)除驾驶员航线检查和飞行机械员飞行检查外，接受训练或者检查的人员不得作为机组必需成员使用。

第 121.453 条 驾驶员的执照要求

(a)只有持有航线运输驾驶员执照和该飞机相应型别等级的驾驶员，方可以在按照本规则运行的飞机上担任机长，或者在需要三名(含)以上驾驶员的运行中由符合第 121.451 条(a)款规定条件的驾驶员作为巡航机长。

(b)只有至少持有商用驾驶员执照和飞机类别、多发等级、仪表等级或者持有多人制机组成员执照的驾驶员，方可以在按照本规则运行的飞机上担任副驾驶。

第 121.455 条 必需的训练

(a)只有按照经批准的训练大纲，圆满完成了相应型别飞机和相应机组成员位置的下列训练，方可以担任该型别飞机的机组必需成员：

(1)新雇员训练。对于新雇员，应当圆满完成新雇员训练提纲中的地面基础教育内容，并根据不同新雇员的原有经历和拟担任的职位，完成本款第(2)到(7)项中相应的训练内容；

(2)初始训练。对于未在相同组类其他飞机的相同职位上经审定合格并服务过的机组成员，应当圆满完成初始训练；

(3)转机型训练。对于已在相同组类其他型别飞机的相同职务上经审定合格并服务过的机组成员，在转入该机型的同一职位之前，应当圆满完成转机型训练；

(4)升级训练。对于在某一型别飞机上合格并担任副驾驶的机组成员，应当圆满完成升级训练，方可以担任该机型飞机的机长；

(5)差异训练。对于已在某一特定型别的飞机上经审定合格并服务过的机组成员，当使用的同型别飞机与原飞机存在差异时，应当圆满完成差异训练。

(6)定期复训。符合下列要求：

(i)对于每个飞行机组成员，在前12个日历月之内，应当圆满完成本规则规定的服务于每一机型的复训的地面和飞行训练；

(ii)对于客舱乘务员，应当在前12个日历月内完成复训地面训练和资格检查。

(7)重新获得资格训练。对于因为不符合近期经历要求、未按照规定期限完成定期复训、未按照规定期限完成飞行检查或者飞行检查不合格等原因而失去资格的机组成员，应当进行相应的重新获得资格训练。

(b)对于履行危险物品处理或者载运职责的人员(含地面人员)应当按照《民用航空危险品运输管理规定》(CCAR276)规定进行训练并保持训练记录。

第121.457条　新机型和新职位上的运行经历要求

(a)在飞机上担任机组必需成员的人员，应当在该型别飞机和在该机组成员位置上，圆满完成本条要求的巩固知识与技术所需的飞行经验、飞行次数和航线飞行经历时间，取得规定的运行经历。但下列情况除外：

(1)除机长之外的机组成员，可以按照本条规定，在担任本职工作中，获得符合本条要求的运行经历；

(2)符合机长要求的驾驶员可以担任符合第121.451条(a)款规定条件的巡航机长或者副驾驶；

(3)对于同一型别中的各个改型，不要求在该改型上建立新的运行经历。

(b)在获得运行经历时，机组成员应当符合下列规定：

(1)持有适合于该飞行机组成员职位和该飞机的执照与等级；

(2)已经圆满完成有关该型别飞机和该飞行机组成员职位的相应地面与

飞行训练；

（3）客舱乘务员已经圆满完成有关该机型和客舱乘务员职位的相应地面训练；

（4）这些经历应当在按照本规则实施的运行中获得。但是，当某一飞机先前未曾由合格证持有人在按照本规则实施的运行中使用过时，在该飞机验证飞行或者调机飞行中所获得的经历可以用于满足本条的运行经历要求。

（c）驾驶员应当按照下述要求获得运行经历：

（1）待取得机长运行经历的驾驶员，应当在飞行检查员或者飞行教员的监视下履行机长职责。对于完成初始或者升级训练、待取得机长运行经历的驾驶员，应当在局方监察员或者局方委任代表的监视下完成规定的职责至少一个航段飞行（包括起飞和着陆）。在按照本条规定取得运行经历的过程中，飞行检查员或者飞行教员应当担任机长并坐在驾驶员座位上；

（2）副驾驶应当在飞行检查员或者飞行教员监督下完成其职责；

（3）运行经历所要求的飞行经历时间和飞行次数应当符合下列规定：

（i）组类Ⅰ，活塞式发动机为动力的飞机，飞行经历时间至少15小时；

（ii）组类Ⅰ，涡轮螺旋桨发动机为动力的飞机，飞行经历时间至少20小时；

（iii）组类Ⅱ飞机，飞行经历时间至少25小时；

（iv）本项要求的运行经历中，应当包括至少4次飞行，其中包括至少3次作为该飞机的操作驾驶员的飞行。其中的1次操作应当在高度3000米（10，000英尺）以下用人工飞行的方式操作飞机。

（d）飞行机械员应当在飞行机械检查员或者教员的监督下履行飞行机械员职责至少达到下列小时数：

（1）组类Ⅰ，活塞式发动机为动力的飞机，8小时；

（2）组类Ⅰ，涡轮螺旋桨发动机为动力的飞机，10小时；

（3）组类Ⅱ飞机，12小时。

（e）客舱乘务员应当在航线飞行中按照下述要求获得运行经历：

（1）在客舱乘务教员指导下履行规定的职责；

（2）在客舱乘务检查员的监督下履行规定的职责至少达到5小时；

（3）正在获得运行经历的客舱乘务员不得担任机组必需成员。

（f）对于新机型、新职位的驾驶员，为巩固其知识与技术，合格证持有人应当采取下列措施，保证其飞行连续性：

（1）在完成新机型或者新职位上的训练之后的120天之内，应当安排航线飞行至少100小时；

(2)如果驾驶员在完成必需的100小时航线飞行经历时间前，到该合格证持有人运行的另一型别飞机上担任驾驶员，则该驾驶员在重新回到新机型上担任驾驶员时，应当首先在飞行模拟机或者飞机上完成经批准的复习训练；

(3)对于在120天之内没有完成必需的100小时航线飞行经历时间的驾驶员，应当在飞行模拟机或者飞机上完成熟练检查并重新建立120天之内100小时的航线飞行经历。

第121.459条　驾驶员的使用限制和搭配要求

(a)如果副驾驶在所飞机型上的飞行经历时间少于100小时，并且机长不具备飞行检查员或者飞行教员资格，则在下列情况下，应当由机长完成所有起飞和着陆：

(1)在局方规定或者合格证持有人规定的特殊机场；

(2)机场的最新气象报告中有效能见度值等于或者小于1200米(3/4英里)，或者跑道视程(RVR)等于或者小于1200米(4000英尺)；

(3)所用跑道有水、雪、雪浆或者严重影响飞机性能的情况；

(4)所用跑道的刹车效应据报告低于“好”的水平；

(5)所用跑道的侧风分量超过7米/秒(15海里/小时)；

(6)在机场附近据报告有风切变；

(7)机长认为需谨慎行使机长权力的任何其他情况。

(b)在安排飞行机组搭配时，应当至少有一名驾驶员在该型别飞机上具有100小时的航线飞行经历时间。但在下列情况下，局方可以根据合格证持有人的申请，使用对其运行规范作适当增补的方法，批准偏离本款的要求：

(1)新审定合格的合格证持有人没有雇佣任何符合本款最低要求的驾驶员；

(2)现有合格证持有人在其机群中增加了以前未在其运行中使用过的某型飞机；

(3)现有合格证持有人建立了新的基地，指派到该基地的驾驶员需要在该基地运行的飞机上取得资格。

(c)合格证持有人应当建立一套飞行机组排班系统，保证科学合理地搭配飞行机组成员，安全地完成所分派的任务。搭配飞行机组成员时应当考虑以下因素：

(1)飞行机组成员的经历、资格满足所飞区域、航路、机场和特殊运行的要求；

(2)飞行机组成员对所飞机型得到充分训练，使用设备、操纵飞机的整体能力满足运行要求；

（3）飞行机组成员的年龄和性格特征；

（4）所执行的飞行任务的其他特点。

第 121.461 条　驾驶员的近期经历要求

（a）合格证持有人不得使用任何驾驶员，任何驾驶员也不应在按照本规则运行中担任飞行机组必需成员，除非该驾驶员于前 90 个日历日之内，在所服务的该型别飞机上，至少已做过三次起飞和着陆。本款要求的起飞和着陆可以在经批准的飞行模拟机上完成，在任一连续的 90 个日历日内未能完成要求的三次起飞和着陆的人员，应当按照本条（b）款的规定重新建立近期经历。

（b）除了满足本规则所有适用的训练和检查要求之外，未满足本条（a）款要求的驾驶员应当按照下列要求重新建立近期经历：

（1）在飞行检查员监视下，在所飞的该型别飞机上，或者在经批准的飞行模拟机上，至少完成三次起飞和着陆；

（2）前述三次起飞和着陆应当包括至少一次模拟最临界发动机失效时的起飞、至少一次使用仪表着陆系统进近到该合格证持有人经批准的仪表着陆系统最低天气标准的着陆以及至少一次全停着陆。

（c）当使用飞行模拟机完成本条（a）款或者（b）款的任何要求时，飞行机组必需成员的位置应当由具有恰当资格的人员占据，并且飞行模拟机应当严格模拟正常飞行环境，不得使用飞行模拟机重新设定位置的特性。

（d）飞行检查员应当对被监视的人员作出鉴定，判断其是否熟练和是否合格于在本规则规定的运行中执行飞行任务，并且可以决定增加他认为作出这种鉴定所需要增加的动作。

第 121.463 条　航线检查

（a）机长应当在前 12 个日历月内，在其所飞的一个型别飞机上通过航线检查，在检查中圆满完成机长职责。

（b）航线检查应当由在该航路和该型别飞机两方面都合格的飞行检查员实施，并且至少有一次检查飞行是在合格证持有人的典型航路上进行的。

第 121.465 条　熟练检查

（a）担任飞行机组必需成员的驾驶员应当在前 6 个日历月之内在所服务的机型（别）上完成熟练检查，否则不得担任飞行机组必需成员。

（b）熟练检查可以在定期复训中进行。熟练检查每隔一次可以用本规则第 121.409 条（b）款中规定的飞行模拟机训练课程代替。按照《民用航空器驾驶员合格审定规则》（CCAR61）完成的型别等级飞行考试可以代替熟练检查。

（c）熟练检查应当满足下列要求：

（1）至少包括本规则附件 E 所规定的程序和动作，除非该附件中另有特殊

规定;

(2)由局方监察员、局方委任代表或者合格证持有人的飞行检查员进行。

(d)对于本规则附件 E 中规定可以放弃的动作与程序,实施熟练检查的人员可以根据自己的判断放弃检查,但应当满足下列要求:

(1)局方没有发布应当完成该动作或者程序的特别指令;

(2)被检查的驾驶员,在合格证持有人的该型别飞机和飞行机组成员职位上,具有一年以上的安全运行经历。

(e)如果被检查的驾驶员在任一要求的动作上失败,实施熟练检查的人员可以在熟练检查过程中,给该驾驶员增加训练。除了重复完成曾失败的动作之外,可以要求被检查的驾驶员,重复他认为对判断驾驶员熟练程度所必需的任何其他动作。如果被检查的驾驶员未通过熟练检查,合格证持有人不得在本规则运行中使用该人员,该人员也不得在本规则运行中任职,直至其令人满意地完成熟练检查为止。

第 121.467 条　机长的区域、航路和机场合格要求

(a)合格证持有人应当向机长提供所飞区域和所飞各机场与终端区的下述各方面的最新信息,保证这些信息的完整和正确,并且确保该机长对这些信息有足够的了解和有能力使用:

(1)该季节相应的气象特征;

(2)导航设施,包括机场目视助航设备;

(3)通信程序;

(4)地形和障碍物类型;

(5)最低安全飞行高度;

(6)航路和终端区进场与离场程序、等待程序和有关机场经批准的仪表进近程序;

(7)驾驶员将要使用的终端区的每个机场的活动拥挤区和自然布局;

(8)航行通告。

(b)合格证持有人应当提供一个能被局方接受的系统,以便将本条(a)款所要求的信息传递给机长和相应的飞行运作人员。该系统还应当保证合格证持有人满足本规则第 121.469 条规定的要求。

第 121.469 条　机长的特殊区域、航路和机场合格要求

(a)局方可以根据周围地形、障碍物、复杂的进近程序或者离场程序等因素,将某些机场确定为特殊机场,要求机长具有特殊的机场资格,并可以对某些区域或者航路提出特殊类型的导航资格要求。

(b)合格证持有人应当保证,在飞往或者飞离特殊机场的运行中担任机长的驾驶员，应当在前12个日历月之内曾作为飞行机组成员飞过该机场（包括起飞和着陆），或者曾使用经局方认可的该机场图形演示设备或者飞行模拟机进行训练并获得资格。但是，如果机场的云底高度，至少高于最低航路高度（MEA）、最低超障高度（MOCA）或者该机场仪表进近程序规定的起始进近高度最低者之上300米（1000英尺），而且该机场的能见度至少为4800米（3英里），则进入该机场（包括起飞或者着陆）时，可以不对机长作特殊机场资格要求。

（c）在需要特殊类型导航资格的航路或者区域上两个航站之间担任机长的驾驶员，应当在前12个日历月之内，以局方认可的方式，用下列方法之一证明其合格于使用该导航系统：

（1）使用该特殊类型导航系统，担任机长在某一航路或者区域上飞行；

（2）使用该特殊类型导航系统，在航空检查人员的监视下，担任机长在某一航路或者区域上飞行；

（3）完成本规则附件I《多普勒雷达和惯性导航系统》规定的训练。

第121.471条　飞行机械员的合格要求

（a）在飞机上担任飞行机械员的人员，应当持有飞行机械员执照和相应的等级，并完成《民用航空器领航员、飞行机械员、飞行通信员合格审定规则》（CCAR63FS）为保持该执照和等级有效性所要求的训练和检查以及本规则要求的训练和检查。

（b）在飞机上担任飞行机械员的人员，应当在前6个日历月之内，在该型别飞机上至少担任飞行机械员飞行了50小时，或者，合格证持有人或者局方在该型别飞机上对其进行了检查，并认为其熟悉且掌握了所有现行重要信息和操作程序。

（c）按照本规则第121.435条（a）款第（2）项实施的飞行检查，满足本条（b）款的要求。

第121.475条　客舱乘务员的搭配要求

（a）合格证持有人在按照本规则运行时，应当指定1名客舱乘务员为乘务长，作为客舱机组的负责人，履行客舱管理的职责并向机长报告。乘务长的资格应符合局方相关要求

（b）合格证持有人应当建立一套客舱乘务员排班程序，保证科学合理地搭配客舱机组成员，安全地完成所分派的任务。搭配客舱机组成员时当考虑以下因素：

（1）客舱乘务员的年龄和飞行时间经历；

（2）客舱乘务员的训练、资格满足所飞机型、区域和特殊运行的要求。

第 121.477 条　客舱乘务员的合格要求

(a)在飞机上担任客舱乘务员的人员，应当通过局方按照本规则批准的训练大纲训练并经合格证持有人检查合格。在按照本规则运行时，应当持有现行有效的航空人员体检合格证和合格证持有人颁发的客舱乘务员训练合格证。

(b)客舱乘务员应于前 12 个日历月之内，在按照本规则第 121.538 条要求所批准的可服务的一种机型上，至少已飞行 2 个航段，方可在此机型上担任客舱乘务员。

第 121.479 条　飞行机组成员的英语要求

合格证持有人应当对飞行机组成员进行专业英语训练，使其能够在飞行中使用英语进行陆空通话，阅读各种英文飞行手册、资料，使用英文填写各种飞行文件和使用英语进行交流。

(a)自 2008 年 3 月 5 日起，除经局方批准外，未通过局方组织或认可的英语语言能力 4 级或 4 级以上等级评定而其执照上低于英语语言能力 4 级等级签注的，不得在使用英语通话的航线上担任驾驶员。

(b)1960 年 1 月 1 日(含)以后出生的驾驶员，未获得英语语言能力 3 级或以上等级签注的，不得参加组类 II 飞机的初始或升级训练。

P 章　机组成员值勤期限制、飞行时间限制和休息要求

第 121.481 条　概则

(a)合格证持有人在实施本规则运行中，应当建立机组成员疲劳风险管理和定期疗养的制度，保证其机组成员符合本章适用的值勤期限制、飞行时间限制和休息要求。任何违反本章规定的人员不得在本规则运行中担任机组必需成员。

(b)本章中的用语定义如下：

(1)扩编飞行机组，是指飞行机组成员数量超过飞机机型所要求的操纵飞机的最小值，从而可由其他合格的飞行机组成员替换某一飞行机组成员，被替换的飞行机组成员可在飞行中休息；扩编飞行机组中应至少包含一名具备机长资格和一名具备巡航机长或以上资格的人员；

(2)机上休息设施，是指安装在飞机内可以为机组成员提供休息机会的铺位或座位，其中分为：

(i)1 级休息设施，是指休息用的铺位或可以平躺的其他平面，独立于驾驶

舱和客舱,机组成员可控制温度和光线,不受打扰和噪音的影响;

(ii)2级休息设施,是指飞机客舱内的座位,至少可以利用隔帘与乘客分隔,避免被乘客打扰,可以平躺或接近平躺,能够遮挡光线、降低噪音;

(iii)3级休息设施,是指飞机客舱内或驾驶舱内的座位,应可倾斜40度,并可为脚部提供支撑,或者符合局方要求的其他方式;

(3)置位,是指机组成员根据合格证持有人的要求为完成指派的飞行任务,作为乘员乘坐飞机或地面交通工具,但不包括其往返当地适宜的住宿场所的交通。置位属于值勤,置位时间不能作为休息时间。当置位计入飞行值勤期时,在确定本章表B中最长飞行值勤时间时,置位不视作航段;

(4)适宜的住宿场所,是指可以控制温度、降低噪音、条件良好的场所,该场所能够控制光线亮度,使机组成员可以在床位或椅子上以平躺或接近平躺姿势睡觉或休息。适宜的住宿住所只适用于地面设施,不适用于机上休息设施;

(5)值勤,是指机组成员按照合格证持有人的要求执行的所有任务,包括但不限于飞行值勤、置位、备份(包括主备份和其它备份)和培训等;

(6)飞行值勤期,是指机组成员接受合格证持有人安排的飞行任务后(包括飞行、调机或转场等),从为完成该次任务而到指定地点报到时刻的开始,到飞机在最后一次飞行后发动机关车且机组成员没有再次移动飞机的意向为止的时间段。一个飞行值勤期还可能包括机组成员在某一航段前或航段之间代表合格证持有人执行的其它任务,但没有必要休息期的情况(如置位、主备份、飞机或模拟机培训发生在某一航段前或航段之间,但没有安排必要的休息期)。在一个值勤期内,如机组成员能在适宜的住宿场所得到休息,则该休息时间可以不计入该飞行值勤期的值勤时间;

(7)日历日,是指按照世界协调时间或当地时间划分的时间段,从当日00:00至23:59的24小时;

(8)主备份,是指机组成员根据合格证持有人的要求,在机场或合格证持有人指定的特定地点随时等待可能的任务;

(9)休息期,是指从机组成员到达适宜的住宿场所起,到为执行下一次任务离开适宜的住宿场所为止的连续时间段。在该段时间内,合格证持有人不得为机组成员安排任何工作和给予任何打扰。值勤和为完成指派的飞行任务使用交通工具往来于适宜的住宿场所和值勤地点的时间不得计入休息期;

(c)本章中时间均为北京时间,部分地区存在较长时差的另行规定。

第121.483条　飞行机组的飞行时间限制

(a)在一个值勤期内,合格证持有人不得为飞行机组成员安排、飞行机组成员也不得接受超出以下规定限制的飞行时间：

（1）非扩编飞行机组执行任务时，表 A 规定的飞行时间限制；

表 A—非扩编飞行机组运行最大飞行时间限制

报到时间	最大飞行时间（小时）
00:00－04:59	8
05:00－19:59	9
20:00－23:59	8

（2）配备 3 名驾驶员的扩编飞行机组执行任务时，总飞行时间 13 小时；

（3）配备 4 名驾驶员的扩编飞行机组执行任务时，总飞行时间 17 小时。

（b）如果在飞机起飞后发生超出合格证持有人控制的意外情况，为将飞机安全降落在下一个目的地机场或备降机场，飞行机组成员的飞行时间可以超出本条（a）款所规定的最大飞行时间限制以及第 121.487（b）款规定的累积飞行时间限制。

（c）合格证持有人必须在 10 天内将任何超过本条所允许的最大飞行时间限制的情况报告局方，报告应包括以下内容：

（1）对于延长飞行时间限制及本次延长情况必要的说明；

（2）合格证持有人为将此类延长控制在最小范围内而采取的修正措施，如适用。

（d）合格证持有人应在延长飞行时间限制事发当天起 30 天内实施本条第（c）（2）所规定的修正措施。

第 121.485 条　飞行机组的飞行值勤期限制

（a）对于非扩编机组的运行，合格证持有人不得为飞行机组成员安排、飞行机组成员也不得接受超出下表 B 规定限制的飞行值勤期；航段限制数不包括因备降所产生的航段。

表 B—非扩编飞行机组运行最大飞行值勤期限制

报到时间	根据航段数量确定的飞行机组成员最大飞行值勤期（小时）			
	1 至 4 个航段	5 个航段	6 个航段	7 个航段或以上
00:00－04:59	12	11	10	9
05:00－11:59	14	13	12	11
12:00－23:59	13	12	11	10

(b)扩编飞行机组的运行

(1)对于扩编机组的运行,合格证持有人不得为飞行机组成员安排、飞行机组成员也不得接受超出下表C规定限制的飞行值勤期;

表C—扩编飞行机组运行最大飞行值勤期限制

报到时间	根据休息设施和飞行员数量确定的最大飞行值勤期(小时)					
	1级休息设施		2级休息设施		3级休息设施	
	3名飞行员	4名飞行员	3名飞行员	4名飞行员	3名飞行员	4名飞行员
00:00-23:59	18	20	17	19	16	18

(2)在所有飞行时间内,至少有一名机长或符合本规则第121.451条(a)款要求的巡航机长在驾驶舱内操纵飞机;

(3)在着陆阶段执行操纵飞机任务的飞行机组成员,应在飞行值勤期的后半段获得至少连续2小时的休息时间。对于航段时间不足2小时的应保证执行操纵飞机任务的飞行机组成员在着陆前得到足够的休息。

(c)起飞前发生意外运行情况下飞行值勤期的延长:

(1)机长和合格证持有人可以将本章表B或表C中允许的最大飞行值勤期延长2小时;

(2)本条第(c)(1)款规定的将飞行值勤期延长30分钟以上的情况只可在获得本规则第121.495条(b)款规定的休息期之前发生一次;

(3)如果本条第(c)(1)规定的飞行值勤期的延长导致飞行机组成员超出本规则第121.487条(c)款所规定的累积值勤期限制,那么该飞行值勤期不得延长;

(4)合格证持有人必须在10日内将任何超过本章表B或表C所允许的最大飞行值勤期限制30分钟以上的情况报告局方,报告应包括以下信息:

(i)对于延长飞行值勤期限制及本次延长必要情况的说明;

(ii)合格证持有人为将此类延长控制在最小范围内而采取的修正措施,如适用。

(5)合格证持有人必须在延长飞行值勤期限制事发当天起30天内实施本条第(c)(4)所规定的修正措施。

(d)起飞后发生意外运行情况下飞行值勤期的延长:

(1)机长和合格证持有人可以将本章表B或表C中允许的最大飞行值勤期延长至可以将飞机安全地降落在下一个目的地机场或备降机场;

(2)本条第(d)(1)款规定的将飞行值勤期延长30分钟以上的情况只可

在获得本规则第 121.495 条(b)款规定的休息期之前发生一次;

(3)本条(d)(1)规定的值勤期的延长可以超出本规则第 121.487 条(c)款中所规定的累积飞行值勤期限制;

(4)合格证持有人必须在 10 日内将超过本章表 B 或表 C 飞行值勤期限制的情况报告局方,报告应包括对于延长飞行值勤期限制及本次延长必要情况的说明。

第 121.487 条　飞行机组的累积飞行时间、值勤时间限制

(a)本条所规定的限制包括飞行机组成员在一段时期内代表合格证持有人所执行的所有飞行时间,含按照本规则实施的运行和本规则之外的运行,如训练、调机和作业飞行等。

(b)合格证持有人不得为飞行机组成员安排、飞行机组成员也不得接受超出以下规定限制的飞行时间:

(1)任一日历月,100 小时的飞行时间;

(2)任一日历年,900 小时的飞行时间。

(c)合格证持有人不得为飞行机组成员安排、飞行机组成员也不得接受超出以下规定限制的飞行值勤期:

(1)任何连续 7 个日历日,60 小时的飞行值勤期;

(2)任一日历月,210 小时的飞行值勤期。

第 121.491 条　客舱乘务员的飞行值勤期限制

(a)当按照本规则第 121.391 条规定的最低数量配备客舱乘务员时,客舱乘务员的飞行值勤期不得超过 14 小时。

(b)在按照本规则第 121.391 条规定的最低数量配备上增加客舱乘务员人数时,客舱乘务员的飞行值勤期限制和休息要求应当符合如下规定,增加 1 名客舱乘务员,飞行值勤期不得超过 16 小时;增加 2 名客舱乘务员,飞行值勤期不得超过 18 小时;增加 3 名或者 3 名以上客舱乘务员,飞行值勤期不得超过 20 小时;

(c)发生意外运行情况下飞行值勤期的延长

(1)合格证持有人可以将本条(a)或(b)款规定的值勤期限制延长 2 小时或延长至可以将飞机安全地降落在下一个目的地机场或备降机场;

(2)将本条(a)或(b)款规定值勤期限延长 30 分钟以上的情况只可在获得本规则第 121.495 条(b)款规定的休息期之前发生一次。

第 121.493 条　客舱乘务员的累积飞行时间、值勤时间限制

(a)本条所规定的限制包括客舱乘务员在适当时期内代表合格证持有人所执行的所有飞行。

(b)合格证持有人不得为客舱乘务员安排,客舱乘务员也不得接受超出以下规定限制的累积飞行时间:

(1)任一日历月,100小时的飞行时间;

(2)任一日历年,1100小时的飞行时间。

(c)合格证持有人不得为客舱乘务员安排,客舱乘务员也不得接受超出以下规定的累积飞行值勤时间限制:

(1)任何连续7个日历日,70小时的飞行值勤期;

(2)任一日历月,230小时的飞行值勤期。

(d)客舱乘务员在飞机上履行安全保卫职责的时间应当计入客舱乘务员的飞行和值勤时间。

第121.495条　机组成员休息时间的附加要求

(a)合格证持有人不得在机组成员规定的休息期内为其安排任何工作,该机组成员也不得接受合格证持有人的任何工作。

(b)任一机组成员在实施按本规则运行的飞行任务或者主备份前的144小时内,合格证持有人应当为其安排一个至少连续48小时的休息期。对于飞行值勤期的终止地点所在时区与机组成员的基地所在时区之间时差少于6个小时的,除仅实施全货物运输飞行的合格证持有人外,如机组成员飞行值勤期和主备份已达到4个连续日历日,不得安排机组成员在第5个日历日执行任何飞行任务,但是前续航班导致的备降情况除外。本条款所述基地是指合格证持有人确定的机组成员驻地并接受排班的地方。

(c)如果飞行值勤期的终止地点所在时区与机组成员的基地所在时区之间有6个或者6个小时以上的时差,则当机组成员回到基地以后,合格证持有人必须为其安排一个至少连续48个小时的休息期。这一休息期应当在机组成员进入下一值勤期之前安排。

(d)除非机组成员在前一个飞行值勤期结束后至下一个飞行值勤期开始前,获得了至少连续10个小时的休息期,任何合格证持有人不得安排,且任何机组成员也不得接受任何飞行值勤任务。

(e)当合格证持有人为机组成员安排了其他值勤任务时,该任务时间可以计入飞行值勤期。当不计入飞行值勤期时,在飞行值勤期开始前应当为其安排至少10个小时的休息期。

Q章　飞行签派员的合格要求和值勤时间限制

第 121.501 条　飞行签派员的合格要求

(a)在国内、国际定期载客运行中担任飞行签派员的人员，应当持有飞行签派员执照，并且按照本规则 N 章批准的训练大纲，圆满完成相应飞机组类中的一个型别飞机的下列训练：

(1)飞行签派员初始训练，但是如果该飞行签派员已对同一组类的另一型别飞机接受了初始训练，则只需完成相应的转机型训练；

(2)运行熟悉，在驾驶舱观察按照本规则实施的运行至少 5 小时(含一次起飞和着陆)。对于驾驶舱没有观察员座位的飞机，可以在配备耳机或者喇叭的前排旅客座位上观察。本款要求可以用额外增加一次起飞和着陆代替一个飞行小时的方法，将运行熟悉小时数减少至不低于 2.5 小时；

(3)对于新引进组类的飞机，在开始投入本规则运行后 90 天之内，不满足本款第(2)项中运行熟悉要求的人仍可以担任飞行签派员。

(b)飞行签派员所签派的飞机与原签派的同型别飞机存在差异时，应当接受该飞机的差异训练。

(c)飞行签派员应当在前 12 个日历月内完成定期复训地面训练和资格检查。

(d)飞行签派员应当在前 12 个日历月内在其签派的每一组类飞机的一个型别飞机上，满足本条(a)款第(2)项中的运行熟悉要求。对每一组类飞机，本款要求可以使用按照本规则第 121.407 条批准的该组类一个型别的飞行模拟机，完成训练观察 5 小时的方法来满足。但是，如果使用飞行模拟机来满足本款要求，不得减少小时数。

(e)合格证持有人在批准飞行签派员执行飞机签派任务前，应当确认该飞行签派员熟悉其行使签派管辖权的运行区间的所有运行程序。但是，经审定合格可以签派飞机通过其他某个运行区间的飞行签派员，在与经审定合格的对该运行区间行使签派管辖权的飞行签派员协调后，可以签派飞机通过其他某个运行区间。

第 121.503 条　飞行签派员的值勤时间限制

(a)合格证持有人应当规定飞行签派员日常的值勤时间。值勤时间应当从飞行签派员为签派飞机而了解气象情况和飞机运行情况时刻开始，至所签派的每架飞机已完成飞行，或者已超出其管辖范围，或者由另一位经审定合格的飞行签派员接替其工作时止。

(b)除出现了超出合格证持有人控制能力的情形或者紧急情况之外，签派员的值勤时间限制应当符合下列要求：

(1)任何合格证持有人不得安排飞行签派员连续值勤超过10小时；

(2)如果飞行签派员在连续24小时内被安排值勤时间超过10小时，该合格证持有人应当在该飞行签派员值勤时间达到或者累计达到10小时之前为他提供至少连续8小时的休息时间；

(3)合格证持有人应当在任意连续7个日历日内为飞行签派员安排一个至少连续24小时的休息期，或者在任一日历月中被安排相当时间的休息期。

(c)合格证持有人在经局方批准后，可以安排在境外工作的飞行签派员，在24小时内连续工作超过10小时，但在每个24小时期间内，应当安排该飞行签派员至少连续休息8小时。

R章 高级训练大纲

第121.504条 目的和资格要求

(a)本章为要求按照本规则进行训练的机组成员、飞行签派员、其他运行人员、教员和评估员的资格获得、训练、审定和保证这些人员胜任能力的其他手段提供了另一种可供选择的批准方法，即高级训练大纲(AQP)。在满足本章要求的情况下，《民用航空器驾驶员合格审定规则》(CCAR61)、《民用航空器领航员、飞行机械员、飞行通信员合格审定规则》(CCAR63FS)、《民用航空飞行签派员执照管理规则》(CCAR65FS)、《飞行训练中心合格审定规则》(CCAR142)以及本规则其他章节中与本章要求不一致的相应条款可以不必遵守。

(b)按规章要求必须具有本规则第121.401条规定的经批准训练大纲或打算采用这种训练大纲的合格证持有人可以选择遵守本章规定。

(c)合格证持有人计划在高级训练大纲中使用的每个课程都应当按照本规则第121.508条的规定获得批准。

第121.505条 高级训练大纲的一般要求

(a)按照高级训练大纲批准的课程可以包含现有的、依据本规则制定的训练大纲课程单元。每个课程都应当具体说明其涵盖的飞机类型，包括该飞机的制造厂家、型号、系列或衍生型等信息，以及所涵盖的每个机组成员岗位或其他岗位。高级训练大纲中涵盖的机组成员岗位应当包括所有飞行机组成员、飞行教员和评估员岗位，也可包括其他岗位，如客舱乘务员、飞行签派员和其他运行人员。

(b)按照本章获得高级训练大纲批准的合格证持有人应当满足高级训练大纲和本章的所有要求，而无需满足《民用航空器驾驶员合格审定规则》(CCAR61)、《民用航空器领航员、飞行机械员、飞行通信员合格审定规则》(CCAR63FS)、《民用航空飞行签派员执照管理规则》(CCAR65FS)或本规则其他章节的相应要求。高级训练大纲没有特别涉及的《民用航空器驾驶员合格审定规则》(CCAR61)、《民用航空器领航员、飞行机械员、飞行通信员合格审定规则》(CCAR63FS)、《民用航空飞行签派员执照管理规则》(CCAR65FS)或本规则其他章节中的每一适用条款(包括但不限于实践考试要求)仍然适用于合格证持有人和那些由合格证持有人负责训练并获取资格的个人。除非高级训练大纲得到局方批准且拟受训人员满足高级训练大纲和本章的所有要求，否则任何人不得按照高级训练大纲接受训练。

(c)除非该员已在按本章批准的合格证持有人训练大纲中令人满意地完成了针对该型别飞机和值勤岗位的高级训练大纲所要求的训练和熟练检查，否则按照依据本章批准的训练大纲实施训练的合格证持有人不得使用任何人在任何值勤岗位上担任必需机组成员、飞行签派员、教员或评估员，任何人也不得服务于上述任何值勤岗位。

(d)本章要求的所有文件和数据应当以局方认可的格式和方式提交。

(e)在期满日历月之前或之后一个日历月内圆满完成的高级训练大纲所要求的训练或评估可视为在期满日历月内完成。

第121.506条　涉及商业秘密的信息

(a)提交给局方的高级训练大纲信息或数据，如合格证持有人认为属于商业秘密，符合国家法规相关规定需要予以保密的，合格证持有人应在每一次提交过程中提出予以信息保密的要求，局方据此将在审查、批准或保存过程中采取保密措施。

(b)当要求对提交的信息或数据保密时，合格证持有人应当满足如下要求：

(1)如果信息或数据是通过电子方式传递的，合格证持有人应当在电子记录中嵌入保密声明，以便局方在接收和评估那些声明为保密的部分信息时，能够很容易地识别；

(2)如果信息或数据是以书面形式提交的，合格证持有人应当在包含有声明为保密信息或数据的每一页面顶端注明“商业秘密”字样。

第121.507条　定义

下列定义适用于本章：

机组资源管理(CRM)：是指机组成员的所有可用资源(包括机组成员彼此

之间)的有效利用,以实现安全有效地飞行。

课程提纲:是指一个包含有某个课程的所有课程段、模块、课节及课节要素的清单,或者局方接受的等效的清单。

熟练评估:是指航线运行评估(LOE)或者局方接受的、按照高级训练大纲进行的等效的评估。

评估员:是指评定或评价机组成员、教员、其他评估员、飞行签派员或其他运行人员表现的人员。

预先评估:是指在对一个持续资格课程的训练期中给出的那些科目进行简令、训练或实际操作前,用于确定受训人员对指定飞行科目熟练程度的一种表现评估。预先评估是在高级训练大纲持续资格循环期间实施的,用于确定是否有熟练程度降低的趋势,如果存在,则其部分原因可能是由于训练期之间的间隔时间太长。

教学系统开发:是指用于开发或修订资格标准和相关课程内容的系统方法,该方法是以有文件记录的,对岗位熟练程度所要求的任务、技能和知识进行的分析为基础。

工作任务清单:是指为完成运行工作所需的所有任务、子任务、知识和技能的清单。

航线运行评估(LOE):是指在模拟的航线飞行环境中,使用合格于高级训练大纲中的预定用途且经批准的设备,实施的训练或评估课程段。

航线运行模拟(LOS):是指一个模拟的航线飞行环境,在这个情景中的内容都是设计用于测试机组成员的综合技术能力和机组资源管理能力。

计划小时数:是指一个典型学员完成一段课程(包括为达到要求的熟练程度而需进行的所有教学、演示、实践和评估)时预计需要花费的总时间,该时间在课程提纲中予以规定。

资格标准:是指对最低能力要求、适用参数、标准、适用飞行条件、评估策略、评估所用方法(例如使用笔试、口试、经批准的模拟设备或飞机等)和适用参考文件的一个声明。

资格标准文件:是指一个单独的文件,包含高级训练大纲中使用的所有资格标准,以及一个对评估过程所有方面进行详细说明的序言。

特别跟踪:是指将一名人员安排到一个增强的训练、检查或两者兼有的计划中。

训练期:是指专门用于在经局方为相关目的批准的设备上进行训练的一个连续的计划时间段。

衍生型:是指一种特别构型的飞机,局方已明确其训练和资格认定显著不同于同一制造厂家、型号和系列的其他飞机。

第121.508条 高级训练大纲的批准

(a)批准过程。合格证持有人可通过负责其运行规范管理的局方主管部门向民航局提出对依据本章制定的高级训练大纲课程进行批准的申请。

(b)批准标准。每个高级训练大纲应当具有供基础理论、获取资格和持续资格保持(包括升级、转机型和重新获得资格)使用的,符合本章第121.509条、第121.510条和第121.511条规定的分立课程。所有高级训练大纲课程都应当通过使用教学系统开发的方法来制定。该方法应当包含一个对合格证持有人的运行、飞机、航线运行环境和岗位职能的彻底分析。所有高级训练大纲资格和持续资格课程都应当整合机组资源管理的训练和评估,以及技术技能和知识。高级训练大纲满足下列要求时,方可获得批准。

(1)大纲应当满足本章全部要求。

(2)每个基础理论、资格认定和持续资格保持高级训练大纲及其派生课程应当包含下列文件:

(i)高级训练大纲的初始申请;

(ii)初始的岗位任务清单;

(iii)教学系统开发方法;

(iv)资格标准文件;

(v)课程提纲;

(vi)实施和操作计划。

(3)只要局方同意,合格证持有人可以选择在适当的地方将多个大纲的信息合并在本条(b)(2)项中指明的相应文件中。

(4)资格标准文件应当特别指明被高级训练大纲课程替代的《民用航空器驾驶员合格审定规则》(CCAR61)、《民用航空器领航员、飞行机械员、飞行通信员合格审定规则》(CCAR63FS)、《民用航空飞行签派员执照管理规则》(CCAR65FS)或本规则其他章节中的规定。如果《民用航空器驾驶员合格审定规则》(CCAR61)、《民用航空器领航员、飞行机械员、飞行通信员合格审定规则》(CCAR63FS)、《民用航空飞行签派员执照管理规则》(CCAR65FS)或本规则其他章节中的实践考试要求被高级训练大纲课程所替代,合格证持有人应当给出一个初始理由并建立一个经局方批准的持续保持过程,用以证明高级训练大纲课程如何为每个被替代的规定提供同等的安全水平。

(c)申请和过渡。申请一个或者多个高级训练大纲课程的合格证持有人,应当在其申请中包含一个带有活动日程表的过渡计划,用于将目前经批准的训练转移至高级训练大纲训练。

(d)高级训练大纲批准的修订或撤销。如果在合格证持有人按照高级训练大纲开始训练和获取资格后,局方发现合格证持有人没有满足其经批准的高级训练大纲中的要求,局方可要求合格证持有人依据本规则第121.405条(e)款对其高级训练大纲作出修订。如果不能满足上述要求,局方可以撤销对该高级训练大纲的批准,同时要求合格证持有人提交一个过渡计划(包括活动日程表)并获得批准,该计划用于合格证持有人将其训练过渡到该合格证持有人应当遵守的按本规则N章制定的经批准训练大纲。

(e)局方的批准。局方对高级训练大纲的最终批准应指出,局方已经接受按本条(b)(4)项提交的证明,并且申请人的初始证明和持续保持过程能够为《民用航空器驾驶员合格审定规则》(CCAR61)、《民用航空器领航员、飞行机械员、飞行通信员合格审定规则》(CCAR63FS)、《民用航空飞行签派员执照管理规则》(CCAR65FS)和本规则其他章节中每个被替代的规定提供同等的安全水平。

第121.509条　基础理论课程

每个基础理论课程都应当包括下列内容:

(a)对于按照高级训练大纲接受训练的新雇员,合格证持有人的政策、操作规程和一般运行知识。

(b)对于新雇用的机组成员和飞行签派员,适用于值勤岗位的一般航空知识。

(c)对于教员,教授和学习过程的基础理论;教学方法和理论;在高级训练大纲课程中使用飞机、飞行训练器、飞行模拟机和其他训练设备时所必需的知识。

(d)对于评估员,高级训练大纲的一般评估要求;评估机组成员、飞行签派员和其他运行人员(如适用)的方法,以及供实施高级训练大纲特有的评估(例如航线运行评估)所使用的政策和规程。

第121.510条　资格认定课程

每个资格认定课程都应当包含对高级训练大纲中特定岗位适用的训练、评估和审定活动,具体如下:

(a)合格证持有人的训练、评估和监视下运行经历的计划小时数。

(b)对于机组成员、飞行签派员和其他运行人员,包括下列内容:

(1)针对特定飞机和设备所做的训练、评估和审定活动,使得受训人员能够合格于特定厂家、型号、系列或衍生型飞机上的特定值勤岗位或与该飞机运行有关的职责;

(2)用于描述训练和评估所要达到的每个熟练程度目标的知识要求、科目材料、岗位技能和资格标准的一个列表和文字说明；

(3)合格证持有人经批准高级训练大纲中对《民用航空器驾驶员合格审定规则》(CCAR61)、《民用航空器领航员、飞行机械员、飞行通信员合格审定规则》(CCAR63FS)、《民用航空飞行签派员执照管理规则》(CCAR65FS)或本规则其他章节的有关要求构成补充或替代的要求，其中包括适用的实践考试要求；

(4)用于描述运行经历、评估、补救策略、特别跟踪规定和如何满足近期经历要求的一个列表和文字说明。

(c)对于飞行机组成员，初始运行经历和航线检查。

(d)对于教员，下列相应的内容：

(1)训练和评估活动，用来使受训人员有资格去实施关于如何操作特定厂家、型号和系列(或衍生型)飞机或确保该飞机安全运行的教学；

(2)用于描述训练和评估中每个程序和熟练程度目标的知识要求、科目材料、岗位技能和资格标准的一个列表和文字说明；

(3)用于描述评估与补救策略、标准化政策和近期经历要求的一个列表和文字说明。

(e)对于评估员，除具有满足本条(d)(1)项要求的内容外，还应包含下列相应的内容：

(1)训练和评估活动，用来使受训人员有资格去评估操作特定厂家、型号和系列(或衍生型)飞机的人员的能力或该员保证该飞机安全运行的能力；

(2)用于描述训练和评估所要达到的每个程序和熟练程度目标的理论知识要求、科目材料、岗位技能和资格标准的一个列表和文字说明；

(3)用于描述评估与补救策略、标准化政策和近期经历要求的一个列表和文字说明。

第 121.511 条　持续资格保持课程

每个持续资格保持课程都应当包含对高级训练大纲中特定岗位适用的训练和评估活动，具体如下：

(a)持续资格循环。持续资格循环是用于确保在每个循环期间每名人员(包括教员和评估员)都按照高级训练大纲获取资格，该循环应包括与保证每名人员保持熟练所必需的所有活动和科目有关的训练和评估，使得每名人员能够按照经批准的持续资格高级训练大纲、评估或补救策略和特别跟踪方面的规定，对初始资格所要求的知识、技术技能和认知技能保持熟练。每个持续资格循环应当至少包含下列内容：

(1)评估期。持续资格循环由两个(含)以上等长的评估期组成。按照高级训练大纲获取资格的每名人员都应当接受相应的地面和飞行训练，和在每个评估期中在训练设施上进行的一次熟练程度评估。训练的数量和频度应当得到局方的批准。

(2)训练。按照经批准的大纲，持续资格课程应当包含所有要求的任务、程序和科目方面的训练，具体内容如下：

(i)对于机长、副驾驶和飞行机械员，按照经局方批准的合格证持有人大纲进行的预先评估；

(ii)对于机长、副驾驶、飞行机械员、客舱乘务员、教员和评估员，地面训练，包括对资格获取训练中涵盖的知识和技能的一般性回顾、关于新制定程序的最新信息和安全信息；

(iii)对于机组成员、教员、评估员和在飞行中履行职责的其他运行人员，在飞机、飞行训练设备、飞行模拟机或者其他适用设备上进行的关于正常、非正常以及应急飞行程序和机动动作的熟练训练；

(iv)对于飞行签派员和不在飞行中履行职责的其他运行人员，地面训练，包括对资格获取训练中涵盖的知识和技能的一般性回顾、关于新制定程序的最新信息、安全相关信息和航线观察大纲(如适用)；

(v)对于教员和评估员，在代表相应型别飞机的飞行训练器或飞行模拟机上进行的有关训练设备操作的熟练训练。对于只在飞行模拟机或飞行训练器中履行职责的教员和评估员，关于运行中正常、非正常和应急飞行程序和机动动作的训练。

(b)表现评估。持续资格课程应当包括针对某活动和科目进行的表现评估，该活动和科目是从局方认为可用作胜任能力判断手段并经批准可用于此目的的那些活动和主要科目中抽取的。具体评估要求如下：

(1)熟练程度评估：

(i)对于机长、副驾驶和飞行机械员，一个熟练程度评估其中部分内容可在每个评估期内应当完成的合格证持有人课程中所批准的飞机、飞行模拟机或飞行训练器上进行；

(ii)对于高级训练大纲涉及的其他人员，一个用于对其在一运行安排中在指定岗位上履行职责的熟练程度进行评估的方法。

(2)航线检查：

(i)除本条(b)(2)(ii)规定外，对于机长，一次在飞机上按照《大型飞机公共航空运输承运人运行合格审定规则》(CCAR121)实际飞行运行或面向运行(航线)的飞行(如调机或验证飞行)期间的航线检查。航线检查应当在每个评估期中间的那个日历月完成；

(ii)在经局方批准的情况下,可采用“无事先通知”航线检查策略来代替本条(b)(2)(i)要求的航线检查。选择这种方式的合格证持有人应当确保“无事先通知”航线检查得到很好的管理,使得飞行机组成员在接受评估之前对此并不知晓。实施高级训练大纲的合格证持有人应当确保每个机长在每24个月内都接受至少一次“无事先通知”的航线检查。按照局方为此目的批准的策略,作为最低要求,每个日历年内实施“无事先通知”航线检查的数量应当不少于合格证持有人机长总数的50%。按本目实施的航线检查应当按照局方为此而批准的抽样检查方法,在合格证持有人运行所至的所有地域范围内实施;

(iii)在实施本条(b)(2)(i)和(ii)要求的航线检查期间,在飞行中作为机长、副驾驶或者飞行机械员履行职责的每个人都应当得到单独评估以确定该人员对其服务的特定飞机、机组岗位和特定类型的运行保持有足够的训练水平和熟练程度以及该人员是否具有足够的知识和技能作为机组的组成部分进行有效操作。评估员应当是飞行检查员、局方飞行检查委任代表或局方监察员,并持有在本次飞行中担任机长所要求的执照和等级。

(c)近期经历。对于机长、副驾驶、飞行机械员、飞行签派员、教员、评估员以及客舱乘务员,经批准的在相应值勤岗位上的近期经历要求。

(d)循环和评估期的持续时间。经批准供高级训练大纲使用的持续资格循环在持续时间上应当不超过24个日历月,并且应当包含两个(含)以上等时间长度的评估期。此后,如果合格证持有人通过演示证明持续时间的延长是合理的,局方可批准将持续资格循环的持续时间最多延长至36个日历月。

(e)重新获得资格。每个持续资格课程应当包括用于满足有关重新获得资格要求的一个课程段,供那些未能保持持续资格的机组成员、飞行签派员、其他运行人员、教员或评估员使用。

第121.512条　其他要求

除本章第121.510条和第121.511条要求外,每个高级训练大纲资格认定和持续资格保持课程应当包括下列要求:

(a)按照高级训练大纲提供的、适用于每个岗位的集成机组资源管理(CRM)或签派员资源管理(DRM)的地面和飞行训练(如适用)。

(b)对按照高级训练大纲进行训练的人员,在实际或模拟运行情景下使用资源管理技能和技术(如驾驶术或其他)技能的训练和对其技能与熟练程度进行的评估。

(c)局方可接受的数据收集和分析过程,用于确保合格证持有人提供的关于其机组成员、签派员、教员、评估员和其他运行人员的能力信息,使合格证持有人和局方能够确定训练和评估活动的形式与内容是否令人满意地实现了课程的整体目标。

第 121.513 条 执照或等级颁发的条件

在满足下列条件的情况下，按照高级训练大纲圆满完成训练和评估活动的人员有资格获得商用驾驶员、航线运输驾驶员、飞行机械员或飞行签派员执照或相应的等级。

(a)按照高级训练大纲进行的、关于必需的知识和技能的训练和评估应当满足涉及民航管理的规章《民用航空器驾驶员合格审定规则》(CCAR61)、《民用航空器领航员、飞行机械员、飞行通信员合格审定规则》(CCAR63FS)或《民用航空飞行签派员执照管理规则》(CCAR65FS)中规定的执照和等级颁发最低标准。如果证明新确定的标准或要求对保证机组成员或签派员的能力、运行熟练程度和安全水平具有同等的或更好的效果，局方可批准将该标准或要求作为相应执照和等级颁发标准(包括实践考试要求)。

(b)申请人圆满地完成相应的资格认定课程。

(c)申请人证明其熟练掌握必需的知识和技能(例如驾驶术或其他)，以及机组资源管理或签派员资源管理的理论知识和技能。这一证明过程应在能够将上述两种类型知识和技能放在一起测试的情景(即航线运行评估)中进行。

(d)申请人按照涉及民航管理的规章《民用航空器驾驶员合格审定规则》(CCAR61)、《民用航空器领航员、飞行机械员、飞行通信员合格审定规则》(CCAR63FS)或《民用航空飞行签派员执照管理规则》(CCAR65FS)适用要求具备相同的合格条件。

(e)教员、飞行检查员或飞行检查委任代表证实申请人已经接受训练，达到合格证持有人经批准高级训练大纲的资格标准中规定的熟练程度，并且通过由飞行检查委任代表或局方监察员实施的航线运行评估(LOE)。

第 121.514 条 训练器和模拟机

(a)在高级训练大纲中使用的、用于以下目的之一的飞行训练器或飞行模拟机应当通过局方鉴定，并获得局方颁发的具有相应鉴定等级的飞行模拟设备合格证。

(1)必需的个人或机组熟练评估；

(2)用于确定个人或机组是否已经为熟练程度评估做好准备而进行的熟练程度性训练或训练活动；

(3)用于满足近期经历要求的活动；

(4)航线运行模拟(LOS)。

(b)其他训练设备的批准。

(1)任何计划在高级训练大纲中使用的、其使用目的不在本条(a)款所列范围之内的训练设备应当经局方批准方可用于该目的；

（2）依据本款寻求训练设备批准的申请人应当指明设备名称（按照设备的命名规则）和说明计划的用途。

（3）每一批准用于高级训练大纲的训练设备应当作为持续项目的一部分，以良好的服务和设备完整性，按照局方所批准的目的发挥其功效。

第 121.515 条　由他人提供训练、资格认定或检查安排的批准

（a）按照涉及民航管理的规章《大型飞机公共航空运输承运人运行合格审定规则》（CCAR121）运行的合格证持有人，在满足下列要求的情况下，可安排由其他单位（训练提供单位）代替其履行高级训练大纲训练、资格认定、评估或审定职能：

（1）训练提供人已获取《大型飞机公共航空运输承运人运行合格审定规则》（CCAR121）运行合格证和高级训练大纲的临时批准或《飞行训练中心合格审定规则》（CCAR142）合格证；

（2）训练提供单位的高级训练大纲训练和资格课程、课程段或课程段的部分内容应当获得局方的临时批准。训练提供单位可以单独申请临时批准，也可以同合格证持有人寻求高级训练大纲批准的申请一起向局方提出临时批准申请。临时批准申请应当通过直接负责监督该训练提供单位的民航地区管理局主管部门递交给民航局高级训练大纲主管部门；

（3）在合格证持有人的高级训练大纲中使用某训练提供单位的经临时批准课程、课程段或课程段的部分内容，应当按照本章第 121.508 条规定获得局方批准。

（b）寻求本款所述课程、课程段或课程段部分内容临时批准的申请人应当证明下列要求已得到满足：

（1）申请人应当具有为其使用的每个教员和评估员准备的资格和持续资格课程；

（2）申请人的设施应当经局方检查认定为足以为按《大型飞机公共航空运输承运人运行合格审定规则》（CCAR121）运行的合格证持有人提供所有计划的训练、资格或评估；

（3）除基础理论课程外，课程、课程段或课程段的部分内容都应当指明它们是设计用于哪一特定制造厂家、型号和系列的飞机（或衍生型）以及特定机组成员岗位或其他岗位。

（c）寻求获得批准允许在其高级训练大纲中使用训练提供单位的经临时批准课程、课程段或课程段部分内容的合格证持有人，应当证明下列要求已得到满足：

(1)训练提供单位使用的每个教员或评估员都应当满足安排此次训练的合格证持有人对其员工的所有资格和持续资格要求，包括有关合格证持有人运行的知识要求；

(2)每个经临时批准的课程、课程段或课程段部分内容应当获得局方的批准，允许在合格证持有人的高级训练大纲中使用。局方将对每个课程、课程段或课程段的部分内容予以批准或要求修改，以确保它们适用于合格证持有人的高级训练大纲。

第121.516条　记录保持要求

实施经批准高级训练大纲的合格证持有人应当建立和保持足够详细的记录，用以证明该合格证持有人符合高级训练大纲和本章的所有要求。

S章　特殊运行

第121.521条　基于性能的导航运行(PBN)

(a)除非经局方批准，合格证持有人不得在基于性能的导航空域、航路或终端区中实施飞机运行。

(b)在实施基于性能的导航运行时，合格证持有人应当满足以下要求：

(1)机载区域导航系统满足适航条件和限制；

(2)参与运行的飞行机组、签派员和维修人员经过训练并检查合格；

(3)建立并实施以下运行程序：

(i)机载设备最低要求，包括相关运行限制和最低设备清单条款；

(ii)飞行机组资质和搭配要求；

(iii)正常程序；

(iv)应急程序；

(v)运行监控与事件报告程序；

(vi)电子导航数据管理程序。

第121.523条　广播式自动相关监视(ADS-B)

(a)除非经局方批准，合格证持有人不得在批准的区域内实施ADS-B运行。

(b)在实施ADS-B运行时，合格证持有人应当满足以下要求：

(1)机载设备满足适航条件和限制；

(2)按照批准的持续适航维修大纲进行定期试验和/或检查；

(3)参与运行的飞行机组、签派员和维修人员经过训练并检查合格；

(4)当按照补充型号合格证(STC)安装了ADS-B设备，必须随机携带局

方批准的飞机飞行手册的增补部分或增补的飞机飞行手册;

(5)建立并实施以下运行程序:

(i)机载设备最低要求,包括相关运行限制和最低设备清单条款;

(ii)飞行机组资质和搭配要求;

(iii)正常程序;

(iv)应急程序;

(v)ADS - B 事件报告程序。

第 121.525 条　管制员 - 飞行员数据链通信(CPDLC)

(a)除非经局方批准,合格证持有人不得实施 CPDLC 运行。

(b)在实施 CPDLC 运行时,合格证持有人应当满足以下要求:

(1)机载设备满足适航条件和限制,并保证与空中交通管制系统的兼容性;

(2)飞机必须装备经局方审定的防撞系统并且该设备处于打开和工作状态;

(3)安装运行区域所要求的全程语音无线电通信设备,并实施持续监听;

(4)参与运行的飞行机组、签派员和维修人员经过训练并检查合格;

(5)持续记录数据链通信(包括上行和下行数据链路);

(6)建立并实施以下运行程序:

(i)机载设备最低要求,包括相关运行限制和最低设备清单条款;

(ii)飞行机组资质和搭配要求;

(iii)正常程序;

(iv)应急程序;

(v)数据链通信事件报告程序。

第 121.527 条　平视显示器(HUD)或等效显示器、增强视景系统(EVS)、增强飞行视景系统(EFVS)、合成视景系统(SVS)和/或组合视景系统(CVS)

(a)除非经局方批准,合格证持有人不得使用平视显示器(HUD)或等效显示器、增强视景系统(EVS)、增强飞行视景系统(EFVS)、合成视景系统(SVS)和/或组合视景系统(CVS)实施运行。

(b)在使用平视显示器(HUD)或等效显示器、增强视景系统(EVS)、增强飞行视景系统(EFVS)、合成视景系统(SVS)和/或组合视景系统(CVS)实施运行时,合格证持有人应当确保有关设备符合相关的审定要求,对相关运行进行了安全风险评估,制定并遵守有关运行程序和培训要求。

第 121.529 条　电子飞行包(EFB)

(a)除非经局方批准,合格证持有人不得在机上使用电子飞行包。

(b)在使用电子飞行包时，合格证持有人应当满足以下要求：

(1)证明电子飞行包符合适航审定要求(如适用)；

(2)评估电子飞行包的运行适用性；

(3)评估与每个电子飞行包功能相关的安全风险；

(4)制定关于该设备和每个电子飞行包功能的使用程序和培训要求；

(5)确保在电子飞行包发生故障的情况下，能够随时向飞行机组提供充分信息。

T章　飞行运作

第121.531条　国内、国际定期载客运行的运行控制责任

(a)合格证持有人应当对运行控制负责。

(b)机长和飞行签派员应当对飞行的计划、延迟和签派或者放行是否遵守涉及民航管理的规章和合格证持有人的运行规范共同负责。

(c)飞行签派员应当对下列工作负责：

(1)监控每次飞行的进展情况；

(2)分析与发布该次飞行安全所必需的信息；

(3)如果根据其本人或者机长的判断，认为该次飞行不能按照计划或者放行的情况安全地运行或者继续运行时，取消或者重新签派该次飞行。

(4)当飞机追踪无法确定其位置且尝试建立联系未获成功时，通知相关的空中交通服务单位。

(d)在飞行期间，机长负责控制飞机和指挥机组，并负责旅客、机组成员、货物和飞机的安全。

(e)在飞行期间，机长对于飞机的运行拥有完全的控制权和管理权。这种权力没有限制，可以超越机组其他成员及他们的职责，无论机长是否持有执行其他机组成员职责所需的有效证件。

(f)任何驾驶员在驾驶飞机时不得粗心大意和盲目蛮干，以免危及生命或者财产的安全。

第121.532条　补充运行的运行控制责任

(a)合格证持有人应当对运行控制负责，并在手册中列出授权实施运行控制的人员。

(b)机长和运行副总经理应当对飞行的放行、延续、改航和终止是否遵守涉及民航管理的规章和合格证持有人的运行规范共同负责。运行副总经理可以委托他人行使飞行放行、延续、改航和终止的职能，但不能委托运行控制的

责任。

(c)当运行副总经理或者机长认为该次飞行不能按照计划安全地运行时,运行副总经理对取消、改航或者延迟飞行负责。运行副总经理应当负责至少在下列方面对飞行运行进行监控:

(1)始发地机场的离开和目的地机场的到达,包括中途停留机场及备降机场;

(2)发生在起始、目的地和中途停留机场的维修及机械延误;

(3)已知的严重影响飞行安全的情况;

(4)当飞机追踪无法确定其位置且尝试建立联系未获成功时,通知相关的空中交通服务单位。

(d)在飞行期间,机长负责控制飞机和指挥机组,并负责旅客、机组成员、货物和飞机的安全。在飞行期间,对于飞机的运行拥有完全的控制权和管理权。这种权力没有限制,可以超越机组其他成员及他们的职责,无论机长是否持有执行其他机组成员职责的有效证件。

(e)机长对飞行前的计划和飞行中的运行是否遵守涉及民航管理的规章和合格证持有人的运行规范负责。

(f)任何驾驶员在驾驶飞机时不得粗心大意和盲目蛮干,以免危及生命或者财产的安全。

第121.533条　飞机追踪

(a)合格证持有人必须建立飞机追踪能力,确保在飞机的整个运行区域对其进行追踪。

(b)除经局方批准外,对于最大起飞重量超过27000kg飞机计划在中国情报区以外进行飞行运行的部分,合格证持有人必须至少每15分钟通过自动报告对飞机位置进行追踪。

(c)合格证持有人应当保留飞机追踪数据,用于协助搜寻和救援确定飞机最后已知位置。

第121.534条　安保要求

按照本规则实施运行的合格证持有人应当遵守涉及民航管理的规章适用的安保要求。

第121.535条　运行通告

合格证持有人应当将设备和运行程序方面的任何变动通知其相关的人员,包括已知的正在使用的任何导航设施、机场、空中交通管制程序与规则、机场交通管制规则等方面的变化,以及已知的威胁飞行安全的信息,包括结冰和其他危险气象条件、地面和导航设施不正常的情况等。

第 121.537 条　运行时刻表

在安排运行时刻表时，合格证持有人应当为飞机在经停站正常补给服务留出足够的时间，并应当考虑航路上的盛行风和所用型号飞机的巡航速度。这个巡航速度不得大于发动机的标称巡航输出功率所能获得的巡航速度。

第 121.538 条　客舱乘务员机型数量的限制

客舱乘务员所服务的机型数量应当不超过三种，如果合格证持有人所运行的机型中有两种机型在安全设备和操作程序上相类似，经局方批准可增加至四种。如果一个机型的改型或衍生型的应急出口操作、应急设备安放位置、应急设备型号以及应急操作程序方面差异较大，局方也可将其视为客舱乘务员所服务的另一种机型。

第 121.539 条　机组成员的值勤要求

(a)在飞行的关键阶段，合格证持有人不得要求飞行机组成员完成飞机安全运行所必需的工作之外的任何其他工作，飞行机组任何成员也不得承担这些工作。预定厨房供应品，确认旅客的衔接航班，对旅客进行合格证持有人的广告宣传，介绍风景名胜的广播，填写与运行无关的公司报告表、记录表等工作都不是飞机安全运行所必需的工作。

(b)在飞行的关键阶段，飞行机组成员不得从事可能分散飞行机组其他成员工作精力，或者可能干扰其他成员正确完成这些工作的活动，机长也不得允许其从事此种活动。这些活动包括进餐、在驾驶舱无关紧要的交谈、在驾驶舱和客舱乘务员之间无关紧要的通话、阅读与正常飞行无关的刊物等。

(c)在飞行期间，合格证持有人制定的服务程序不得影响客舱乘务员履行安全职责。

(d)在飞行的关键阶段，合格证持有人不得要求客舱机组完成安全所必需的工作之外的任何其他工作，客舱机组任何成员也不得接受这些工作。

(e)在本条中，飞行关键阶段是指滑行、起飞、着陆和除巡航飞行以外在 3000 米(10000 英尺)以下的飞行阶段。

第 121.541 条　在操作位置上的飞行机组成员

(a)除本条(b)款规定外，在驾驶舱值勤的每个飞行机组必需成员，在飞行过程中应当坐在指定的值勤位置并系好安全带；在起飞和着陆过程中应当坐在指定的值勤位置并系好安全带和肩带，但对于驾驶员之外的飞行机组成员，在履行其正常职责需要时可以松开肩带。

(b)在下列情形下，飞行机组必需成员可以离开指定的值勤位置：

(1)为了完成与飞机运行有关的任务需要该机组成员离开时；

(2)机组成员的离开与生理需要有关时；

(3)机组成员到了轮换休息时间，并按照下述规定有人接替工作时：

(i)对于指定的机长，在航路巡航飞行期间，可以由符合第121.451条(a)款规定条件的巡航机长接替；

(ii)对于指定的副驾驶，可以由有资格在航路飞行期间担任副驾驶的驾驶员接替。但是，接替的驾驶员不必满足本规则第121.461条(b)款中关于近期经历的要求。

第121.543条　操纵装置的控制

机长不得允许不符合下列规定之一的人员在飞行期间控制操纵装置，任何不符合下列规定之一的人员也不得在飞行期间控制操纵装置：

(a)运行该飞机的合格证持有人的合格驾驶员；

(b)得到机长允许、有资格在该飞机上飞行的正在执行飞行运行检查任务的局方监察员或者局方委任代表；

(c)得到机长允许、有资格在该飞机上飞行并且获得了局方和运行该飞机的合格证持有人批准的另一合格证持有人的驾驶员。

第121.545条　进入驾驶舱的人员的限制

(a)下列人员可以进入飞机驾驶舱，但并不限制机长为了安全而要求其离开驾驶舱的应急决定权：

(1)机组成员；

(2)正在执行任务的局方监察员或者局方委任代表；

(3)得到机长允许并且其进入驾驶舱对于安全运行是必需或者有益的人员；

(4)经机长同意，并经合格证持有人特别批准的其他人员。

(b)被准许进入驾驶舱的非机组人员，应当在客舱内有供该人员使用的座位，但下列人员在驾驶舱有供其使用的座位时除外：

(1)正在对飞行操作进行检查或者观察的局方监察员或者经授权的局方委任代表；

(2)局方批准进行空中交通管制程序观察的空中交通管制员；

(3)合格证持有人雇用的持有执照的航空人员；

(4)其他合格证持有人雇用的持有执照的航空人员，该员得到运行该飞机的合格证持有人的批准；

(5)运行该飞机的合格证持有人的雇员，其职责与飞行运作的实施或者计划、或者空中监视飞机设备或者操作程序直接有关，此人进入驾驶舱对于完成其任务是必需的，并且已得到在运行手册中列出的有批准权的主管人员的书面批准；

(6)该飞机或者其部件的制造厂家技术代表,其职责与空中监视飞机设备或者操作程序直接有关,进入驾驶舱对于完成其职责是必需的,并已得到该合格证持有人在运行手册中列出的有批准权的运行部门负责人的书面批准。

第121.547条 局方监察员进入驾驶舱的权力

局方指定的监察员执行监察任务时,向机长出示局方监察员证件后,机长应当允许该监察员不受阻碍地进入该飞机的驾驶舱。

第121.549条 飞行装具

(a)机长应当保证在每次飞行中,飞机上带有合适的航空图表资料,其中应当包含有关导航设施和仪表进近程序的足够信息。

(b)在每次飞行中,每个机组成员应当有一个处于良好工作状态的手电筒,供其随时使用。

第121.550条 机场运行最低标准

(a)合格证持有人应当对每一运行的机场制定自己的机场运行最低标准。除非机场所在国民航当局特殊批准,合格证持有人制定的机场运行最低标准不得低于该民航当局为该机场确定的最低标准。

(b)合格证持有人制定机场运行最低标准的方法应当得到局方批准。

第121.551条 国内、国际定期载客运行的运行限制或者暂停运行

当合格证持有人了解到某些情况,包括机场或者跑道情况等,对安全运行构成威胁时,该合格证持有人应当限制或者暂停运行,直到这些情况消除为止。

第121.552条 补充运行的运行限制或者暂停运行

当实施补充运行的合格证持有人或者机长了解到某些情况,包括机场和跑道情况等,对安全运行构成威胁时,该合格证持有人或者机长应当根据当时的情况限制或者暂停运行,直到这些情况消除为止。

第121.553条 国内、国际定期载客运行对批准航路和限制的遵守

驾驶员在国内、国际定期载客运行中操作飞机时应当遵守下列规定:

(a)不得在其运行规范规定以外的航路或者航段上飞行。

(b)应当遵守其运行规范规定的限制。

第121.555条 飞行中燃油管理

(a)合格证持有人必须在运行手册中制定飞行中燃油检查和管理的政策和程序,并经局方批准。

(b)机长必须随时确保机上剩余可用燃油量,不低于飞往可以安全着陆的机场的所需油量与计划最后储备油量之和。

(c)如果飞行中燃油检查的结果表明,在目的地机场着陆时的机载剩余可用燃油量可能低于备降油量与计划最后储备燃油量之和时，机长必须评估目的地机场、备降机场与航路的空中交通情况和天气趋势、导航设备开放状况等运行条件，以确保安全着陆时的机载剩余可用燃油量不低于最后储备燃油量。

(d)在决定在某一特定机场着陆时，如经计算表明对飞往该机场现行许可的任何改变会导致着陆时的机载剩余可用燃油量低于计划最后储备燃油量时，机长必须通过宣布"最低油量"或"MINIMUM FUEL"向空中交通管制部门通知最低油量状态，并通知飞行签派员。

(e)宣布"最低油量"是通知空中交通管制部门对现行许可的任何改变会导致使用低于签派的最后储备燃油着陆。这并非指紧急状况，仅表示如果再出现不适当耽搁很可能发生紧急状况。

(f)当预计在距离最近的能安全着陆的合适机场着陆时的机载剩余可用燃油量低于计划最后储备燃油量时，机长必须通过广播"MAYDAY MAYDAY MAYDAY FUEL"宣布燃油紧急状况。

第 121.556 条　国内、国际定期载客运行的紧急情况

(a)在需要立即决断和处置的紧急情况下，机长可以采取他认为在此种情况下为保证飞行安全应当采取的任何行动。在此种情况下，机长可以在保证安全所需要的范围内偏离规定的运行程序与方法、天气最低标准和其他规定。

(b)飞行签派员在飞行期间发现需要其立即决断和处置的紧急情况时，应当将紧急情况通知机长，确实弄清机长的决断，并且应当将该决断作出记录。如果在上述情况下，该飞行签派员不能与飞行人员取得联系，则应当宣布进入应急状态，并采取他认为在此种情况下为保证飞行安全应当采取的任何行动。

(c)当机长或者飞行签派员行使应急权力时，应当将飞行的进展情况及时准确地报告给相应的空中交通管制部门和签派中心。宣布应急状态的人员应当通过该合格证持有人的运行副总经理，向局方书面报告任何偏离。飞行签派员应当在应急状态发生后 10 天内提交书面报告，机长应当在返回驻地后 10 天内提交书面报告。

第 121.557 条　危险天气和地面设施与导航设施不正常的报告

(a)在飞行中遇到气象条件、地面设施或者导航设施不正常时，如果机长认为这些情况对其他飞行的安全十分重要，应当尽快通知有关的地面站或者空中交通管制员、飞行签派员。

(b)按照本条(a)款接到通知的人员，应当把情况报告给直接负责运行该设施的机构。

第 121.558 条　补充运行的紧急情况

(a)在需要立即决断和处置的紧急情况下，机长可以采取他认为在此种情况下为保证飞行安全应当采取的任何行动。在此种情况下，机长可以在保证安全所需要的范围内偏离规定的运行程序与方法、天气最低标准和其他规定。

(b)在使用飞行跟踪系统实施运行控制的飞行期间，合格证持有人的相关管理人员发现需要其立即决断和处置的紧急情况时，应当将紧急情况通知机长，确实弄清机长的决断，并且应当将该决断作出记录。如果在上述情况下，该管理人员不能与飞行人员取得联系，则应当宣布进入应急状态，并采取他认为在此种情况下为保证飞行安全应当采取的任何行动。

(c)当机长或者相关管理人员行使应急权力时，应当将飞行的进展情况及时准确地报告给相应的空中交通管制部门。宣布应急状态的人员应当通过该合格证持有人的运行副总经理，向局方书面报告任何偏离。宣布应急状态的人员应当在飞行结束或者返回驻地后10天内提交书面报告。

第121.559条　机械故障的报告

机长应当确保在飞行期间发生的所有机械不正常情况，都能在该飞行时间结束时如实填入飞机飞行记录本。每次飞行前，机长应当清楚地了解上次飞行结束时在记录本上所填的所有故障的处置情况。

第121.561条　发动机不工作时的着陆和报告

(a)对于所有飞机，在飞机发动机失效，或者为防止可能的损坏而停止发动机运转时，机长均应当按照飞行时间在距离最近的能安全着陆的合适机场着陆。

(b)如果装有三台或者三台以上发动机的飞机只有一台发动机失效或者停止运转，机长在考虑到下列因素后，认为飞往另一机场与在最近的合适机场着陆同样安全时，则可以飞往所选定的另一机场：

(1)故障的性质和继续飞行可能出现的机械上的困难；

(2)发动机停止运转时的高度、重量和可用的燃油量；

(3)航路上和可以着陆机场的气象条件；

(4)空中交通的拥挤情况；

(5)地形种类；

(6)机长对所使用的机场的熟悉程度。

(c)机长应当把飞行中发动机停车的情况尽快报告给有关的空中交通管制员和飞行签派员，并随时报告飞行进展的全部情况。

(d)如果机长未在按照飞行时间距离最近的合适机场着陆，而选定另一机场着陆，那么在完成该次飞行后，机长应当向运行经理呈交书面报告一式两份，陈述其具有同等安全程度的理由。运行经理应当于驾驶员返回基地后10天内把签有其意见的报告副本提交给局方。

第 121.563 条　仪表进近程序和仪表飞行规则着陆最低标准

机长应当依据合格证持有人运行规范中规定的仪表进近程序和仪表飞行规则着陆最低标准实施仪表进近。

第 121.565 条　飞机互换

(a)在按照飞机互换协议实施运行之前,每个合格证持有人应当证明:

(1)飞机互换运行的程序符合涉及民航管理的规章的规定和安全运行常规的要求;

(2)飞行机组必需成员和飞行签派员符合经批准的所用飞机和设备的训练要求,并熟悉所用的通信和签派程序;

(3)维修人员符合该飞机和设备的训练要求,并熟悉将使用的维修程序;

(4)飞行机组成员和飞行签派员符合相应的航路和机场资格要求;

(5)即将运行的飞机,其飞行仪表的布局、对安全具有关键意义的操纵装置的位置和操作动作应当与被互换的飞机基本相同,但局方认为该合格证持有人具有恰当的训练大纲,能保证任何影响安全的差异经差异训练而解决的情况除外。

(b)每个合格证持有人应当把飞机互换协议中包含的有关条款和程序列入其手册。

第 121.567 条　飞机应急撤离的能力

(a)载有旅客的飞机在所安装的每个机上自动展开应急撤离辅助设备做好撤离准备之前,不得在地面上移动、起飞或者着陆。

(b)合格证持有人应当保证,载有旅客的飞机在地面上移动之前,至少有一个地板高度的出口,供旅客利用正常或者应急手段撤出飞机。

第 121.569 条　起飞前对旅客的简介

(a)运行载客飞机的合格证持有人,应当保证由适当的机组成员按照下列要求向所有旅客提供口头简介:

(1)每次起飞前,简介下列内容:

(i)告知每个旅客飞机机舱内禁止吸烟。申明局方要求旅客遵守客舱信息灯的信号、标志牌的指示,说明现行法规禁止摆弄、损伤或者毁坏飞机厕所内烟雾探测器;

(ii)应急出口位置及其引导标志和灯光;

(iii)安全带的使用方法,包括如何系好和松开安全带。告知每个旅客,什么时候、什么地方、在什么情况下应当系好安全带。说明局方要求旅客遵守客舱信息灯给出的信号和安全带的使用说明;

(iv)需要的任何应急漂浮设备的位置及其使用方法;

(v)对于飞行高度7600米(25000英尺)以上的飞行,告知每个旅客一旦座舱释压时使用氧气的重要性,向他们指出氧气分配设备的所在位置并演示其使用方法;

(vi)关于禁止或者限制旅客在机上使用便携式电子设备的规定。

(2)在每次起飞之后,在要求系好安全带的信号灯即将关断之前或者刚刚关断之后,广播通知旅客,即使在要求系好安全带的信号灯熄灭时,在座位上仍应当继续系好安全带;

(3)除本款第(4)项规定外,在每次起飞之前,被指定担负该次飞行任务的客舱乘务员,应当对在紧急情况下需由他人协助方能迅速移动到出口的旅客进行个别简介。简介时客舱乘务员应当完成下列工作:

(i)告诉该旅客及其随行人员(如有的话),在应急情况下,通往每一适当出口的通道以及开始撤往出口的最佳时间;

(ii)征询该旅客及其随行人员(如有的话)关于帮助此人的最适宜方式,以免使其痛苦和进一步受伤。

(4)本款第(3)项所述旅客如已在同一飞机上于前面的航段中接受过简介并且值勤客舱乘务员已得知关于防止该员痛苦和进一步受伤的最适宜方式,则该项要求不适用。

(b)合格证持有人应当在载客飞机的每一旅客方便使用的位置上,备有至少用中文印制的卡片以补充口头简介。每张卡片包含的信息只能是该次飞行所用的该型别飞机的信息。卡片上不得印有任何广告。卡片应当包括下列内容:

(1)应急出口的示意图和使用方法;

(2)使用应急设备的其他必要说明。

(c)合格证持有人应当将按照本条(a)款进行简介时应当遵循的程序在其手册中作出规定。

第121.571条　延伸跨水运行中对旅客的简介

(a)除本规则第121.569条(a)款所要求的语言简介外,使用飞机作延伸跨水运行的合格证持有人,应当保证由适当的机组成员向所有旅客提供补充口头简介,讲解救生衣、救生筏和其他漂浮装置的位置和使用方法,包括演示救生衣穿戴和充气的方法。

(b)合格证持有人应当将按照本条(a)款要求进行简介时应当遵循的程序规定在其手册中。

(c)如果飞机起飞后直接进入跨水飞行,本条(a)款所要求的简介应当于起飞前进行。

(d)如果飞机起飞后不直接进入跨水飞行,本条(a)款所要求的简介不必在起飞前进行,但在跨水飞行前,应当完成全部简介。

第121.573条　便携式电子设备的禁用和限制

(a)除本条(b)款规定外,任何人不可以使用,合格证持有人或机长也不得允许在按照本规则运行的飞机上使用任何便携式电子设备。

(b)本条(a)款不包括:

(1)便携式录音机;

(2)助听器;

(3)心脏起搏器;

(4)电动剃须刀;

(5)合格证持有人认为使用时不会影响飞机导航和通讯系统的便携式电子设备。

(c)本条(b)款第(5)项由合格证持有人对特定便携式电子设备使用情况验证后决定。

(d)在飞行期间,当机长发现存在电子干扰并怀疑该干扰来自机上乘员使用的便携式电子设备时,机长和机长授权人员应当要求其关闭这些便携式电子设备;情节严重的应当在飞机降落后移交地面公安机关依法处置,并在事后向局方报告。

第121.574条　旅客医用氧气

(a)当满足下述条件时,合格证持有人可以允许旅客携带和使用用于贮存、产生或者分配氧气的设备:

(1)该设备符合下列要求:

(i)由合格证持有人提供;

(ii)是经国家相关部门批准的型号;

(iii)由合格证持有人按照经批准的维修大纲进行维修;

(iv)外表面无可燃污物;

(v)能为使用者提供每分钟4升的最低氧气流量;

(vi)所有阀门、接头和仪表均具有防毁坏保护结构;

(vii)适当地固定好。

(2)当氧气以液体形式贮存时,该设备自首次使用或者其贮存容器经清洗以来,已按照经批准的维修大纲得到维修;

(3)当氧气以压缩气体的形式贮存时,自首次使用或者其贮气瓶的上次水压试验以来,该设备已按照经批准的维修大纲得到维修,并且任何氧气瓶内的压力未超过额定的氧气瓶压力;

(4)每个使用该设备的人员均应持有由合格医生签署的书面证明，说明该员有使用该设备的医学需要，并具体标明，在正常飞行时与飞机客舱内压力相对应的压力高度下，每小时所需的最大氧气量和最大氧气流量。当在一架飞机上，载运的旅客都是那些在飞行中需要医用氧气的人员（每个人员有不超过一名陪伴亲属或者其他有关人员）和医护人员时，在该飞机上载运医用氧气不适用本款规定；

(5)当按照本条(a)款第(4)项要求具有医生证明时，携带的氧气总量等于按照医生证明中标明的每小时所需的最大氧气量，乘以按照本规则要求的用以计算飞机燃油量的小时数；

(6)当设备装机时和计划在空中使用这些设备时，应当通知机长；

(7)该设备应妥善安放，使用该设备的每个人都应正常就座，以免妨碍接近或者使用客舱中任何必需的应急出口、正常出口或者过道。

(b)任何人不得在按照本条(a)款规定装载的氧气存贮和分配设备3米(10英尺)之内吸烟。

(c)在飞机上有旅客的情况下，合格证持有人不得允许任何人把氧气分配设备从充满氧气的氧气瓶上拆开或者接上。

(d)本条要求不适用于载运本规则要求的补充氧气、急救氧气及其相关设备。

第121.575条　在机上饮用含酒精饮料的限制

(a)除运行该飞机的合格证持有人供应的含酒精饮料外，任何人不得在飞机上饮用其他含酒精饮料。

(b)合格证持有人不得允许任何处于醉酒状态的人进入其飞机。

(c)合格证持有人不得向乘坐其飞机的下列人员供应任何含酒精饮料：

(1)表现为醉酒状态的人；

(2)按照适用的飞机安保要求，正在护送别人的人或者被护送的人；

(3)按照适用的飞机安保要求，在飞机上持有致命性或者危险性武器的人。

(d)当发现有人拒绝遵守本条(a)、(b)款的规定，或者发生由于处于醉酒状态的人进入飞机引起的骚扰事件时，机长和机长授权人员应当场制止，合格证持有人应当在事发后5天内向局方报告。

第121.576条　航空卫生保障

(a)合格证持有人应当根据飞行任务和飞行环境特点，建立完善的航空卫生管理制度和保障制度，配备合格和足够的航空医师和用于实施航空卫生管理的设施、设备，在按照本规则运行时符合下列要求：

(1)为机组成员保持良好的身体和心理状态提供保障；

(2)为执行飞行任务的机长和副驾驶员提供不同餐食；如只能提供同种餐食时，则规定机长和副驾驶员间隔一小时进餐；

(3)飞机内的环境卫生和航空食品卫生符合国家有关规定；

(4)保持应对突发公共卫生事件的处置预案现行有效；

(5)机组成员发生因身体原因不能正常履行职责或造成不安全事件时及时报告局方；

(6)健全驻外站点卫生保障制度。

(b)在按本规则运行时，航空医师应当：

(1)确认机组成员的健康状况能够满足履行职责的需要，并对能否持续履行职责做出医学鉴定意见和提供有针对性的医疗保障措施；

(2)为在高高原等特殊条件下的运行或执行特殊任务时提供包括机组成员值勤前体检在内的医疗保障措施；

(3)了解航空人员日常身体健康状况和医疗就诊活动，指导机组成员安全使用药物和实施健康保护。

(c)在按本规则运行时，机组成员应当：

(1)符合体检鉴定结论及限制条件的要求，保持良好的心理状态；

(2)在身体或心理状况发生异常变化，可能不符合航空人员体检合格证相应医学标准时，暂停履行职责并及时报告合格证持有人并咨询航空医师，经允许方可继续履行职责，不得隐瞒或自行采取医疗措施；

(3)在值勤前和值勤中不得使用可能造成生理异常或影响正常履行职责的药物。但航空医师确认的不影响正常履行职责的治疗药物除外；

(4)及时按相应程序处置并上报飞行中发生的紧急医学事件。

第 121.577 条　禁止使用和携带毒品、麻醉药品和精神药品

担任安全敏感工作的人员，包括机组成员、飞行签派员等，不得使用或者携带鸦片、海洛因、甲基苯丙胺(冰毒)、吗啡、大麻、可卡因以及国家规定管制的其他能够使人形成瘾癖的麻醉药品和精神药品。合格证持有人不得安排明知其使用或者携带了上述禁用毒品和药品的人员担任安全敏感工作，该人员也不得为合格证持有人担负此种工作。

第 121.579 条　饮用含酒精饮料后的值勤限制

(a)本条适用于机组成员、飞行签派员等担任安全敏感工作的人员。

(b)前款所述有关人员如果其呼出气体中所含酒精浓度达到或者超过 0.04 克/210 升以上，或者在酒精作用状态下，不得上岗或者继续留在岗位上担任安全敏感工作。任何合格证持有人，在明知该员呼出气体中所含酒精浓度达到或者超过0.04克/210升，或者在酒精作用状态下，不得允许其担任或者继续担任安全敏感工作。

(c)有关人员在担任安全敏感工作过程中，不得饮用含酒精饮料。任何合格证持有人，在明知有关人员在担任安全敏感工作过程中饮用含酒精饮料时，不得允许该人员担任或者继续担任安全敏感工作。

(d)有关人员在饮用含酒精饮料后8小时之内，不得上岗值勤。任何合格证持有人在明知该人员在8小时之内饮用过含酒精饮料时，不得允许该人员担任或者继续担任上述工作。

第121.581条　客舱和驾驶舱内大件物品的固定

合格证持有人应当提供手段并采取措施，使厨房内每项设备、停用的服务车、每件装在客舱或者驾驶舱的机组行李，能够承受相应于该飞机型号合格审定应急着陆状态的载荷系数下的载荷，不至于因移动而造成危害。

第121.583条　飞机地面移动、起飞和着陆期间食品、饮料和旅客服务设施的固定

(a)当处于下列情形之一时，合格证持有人不得使飞机在地面移动、起飞或者着陆：

(1)当旅客座位上放有由合格证持有人提供的食品、饮料或者餐具时；

(2)在每个旅客的食品和饮料盘及每个椅背餐桌均被固定在其收藏位置之前；

(3)在每个旅客服务车被固定在其收藏位置之前；

(4)在每个可以伸展至过道的电影屏幕被收上之前。

(b)每位旅客均应当遵守机组成员按照本条规定提出的要求。

第121.585条　客舱臭氧浓度

(a)本条采用下述定义：

(1)“飞行阶段”是指在两个机场之间预定不着陆飞行时间；

(2)“海平面当量”是指25℃和760毫米汞柱压力的状态。

(b)除本条(d)款和(e)款规定外，合格证持有人不得在下述飞行高度层之上运行飞机，除非已成功地向局方证明，客舱内臭氧的浓度不超过下述规定：

(1)对于飞行高度超过9600米(32000英尺)的飞行，在超过该飞行高度的任何时间里，按照容积计为海平面当量的百万分之0.25；

(2)对于飞行高度超过8400米(27000英尺)的飞行，飞行时间超过4小时并含有高于该飞行高度飞行的每个飞行阶段的加权平均值，按照容积计为海平面当量的百万分之0.1。此时飞行高度6000米(18000英尺)以下的臭氧量视为零。

(c)为符合本条要求,应当根据飞机运行程序和性能限制,或者根据合格证持有人的运行,通过分析或者试验提供证明。分析或者试验应当证明下述两种情况:

(1)在统计可靠度至少为84%时,大气臭氧的统计值表明,在飞机所运行的高度和位置,座舱臭氧的浓度不会超过本条(b)款的规定;

(2)飞机通风系统,包括任何臭氧控制设备,可以维持客舱臭氧浓度不高于本条(b)款所规定的限度。

(d)在下述情况下,合格证持有人可以通过修订运行规范的方式,获得偏离本条(b)款的批准,其前提条件是:

(1)该合格证持有人证明,由于情况超出其控制能力或者不合理的经济负担,在一段具体的时间内不能满足要求;

(2)已经提交了一份被局方接受的计划,尽最大能力符合要求。

(e)对于具有下述情形之一的飞机,合格证持有人不必符合本条(b)款的要求:

(1)飞机载运的人员仅为飞行机组成员和第121.591条规定的人员;

(2)已有更换发动机计划的飞机。

第121.587条　使用自动驾驶仪的最低高度

(a)对于航路上飞行,除本条(b)款和(c)款规定外,在离地高度低于飞机飞行手册中注明的巡航状态下自动驾驶仪故障时最大高度损失的2倍,或者低于150米(500英尺)(取两者之中较高者)时,任何人不得在航路上,包括上升和下降阶段,使用自动驾驶仪。

(b)对于进近,当使用仪表进近设施时,在离地高度低于飞机飞行手册中注明的进近状态自动驾驶仪故障时最大高度损失的2倍,或者低于批准的该进近设施最低下降高或者决断高之下15米(50英尺)(取上述两者之中较高者)时,任何人不得使用自动驾驶仪。但在下述情况下应当遵守以下规定:

(1)当报告的气象条件低于涉及民航管理的规章规定的基本目视飞行规则气象条件时,在离地高度低于飞机飞行手册中注明的进近状态带进近耦合器的自动驾驶仪故障时最大高度损失之上15米(50英尺)时,任何人不得使用带进近耦合器的自动驾驶仪作仪表着陆系统(ILS)进近;

(2)当报告的气象条件等于或者高于涉及民航管理的规章规定的基本目视飞行规则最低条件时,在离地高度低于飞机飞行手册中注明的进近状态时带进近耦合器的自动驾驶仪故障时最大高度损失,或者低于15米(50英尺)(取两者中较高者)时,任何人不得使用带进近耦合器的自动驾驶仪作仪表着陆系统(ILS)进近。

(c)尽管有本条(a)款或者(b)款的规定,但在符合下列条件的情况下,局方仍可以颁发运行规范,允许使用经批准的带自动驾驶能力的飞行操纵引导系统,直至接地:

(1)飞机飞行手册中注明,在带进近耦合器的自动驾驶仪故障时,该系统不会出现任何高度损失(零高度之上);

(2)局方认为,使用该系统直至接地,并不会对本条所要求的安全标准产生其他影响。

(d)尽管有本条(a)款的规定,但在符合下列条件的情况下,局方仍可以颁发运行规范,允许合格证持有人在起飞和初始爬升阶段低于本条(a)款规定的高度使用经批准的带自动驾驶能力的自动驾驶仪系统:

(1)飞机飞行手册中规定了经审定的最低接通高度限值;

(2)在到达飞机飞行手册中规定的最低接通高度限值或者局方规定的高度(两者取高者)之前,不接通该系统;

(3)局方确认使用该系统不会影响本条要求的安全标准。

第 121.588 条　电子导航数据管理

(a)合格证持有人应配备适当的电子导航数据(含导航数据库)管理工具;

(b)合格证持有人使用的电子导航数据产品应支持导航应用,满足所需的数据完好性标准;

(c)在特殊批准的导航应用中使用电子导航数据前,合格证持有人应向局方演示证明数据处理流程和导航数据满足要求的数据完好性标准;

(d)合格证持有人应通过直接或者通过监控第三方供应商符合性的方式,持续监控数据处理流程和导航数据的完好性;

(e)合格证持有人应确保在所有相关的飞机上及时地安装电子导航数据,保证数据当前有效和未被更改;

(f)合格证持有人预见或发现电子导航数据存在缺陷并对飞行运行构成危险时,应将相关信息通报给相关运行人员及电子导航数据产品提供商。

第 121.589 条　用于航路监察的向前观察员座位

(a)除本条(c)款规定外,合格证持有人应当在其用于本规则运行的飞机的驾驶舱内备有一个座位,供局方实施航路监察时使用。该座位的位置和设备要求由局方决定。

(b)对于机组所需座位之外另有一个以上观察员座位的飞机,应当有一个向前观察员座位或者局方选定的观察员座位供局方使用。

(c)对于在本规则生效前投入运行的在驾驶舱没有观察员座位的飞机,合格证持有人应当提供一个配备耳机或者喇叭的前排旅客座位，以便局方监察员在实施航路监察时乘坐。

第 121.591 条　无需符合本规则载客要求载运的人员

(a)合格证持有人载运经其批准的下列人员时，无需符合本规则第 121.391 条、第 121.569 条、第 121.585 条和第 121.605 条规定的对载运旅客飞机的要求，本规则第 121.161 条规定的对载运旅客运行的要求，以及本规则第 121.317 条、第 121.545 条和第 121.571 条中与旅客有关的要求：

(1)机组成员；

(2)公司雇员；

(3)正在执行局方任务的局方监察员或者局方委任代表。

(4)下述有关人员：

(i)保障本次飞行安全所需的人员；

(ii)安全处理动物所需的人员；

(iii)安全处理危险物品所需的人员；

(iv)贵重或者机密货物安保所需的人员；

(v)保管易碎或者易腐货物所需的人员；

(vi)试验或者测试货物容器或者货物处置装置所需的人员；

(vii)操作装卸货物的特殊设备所需的人员；

(viii)装卸超规格货物所需的人员。

(5)符合前项规定的赴任或者离任的人员；

(6)经适当军事部门的特殊批准，根据军方运输合同运载的军事信使、军事航路监督人、军运合同协调人或者执行另一军运合同的运营人的飞行机组成员；

(7)陪同合格证持有人处理公司事务的雇员的随行人员。

(b)合格证持有人使用飞机运载由本条(a)款所规定的乘员时，应当符合下列规定：

(1)各乘员能自由地从其座位到达驾驶舱或者到达正常或者应急出口；

(2)当禁止吸烟和应当系好安全带时，机长有办法通知每个乘员；

(3)飞机上每个乘员都具有经批准的座位，这些座位上都有经批准的安全带。座位应当装在合适的位置，该位置对执行飞行任务的飞行机组成员不会产生任何干扰。

(c)在每次起飞前，使用飞机载运本条(a)款所述乘员的合格证持有人，应当确保已由相应的机组成员将下列事项的有关规定口头通知了上述乘员：

(1)禁止吸烟；

(2)使用安全带；

(3)应急出口的位置和使用；

(4)氧气和应急氧气设备的使用；

(5)对于延伸跨水运行，救生筏的位置，救生衣的位置和使用方法，包括演示救生衣穿戴和充气的方法。

(d)使用飞机运载本条(a)款所述乘员的合格证持有人，应当把安全运载这些乘员的程序编入运行手册。

(e)机长可以批准本条(a)款所述的乘员进入飞机驾驶舱。

第 121.593 条　出口座位的安排

(a)合格证持有人应当根据坐在出口座位的旅客应当具备的能力，安排或者调整旅客座位并履行下列职责：

(1)确定其机群中每一种旅客座位布局的出口座位；

(2)在其实施旅客运营的机场的旅客登机门或者售票柜台处，将所制定的有关出口座位旅客安排的规定提供给公众，供公众监督检查；

(3)在滑行或者推飞机前，至少有一名机组必需成员已经核实没有可能不具备能力的旅客坐在出口座位处；

(4)提示在出口座位就座的旅客阅读为其专备的出口座位旅客须知卡并进行自我对照，该卡中应当包含就座于出口座位的旅客应当具备的能力、不宜在出口座位就座的情况、可以要求调换座位的情况以及服从机组成员安排和调整座位的义务。

(5)在其运行手册中规定下列内容：

(i)在机上安排或者调整旅客座位的人员；

(ii)安排或者调整座位、核实出口座位就座情况的程序；

(iii)在机场向公众提供信息和在机上向出口座位旅客提供出口座位旅客须知卡的内容。

(6)本款第(5)项所述运行手册中规定的内容得到局方批准。

(b)前款中的用语按照下列规定：

(1)出口座位是指旅客从该座位可以不绕过障碍物直接到达出口的座位和旅客到达出口必经的成排座位中从出口到最近过道的每个座位。

(2)在出口座位就座的旅客应当具备的能力是指完成下列职责的能力：

(i)确定应急出口的位置；

(ii)认出应急出口开启机构；

(iii)理解操作应急出口的指示；

(iv)操作应急出口；

(v)评估打开应急出口是否会增加由于暴露旅客而带来的伤害；

(vi)遵循机组成员给予的口头指示或者手势；

(vii)收藏或者固定应急出口门，以便不妨碍使用该出口；

(viii)评估滑梯的状况，操作滑梯，并在其展开后稳定住滑梯，协助他人从滑梯离开；

(ix)迅速地经应急出口通过；

(x)评估、选择和沿着安全路线从应急出口离开。

(3)不宜在出口座位就座的情况是指机组成员确认旅客可能由于下述原因不具备本款第(2)项所列的应当具备的一项或者多项能力：

(i)该人的两臂、双手和双腿缺乏足够的运动功能、体力或者灵活性导致下列能力缺陷：

(A)向上、向旁边和向下达不到应急出口位置和应急滑梯操纵机构；

(B)不能握住并推、拉、转动或者不能操作应急出口操纵机构；

(C)不能推、撞、拉应急出口舱门操纵机构或者不能打开应急出口；

(D)不能把与机翼上方出口窗门的尺寸和重量相似的东西提起、握住、放在旁边的座椅上，或者把它越过椅背搬到下一排去；

(E)不能搬动在尺寸与重量上与机翼上方出口门相似的障碍物；

(F)不能迅速地到达应急出口；

(G)当移动障碍物时不能保持平衡；

(H)不能迅速走出出口；

(I)在滑梯展开后不能稳定该滑梯；

(J)不能帮助他人用滑梯离开。

(ii)该人不足15岁，或者如没有陪伴的成年人、父母或者其他亲属的协助，缺乏履行本款第(2)项所列出的一项或者多项能力；

(iii)该人缺乏阅读和理解本条要求的、由合格证持有人用文字或者图表形式提供的有关应急撤离指示的能力，或者缺乏理解机组口头命令的能力。

(iv)该人在没有隐形眼镜或者普通眼镜以外的视觉器材帮助时，缺乏足够的视觉能力导致缺乏本款第(2)项列出的一项和多项能力；

(v)该人在没有助听器以外的帮助时，缺乏足够的听觉能力听取和理解客舱乘务员的大声指示；

(vi)该人缺乏足够的能力将信息口头传达给其他旅客；

(vii)该人具有可能妨碍其履行本款第(2)项所列的一项或者多项适用功能的情况或者职责，例如要照料幼小的孩子，或者履行前述功能可能会使其本人受到伤害。

(4)可以要求调换座位的情况是指在出口座位就座的旅客,按照出口座位旅客须知卡或者按照机组成员向旅客进行的简介进行自我对照,有下列情形之一时可以向机组成员提出调换座位的情况:

(i)属于不宜在出口座位就座的情况的;

(ii)不能确定自己是否具备应当具备的能力的;

(iii)为了履行出口座位处的功能有可能伤害其身体的;

(iv)不能履行出口座位处可能要求其履行的职责的;

(v)由于语言、理解等原因,不能理解出口座位旅客须知卡内容和机组成员讲解内容的。

(c)如果合格证持有人依据本条确定,被安排在出口座位上的旅客很可能没有能力履行本条(b)款第(2)项所列的功能,或者旅客自己要求不坐在出口座位,合格证持有人应当立即将该旅客重新安排在非出口座位位置。在非出口座位已满员的情况下,如果需要将一位旅客从出口座位调出,合格证持有人应当将一位愿意并能够完成应急撤离功能的旅客,调到出口座位上。在出口座位就座的旅客要求更换座位时,机组成员不得要求其讲出理由。

(d)合格证持有人可以按照本条规定,仅凭下列原因而拒绝运送该旅客:

(1)该旅客拒绝遵守合格证持有人机组成员或者经授权的其他雇员发出的、执行按照本条制定的出口座位限制的指示;

(2)存在身体残疾,适合于该人残障的唯一座位是出口座位。

(e)每个旅客应当遵守合格证持有人的机组成员或者经授权的其他雇员所给予的、执行按照本条制定的出口座位限制的指示。

第 121.595 条　拒绝运输的权力

(a)合格证持有人不得以旅客在紧急情况下需要别人帮助才能迅速移到出口,因而会对飞行安全不利为理由,拒绝运送该旅客。但是在合格证持有人已经制定了紧急情况下由其他人员帮助此种旅客迅速转移到出口的程序并包括有合理的通知要求,而该旅客不遵守该程序中的通知要求,或者根据该程序不能运送该旅客的情况除外。

(b)每个合格证持有人应当向局方提供按照本条(a)款制定的程序副本。

(c)当局方认为,为了安全或者公共利益而有必要修改本条(a)款所要求的程序时,合格证持有人在接到局方通知后,应当对其程序进行修改。

(d)合格证持有人应当在其使用的每个机场,向公众提供其按照本条(a)款制定的程序的副本。

第 121.597 条　禁止吸烟的规定

任何人不得在按照本规则运行的飞机上吸烟。

第 121.605 条　驾驶舱门的关闭与锁定

载运旅客飞机的机长应当保证,如果驾驶舱和客舱有门分隔的话,在飞行期间关闭并锁定该门。但下列情况除外:

(a)起飞和着陆期间,如果驾驶舱门是通往必需的旅客应急出口或者地板高度出口的通道。

(b)在执行任务的机组成员需要进入客舱或者驾驶舱时,或者按照第121.545 条规定准许进入驾驶舱的人有必要进入驾驶舱时。

第 121.607 条　手提行李

(a)合格证持有人允许旅客携带手提行李登机时,应当按照其运行规范内规定的手提行李程序,对每个旅客的手提行李进行检查,以控制其尺寸、重量和数量。如果旅客的手提行李超过合格证持有人运行规范内手提行李程序规定的允许量,则该旅客不得登机。

(b)合格证持有人在关闭全部旅客登机门,准备滑行或者推飞机前,应当至少有一名机组必需成员,核实了每件行李都已按照本条规定存放好。

(c)合格证持有人在允许飞机起飞或者着陆前,每件行李应当按照下列要求之一存放:

(1)存放在合适的隔间、行李舱、货舱,这些舱室标有最大重量标牌并提供了固定所有行李或者货物的装置,该装置不影响任何应急设备的使用;

(2)按照在客舱内载运货物的相应规定存放;

(3)放在旅客座椅下面;

(4)盲人携带的手杖可以平放在成排座椅下的地板上(不得伸到通道上)、非应急出口窗旁座椅下的地板上或者局方批准的任何其他地方。

(d)除散放的衣服类物品之外,其他行李应当放在经批准的装有限动装置或者门的行李架上。

(e)每位旅客应当遵守机组成员为符合本条(a)、(b)、(c)、(d)款的规定而给予的指示。

(f)允许在下方放置行李的每个旅客座椅,应当装有防止置于其下的行李物品向前滑动的装置。此外,每个靠过道的座椅应当装有防侧滑装置,防止置于其下的行李物品在该飞机型号合格审定的应急着陆条件规定的极限惯性力撞击下滑到过道上。

第 121.609 条　审定合格的陆上机场的使用

除另经局方批准外,合格证持有人及其驾驶员在实施本规则规定的运行中,不得操作飞机进入未被批准用于公共航空运输运行的陆地机场。但是,合格证持有人可以指定或者使用未被批准用于公共航空运输运行的机场,作为起飞或者着陆用的备降机场，这些机场应当在该合格证持有人的运行规范中注明。

U章 签派和飞行放行

第 121.621 条 国内、国际定期载客运行的签派权

除下述两种情况外，每次飞行应当在起飞前得到飞行签派员的明确批准方可以实施：

(a)对于国内定期载客运行的飞机，在原签派放行单列出的中途机场地面停留不超过 1 小时。

(b)对于国际定期载客运行的飞机，在原签派放行单列出的中途机场地面停留不超过 6 小时。

第 121.622 条 补充运行的飞行放行权

(a)实施补充运行应当使用飞行跟踪系统，每次飞行应当得到合格证持有人授权实施运行控制人员的批准，方可实施。

(b)在开始飞行前，机长或者由合格证持有人授权实施运行控制的人员应当按照该次飞行所遵守的条件制定一个满足飞行的放行单。只有当由机长和授权实施运行控制人员均认为可以安全飞行时，机长方可签署飞行放行单。

(c)当实施补充运行的飞机在地面停留超过 6 小时时，应当重新签署新的飞行放行单，否则不得继续飞行。

第 121.623 条 气象条件的熟悉

(a)对于国内、国际定期载客运行，飞行签派员在签派飞机前，应当完全熟悉所飞航路、机场的气象实况报告和预报，否则不得签派或者放行该次飞行。

(b)对于补充运行，机长应当完全熟悉所飞航路、机场的气象实况报告和预报，否则不得开始该次飞行。

第 121.625 条 国内、国际定期载客运行中飞行签派员向机长的通告

(a)在开始飞行之前，飞行签派员应当向机长提供可能影响该次飞行安全的机场条件和导航设施不正常等方面的所有现行可得的报告或者信息，并且应当向机长提供可能影响该次飞行安全的每一所飞航路和机场的所有可得的天气实况报告和天气预报，包括晴空颠簸、雷暴、低空风切变等危险天气现象。

(b)在飞行期间，飞行签派员应当及时向机长提供可能影响该次飞行安全的天气条件，包括晴空颠簸、雷暴、低空风切变等危险天气现象和有关设施、服务不正常的任何可以获得的补充信息。

第 121.626 条　补充运行的设施和服务

(a)开始飞行前,每个机长应当获得所有可能影响飞行安全的有关机场条件和导航设施不正常情况的最新报告或者信息。

(b)在飞行期间,机长应当获得所有可能影响飞行安全的气象条件、设施和服务不正常情况的附加信息。

第 121.627 条　飞机设备

除非飞机是处于适航状态,并且装备了本规则第 121.305 条规定的设备,否则任何人不得签派或者放行飞机。

第 121.629 条　通信和导航设施

(a)对于定期载客运行,除本条(b)款规定外,在每次飞行前,只有确认在航路批准时本规则第 121.97 条和第 121.101 条所要求的通信和导航设施处于良好工作状态,方可签派飞机在该航路或者航段上飞行。

(b)对于定期载客运行,如果由于超出合格证持有人控制能力的技术原因或者其他原因,在航路上没有本规则第 121.97 条和第 121.101 条所要求的设施或者设施不可用,只要机长和飞行签派员认为现有的设施与航路所要求的通信和导航设施等同并处于良好的工作状态,即可签派飞机在相应航路或者航段上飞行。

(c)对于补充运行,只有当通信和导航设施满足本规则第 121.121 条规定时,方可以放行飞机。

第 121.631 条　目视飞行规则的签派或者放行

按照目视飞行规则签派或者放行飞机前,应当确认可获得的天气实况报告、预报或者两者的组合,表明从签派或者放行飞机飞行时刻起至飞机抵达签派单中所列各机场的时间内,整个航路的云底高度和能见度处于或者高于适用的目视飞行规则最低标准,否则,不得签派或者放行飞机按照目视飞行规则飞行。

第 121.633 条　仪表飞行规则的签派或者放行

除本规则第 121.635 条规定外,按照仪表飞行规则签派或者放行飞机飞行前,应当确认相应的天气实况报告、预报或者两者的组合,表明在签派或者放行单中所列的每个机场的天气条件,在飞机预计到达时处于或者高于经批准的最低标准,否则,不得签派或放行飞机按照仪表飞行规则飞行。

第 121.635 条　跨水运行的签派或者放行

(a)签派或者放行飞机进行含有延伸跨水运行的飞行前,应当确认相应的天气实况报告、预报或者两者的组合,表明飞机预计到达所签派或者放行的目的地机场和必需的备降机场时,这些机场的天气条件等于或者高于经批准的最低标准,否则,不得签派或者放行飞机进行含有延伸跨水运行的飞行。

(b)合格证持有人应当按照仪表飞行规则实施含有延伸跨水运行,但该合格证持有人证明按照仪表飞行规则飞行对于安全是不必要时除外。

(c)对于其他跨水运行,如果局方认为按照仪表飞行规则运行对安全是必要的,合格证持有人应当按照仪表飞行规则实施这些跨水运行。

(d)每个按照目视飞行规则实施延伸跨水运行的批准和每个按照仪表飞行规则实施其他跨水运行的要求,均应当在该合格证持有人的运行规范中明确规定。

第 121.637 条　起飞备降机场

(a)如果起飞机场的气象条件低于合格证持有人运行规范中为该机场规定的着陆最低标准,在签派或者放行飞机前应当按照下述规定选择起飞备降机场:

(1)对于双发动机飞机,备降机场与起飞机场的距离不大于飞机使用一发失效的巡航速度在静风条件下飞行 1 小时的距离;

(2)对于装有三台或者三台以上发动机的飞机,备降机场与起飞机场的距离不大于飞机使用一发失效时的巡航速度在静风条件下飞行 2 小时的距离。

(b)对于本条(a)款,备降机场的天气条件应当满足本规则第 121.643 条的要求。

(c)在签派或者放行飞机前,签派或者飞行放行单中应当列出每个必需的起飞备降机场。

第 121.639 条　仪表飞行规则国内定期载客运行的目的地备降机场

(a)按照仪表飞行规则签派飞机飞行前,应当在签派单上至少为每个目的地机场列出一个备降机场。当目的地机场和第一备降机场的天气条件预报都处于边缘状态时,应当再指定至少一个备降机场。但是,如果天气实况报告、预报或者两者的组合表明,在飞机预计到达目的地机场时刻前后至少 1 小时的时间段内,该机场云底高度和能见度符合下列规定并且在每架飞机与签派室之间建立了独立可靠的通信系统进行全程监控,则可以不选择目的地备降机场:

(1)机场云底高度至少在公布的最低的仪表进近最低标准中的最低下降高(或者决断高)之上 450 米(1500 英尺),或者在机场标高之上 600 米(2000 英尺),取其中较高值;

(2)机场能见度至少为 4800 米(3 英里),或者高于目的地机场所用仪表进近程序最低的适用能见度最低标准 3200 米(2 英里)以上,取其中较大者。

(b)按照本条规定选择的目的地备降机场的天气条件应当满足第 121.643

条的要求。

第 121.641 条　国际定期载客运行的目的地备降机场

(a)按照仪表飞行规则签派飞机飞行前,应当在签派单上为每个目的地机场至少列出一个备降机场。但在下列情形下,如果在每架飞机与签派室之间建立了独立可靠的通信系统进行全程监控,则可以不选择目的地备降机场:

(1)当预定的飞行不超过 6 小时,且相应的天气实况报告、预报或者两者的组合表明,在预计到达目的地机场时刻前后至少 1 小时的时间内,目的地机场的天气条件符合下列规定:

(i)机场云底高度符合下列两者之一:

(A)如果该机场需要并准许盘旋进近,至少在最低的盘旋进近最低下降高度(MDA)之上 450 米(1500 英尺);

(B)至少在公布的最低的仪表进近最低标准中的最低下降高度(MDA)或者决断高度(DA)之上 450 米(1500 英尺),或者机场标高之上 600 米(2000 英尺),取其中较高者。

(ii)机场能见度至少为 4800 米(3 英里),或者高于目的地机场所用仪表进近程序最低的适用能见度最低标准 3200 米(2 英里)以上,取其中较大者。

(2)该次飞行是在前往无可用备降机场的特定目的地机场的航路上进行的,而且飞机有足够的燃油来满足本规则第 121.659 条的要求。

(b)按照本条规定选择的目的地备降机场的天气条件应当满足第 121.643 条的要求。

第 121.642 条　仪表飞行规则补充运行的目的地备降机场

(a)除本条(b)款规定外,当放行飞机按照仪表飞行规则进行补充运行时,应当在飞行放行单中至少为每个目的地机场列出一个备降机场。

(b)对于在国外飞行的航路上,当特定目的地机场无可用备降机场时,如果飞机装载了本规则第 121.659 条规定的燃油,在仪表飞行规则下可以不指定备降机场。

(c)根据本条(a)款规定,备降机场天气条件应当符合第 121.643 条规定的标准。

(d)除非放行单上列出了每个必需的备降机场,否则不得放行飞机。

第 121.643 条　备降机场最低天气标准

(a)对于签派或者飞行放行单上所列的备降机场,应当有相应的天气实况报告、预报或者两者的组合表明,当飞机到达该机场时,该机场的天气条件等于或者高于合格证持有人运行规范规定的备降机场最低天气标准。

(b)在确定备降机场天气标准时,合格证持有人不得使用标注有“未批准备降机场天气标准”的仪表进近程序。

(c)在确定备降机场天气标准时,应当考虑风、条件性预报、最低设备清单条款限制等影响因素。

(d)在合格证持有人运行规范中,签派或者放行的标准应当在经批准的该机场的最低运行标准上至少增加下列数值,作为该机场用作备降机场时的最低天气标准:

(1)对于至少有一套可用进近设施的机场,其进近设施能提供直线非精密进近程序、直线类精密进近程序或直线I类精密进近程序,或在适用时可以从仪表进近程序改为盘旋机动,最低下降高(MDH)或者决断高(DH)增加120米(400英尺),能见度增加1600米(1英里);

(2)对于至少有两套能够提供不同跑道直线进近的可用进近设施的机场,其进近设施能提供直线非精密进近程序、直线类精密进近程序或直线I类精密进近程序,应选择两个服务于不同适用跑道的进近设施,在相应直线进近程序的决断高(DH)或最低下降高(MDH)较高值上增加60米(200英尺),在能见度较高值上增加800米(1/2英里)。

(e)如选择具备II类或III类精密进近的机场作为备降机场计算备降机场天气标准,合格证持有人必须确保机组和飞机具备执行相应进近程序的资格,且飞机还应具备III类一发失效进近能力。此时,签派或者放行标准应按以下数值确定:

(1)对于至少一套II类精密进近程序的机场,云高不得低于90米,能见度或跑道视程不得低于1200米;

(2)对于至少一套III类精密进近程序的机场,云高不得低于60米,能见度不得低于800米,或云高不得低于60米,跑道视程不得低于550米。

(f)如选择具备基于GNSS导航源的类精密进近程序的机场作为备降机场计算备降机场天气标准时,合格证持有人应当经过局方批准并确保:

(1)机组和飞机具备执行相应进近程序的资格;

(2)在签派或放行时,不得在目的地机场和备降机场同时计划使用类精密进近程序;

(3)对使用基于GNSS导航源的类精密进近的机场,应当检查航行资料或航行通告并进行飞行前接收机自主完好性(RAIM)预测.

(4)对于使用RNP AR程序的备降机场,计算备降机场天气标准所基于的RNP值不得低于RNP0.3;

(5)在目的地机场有传统进近程序可用;

(6)在确定本条(d)款中的进近导航设施构型时,应当将基于同一GNSS

星座的仪表进近程序当作一套进近导航设施。

第 121. 645 条　在不安全状况中继续飞行

(a)当机长或者飞行签派员(仅国际和国内定期载客运行时)认为该次飞行不能安全完成时,除非该机长认为已经没有更安全的程序可以执行,机长不得允许该次飞行继续飞往所签派或者放行的机场。在这种情况下,继续飞往该机场就处于本规则第 121. 556 条和第 121. 558 条规定的紧急状态。

(b)如果用于该种运行的任何仪表或者某一设备在航路上失效,机长应当遵循在合格证持有人手册中规定的适用于该情况的经批准程序。

第 121. 647 条　仪表或者设备失效

(a)在飞机所装的仪表或者设备失效时,只有符合下列条件,方可起飞:

(1)该飞机具有经批准的最低设备清单;

(2)局方颁发给该合格证持有人的运行规范批准其按照最低设备清单运行,飞行机组应当能在飞行之前直接查阅经批准的最低设备清单上的所有信息。查阅方法可以是阅读印刷资料或者其他方式,但这些方式应当经局方批准并规定在合格证持有人的运行规范中。经批准的最低设备清单,在运行规范中得到局方授权的,构成经批准的对型号设计的修改,而不需要重新进行型号合格审定;

(3)经批准的最低设备清单应当符合以下规定:

(i)根据本条(b)款规定的限制编写;

(ii)对某些仪表和设备处于不工作状态时该飞机的运行作出规定。

(4)应当向驾驶员提供注明不工作仪表与设备的记录和本款第(3)项第(ii)目要求的信息;

(5)该飞机按照最低设备清单和运行规范中规定的所有适用条件与限制实施运行。

(b)下列仪表和设备不得包含在最低设备清单中:

(1)该飞机型号合格审定所依据的适航规章中明确规定或者所要求的,并且在所有运行条件下对安全运行都是必需的仪表和设备;

(2)适航指令要求应当处于工作状态的那些仪表和设备,但适航指令提供了其他方法的除外;

(3)本规则要求该种运行应当具有的仪表和设备。

(c)尽管有本条(b)款第(1)、(3)项的规定,飞机上某些仪表或者设备不工作时,仍可以依据局方颁发的特殊飞行许可运行。

第 121. 649 条　在结冰条件下运行

(a)当机长或者飞行签派员(仅在国内定期和国际定期运行时)认为,在航路或者机场上,预料到的或者已遇到的结冰状况会严重影响飞行安全时,任何人不得签派或者放行飞机继续在这些航路上飞行或者在这些机场着陆。

(b)当有霜、雪或者冰附着在飞机机翼、操纵面、螺旋桨、发动机进气口或者其他重要表面上,或者不能符合本条(c)款时,任何人不得使飞机起飞。

(c)除了本条(d)款规定外,在某种条件之下,当有理由认为,霜、冰、雪会附着在飞机上时,任何人不得签派或者放行飞机或者使其起飞,但该合格证持有人在其运行规范中具有经批准的地面除冰防冰大纲并且其签派或者放行、起飞都符合该大纲要求的除外。经批准的地面除冰防冰大纲应当至少包括下列项目:

(1)详细规定如下内容:

(i)合格证持有人确定结冰条件的方法,在这种条件下,有理由认为霜、冰、雪会附着在飞机上,并且应当使用地面除冰防冰操作规程;

(ii)决定实施地面除冰防冰操作规程的负责人;

(iii)实施地面除冰防冰操作规程的程序;

(iv)在地面除冰防冰操作规程实施时,负责使飞机安全离地的每一运行职位或者小组的具体工作和职责。

(2)飞行机组必需成员的初始、年度定期地面训练和检查,飞行签派员、地勤组、代理单位人员等其他有关人员的资格审定。训练和检查的内容为包括下列方面的经批准大纲中的具体要求和人员职责:

(i)保持时间表的使用;

(ii)飞机除冰防冰程序,包括检验、检查程序和职责;

(iii)通信程序;

(iv)飞机表面附着的霜、冰或者雪等污染物和关键区的识别,以及污染物严重影响飞机性能和飞行特性的说明;

(v)除冰防冰液的型号与特性;

(vi)寒冷天气飞行前的飞机检查程序;

(vii)在飞机上识别污染物的技术。

(3)合格证持有人的保持时间表和合格证持有人工作人员使用这些时间表的程序。保持时间是指除冰防冰液防止在飞机受保护表面结冰或者结霜和积雪的预计时间。保持时间开始于最后一次应用除冰防冰液的开始时刻,结束于应用在飞机上的除冰防冰液失效的时刻。保持时间应当由局方认可的数据所证明。合格证持有人的大纲应当包括,在条件改变时飞行机组成员增加或者减少所定保持时间的程序。大纲中应当规定在超过合格证持有人保持时间表上最大保持时间后,只有在至少符合下列条件之一时才能允许起飞:

(i)进行本条(c)款第(4)项定义的起飞前污染物检查,查明机翼、操纵面和合格证持有人大纲中定义的其他关键表面没有霜、冰或者雪;

(ii)根据合格证持有人经批准的大纲,使用经局方认可的备用程序,以与上述不同的方法查明,机翼、操纵面和合格证持有人大纲中定义的其他关键表面没有霜、冰或者雪;

(iii)机翼、操纵面和其他关键表面已重新除冰并确定了新的保持时间。

(4)飞机除冰防冰程序和职责、起飞前检查程序和职责以及起飞前污染物检查程序和职责。起飞前检查是指在保持时间之内,检查飞机的机翼或者有代表性的表面有无霜、冰或者雪的情况。起飞前污染物检查是通过检查,确认机翼、操纵面和合格证持有人大纲中定义的其他关键表面没有霜、冰或者雪。这种检查应当在开始起飞之前5分钟之内进行。该检查应当在飞机外部完成,但大纲中另有规定的除外。

(d)合格证持有人如果没有本条(c)款要求的大纲,也可以按照本条继续运行,但是,在其运行规范中应当规定任何时候只要有理由认为霜、冰和雪可能会附着在飞机上,飞机就不得起飞。但经过检查确认没有霜、冰和雪附着在机翼、操纵面和其他关键表面上时除外。该检查应当在开始起飞之前5分钟之内进行,并且应当在飞机外部完成。

第121.651条　初始签派或者放行、重新或者更改签派或者放行

(a)合格证持有人可以指定任一经批准用于该型飞机的正常使用机场、临时使用机场或者加油机场,作为初始签派或者放行的目的地机场。

(b)在签派或者放行单中指定的备降机场的天气预报,应当表明在飞机预计到达该备降机场时,备降机场的天气条件将等于或者高于运行规范中对该机场规定的备降最低天气标准,否则,飞行签派员和机长不得允许该次飞行继续向所签派或者放行的机场飞行。但是,签派或者放行单可以在航路上予以更改,增加任何处在本规则第121.657条至第121.663条规定的飞机燃油范围内的备降机场。

(c)飞机在航路上飞行时,任何人不得擅自更改初始签派或者放行单上指定的初始目的地机场或者备降机场。如果确有必要改变为另外的机场时,则该机场应当是经批准用于该型飞机的,并且在重新签派或者更改签派或者放行单时,应当符合本规则第121.173条和第121.621条至第121.675条的相应要求。

(d)在航路上更改签派或者放行单时,通常需由飞行签派员和机长共同决定,并且应当记录更改的内容。当涉及更改空中交通服务飞行计划时,应当预先和有关的空中交通管制部门取得协调。

第 121.653 条　国内、国际定期载客运行飞至或者飞离加油机场或者临时使用机场的签派

除了根据本规则适用于飞离正常使用机场的签派要求之外，在签派飞机飞至或者飞离加油机场或者临时使用机场时，该机场应当符合本规则适用于正常使用机场的要求。

第 121.655 条　国内、国际定期载客运行从备降机场和未列入运行规范的机场起飞

(a)从备降机场起飞时，该机场的天气条件应当至少等于合格证持有人运行规范中对于备降机场规定的最低天气标准。

(b)在未列入运行规范的机场起飞时，应当符合下列条件：

(1)该机场和有关设施适合于该飞机运行；

(2)驾驶员能遵守飞机运行适用的限制；

(3)飞机已根据适用于从经批准的机场实施运行的签派规则予以签派；

(4)该机场的天气条件等于或者高于该机场所在国政府批准的或者规定的起飞最低天气标准，或者如该机场没有批准的或者规定的标准时，云高/能见度等于或者高于 240 米/3200 米(800 英尺/2 英里)，或者 270 米/2400 米(900 英尺/1.5 英里)，或者 300 米/1600 米(1000 英尺/1 英里)。

第 121.657 条　燃油量要求

(a)飞机必须携带足够的可用燃油以安全地完成计划的飞行并从计划的飞行中备降。

(b)飞行前对所需可用燃油的计算必须包括：

(1)滑行燃油：起飞前预计消耗的燃油量；

(2)航程燃油：考虑到 121.663 条的运行条件，允许飞机从起飞机场或从重新签派或放行点飞到目的地机场着陆所需的燃油量；

(3)不可预期燃油：为补偿不可预见因素所需的燃油量。根据航程燃油方案使用的燃油消耗率计算，它占计划航程燃油 10% 的所需燃油，但在任何情况下不得低于以等待速度在目的地机场上空 450 米(1500 英尺)高度上在标准条件下飞行 15 分钟所需的燃油量；

(4)备降燃油：飞机有所需的燃油以便能够：

(i)在目的地机场复飞；

(ii)爬升到预定的巡航高度；

(iii)沿预定航路飞行；

(iv)下降到开始预期进近的一个点；

(v)在放行单列出的目的地的最远备降机场进近并着陆；

(5)最后储备燃油:使用到达目的地备降机场,或者不需要目的地备降机场时,到达目的地机场的预计着陆重量计算得出的燃油量,对于涡轮发动机飞机,以等待速度在机场上空 450 米(1500 英尺)高度上在标准条件下飞行 30 分钟所需的油量;

(6)酌情携带的燃油:合格证持有人决定携带的附加燃油。

(c)合格证持有人应按照四舍五入方式为其机队每种型别飞机和衍生型确定一个最后储备燃油值。

(d)除非机上可使用的燃油按照要求符合本条(b)款的要求,否则不得开始飞行;除非机上可使用的燃油按照要求符合本条(b)款除滑行燃油以外的要求,否则不得从飞行中重新签派点继续飞往目的地机场。

第 121.659 条　特定情况燃油要求

(a)特定情况下目的地备降机场燃油的计算:

(1)当不需要有目的地备降机场时,所需油量能够使飞机在目的地机场上空 450 米(1500 英尺)高度上在标准条件下飞行 15 分钟;

(2)预定着陆机场是一个孤立机场(无可用备降机场的特定目的地机场):

(i)能够以正常燃油消耗率在目的地机场上空飞行 2 小时的所需油量,包括最后储备燃油。

(ii)当按照本规则第 641 条(a)款第(2)项或第 642 条(b)款放行飞机前往孤立机场(无可用备降机场的特定目的地机场)时,需满足以下条件:

1)在飞机与签派室之间建立了独立可靠的语音通信系统进行全程监控;

2)必须为每次飞行至少确定一个航路备降机场和与之对应的航线临界点;

3)除非气象条件、交通和其他运行条件表明在预计使用时间内可以安全着陆,否则飞往无可用备降机场的特定目的地机场的飞行不得继续飞过航线临界点。

(b)活塞式发动机飞机最后储备燃油的计算:

对于活塞式发动机飞机,按照合格证持有人按照局方规定的速度和高度条件飞行 45 分钟所需的油量。

(c)对于活塞发动机飞机和涡轮螺旋桨发动机飞机的国际定期载客运行或者包括有至少一个国外机场的补充运行,不可预期燃油不得低于以正常巡航消耗率飞往本规则第 657 条(b)款第(2)、(4)项规定的机场所需总时间的 15%所需的油量,或者以正常巡航消耗率飞行 60 分钟油量,两者当中取其中较短的飞行时间。

(d)如果根据本规则121.657条计算的最低燃油不足以完成下列飞行，则应要求额外燃油：

(1)假定在航路最困难临界点发动机发生失效或丧失增压需要更多燃油的情况下，允许飞机在必要时下降并飞行到某一备降机场；

(i)以等待速度在该机场上空450米(1,500英尺)高度上在标准条件下飞行15分钟；

(ii)在该机场进近并着陆；

(2)延程运行的飞机应当遵守经批准的延程运行临界燃油方案；

(3)满足上述未包含的其他规定。

第121.663条　计算所需燃油应当考虑的因素

(a)携带的可用燃油量必须至少基于下列数据：

(1)如果有的话，从燃油消耗监测系统获得的特定飞机的目前数据；

(2)如果没有特定飞机的目前数据，则采用飞机制造商提供的数据。

(b)计算燃油量须考虑计划飞行的运行条件，包括：

(1)风和其他天气条件预报；

(2)飞机的预计重量；

(3)航行通告；

(4)气象实况报告或气象实况报告、预报两者的组合；

(5)空中交通服务程序、限制及预期的延误；

(6)延迟维修项目和/或构型偏离的影响；

(7)空中释压和航路上一台发动机失效的情况；

(8)可能延误飞机着陆的任何其他条件。

(c)尽管有本规则第657条和第659条的规定，若安全风险评估结果表明合格证持有人能够保持同等的安全水平，局方仍可以颁发运行规范批准合格证持有人使用不同的燃油政策。

(d)本条中的所需燃油是指不可用燃油之外的燃油。

第121.665条　目视飞行规则国内运行的起飞和着陆最低天气标准

对于目视飞行规则国内运行，合格证持有人应当遵守涉及民航管理的规章中有关起飞和着陆最低天气标准的规定。

第121.667条　仪表飞行规则的起飞和着陆最低标准

(a)不论空中交通管制是否许可，当由局方批准的气象系统报告的天气条件低于合格证持有人运行规范的规定时，飞机不得按照仪表飞行规则起飞。如果合格证持有人的运行规范没有规定该机场的起飞最低标准，则使用的起飞最低标准不得低于民航局为该机场制定的起飞最低标准。对于没有制定起飞最低标准的机场，可以使用下列基本起飞最低标准：

(1)对于双发飞机，能见度1600米；

(2)对于三发或者三发以上飞机，能见度800米。

(b)除本条(d)款规定外，飞机不得飞越最后进近定位点继续进近，或者在不使用最后进近定位点的机场，进入仪表进近程序的最后进近航段，除非由局方批准的系统为该机场发布了最新的天气报告，报告该机场的能见度等于或者高于仪表进近程序规定的能见度最低标准。

(c)如果驾驶员根据本条(b)款已经开始实施仪表进近程序的最后进近，并在此后收到了较新的天气报告，报告的天气条件低于最低天气标准，该驾驶员仍可以继续进近至决断高或者最低下降高。当到达决断高或者最低下降高，在进近复飞点之前的任何时间内，除非符合下列条件或满足增强飞行视景系统(EFVS)的相关运行要求，不得继续进近到低于决断高或者最低下降高并着陆：(1)该飞机持续处在正常位置，从该位置能使用正常机动动作以正常下降率下降到计划着陆的跑道上着陆，并且以此下降率可以使飞机在计划着陆的跑道的接地区内接地；

(2)飞行能见度不低于所用的标准仪表进近程序规定的能见度；

(3)除Ⅱ类和Ⅲ类进近(在这些进近中，必需的目视参考由局方在批准时具体规定)外，驾驶员至少能清楚地看到和辨认计划着陆跑道的下列目视参考之一：

(i)进近灯光系统，如果驾驶员仅使用进近灯光作为参考，应当能同时清楚地看到和辨认红色终端横排灯或者红色侧排灯，否则不得下降到接地区标高之上30米(100英尺)以下；

(ii)跑道入口；

(iii)跑道入口标志；

(iv)跑道入口灯；

(v)跑道端识别灯；

(vi)目视进近下滑道指示灯；

(vii)接地区或者接地区标志；

(viii)接地区灯；

(ix)跑道或者跑道标志；

(x)跑道灯。

(4)当使用具有目视下降点的非精密直接进近程序时，飞机已到达该目视下降点，且在该点使用正常程序或者下降率能降落到跑道上。

(d)当能见度低于所用仪表进近程序规定的最低能见度时，如果该机场同时开放了仪表着陆系统和精密进近雷达，且驾驶员同时使用了这两套设备，则可以在该机场开始实施该仪表进近程序（Ⅱ类和Ⅲ类程序除外）的最后进近。除非符合下列条件或满足增强飞行视景系统（EFVS）的相关运行要求，不得操作飞机进近到低于经批准的最低下降高，或者继续进近到低于决断高：（1）该飞机持续处在正常位置，从该位置能使用正常机动动作以正常下降率下降到计划着陆跑道上着陆，并且以此下降率可以使飞机在计划着陆跑道的接地区内接地；

（2）飞行能见度不低于所用的标准仪表进近程序规定的能见度；

（3）除Ⅱ类和Ⅲ类进近（在这些进近中，必需的目视参考由局方在批准时具体规定）外，驾驶员至少能清楚地看到和辨认计划着陆跑道的下列目视参考之一：

（i）进近灯光系统，但是如果驾驶员仅使用进近灯光作为参考，除非能同时看到和辨认红色跑道端横排灯或者红色侧排灯，否则不得下降到接地区标高之上30米（100英尺）以下；

（ii）跑道入口；

（iii）跑道入口标志；

（iv）跑道入口灯；

（v）跑道端识别灯；

（vi）目视进近下滑道指示器；

（vii）接地区或者接地区标志；

（viii）接地区灯；

（ix）跑道或者跑道标志；

（x）跑道灯。

（e）就本条而言，最后进近航段从仪表进近程序规定的最后进近定位点或者设施处开始。当一个包含程序转弯的程序没有规定最后进近定位点时，最后进近航段在完成程序转弯的那一点开始，并且在该点上，飞机在该程序规定距离之内在最后进近航迹上向机场飞行。

（f）除了在合格证持有人的运行规范中另有批准外，在国外机场按照仪表飞行规则起飞、进近或者着陆的驾驶员，应当遵守管辖该机场的当局所规定的仪表进近程序和最低天气标准。

第121.669条　新机长的仪表飞行规则着陆最低天气标准

（a）如果机长在其驾驶的某型别飞机上作为机长按照本规则运行未满100小时，则合格证持有人运行规范中对于正常使用机场、临时使用机场或者加油机场规定的最低下降高（MDH）或者决断高（DH）和着陆能见度最低标准，分别增加 30 米(100 英尺)和 800 米(1/2 英里)或者等效的跑道视程(RVR)。对于用作备降机场的机场,最低下降高(MDH)或者决断高(DH)和能见度最低标准无须在适用于这些机场的数值上增加,但是任何时候,着陆最低天气标准不得小于 90 米(300 英尺)和 1600 米(1 英里)。

(b)如果该驾驶员在另一型别飞机上作为机长在按照本规则实施的运行中至少已飞行 100 小时,该机长可以用在本型飞机上按照本规则实施运行中的一次着陆,去取代必需的机长经历 1 小时,减少本条(a)款所要求的 100 小时的机长经历,但取代的部分不得超过 50 小时。

第 121.671 条　报告的最低天气条件的适用性

在按照本规则第 121.665 条至第 121.669 条实施运行时,最新天气报告正文中的云高和能见度值用于控制机场所有跑道上的目视飞行规则和仪表飞行规则起飞、着陆和仪表进近程序。然而,如果最新天气报告,包括从管制塔台发出的口头报告,含有针对机场某一特定跑道的跑道能见度或者跑道视程等数值,这些特定值用于控制该跑道的目视飞行规则和仪表飞行规则着陆、起飞和仪表直接进近。

第 121.673 条　飞行高度规则

(a)除了起飞、着陆需要或者在考虑到地形特征、气象服务设施的质量和数量、可用的导航设施和其他飞行条件后,局方认为为安全实施飞行需要其他高度而对任一航路或者航路的一部分规定了其他最低标准的情况以外,任何人不得在本条(b)和(c)款规定的最低高度以下运行飞机。在中华人民共和国之外飞行时,本条规定的最低高度标准应当起控制作用,除非在合格证持有人运行规范中或者由飞机飞越的国家规定了较高的最低标准。

(b)按照本规则实施运行的任何飞机在昼间按照目视飞行规则运行时不得在距地表、山峰、丘陵或者其他障碍物 300 米(1000 英尺)的高度以下飞行。

(c)按照本规则实施运行的任何飞机按照仪表飞行规则运行时,在距预定航道中心线两侧各 25 公里(13.5 海里)水平距离范围内,在平原地区不得在距最高障碍物 400 米(1300 英尺)的高度以下,在丘陵和山区不得在距最高障碍物 600 米(2000 英尺)的高度以下飞行。

第 121.675 条　起始进近高度

当按照仪表飞行规则飞往无线电导航设施作起始进近时,任何人不得将飞机下降到按照该设施制定的仪表进近程序中规定的起始进近最低高度之下,直至到达该设施的上空。

第 121.677 条　国内、国际定期载客运行的签派责任

合格证持有人应当根据授权的飞行签派员所提供的信息,为两个规定地点之间的每次飞行编制签派单。机长和授权的飞行签派员应当在签派单上签字。机长和授权的飞行签派员均认为该次飞行能安全进行时,他们才能签字。对于某一次飞行,飞行签派员可以委托他人签署放行单,但是不得委托他人行使其签派权。

第 121.679 条　装载舱单的制定

在每架飞机起飞之前,合格证持有人应当制定装载舱单,并对其准确性负责。该舱单应当由合格证持有人负责管理飞机舱单和装载的人员,或者由合格证持有人授权的其他合格人员制定并签字。机长在收到并核实装载舱单后方可以起飞飞机。

V章　记录和报告

第 121.691 条　机组成员和飞行签派员记录

(a)每个合格证持有人应当建立和保存每一机组成员和每个飞行签派员的下列记录:

(1)技术档案,包括飞行记录簿,各种训练和检查的记录,事故、事故征候结论,奖励和惩罚记录等;

(2)能证明该机组成员或者飞行签派员是否满足本规则适用条款要求的记录,包括航路检查、飞机和航路资格审定、体检鉴定和疾病治疗、以及飞行时间、值勤时间和休息时间的记录等;

(3)对飞行机组成员或者飞行签派员体格、业务不合格情况所采取的每一措施,该记录至少保存 6 个月;

(4)飞行机组成员的体检鉴定和疾病治疗记录应当长期保存。

(b)局方批准的计算机记录系统可以用于符合本条(a)款的要求。

(c)合格证持有人应当在机组成员和飞行签派员所服务的基地保存本条(a)款要求的记录,以便接受局方的检查。机组成员和飞行签派员不再服务于该合格证持有人时,合格证持有人应当自上述人员退出运行之日起,将本条(a)(1)项要求的记录保存至少 24 个月,并在上述人员提出要求时向其提供训练记录的复印件。

第 121.693 条　飞机记录

合格证持有人应当保持按照本规则运行的所有飞机的清单,并应当将该记录和每次修订的副本送交负责对其运行进行全面检查的局方机构。按照互换协议使用的另一公共航空运输承运人的飞机可以用加注的方法包括在内。

第 121.695 条　国内、国际定期载客运行的签派单

(a)签派单应当至少包括每次飞行的下列信息：

(1)飞机的国籍标志、登记标志、制造厂家和型号；

(2)承运人名称、航班号和计划起飞时间；

(3)起飞机场、中途停留机场、目的地机场和备降机场；

(4)运行类型说明，例如仪表飞行规则、目视飞行规则；

(5)最低燃油量。

(b)签派单应当至少包括或者附有下列文件：

(1)在机长与飞行签派员签署放行单时可以获得的关于目的地机场、中途停留机场和备降机场的最新天气实况报告和预报。签派单还可以包括机长或者飞行签派员认为必需的或者希望具有的其他天气实况报告和预报；

(2)运行飞行计划；

(3)航行通告。

第 121.696 条　补充运行的飞行放行单

(a)飞行放行单应当至少包括每次飞行的下列信息：

(1)公司或者机构的名称；

(2)飞机的国籍标志、登记标志、制造厂家和型号；

(3)航班或者航次和飞行日期；

(4)每一飞行机组成员、客舱乘务员和机长姓名；

(5)起飞机场、目的地机场、备降机场和航路；

(6)运行类型说明，例如仪表飞行规则、目视飞行规则；

(7)起飞最低燃油量。

(b)飞机飞行放行单应当含有或者附带目的地机场和备降机场的最新天气实况报告、预报或者两者的组合。放行单还可以包括机长认为必需的或者希望具有的其他天气实况报告和预报。

第 121.697 条　装载舱单

装载舱单应当包含飞机在起飞时有关装载情况的下列信息：

(a)飞机、燃油和滑油、货物和行李、乘客和机组成员的重量。

(b)该次飞行的最大允许重量，该最大允许重量不得超过下述重量中最小的重量：

(1)对于拟使用跑道，考虑对跑道气压高度和坡度以及起飞时的风和温度条件的修正值之后的最大允许起飞重量；

(2)考虑到预期的燃油和滑油消耗，能够符合适用的航路性能限制的最大起飞重量；

(3)考虑到预期的燃油和滑油消耗,能够在到达目的地机场时符合批准的最大设计着陆重量限制的最大起飞重量;

(4)考虑到预期的燃油和滑油消耗,能够在到达目的地机场和备降机场时符合着陆限制的最大起飞重量。

(c)按照批准的程序计算的总重量。

(d)按照批准的能够保证重心处于批准范围之内的计划,对该飞机实施装载的证据。

(e)旅客的姓名,除非该项内容由合格证持有人以其他方式保存。

第121.699条　国内、国际定期载客运行装载舱单、签派单和运行飞行计划的处置

(a)机长应当将下列文件的副本随机携带到目的地:

(1)填写好的装载舱单;

(2)签派或者放行单;

(3)运行飞行计划。

(b)合格证持有人应当保存前款规定的文件的副本至少3个月。

第121.700条　补充运行的装载舱单、飞行放行单和运行飞行计划的处置

(a)实施补充运行的飞机机长应当携带下列文件的原件或者经签署的文件副本飞行到目的地机场:

(1)装载舱单;

(2)飞行放行单;

(3)适航放行单;

(4)驾驶员航线合格证明;

(5)运行飞行计划。

(b)如果飞行在合格证持有人主运行基地始发时,应当在其主运行基地保存本条(a)款规定的文件的原件或者副本。

(c)除本条(d)款规定外,如果飞行在合格证持有人主运行基地以外的机场始发时,机长(或者合格证持有人授权的其他运行控制人员)应当在起飞前或者起飞后立即将本条(a)款列出的文件副本发送或者带回到主运行基地保存。

(d)如果飞行始发在合格证持有人的主运行基地以外机场时,合格证持有人在那个机场委托他人负责管理飞行运行,按照本条(a)款规定签署过的文件副本在送回合格证持有人的主运行基地前在该机场的保存不得超过30天。如果这些文件的原件或者副本已经送回合格证持有人的主运行基地,则这些文件不需要继续保存在该机场。

(e)实施补充运行的合格证持有人应当:

(1)根据本条(d)款规定,在其运行手册中制定专门人员负责这些文件副本;

(2)按照本条规定原始文件和副本应当在主运行基地保存3个月。

第121.701条 飞机飞行记录本

(a)合格证持有人应当对于每一架飞机建立飞机飞行记录本,记录运行中发现的缺陷和工作不正常情况及所进行的维修工作;另外,它还用于记录与飞行安全有关的运行信息、飞行机组和维修人员需要了解的有关数据。

(b)飞机飞行记录本中应当包括飞机运行信息、影响飞机适航性和安全运行的任何缺陷及保留状况、要求的维修项目、维修工作记录、飞机放行等内容。

(c)飞机飞行记录本的格式应当固定,各项内容应当使用墨水或者不可以更改的书写工具及时填写,并且有足够的复页以保证满足使用和保存要求。

(d)合格证持有人应当在飞机上飞行机组成员易于取用的地方放置一份飞机飞行记录本原件,其中至少记录包括每次飞行前三次飞行期间填写内容的连续记录,并且每次起飞前在地面保存一份记录上一次飞行和本次飞行前填写内容的飞机飞行记录本的复页。

(e)合格证持有人应当在维修工程管理手册中规定飞机飞行记录本的格式及填写、使用和保存要求。

第121.703条 通信记录

合格证持有人应当记录与其飞行机组成员之间每次航路上的无线电联系,并将该记录至少保存30天。

第121.705条 飞行中紧急医学事件报告

(a)合格证持有人应当记录飞行中发生的紧急医学事件,并应当在事发后5天内向局方报告。紧急医学事件记录信息应当包括:事件发生的时间、航班航段、事件具体情况、涉及人员和处置过程等。记录应当保存24个月。

(b)飞行中发生的紧急医学事件包括:造成飞机改航备降等不正常运行的人员伤病或死亡,飞机不正常运行导致人员伤病或死亡,以及突发公共卫生事件。

第121.707条 使用困难报告(运行)

(a)合格证持有人应当向局方报告在某架飞机上出现或者发现的有关下述情况:

(1)飞行中的失火以及有关火警系统工作不正常;

(2)飞行中的假火警信号;

(3)在飞行中引起发动机、相邻结构、设备和部件损坏的排气系统故障或者失效；

(4)飞行中引起烟、蒸汽、有毒或者有害烟雾在驾驶舱或者客舱积聚或者流通的飞机部件的故障或者失效；

(5)飞行中或者地面发动机熄火或者停车；

(6)螺旋桨顺桨系统失效或者在飞行中该系统控制超速的能力不正常；

(7)飞行中燃油系统或者应急放油系统的故障或者渗漏；

(8)飞行中非正常的起落架收放或者起落架舱门的开启和关闭；

(9)刹车系统的失效或者故障；

(10)飞机系统及其部件的故障或者失效导致中断起飞或者在飞行中采取紧急措施的情况；

(11)在实际撤离、培训、测试、维修、演示或者无意使用时，任何应急撤离系统或者其部件(包括应急出口、旅客应急撤离灯系统、撤离设备)的缺陷或者不能完成预定的功能；

(12)自动油门、自动飞行或者飞行操纵系统或者其部件的缺陷或者不能完成预定的功能；

(13)其他已经危及或者可能危及飞机的安全运行的故障或者缺陷。

(b)合格证持有人应当在24小时之内向局方报告本条所要求报告的情况，并至少保存报告的信息30天，以备局方核查。

(c)合格证持有人应当按照局方要求的方式和表格向局方报告本条所要求报告的情况，报告中应当至少包括下述信息：

(1)飞机的制造厂家、型号、飞机/发动机/螺旋桨的序号；

(2)飞机登记号；

(3)合格证持有人的名称；

(4)发生或者发现日期和地点；

(5)失效、故障或者缺陷的发生阶段；

(6)失效、故障或者缺陷的性质；

(7)适用的ATA章节；

(8)飞机、发动机、螺旋桨或者部件的总使用时间或者循环；

(9)失效、故障或者存在缺陷的零部件的制造厂家、件号、名称、序号和部位；

(10)采取的预防或者紧急措施；

(11)为了更完整地分析失效、故障或者缺陷原因的其他信息，包括主要部件与型号设计有关的可以提供信息和自上次翻修、修理和检测的适用时间。

(d)即使上述要求的信息不能完全提供,合格证持有人也不能推迟可以提供内容的报告时间,并且应当尽快补充报告没有提供的信息。

第121.708条　使用困难报告(结构)

(a)合格证持有人应当向局方报告下述有关的事件或者发现的失效现象:

(1)腐蚀、裂纹、或者开裂导致要求更换有关的零部件;

(2)腐蚀、裂纹、或者开裂因超出制造厂家规定的允许损伤限度导致要求修理或者打磨;

(3)在复合材料结构中,制造厂家指定作为主要结构或者关键结构件的腐蚀、裂纹或者开裂;

(4)根据未包含在制造厂家的维修手册中的经批准资料修理的情况;

(5)其他飞机结构中已经或者可能危及飞机安全运行的失效或者缺陷。

(b)合格证持有人应在24小时之内向局方报告本条所要求报告的情况,并至少保存报告的信息30天,以备局方核查。

(c)合格证持有人应当按照局方要求的方式和表格向局方报告本条所要求报告的情况,报告中应至少包括下述信息:

(1)飞机制造厂家、型号、批号和登记号;

(2)合格证持有人名称;

(3)发现故障或者缺陷的时间;

(4)发现故障或者缺陷的地面运行阶段;

(5)故障或者缺陷件的名称、状况和位置;

(6)ATA章节名称;

(7)飞机总使用循环(如适用)和总使用时间;

(8)其他对更完整地分析故障或者缺陷原因必要的信息,包括腐蚀等级、裂纹长度及可以提供的与其主要部件设计有关的信息、自上一次翻修、修理或者检查后的使用时间。

(d)即使上述要求的信息不能完全提供,合格证持有人也不能推迟可以提供内容报告的时间,并且应当尽快补充报告没有提供的信息。

第121.709条　机械原因中断使用汇总报告

(a)合格证持有人应当在每月10日之前向局方报告前一个月出现的因机械原因的下述情况的汇总报告:

(1)中断飞行;

(2)非计划更换飞机;

(3)延误、备降或者改航;

(4)因已知或者怀疑的机械原因引起的非计划换发。

(b)合格证持有人应当按照局方规定的格式和方式提交本条所要求的报告。

第 121.710 条　运行中人为差错报告

合格证持有人应当在72小时内向局方报告运行中出现的飞行机组成员、维修及其他运行控制人员发生的人为差错。

W章　延程运行与极地运行

第 121.711 条　总则

(a)合格证持有人除经局方批准外不得实施以下运行:

(1)在飞机计划运行的航路上至少存在一点到任一延程运行可选备降机场的距离超过飞机在标准条件下静止大气中以经批准的一台发动机不工作时的巡航速度飞行60分钟对应的飞行距离(以两台涡轮发动机为动力的飞机)或超过180分钟对应的飞行距离(以多于两台涡轮发动机为动力的载客飞机)的运行;

(2)在北极区域内的运行;

(3)在南极区域内的运行。

(b)本章还规定了获得极地运行批准的各项要求。

(c)只有当机体发动机组合获得中国民航颁发的延程运行型号设计批准时,合格证持有人才有资格实施延程运行。延程运行型号设计批准通常在相应的机体发动机组合的《飞机飞行手册》(AFM)、型号合格证(TC)或补充型号合格证(STC)中给出。

(d)为纠正运行中出现可能危及到所要求的可靠性水平时,局方可以在任何时候要求修改构型、维修与程序标准。局方将根据需要采取行动,要求对构型、维修与程序标准进行修订,以达到和保持所需的可靠性水平。修订之前的构型、维修与程序标准被认为不再适合于继续从事延程运行。

(e)延程运行的批准通过颁发或修改合格证持有人的运行规范的方法进行。

第 121.713 条　备降和改航机场的附加要求

对于超过180分钟的延程运行和极地运行,该次运行所指定的每个延程运行指定备降机场和极地运行改航机场,都应当具备足以保障乘客和机组生存需求的条件。

第 121.714 条　通信设施的附加要求

如果实施超过180分钟的延程运行,除需满足第121.97条所规定的通信系统之外，合格证持有人还应当具有第二套通信系统。该系统应当能提供直接基于卫星的语音通信，通话质量与固定电话相当。该系统应当能够在飞行机组和空管人员之间以及飞行机组和合格证持有人之间提供通信。在确定这些通信设施是否可用时，合格证持有人应当考虑延程改航飞向备降机场时所必需的其他航路和高度。只要无法利用直接基于卫星的语音通信设施，或者因其质量低劣而无法进行语音通信，则应当以另一种通信系统取代该系统。

第 121.715 条　延程运行备降机场：救援与消防服务

(a)除本条(b)中的规定之外，在签派或飞行放行单上列明的每一个延程运行备降机场，均需能够提供下列救援和消防服务(RFFS)：

(1)如果延程运行时间在 180 分钟内，每个指定的延程运行备降机场应当能够提供等效于或高于国际民航组织规定的第 4 类救援和消防服务(RFFS)的要求；

(2)如果延程运行时间超过 180 分钟，每个指定的延程运行备降机场应当能够提供等效于或高于国际民航组织规定的第 4 类救援和消防服务(RFFS)的要求。此外，飞机还应当保持在距能够提供等效于或高于国际民航组织规定的第 7 类救援和消防服务(RFFS)的合适机场的一定距离内，以便能在依据其延程运行批准的改航时间内飞抵该合适机场。

(b)如果无法直接在一个机场利用本条(a)要求的救援和消防设备与人员，只要该机场通过当地获得消防增援与消防服务能力后，能够达到本条(a)的要求，合格证持有人仍然可在签派或飞行放行单上将该机场列为备降机场。在改航的航路运行过程中如果当地资源可以及时被告知，30 分钟的增援响应时间应当是充足的。在改航飞机飞抵备降机场时，增援设施与人员应当可用，另外，只要改航飞机需要救援和消防服务，这些增援设施与人员就应当始终处于随时可用状态。

第 121.716 条　手册内容

合格证持有人的手册中应当包含下列内容：

(a)对于所从事的延程运行，支持所有飞行阶段的性能数据。

(b)对于载客运行：

(1)如果实施超过 180 分钟的延程运行，应当制订每一相应延程运行备降机场具体的旅客航程恢复计划；

(2)对于在北极区域和南极区域的运行，应当制订每一相应延程运行改航机场具体的旅客航程恢复计划。

第 121.718 条　延程运行型号设计批准依据

除 2015 年 2 月 17 日之前制造的安装两台以上发动机的载客飞机和仅用

于实施飞行时间少于或等于75分钟的延程运行的双发飞机之外,合格证持有人只能在下列条件下实施延程运行:飞机获得延程运行型号设计批准且每架用于延程运行的飞机均符合其构型、维修和程序文件的要求。延程运行型号设计批准通常在相应的机体发动机组合的《飞机飞行手册》(AFM)、型号合格证(TC)或补充型号合格证(STC)中给出。

第121.719条　延程运行持续适航性维修方案(CAMP)

为实施延程运行,合格证持有人应当制定并遵照由局方批准的运行规范中持续适航维修方案的要求对用于延程运行的机体发动机组合实施维修。合格证持有人可以通过对飞机制造厂推荐的维修方案,或对现在已获批准的持续适航维修方案增补维修要求来制定适用于延程运行的持续适航维修方案。这个持续适航维修方案应当包括以下内容:

(a)延程运行维修文件。合格证持有人应当制定延程运行维修文件,供每一名延程运行相关人员使用。

(1)这个文件应当:

(i)列出延程运行的所有关键系统;

(ii)引用或包含所有和延程运行相关的维修要素;

(iii)引用或包含所有支援项目和程序;

(iv)引用或包含所有职责;

(v)明确说明引用材料源于合格证持有人文件系统何处。

(b)延程运行前维修检查。除本规则第121.728条的规定之外,合格证持有人应当制定针对延程运行特定要求的维修检查单。

(1)每次延程运行前,合格证持有人应当完成延程运行前维修检查;

(2)这种检查应当至少包括下列各项:

(i)检验(确认)所有延程运行关键系统的状态;

(ii)通过核查相应的维修记录,确认飞机的总体状况;

(iii)进行飞机内外检查,确定发动机和辅助动力装置的滑油量和滑油消耗率;

(3)由具有延程运行资格并获得批准的维修人员完成并签署特殊延程运行相关工作文件,延程运行前地面勤务检查完成的签署应当由具有机身和发动机等级并且具有延程运行资格的维修人员签署。

(c)双重维修项目的限制。

(1)除了本条第(c)(2)项的规定之外,合格证持有人应避免在同一次停场维修时对相同的或本质上相同的延程运行关键系统同时实施例行或非例行维修工作,以防止由于不适当的维修而导致的延程运行关键系统的失效。

(2)如果本条第(c)(1)项所定义的双重维修不可避免,合格证持有人可按照下列规定进行维修:

(i)同一个延程运行关键系统的维修工作由不同的技术人员执行;

(ii)如果应当由同一名技术人员对同一延程运行关键系统进行维修时,应加派一名资历更高的人员对其工作实施直接的监督;

(iii)在飞机实施 ETOPS 运行之前,必须按照本条(d)款的要求通过地面检验、测试方法以及在必要的情况下通过飞行试验的方法对 ETOPS 关键系统维修工作的有效性进行验证。在特殊情况下,可以由同一名具备合格资质的人员,在具备 ETOPS 维修控制合格资质人员的监督下来实施双重维修和地面检验、测试方法,但前提是必须完成相应的飞行试验。

(d)验证方案。合格证持有人应当制定并保持一个解决方案,以确保对延程运行关键系统采取的维修工作的有效性。验证方案应当识别潜在的问题,并核实令人满意的纠正措施。验证方案应当包含地面检验和空中检验策略与程序。合格证持有人应当建立程序,明确指示启动检验行动的人员以及必不可少的行动项。可在取酬的延程运行中进行验证,但要求验证工作在到达延程运行进入点之前顺利完成并且记录所进行的验证工作。

(e)识别任务。合格证持有人应当标示出所有与延程运行相关的任务。这些与延程运行相关的特定工作应当由经过适当培训且具有延程运行资格的维修人员完成并签署。

(f)集中的维修控制程序。合格证持有人应当为延程运行制定并保持集中的维修控制程序。

(g)零部件控制方案。合格证持有人应当制定一个延程运行零部件控制方案,以确保正确识别用于实施延程运行飞机构型控制的零部件。

(h)可靠性方案。合格证持有人应当制定一个延程运行可靠性方案。该方案应当是在合格证持有人现有可靠性方案或其持续分析和监督系统(CASS)的基础上增补延程运行的内容。该方案应当是以事件分析为基础的方案,并包含下列事件的报告程序:

(1)在发生下列事件后,涉及本规则第 121.707 条规定项目的,按照规定要求向局方报告;其他项目应在 96 小时内向局方报告:

(i)空中停车,但在飞行训练时计划的空中停车除外;

(ii)由与飞机或发动机系统相关的失效、故障或缺陷引起的改航和返航;

(iii)非指令动力或推力变化或喘振;

(iv)发动机失控或无法获得要求的动力或推力;

(v)因疏忽产生的燃油损耗或无燃油可用,或飞行中无法纠正的燃油不平衡；

(vi)与延程运行关键系统相关的失效、故障或缺陷；

(vii)任何危及实施延程运行安全飞行和着陆的事件。

(2)合格证持有人应当调查本条第(h)(1)项中列明的每一事件的原因，并向局方提交调查结果和纠正措施说明。纠正行动应当被局方所接受。

(i)动力系统监控：

(1)如果作为机体发动机组合一部分的发动机的空中停车率(基于12个月滚动平均值)超过下列数值，合格证持有人应当综合评审其运行，以识别任何共因影响和系统错误。

(A)如果延程运行时间小于或等于120分钟，空中停车率为0.005次/1000发动机工作小时。

(B)如果在北太平洋区域延程运行时间超过120分钟且小于或等于207分钟，以及在其他区域延程运行时间超过120分钟且小于或等于180分钟，空中停车率为0.003次/1000发动机工作小时。

(C)如果在北太平洋运行区域延程运行时间超过207分钟，以及在其他区域延程运行时间超过180分钟，空中停车率为0.002次/1000发动机工作小时。

(2)在空中停车率超过上述数值30天之内，合格证持有人应当向局方提交一个调查报告以及已采取的任何必要的纠正措施。

(j)发动机状况监控。

(1)合格证持有人应当制定一个发动机状况监控方案，以便在早期检测到发动机的性能恶化，并在安全运行受到影响之前采取纠正措施。

(2)该方案应当描述待监控参数、数据收集方法、数据分析方法和采取纠正措施的流程。

(3)该方案应当确保发动机极限值裕度能得以维持，以便在批准的动力水平、所有预期的环境条件下，实施发动机失效状态下的延程改航，而不会超出批准的发动机限值。这包括多种批准的限值，如转子速度和排气温度。

(k)滑油消耗量监控。合格证持有人应当制定一个发动机油耗监视方案，以确保飞机具有足够的滑油以完成每次的延程运行。如果延程运行中需要使用辅助动力装置，则辅助动力装置油耗应当包括在内。合格证持有人的油耗极限值不得超过制造厂家的推荐值。应当对发动机油耗进行持续监控，并将在延程运行的每一个离港机场添加的滑油包含在内。该方案应当比较延程运行每个离港机场的加油量与运行过程的平均油耗，以识别突然的油耗增加。

(l)辅助动力装置空中起动方案。如果飞机的取证要求辅助动力装置，但不要求其在延程运行时工作，则合格证持有人应当制定和保持一个局方接受的低温情况下辅助动力装置的空中起动和工作的方案。

(m)维修培训。对于每一种机体发动机组合，合格证持有人应当制定一个维修培训方案，提供充分的培训以支持延程运行。培训项目应当包括对所有参与延程运行的维修的人员提供与延程运行相关的培训，同时，这种培训注重延程运行的特殊性质。该培训应当是对已接受过飞机和发动机维修培训的维修人员的基础上的补充培训。

(n)构型、维修与程序(CMP)文件。如果一种机体发动机组合具有一个构型、维修和程序文件，则合格证持有人应当有适用的系统来满足经局方批准文件的要求。

(o)程序变化。合格证持有人对延程运行相关的维修或培训程序所做的任何实质改变都应当提交局方审核。在局方通知合格证持有人审核完成之前，合格证持有人不得执行已改变的程序。

第 121.720 条　机组成员与签派人员培训要求

合格证持有人应当对其机组成员和签派人员就其在合格证持有人的旅客航程恢复计划中的职责和作用进行培训。

第 121.727 条　签派放行

对于每一次延程运行，签派放行单中应当包含该次延程运行最大改航时间。

X 章　应急医疗设备和训练

第 121.741 条　适用范围

本章规定了按照本规则实施载客运行的合格证持有人的机载应急医疗设备和训练的要求，但并不要求合格证持有人及其代理人提供专业的应急医疗服务。

第 121.743 条　应急医疗设备

(a)按照本规则运行的合格证持有人应当在其载客飞机上配备下列应急医疗设备：

(1)急救箱；

(2)应急医疗箱；

(3)卫生防疫包。

(b)本条所要求的各项应急医疗设备：

(1)应当附加名称标识，并有明确的使用方法提示；

(2)应当放置在客舱内,便于机组成员取用;

(3)应当以6个月为周期或根据所配物品有效期和更新要求进行定期检查更新,以确保在紧急情况下能够使用。检查更新日期应当标注在包装外。

(c)每架飞机配备的应急医疗设备数量和医疗物品种类应当符合本规则附件B的要求。

第121.745条　机组成员处置飞行中紧急医学事件的训练

(a)合格证持有人的每一训练大纲中应包括本条规定的,针对每一型别、厂家、构型的飞机、每一机组必需成员、每一运行种类的适用训练内容。

(b)训练应当包括下列内容:

(1)遇有紧急医学事件时的处置程序,包括机组成员之间的协调;

(2)应急医疗设备的存放位置、功能和使用方法;

(3)急救箱、应急医疗箱和卫生防疫包内物品和药品的用途及使用方法;

(4)每一客舱乘务员还应训练:

(i)心肺复苏和隔离消毒等知识和操作;

(ii)至少每24个月进行一次复训,包括心肺复苏的操作练习。

(c)本条要求的机组成员实际操练和复训不需要达到或者相当于专业急救人员的水平。

Y章　罚　　则

第121.761条　未取得运行合格证从事本规则规定的运行

航空运营人未按照本规则取得运行合格证即从事本规则第121.3条规定的运行活动的,由其运行活动所在地的民航地区管理局责令其停止上述运行活动,对情节轻微的处以1万元以上3万元以下罚款,情节严重的按有关法律法规予以相应的处罚。

第121.762条　提供虚假材料的处罚

对于处于运行合格审定过程中的运行合格证申请人,违反本规则第121.37条规定,存在弄虚作假情况的,局方应当终止其运行合格审定进程,并作出不予许可的决定;情节严重的,局方可以自作出不予许可决定1年内不再受理该申请人的相应申请。对于申请人在运行合格审定过程中以不正当手段取得运行合格证、运行规范和其他批准项目的,由局方撤销相应的证件和批准;情节严重的,局方自撤销其相应证件和批准之日起3年内不再受理该申请人相应申请。

第 121.763 条　违反本规则规定的行为

(a)合格证持有人有下列行为之一且情节轻微的,局方可以责令其停止违法行为,并处以警告或者人民币 1 万元以上 3 万元以下罚款:

(1)违反本规则 C 章的规定,未满足合格证持有人管理一般规定的;

(2)违反本规则 G 章的规定,未落实手册要求的;

(3)违反本规则 H 章的规定,使用不符合要求的飞机实施本规则运行的;

(4)违反本规则 I 章的规定,超过飞机性能使用限制实施本规则运行的;

(5)违反本规则 K 章的规定,飞机的仪表和设备不符合本规则要求的;

(6)违反本规则 L 章的规定,未落实其飞机适航性责任的;

(7)违反本规则 N 章的规定,使用未经局方批准的训练大纲或者未按照经批准的训练大纲进行规定的训练而实施运行的;

(8)违反本规则 M 章、O 章、R 章或者 Q 章的规定,机组成员和其他航空人员不符合规定的要求,未按照规定使用或者搭配航空人员的;

(9)违反本规则 P 章或者第 121.503 条的规定,未按照规定安排航空人员的值勤期、飞行时间和休息时间的;

(10)违反本规则 T 章的规定,未能对飞机上的人员、货物和设备等进行有效管理,对运行安全造成威胁的;

(11)违反本规则 U 章中规定的签派和飞行放行规则签派或者放行飞机的;

(12)违反本规则第 121.380 条、第 121.557 条、第 121.559 条、第 121.573 条(c)款、第 121.575 条(d)款或者 V 章的规定,未按照规定的内容、时间、格式和方式报告有关情况或者未按照规定保存有关信息的;

(13)违反本规则 W 章的规定,实施延程和极地运行时造成旅客生命安全受到威胁或造成事故征候或事故的;

(14)违反本规则 X 章的规定,未在载客飞机上配备规定的应急医疗设备,或未对相关机组成员实施相应培训的;

(15)违反本规则 S 章的规定,未按特殊运行授权和限制实施运行的;

(16)局方认定的其他可能对安全造成威胁但情节轻微的行为。

(b)合格证持有人有本条(a)款所列行为之一且情节严重的,局方可以责令其停止违法行为,并按有关法律法规予以处罚。

(c)对于未按照合格证持有人的手册或者管理规则履行职责而导致违反本规则规定,或者其本人直接违反本规则规定的航空人员或其他相关人员,情节轻微的,局方可以处以警告或者 500 元以上 1000 元以下罚款;情节严重的,按照有关法律法规予以处罚。

第 121.764 条　违反本规则规定的行为

对合格证持有人的撤销许可、行政处罚、行政强制等处理措施及其执行情况记入守法信用信息记录，并按照有关规定进行公示。

Z 章　附　　则

第 121.771 条　施行

本规则第五次修订版自 2017 年 10 月 10 日起施行。除另有规定外，在本规则修订版施行之前已经持有按本规则颁发的现行有效运行合格证的航空承运人应当于 2019 年 12 月 31 日之前完全符合本次修订版的要求。

2016 年 3 月 4 日公布的《大型飞机公共航空运输承运人运行合格审定规则》（交通运输部令 2016 第 6 号）自本规则第五次修订版施行之日起废止。

附件A　定义

安全管理体系：是指管理安全的系统做法，包括必要的组织机构、政策、问责制和程序。

飞行安全文件系统：是由合格证持有人制订，用于规定或指导合格证持有人飞行和地面运行人员日常安全运行所必需的相关资料，其中应当包括本规则G章规定的手册及内容，手册的保存、分发、获取、修订及有效性控制的程序和方法。

飞行数据分析：是指为了提高飞行运行安全而对合格证持有人所记录的飞行数据加以分析的过程。

定期载客运行：是指航空承运人或者航空运营人以取酬或者出租为目的，通过本人或者其代理人以广告或者其他形式提前向公众公布的，包括起飞地点、起飞时间、到达地点和到达时间在内的任何载客运行。

最大商载：

(a)对于局方在技术规范中已规定最大无油重量的飞机，以最大无油重量减去空机重量、飞机携带的适用设备的重量和运行载重（包括最少机组成员、食物饮料和与这些食物饮料有关的供应品和设备的重量，但不包括可用燃油和滑油）所计算出的最大商载。

(b)对于其它飞机，以最大审定起飞重量、较小空机重量、较少的机载设备重量和较小的运行必需重量（运行必需重量为最少的燃油、滑油重量和机组成员重量之和）所计算出的最大商载。机组成员、燃油和滑油的重量按照下列方法计算：

(1)规章要求的机组成员中每一成员的体重：

(i)男性飞行机组成员按照82千克；

(ii)女性飞行机组成员按照64千克；

(iii)男性客舱乘务员按照82千克；

(iv)女性客舱乘务员按照59千克；

(v)客舱乘务员不区分性别时，体重平均按照64千克。

(2)滑油按照157千克或者型号合格审定中规定的重量；

(3)规章规定的一次飞行运行所需携带最少燃油量。

偏离：对于规章中明确允许偏离的条款，合格证持有人在提出恰当理由和证明能够达到同等安全水平的情况下，经局方批准，可以不遵守相应条款的规定或者遵守替代的规定、条件或者限制。

豁免：对于规章中没有明确允许偏离的条款，合格证持有人在提出恰当的理由、相应的安全措施并证明这些安全措施能保证同等安全水平的情况下，经民航局批准，可以不执行相应的规章条款，而执行民航局在作出此项批准时所列的规定、条件或者限制。豁免是遵守规章的一种替代做法，遵守所颁发的豁免及其条件和限制，就是遵守规章。

运行控制：是指合格证持有人使用用于飞行动态控制的系统和程序，对某次飞行的起始、持续和终止行使控制权的过程。

湿租：是指按照租赁协议，承租人租赁飞机时携带出租人一名或者多名机组成员的租赁。

协议维修单位：是指通过与运营人正式签订协议接受委托和授权，根据运营人的维修方案、维修技术要求和改装方案选择或者安排实施维修工作，并至少在运营人基地提供航线维修的维修单位。

地面服务：是指飞机到达和离开机场时除空中交通服务以外的必要服务。

飞行机组成员：是指飞行期间在飞机驾驶舱内执行任务的驾驶员和飞行机械员。

机组成员：指飞行期间在飞机上执行任务的航空人员，包括飞行机组成员和客舱乘务员。

机组必需成员：为完成按本规则运行符合最低配置要求的机组成员。

机长：是指经合格证持有人指定，在飞行时间内对飞机的运行和安全负最终责任的驾驶员。

客舱乘务员：出于对旅客安全的考虑，受合格证持有人人指派在客舱执行值勤任务的机组成员。

飞行签派员：在公共航空运输运行中，持有按《民用航空飞行签派员执照管理规则》(CCAR65FS)颁发的飞行签派员执照，由合格证持有人指定从事飞行运行控制和监督，承担本规则第531条(c)款中所列各项责任的人员。

飞机组类：为方便机组成员和飞行签派员的训练管理，根据飞机动力装置的区别对飞机划分的种类。在本规则中，将飞机分为两个组类：组类I，以螺旋桨驱动的飞机，包括以活塞式发动机为动力的飞机和以涡轮螺旋桨发动机为动力的飞机；组类II，以涡轮喷气发动机为动力的飞机。为飞行机组成员训练需要，根据飞机最大起飞全重，再将组类II飞机分为5,700千克(含)至136,000千克(含)和136,000千克(不含)以上两个种类。

新雇员训练：是指合格证持有人新雇佣的人员，或者已经雇佣但没有在机组成员或者飞行签派员工作岗位上工作过的人员，在进入机组成员或者飞行签派员工作岗位之前需要进行的训练。新雇员训练包括基础理论教育和针对特定机型和岗位的训练。

初始训练：未曾在相同组类其他飞机的相同职位上经审定合格并服务过的机组成员和飞行签派员需要进行的改飞机型训练。

转机型训练：曾在相同组类不同型别飞机的相同职位上经审定合格并服务过的机组成员和飞行签派员需要进行的改飞机型训练。

升级训练：已在某一特定型别的飞机上经审定合格并担任副驾驶的机组成员，在该型别飞机上担任机长之前需要进行的训练。

定期复训：是指已取得资格的机组成员和飞行签派员，为了保持其资格和技术熟练水平，在规定的期限内按照规定的内容进行的训练。

重新获得资格训练：已在特定飞机型别和特定工作岗位上经审定合格，但因某种原因失去资格的机组成员和飞行签派员，为恢复这一资格所应当进行的训练。

差异训练：对于已在某一特定型别的飞机上经审定合格并服务过的机组成员和飞行签派员，当局方认为其使用的同型别飞机与原服务过的飞机在性能、设备或者操作程序等方面存在差异，需要进行补充性训练时应当完成的训练。

日历月：是指按照世界协调时或者当地时间划分，从本月 1 日零点到下个月 1 日零点之间的时间段。

飞行时间：是指飞机为准备起飞而借自身动力开始移动时起，直到飞行结束停止移动为止的时间。

飞行经历时间：是指机组必需成员在其值勤岗位上执行任务的飞行时间，即在座飞行时间。

延伸跨水运行：是指飞机距最近海岸线的水平距离超过 93 公里(50 海里)的跨水运行。

延程运行：在飞机计划运行的航路上至少存在一点到任一延程运行可选备降机场的距离超过飞机在标准条件下静止大气中以经批准的一台发动机不工作时的巡航速度飞行 60 分钟对应的飞行距离(以两台涡轮发动机为动力的飞机)或超过 180 分钟对应的飞行距离(以多于两台涡轮发动机为动力的载客飞机)的运行。

极地运行：是指在北纬 78 度以北或南纬 60 度以南区域的运行。

运行飞行计划：是指合格证持有人根据飞机性能、其他运行限制及所飞航路与有关机场的预期条件，为安全实施飞行所制定的计划。

最低油量：是指飞行过程中应当报告空中交通管制员采取应急措施的一个特定燃油油量最低值，该油量是在考虑到规定的燃油油量指示系统误差后，最多可以供飞机在飞抵着陆机场后，能以等待空速在高于机场标高 450 米

(1500 英尺)的高度上飞行 30 分钟的燃油量。

最后储备燃油:对于某次飞行,在指定目的地备降机场时,是指使用到达目的地备降机场的预计着陆重量计算得出的燃油量;或者未指定目的地备降机场时,是指按照到达目的地机场的预计着陆重量计算得出的燃油量:

(a)对于活塞式发动机飞机,以等待速度在机场上空 450 米(1500 英尺)高度上在标准条件下飞行 45 分钟所需的油量;或

(b)对于涡轮发动机飞机,以等待速度在机场上空 450 米(1500 英尺)高度上在标准条件下飞行 30 分钟所需的油量。

航线临界点(不可返回点):飞机能够从该点飞行到目的地机场以及特定飞行的可用航路备降机场的最后可能位置(地)点。

无可用备降机场的特定目的地机场(孤立机场):是指对于某一机型没有合适目的地备降机场的目的地机场。当从目的地机场决断高度/高或复飞点复飞改航至最近合适备降机场的所需燃油超过下列数值时,合格证持有人应当将该目的地机场视为无可用备降机场的特定目的地机场:

(a)对于涡轮发动机飞机,以等待速度在机场上空 450 米(1500 英尺)高度上在标准条件下飞行 90 分钟所需的油量;

(b)对于活塞发动机飞机,以等待速度在机场上空 450 米(1500 英尺)高度上在标准条件下飞行 75 分钟所需的油量。

非精密进近和着陆运行:是指不使用电子下滑道指引的仪表进近和着陆。

类精密进近和着陆运行:有方位引导和垂直引导,但不满足建立精密进近和着陆运行要求的仪表进近和着陆。

精密进近和着陆运行:是指使用精确的方位和下滑道指引的仪表进近和着陆,其最低标准由相应的运行类型(分为 I、II、IIIA、IIIB、IIIC 等类型)确定。

决断高度(DA)/决断高(DH):是指在精密进近中,如果不能建立继续进近所必需的目视参考,则应当开始复飞的特定高度或者高。

最低下降高度(MDA)/最低下降高(MDH):是指在非精密进近或者盘旋进近中,如果不能建立必需的目视参考,则不能继续下降的特定高度或者高。

机场运行最低标准:是指机场用于起飞和着陆时的条件限制。对于起飞,用能见度和/或者跑道视程以及云高(需要时)来表示;对于精密进近和着陆运行中的着陆,用与相应运行类型对应的能见度和/或者跑道视程,以及决断高度(DA)/决断高(DH)来表示;对于非精密进近和着陆运行中的着陆,用能见度和/或者跑道视程、最低下降高度(MDA)/最低下降高(MDH)以及云高(需要时)来表示。

飞行能见度:是指飞行员在空中从飞机驾驶舱能够在昼间看到或识别前

方显著无发光目标物,或在夜间看到或识别前方显著发光目标物的平均水平距离。

目视气象条件:是指用能见度、离云的距离和云高表示,等于或者高于规定最低标准的气象条件。

仪表气象条件:是指用能见度、离云的距离和云高表示,低于为目视气象条件所规定的最低标准的气象条件。

超障高度(OCA)/超障高(OCH):是指为遵循适当的超障准则所确定的相关跑道入口标高或者机场标高之上的特定高度或者高。

备降机场:当飞机不能或不宜飞往预定着陆机场或在该机场着陆时,可以飞往的另一具备必要的服务与设施、可满足飞机性能要求以及在预期使用时间可以运行的机场。备降机场包括起飞备降机场、航路备降机场和目的地备降机场。起飞机场也可作为该次飞行的航路或目的地备降机场。

起飞备降机场:是指当飞机在起飞后较短时间内需要着陆而又不能使用原起飞机场时,能够进行着陆的备降机场。。

航路备降机场:是指当飞机在航路中遇到不正常或者紧急情况后,能够着陆的备降机场。

目的地备降机场:是指当飞机不能或者不宜在预定着陆机场着陆时能够着陆的备降机场。

干跑道:飞机起降需用距离和宽度范围内的表面上没有污染物或可见的潮湿条件的跑道。对于经过铺筑、带沟槽或具有多孔摩擦材料处理,即使在有湿气时也能保持"有效干"的刹车效应的跑道也算干跑道。

湿跑道:当跑道表面覆盖有厚度等于或小于3毫米(0.118英寸)的水,或者当量厚度等于或小于3毫米(0.118英寸)深的融雪、湿雪、干雪;或者跑道表面有湿气但并没有积水时,这样的跑道被视为湿跑道。

污染跑道:飞机起降需用距离的表面可用部分的长和宽内超过25%的面积(单块或多块区域之和)被超过3毫米(0.118英寸)深的积水,或者被当量厚度超过3毫米(0.118英寸)水深的融雪、湿雪、干雪,或者压紧的雪和冰(包括湿冰)等污染物污染的跑道。如果跑道的重要区域,包括起飞滑跑的高速段或起飞抬轮和离地段的跑道表面被上述污染物覆盖,也应该算作污染跑道。

主最低设备清单(MMEL):是指局方确定在特定运行条件下可以不工作并且仍能保持可接受的安全水平的设备清单。主最低设备清单包含这些设备不工作时飞机运行的条件、限制和程序,是运营人制定各自最低设备清单的依据。

最低设备清单(MEL):是指运营人依据主最低设备清单并考虑到各飞机

的构型、运行程序和条件为其运行所编制的设备清单。最低设备清单经局方批准后,允许飞机在规定条件下,所列设备不工作时继续运行。最低设备清单应当遵守相应飞机型号的主最低设备清单,或者比其更为严格。

外形缺损清单(CDL):是指针对特定型号飞机,局方确定的在飞行开始时可以缺失的外部零部件清单,清单中还包括必要的运行限制、性能修正的相关信息。

维修工程管理手册:是指航空运营人编制的有关飞机维修实施、计划、控制和工程技术管理的说明文件,该文件将包括相关的原则、管理要求、技术标准和实施程序等方面的内容,并以此来确保运营人飞机相关的所有计划和非计划维修能够得到有效的控制,并得以及时、满意的执行。

适航性:是指飞机、发动机、螺旋桨或零部件符合经局方批准的设计,并处于满足安全运行的状态。

持续适航性:是指通过一套流程和方法,使得飞机、发动机、螺旋桨或零部件符合相应的适航要求,并在其工作期间或寿命内始终处于满足安全运行的状态的特性。

飞行记录器:是指安装在飞机上的用于事故/事件调查目的的记录装置,包括飞行数据记录器、驾驶舱话音记录器等。

延程运行关键系统:是指包括发动机在内的飞机系统,其失效或发生故障时会危及延程运行安全,或危及飞机在延程运行改航备降时飞行和着陆的安全。

维修放行:是指通过一套包括相关证书和证明材料的文件,以证实相关的维修工作已经按照经局方批准的数据,以及相关的规定、标准、程序或与之等效的要求得以满意的完成。本规则中所提及的"飞机放行"是指飞机的维修放行。

维修方案:是指一套文件,该文件描述、说明了适用于特定飞机并确保其安全运行的维修任务,及其实施的周期和相关的程序等。维修方案应当基于MRB 报告编制,同时航空运营人还应当结合设计批准书持有人推荐的维修计划大纲、飞机的实际运行环境、运行种类、使用特点以及局方的强制性要求等。

应急定位发射机:是一类用于应急情况下以搜救为目的的位置指示设备的统称,这类设备在指定的无线电频率上广播、发射一种独特的信号,根据应用的不同,此类设备可以通过外部冲击自动激活,或通过手动激活,此类设备包括下述类型:

1. **固定自动式应急定位发射机:**是指永久固定在飞机上自动激活的应急定位发射机;

2. **便携自动式应急定位发射机**：是指可靠地固定在飞机上，但易于从飞机上取下来的自动激活的应急定位发射机；

3. **自动展开式应急定位发射机**：是指可靠地固定在飞机上，通过外部冲击自动展开和激活的应急定位发射机；在某些情况下，该类型应急定位发射机还可以通过水传感器来展开和激活，并具备人工展开的功能；

4. **救生型应急定位发射机**：是指可以从飞机上取下来，其存储方式易于在紧急情况下取用，并且通过幸存者以人工方式激活的应急定位发射机。

时间敏感零部件：在本规则中，是指对疲劳和腐蚀敏感的飞机主结构的零部件。

平视显示器（HUD）：一种将飞行信息显示在驾驶员前方外界视野内的显示系统。

增强飞行视景系统（EFVS）：一种通过使用图像传感器，例如：前视红外线（FLIR）、毫米波辐射测量技术、毫米波雷达或微光图像增强，把前向的外部环境的地形图提供显示给驾驶员的电子飞行信息显示方式（该地形图显示区域内的自然或人工障碍物，包括它们的相对位置和标高）。

增强视景系统（EVS）：一种对通过使用图像传感器获得的外部景象的电子实时图像进行显示的系统。

合成视景系统（SVS）：一种对驾驶舱视野的外部景象通过数据生成的合成图像进行显示的系统。合成视景系统由数据库组件、精密导航组件、仪表数据界面和处理组件组成。如果数据库和导航组件工作正常，该处理组件可以基于真实视景计算和"画"出前方虚拟视景。使用 HUD 的 SVS 不是 EFVS。

组合视景系统（CVS）：一种结合运用增强视景系统（EVS）和合成视景系统（SVS）来显示图像的系统。"

飞机追踪：是指由航空承运人按标准的时间间隔，针对每架飞行中的飞机在地面记录并更新飞机 4D 位置信息（经度、纬度、高度、时刻）的过程。

附件 B　急救箱、应急医疗箱和卫生防疫包

1. 急救箱

本规则 X 章所规定的机载急救箱应当满足以下条件和要求：

(1) 每架飞机在载客飞行中所配急救箱的数量不得少于下表的规定：

旅客座位数	急救箱数量
100 以下(含 100)	1
101 – 200	2
201 – 300	3
301 – 400	4
401 – 500	5
500 以上	6

(2) 每只急救箱应当能防尘、防潮；

(3) 每只急救箱内至少配备以下医疗用品：

项　　目	数　量
绷带,3 列(5cm)、5 列(3cm)	各 5 卷
敷料(纱布),10 × 10cm	10 块
三角巾(带安全别针)	5 条
胶布,1cm、2cm(宽度)	各 1 卷
动脉止血带	1 条
外用烧伤药膏	3 支
手臂夹板	1 副
腿部夹板	1 副
医用剪刀	1 把
医用橡胶手套	2 副
皮肤消毒剂及消毒棉	适量

续表

项　　目	数　量
单向活瓣嘴对嘴复苏面罩	1个
急救箱手册(含物品清单)	1本
事件记录本或机上应急事件报告单	1本(若干页)

(4)第(3)项中不适于装在急救箱内的手臂夹板和腿部夹板可以存放在距离急救箱尽可能近的易于取用的位置。

2. **应急医疗箱**

本规则X章所规定的应急医疗箱应当满足以下条件和要求:

(1)每架飞机在载客飞行时应当至少配备一只应急医疗箱;

(2)应急医疗箱应当能够防尘、防潮,其存放位置应当避免高温或低温环境;

(3)每只应急医疗箱内应当至少配备以下药品和物品:

项　　目	数　量
血压计	1个
听诊器	1副
口咽气道(三种规格)	各1个
静脉止血带	1根
脐带夹	1个
医用口罩	2个
医用橡胶手套	2副
皮肤消毒剂	适量
消毒棉签(球)	适量
体温计(非水银式)	1支
注射器(2、5ml)	各2支
0.9%氯化钠	至少250ml
1:1000肾上腺素单次用量安瓿	2支
盐酸苯海拉明注射液	2支

续表

项　目	数　量
硝酸甘油片	10片
醋酸基水杨酸(阿司匹林)口服片	30片
应急医疗箱手册(含药品和物品清单)	1本
事件记录本或机上应急事件报告单	1本(若干页)

3. **卫生防疫包**

本规则X章所规定的卫生防疫包应当满足以下条件和要求：

(1)每架飞机在载客飞行中所配卫生防疫包的数量不得少于每100个旅客座位1个(100座以内配1个)；

(2)每个卫生防疫包应当能够防尘、防潮；

(3)每个卫生防疫包应当配备以下药品和物品：

项　目	数　量
液体、排泄物消毒凝固剂	100克
表面清理消毒片	1－3克
皮肤消毒擦拭纸巾	10块
医用口罩和眼罩	各1个(副)
医用橡胶手套	2副
防渗透橡胶(塑料)围裙	1条
大块吸水纸(毛)巾	2块
便携拾物铲	1套
生物有害物专用垃圾袋	1套
物品清单和使用说明书	1份
事件记录本或机上应急事件报告单	1本(若干页)

附件 C　本规则第 121.161 条规定的应急撤离程序演示准则

(a)中断起飞应急撤离演示

(1)演示应当在黑暗的夜间进行,或者在白天模拟黑夜的情况下进行。如果在白天于室内进行演示,应当在遮盖所有窗户和关闭房门的情况下进行,以尽可能减少日光的影响。可以采用地板或者地面照明,但应当为低亮度的并有遮档,以防光线射入飞机窗户或者舱门。

(2)飞机应当处于起落架放下的正常地面姿态。

(3)除非飞机装备有滑下机翼的设备,否则可以使用台架或者扶梯,帮助人员从机翼下至地面。为保护参加演示的人员,可以在地面放置垫子或者反放的救生筏等安全设备。不得使用非飞机应急撤离部分的其他设备来帮助参加演示的人员到达地面。

(4)应当切断飞机正常电源。

(5)涉及载运旅客运行的所有应急设备应当按照合格证持有人的手册安装。

(6)每一外部舱门和出口,以及每一内部舱门或者门帘应当处于模拟正常起飞的状态。

(7)应当使用正常健康人群的代表性旅客载荷。妇女应当至少占旅客载量的40%。超过 50 岁的旅客至少占 35%。超过 50 岁的妇女至少占 15%。不算在总载客量之内的三个真人大小的玩具婴儿应当由旅客怀抱以模拟两岁以下的婴儿。维修或者操作飞机的机组成员、机务人员和经训练的其他人员,不得充当旅客。

(8)除局方要求者外,任何旅客不得被指派到某个特定座位上。除按照本款第(12)项要求者之外,合格证持有人的任何雇员不得坐在紧邻应急出口的座位上。

(9)安全带和肩带应当按照要求系好。

(10)在开始演示之前,大约占总数一半的手提行李、毯子、枕头和其他类似物品,应当分数处扔放在过道和通往应急出口的道路上,以造成轻微障碍。

(11)飞机的乘客密度和配置应当代表合格证持有人飞机的最大载客量形式。

(12)每个机组成员应当是正常航班机组的成员,但飞行机组成员可以是正常航班机组成员之外其他了解该飞机的人员。每个机组成员应当坐在通常指定的起飞座位上,并且在接到开始演示的信号之前,不得离开该座位。

(13)任何机组成员或者旅客不得事先被告知该次演示所用的应急出口。

(14)合格证持有人不得对参加人员就该次演示进行实习、排练或者讲解,任何参加人员也不得在前 6 个月之内参加过这种类型的演示。

(15)本规则第 121.569 条所要求的起飞前旅客简介可以按照合格证持有

人的手册进行。还可以告诉旅客应当遵循机组成员的指令,但不得解释在演示中拟遵循的程序。

(16)如果提供了本款第(3)项所允许的安全设备,为防止暴露可用的应急出口,所有客舱和驾驶舱窗口都应当遮挡起来,或者所有应急出口处都配备安全设备。

(17)在满足适用于该飞机必需应急出口所有要求的机身两侧的应急出口中,可以用作演示的不得超过50%。在演示中不使用的应急出口,应当使其手柄不能工作,或者在出口外面用红灯、红带或者其他可以接受的方式表明由于失火或者其他原因,这些出口是不能使用的。使用的出口应当在该飞机所有应急出口中有代表性,并且应当由合格证持有人指定并经局方批准。应当至少使用一个地板高度的出口。

(18)除按照本款第(3)项规定外,所有撤离人员应当通过作为飞机设备一部分所提供的设施撤离飞机。

(19)合格证持有人的经批准程序,以及正常装备的所有应急设备,包括滑梯、绳索、灯光和麦克风,应当在演示中充分利用,但飞行机组成员在演示中不得实际帮助客舱中的其他人员。

(20)当最后一名旅客撤离飞机并到达地面时,撤离时间段即告结束。如果采用台架或者扶梯的撤离人员比率,不多于在飞机实际坠毁的情况下利用飞机上的设施从机翼上下落的人员比率,则当撤离人员使用并处于本款第(3)项所允许的台架或者扶梯上时,可以认为其已处于地面上。

(b)水上迫降演示

应当假定该演示在白天进行,而且所有机组必需成员在演示时都在场。

(1)如果合格证持有人手册要求由旅客帮助释放救生筏下水,则所需的旅客应当在飞机上并按照手册参加演示。

(2)应当在每一应急出口和机翼处放置一个台架,其平台顶部的高度应模拟飞机在水上迫降后的水平面。

(3)收到水上迫降信号后,每一撤离人员应当按照合格证持有人手册的要求穿上救生衣。

(4)应当按照合格证持有人手册的要求,将每一救生筏放下水并充气,并将其他必需的应急设备放在救生筏上。

(5)每一撤离者应当登上救生筏,指派到每一救生筏上的机组成员应当指明放于救生筏上的应急设备的位置并说明其用途。

(6)应当使用飞机、模型飞机或者模拟客舱的漂浮装置。

(i)如果利用模型飞机,它应当模拟目前合格证持有人使用的或者计划使用的飞机，而且其内部布置应当全尺寸真实模拟，并应当装备有充分的座椅供撤离人员使用。应急出口和应急舱门的使用应当严格模拟在飞机上的使用情况。在机翼上方出口外部应当有足够的翼面以演示撤离。

(ii)如果采用模拟客舱的漂浮装置，则应当尽可能模拟运行中使用的飞机客舱。应急出口和应急舱门的使用应当严格模拟在飞机上的使用情况。在机翼上方出口外部应当装有足够的翼面以演示撤离。该装置应当装备飞机上安装的相同救生设备，以容纳参加演示的所有人员。

附件 D　飞行训练要求

本规则第 121.433 条对驾驶员初始、转机型和升级飞行训练所要求的动作与程序规定在本附件中。这些动作与程序的训练按照本附件的规定分别在经批准的飞行训练器、飞行模拟机和飞机上进行，但低空风切变动作与程序应当在经批准可以完成这些动作与程序的飞行模拟机上进行。

规定在飞行训练器上完成的动作与程序可以在飞行模拟机上完成，或者在某些情况下，在静止飞机上完成。除低空风切变训练外，规定在飞行模拟机上完成的动作与程序可以在飞机上完成。

按照本附件实施飞行训练时，所用的飞行模拟机应当经局方认可，但不需要遵守附件 G 中的高级飞行模拟机要求，在这些飞行模拟机上完成训练后还应当在飞机上完成本附件规定应当在飞行中完成的动作与程序。如果在实际训练中使用的飞行模拟机是根据附件 G 审定合格为 B 级、C 级或者 D 级的高级飞行模拟机，且合格证持有人的训练大纲符合附件 G 中的要求，则可以按照附件 G 中的规定，用高级飞行模拟机全部或者部分代替飞机，来完成本附件中规定应当在飞机上完成的动作与程序。

驾驶员在各个职位上的训练，用下列符号表示：

P = 机长(PIC)

S = 副驾驶(SIC)

B = 机长和副驾驶

PJ = 机长从喷气飞机转机型到喷气飞机

PP = 机长从螺旋桨飞机转机型到螺旋桨飞机

SJ = 副驾驶从喷气飞机转机型到喷气飞机

SP = 副驾驶从螺旋桨飞机转机型到螺旋桨飞机

AT = 所有转机型类(PJ，PP，SJ，SP)

PS = 副驾驶升为机长(同一机型)

动作/程序	初始训练				转机型训练				升级训练			
	飞机上		训练设备上		飞机上		训练设备上		飞机二		训练设备上	
	飞行中	静止	模拟机	训练器	飞行中	静止	模拟机	训练器	飞行中	静止	模拟机	训练器
根据所涉及的飞机和运行，驾驶员的飞行训练应当包括下列动作与程序。												
I. **飞行前**												
(a)目视检查飞机的外部和内部，指出需检查的每个项目的位置，说明检查它的目的。如该机型必需飞行机械员，目视检查可用图形教具代替，该教具应真实描绘飞行前检查项目的位置和细节		B				AT				PS		
(b)起动前检查单的使用，相应操纵系统的检查，起动程序，无线电和电子设备的检查，飞行前选择合适的导航与通信无线电设备和频率				B				AT				PS
(c)按照相应交通管制当局或者实施训练人员发布的指令，完成滑行和进出停机位程序	B				AT				PS			
(d)起飞前检查，包括发动机检查				B				AT				PS
II. **起飞**												
(a)正常起飞	B				AT				PS			

续表

动作/程序	初始训练				转机型训练				升级训练			
	飞机上		训练设备上		飞机上		训练设备上		飞机上		训练设备上	
	飞行中	静止	模拟机	训练器	飞行中	静止	模拟机	训练器	飞行中	静止	模拟机	训练器
(b)模拟仪表条件下起飞,在机场标高之上30米(100英尺)高度或在此之前进入仪表飞行			B				AT				PS	
(c)侧风起飞	B				AT				PS			
(d)模拟临界发动机在下列时刻失效时起飞: (1)在V1后到V2前的一点,实施训练的人员认为在当时条件下适合于该机型;或者 (2)当V1和V2或者V1和VR相同时,在V1后尽量靠近V1的一点;或者 (3)对于非运输类飞机,在适当的速度上			B				AT				PS	
(e)中断起飞,在正常起飞期间达到一个合理速度时进行,该速度的确定应当考虑到飞机特性、跑道长度、道面条件、风向风速、刹车热能及其他影响安全的因素				B				AT				PS
以上(a)至(e)款起飞至少一次应当在夜间完成。对于转机型的驾驶员,本款要求的夜间起飞可以在满足本规则第121.457条要求的运行经历时完成												

续表

动作/程序	初始训练				转机型训练				升级训练			
	飞机上		训练设备上		飞机上		训练设备上		飞机上		训练设备上	
	飞行中	静止	模拟机	训练器	飞行中	静止	模拟机	训练器	飞行中	静止	模拟机	训练器
Ⅲ. 飞行动作与程序												
(a)转弯				B				AT				PS
(b)俯冲和马赫抖振				B				AT				PS
(c)最大续航时间和最大航程程序				B				AT				PS
(d)在飞行机械员位置上操作各系统和操纵装置				B				AT				PS
(e)安定面失控和卡阻				B				AT				PS
(f)下列系统的正常和非正常(或者备用)操作与程序:				B				AT				PS
(1)增压				B				AT				PS
(2)引气				B				AT				PS
(3)空调				B				AT				PS
(4)燃油和滑油		B		B		AT		AT		PS		PS
(5)电气		B		B		AT		AT		PS		PS
(6)液压		B		B		AT		AT		PS		PS
(7)飞行操纵		B		B		AT		AT		PS		PS

续表

动作/程序	初始训练				转机型训练				升级训练			
	飞机上		训练设备上		飞机上		训练设备上		飞机上		训练设备上	
	飞行中	静止	模拟机	训练器	飞行中	静止	模拟机	训练器	飞行中	静止	模拟机	训练器
(8)防冰与除冰				B				AT				PS
(9)自动驾驶仪				B				AT				PS
(10)自动进近设备或者其他进近设备	B			B				AT				PS
(11)失速警告装置、失速防止装置和增稳装置	B			B				AT				PS
(12)机载雷达设备				B				AT				PS
(13)其他可用系统、装置或者设备				B				AT				PS
(14)电气、液压、飞行操纵、飞行仪表系统的故障或者失效		B		B		AT		AT		PS		PS
(15)起落架和襟翼系统故障或者失效		B		B		AT		AT		PS		PS
(16)导航或者通信设备失效				B				AT				PS
(g)飞行应急程序,至少包括下列训练:												
(1)动力装置、加热设备、货舱、客舱、驾驶舱、机翼、和电气的失火		B		B		AT		AT		PS		PS
(2)烟雾控制		B		B		AT		AT		PS		PS

续表

动作/程序	初始训练				转机型训练				升级训练			
	飞机上		训练设备上		飞机上		训练设备上		飞机上		训练设备上	
	飞行中	静止	模拟机	训练器	飞行中	静止	模拟机	训练器	飞行中	静止	模拟机	训练器
(3)动力装置失效				B				AT				PS
(4)应急放油		B		B		AT		AT		PS		
(5)相应飞行手册中规定的其他应急程序				B				AT				PS
(h)在每个方向上的大坡度转弯。每个大坡度转弯应当用45度坡度，航向改变至少180度，但不大于360度				P				PJ				PS
(i)以起飞形态(除只用零襟翼形态起飞的飞机外)、光洁形态和着陆形态接近失速，其中至少有一次在以15至30度坡度的转弯中完成				B				AT				PS
(j)从该机型特有的飞行特性中改出				B				AT				PS
(K)仪表程序，包括：												
(1)区域离场和进场				B				AT				PS
(2)导航系统的使用，包括切入并保持指定的方位线				B				AT				PS
(3)等待				B				AT				PS
(l)ILS仪表进近，包括：												

续表

动作/程序	初始训练				转机型训练				升级训练			
	飞机上		训练设备上		飞机上		训练设备上		飞机上		训练设备上	
	飞行中	静止	模拟机	训练器	飞行中	静止	模拟机	训练器	飞行中	静止	模拟机	训练器
(1)正常 ILS 进近	B				AT				PS			
(2)人工操纵 ILS 进近,并模拟一台发动机失效,失效发生在进入最后进近航道之前,持续到接地或者完成中断进近程序	B						AT				PS	
(m)除 ILS 外的仪表进近程序,包括:												
(1)受训人员很可能使用的非精密进近				B				AT			PS	
(2)除(1)款外,受训人员很可能使用的至少一种其他非精密进近和中断进近程序			B				AT				PS	
对于第Ⅲ条(k)款和第Ⅲ条(l)款,每次仪表进近应当按照所用进近设施经批准的程序和限制进行。仪表进近开始于飞机飞越所用程序的起始进近点,结束于飞机接地时或者完成中断进近形态的转换时												

续表

动作/程序	初始训练				转机型训练				升级训练			
	飞机上		训练设备上		飞机上		训练设备上		飞机上		训练设备上	
	飞行中	静止	模拟机	训练器	飞行中	静止	模拟机	训练器	飞行中	静止	模拟机	训练器
(n)盘旋进近,应当符合下列要求: (1)对于所用程序,盘旋进近到经批准最低下降高度的那部分应当在模拟仪表条件下进行 (2)盘旋进近应当做到经批准最低盘旋最低下降高度,然后改变航向并作必要的机动(以目视参考),保持能在跑道上正常着陆的飞行航道,该航道与模拟仪表部分的最后进近航道至少差90度以上 (3)盘旋进近不得超过飞机正常操作限制和没有过大的机动动作,坡度不得超过30度 下列驾驶员不必进行本款训练:(1)如果合格证持有人的运行手册中禁止某些机型在气象条件低于云高300米/能见度5000米时作盘旋进近,该合格证持有人相应机型的所有驾驶员;(2)合格证持有人的运行手册中禁止副驾驶在本规则运行中作盘旋进近时,相应的副驾驶	B				AT				PS			

续表

动作/程序	初始训练				转机型训练				升级训练			
	飞机上		训练设备上		飞机上		训练设备上		飞机上		训练设备上	
	飞行中	静止	模拟机	训练器	飞行中	静止	模拟机	训练器	飞行中	静止	模拟机	训练器
(o)无襟翼进近。如果局方认为,由于系统设计原因,该型别飞机襟翼放出故障的概率极低,则该型别飞机可以不要求本动作训练。在作出这种决定时,局方将确定是否需要训练只放缝翼进近和部分襟翼进近	P						PP PJ				PS	
(p)中断进近,包括:												
(1)从 ILS 进近中中断进近			B				AT				PS	
(2)从其他进近中中断进近				B				AT				PS
(3)包含完整经批准中断进近程序的中断进近				B				AT				PS
(4)包含发动机失效的中断进近			B				AT				PS	
(q)复杂姿态改出			B				AT				PS	
Ⅳ. 着陆和进近到着陆												
(a)正常着陆	B				AT				PS			
(b)水平安定面配平不正确时的着陆与复飞	P						PJ PP					PS
(c)从 ILS 仪表进近中进入着陆	B				AT						PS	

续表

动作/程序	初始训练				转机型训练				升级训练			
	飞机上		训练设备上		飞机上		训练设备上		飞机上		训练设备上	
	飞行中	静止	模拟机	训练器	飞行中	静止	模拟机	训练器	飞行中	静止	模拟机	训练器
(d)侧风着陆	B				AT				PS			
(e)模拟发动机失效后机动到着陆,按照以下规定:												
(1)对于3发飞机,模拟两台发动机(中发和一侧外发)失效后按照经批准程序机动到着陆	P						PJ PP				PS	
(2)对于其他多发飞机,模拟50%的动力装置失效(在飞机一侧)后机动到着陆	P						PJ PP				PS	
(3)在飞行模拟机上完成第(1)或者第(2)项要求的飞行机组成员,还应当在飞机上完成一台发动机失效后着陆的飞行训练 对于副驾驶升机长训练,如果该员从未在实际飞行中完成第(1)或者第(2)项动作,则应当按照第(1)或者第(2)项机长初始训练的要求完成					PJ PP				PS			
(4)对于副驾驶,只需完成最临界一台发动机模拟失效后机动到着陆	S				SJ SP							
(f)模拟盘旋进近条件下的着陆(第Ⅲ条(n)款中最后一段的例外条款,同样适用于本款)	B						AT				PS	

续表

动作/程序	初始训练				转机型训练				升级训练			
	飞机上		训练设备上		飞机上		训练设备上		飞机上		训练设备上	
	飞行中	静止	模拟机	训练器	飞行中	静止	模拟机	训练器	飞行中	静止	模拟机	训练器
(g)中断着陆,包括中断着陆后的正常中断进近程序。对于本动作,应在约 15 米(50 英尺)高度并飞越跑道入口时中断着陆	B						AT				PS	
(h)无襟翼着陆,如局方认为该动作适合于在飞机上训练的话	P						PJ PP				PS	
(i)人工恢复(如适用)			B				AT				PS	
着陆和进近到着陆的训练应当包括第Ⅳ条(a)款至(i)款规定的各种类型和条件,但在适合时可以将一种以上组合起来 以上着陆之一的训练应当在夜间进行。对于转机型的驾驶员,本要求可以在按照本规则第 121.457 条要求的运行经历期间完成												

附件 E 熟练检查要求

本附件规定了本规则第 121.465 条要求的对驾驶员进行熟练检查的动作与程序。这些动作与程序应当在飞行中进行,但在相应栏目中有适当符号表示的那些动作与程序,可以按照符号的表示在飞行模拟机或者飞行训练器上进行。

当某一动作或者程序批准在飞行训练器上进行时,也可以在飞行模拟机上进行。

如果在实际训练中使用根据附件 G 审定合格的飞行模拟机,合格证持有人可以按照附件 G 中的规定,在飞行模拟机上完成本附件中规定应当在飞机上完成的动作与程序。

本附件中下述符号表示:

P = 机长;

B = 机长和副驾驶;

* = 符号上带星号(如 B *)表示在动作与程序栏中规定了特殊条件;

= 当某一动作前标有该符号时,表示该动作由实施检查的人员确定,可以要求在飞机上进行。

在完成本附件规定的所有动作中,驾驶员应当表现出保证飞行安全所需的良好判断力。实施检查的人员在判定驾驶员是否具有这种判断力时,应当考虑被检查人员能否严格遵守经批准的程序,在没有规定程序或者推荐常规的情况下能否根据当时情况的分析采取正确措施,以及在实施飞行操作过程中是否考虑周到和顾及后果。

动作/程序	要求模拟仪表条件	要求在飞机上完成	允许模拟机上完成	允许训练器上完成	允许按照本规则第121.465条(d)款放弃检查
在完成本附件规定的动作与程序时,应当令人满意地演示下列项目有关的知识和技术: (1)该飞机及其系统和部件; (2)根据经批准的飞机飞行手册、合格证持有人的运行手册、检查单或者适合于该型别飞机的其他经批准资料中规定的程序和限制,正确控制空速、形态、航向、高度和姿态; (3)遵守进近程序、空中交通管制程序或者其他适用程序					
I. 飞行前					
(a)设备考试(口试或者笔试)。作为实践考试一部分的设备考试应当密切联系飞行操作部分,考试那些在飞行操作检查中不大可能检查到的内容。设备考试应当包含: (1)该飞机及其动力装置、各系统、部件和运行、性能等方面的实用知识; (2)正常、非正常和应急程序及其有关的操作与限制; (3)经批准飞机飞行手册的有关规定。 实施考试的人员可以认可在合格证持有人地面训练中前6个日历月内对该驾驶员进行的设备考试,作为本款设备考试。				B	

续表

动作/程序	要求模拟仪表条件	要求在飞机上完成	允许模拟机上完成	允许训练器上完成	允许按照本规则第 121.465 条(d)款放弃检查
(b)飞行前检查。该驾驶员应当: (1)对飞机外部和内部进行实际的目视检查,指出每个项目的位置并简要说明检查的目的; (2)演示飞行前检查单的使用,相应操纵系统的检查,起动程序,无线电和电子设备检查,飞行前选用合适的导航和通信无线电设施。 可以用逼真地描绘飞行前检查项目位置与细节并能提供不正常状态图示的图形教具代替进行飞行前检查。如果该型别飞机的飞行机组必需成员中有飞行机械员,目视检查可以按照本规则第 121.465 条(d)款放弃。				B	B *
(c)滑行。包括按照相应交通管制当局或者实施检查的人员发布的指令滑行(对于副驾驶熟练检查,达到在副驾驶位置上能做到的程度)、进出停机位程序		B			
(d)动力系统检查。按照相应飞机机型要求				B	
Ⅱ. **起飞**					
(a)正常起飞 1 次		B *			
(b)仪表条件下起飞 1 次,模拟在到达机场标高之上 30 米(100 英尺)高度时或者在此之前进入仪表飞行	B		B *		

续表

动作/程序	要求模拟仪表条件	要求在飞机上完成	允许模拟机上完成	允许训练器上完成	允许按照本规则第121.465条(d)款放弃检查
(c)侧风起飞1次,如在当时气象、机场、交通条件下可以进行的话		B*			
(a)和(c)款要求可以合并,如果(b)款在飞行中进行,则(a)、(b)、(c)三款要求可以合并。					
#(d)发动机失效时的起飞。模拟最临界的发动机在下列时刻失效的1次起飞: (1)在V1后至V2前的一点,根据检查人员的判断,该点适合于该机型和当时条件; (2)当V1和V2或者V1和VR相同时,V1后尽量靠近V1的一点;或者 (3)对于非运输类飞机,在适当的速度上。			B		
(e)中断起飞。中断起飞可以在飞机正常起飞滑跑期间达到某个合理速度时进行,该速度的确定应考虑飞机特性、跑道长度、道面条件、风向风速、刹车热能和可能严重影响安全或者飞机的其他有关因素				B*	B

续表

动作/程序	要求模拟仪表条件	要求在飞机上完成	允许模拟机上完成	允许训练器上完成	允许按照本规则第 121.465 条(d)款放弃检查
Ⅲ. 仪表程序					
(a)区域离场和区域进场。在完成这些动作期间,驾驶员应当: (1)遵守实际的或者模拟的空中交通管制指令(包括指定的方位线); (2)正确使用可用的导航设施。 区域离场或者区域进场之一,可以按照本规则第 121.465 条(d)款放弃。	B			B	B *
(b)等待。包括进入、保持、脱离等待航线图。可以与区域离场或者区域进场结合进行	B			B	B
(c)ILS 和其他仪表进近。应当包括下列项目:					
(1)至少 1 次正常 ILS 进近	B		B		
(2)至少 1 次模拟一台发动机失效的人工操纵 ILS 进近。应当在进入最后进近航道之前模拟发动机失效,并保持到接地或者完成中断进近程序	B				
(3)至少 1 次非精密进近程序,该程序是合格证持有人很可能使用的有代表性的非精密进近程序	B		B		

续表

动作/程序	要求模拟仪表条件	要求在飞机上完成	允许模拟机上完成	允许训练器上完成	允许按照本规则第121.465条(d)款放弃检查
(4)至少在一程序下降设施上演示1次非精密进近程序，该程序是合格证持有人经批准使用的本款第(3)项以外的进近程序	B			B	
每次仪表进近应当按照所用进近设施经批准程序和限制进行。仪表进近开始于飞机飞越所用进近程序的起始进近点，结束于飞机在跑道上接地或者完成中断进近形态的转换。仪表条件不必模拟到低于接地区之上30米(100英尺)					
(d)盘旋进近。如果合格证持有人经批准的盘旋最低标准低于300米/5000米，应当按照下列要求至少作一次盘旋进近： (1)进近到经批准最低盘旋进近高度的那部分应当在模拟仪表条件下进行； (2)进近应当作到经批准最低盘旋进近高度，然后改变航向并作必要的机动(按照目视参考)，保持能在跑道上正常着陆的飞行航道，该航道与模拟仪表最后进近航道至少差90度； (3)盘旋进近不得有过大的机动动作，不得超过该飞机正常使用限制。坡度不得超过30度。	B		B *		B *

续表

动作/程序	要求模拟仪表条件	要求在飞机上完成	允许模拟机上完成	允许训练器上完成	允许按照本规则第 121.465 条(d)款放弃检查
如果存在该驾驶员不能控制的当地条件,阻止做该动作,或者使其不能按照要求完成,则可以按照本规则第 121.465 条(d)款规定放弃检查。但是,该动作不得在连续两次熟练检查中按照此规定放弃检查。如果合格证持有人手册中禁止副驾驶在本规则运行中做盘旋进近,则对副驾驶不要求盘旋进近动作					
(e)中断进近					
(1)每个驾驶员应当至少完成一次从 ILS 进近中中断进近			B *		
(2)每个机长应当至少再完成一次中断进近			P *		
应当至少完成一次完整的经批准中断进近程序。由实施检查的人员确定,在中断进近期间任何时刻,可以要求模拟发动机失效。这些动作可以单独完成,也可以与本附件第Ⅲ条或者第Ⅴ条要求的动作结合进行。至少一次中断进近应当在飞机上完成。					
Ⅳ. 空中动作					
(a)大坡度转弯。应当在每个方向完成至少一次大坡度转弯。每个大坡度转弯应当用 45 度坡度,航向改变至少 180 度,但不大于 360 度	P			P	P

续表

动作/程序	要求模拟仪表条件	要求在飞机上完成	允许模拟机上完成	允许训练器上完成	允许按照本规则第 121.465 条(d)款放弃检查
(b)接近失速。对于本动作,当出现可以察觉的抖振或者开始进入失速的其他反应时,即达到了接近失速。除后面规定者外,应当至少按照下列要求做三次接近失速: (1)一次起飞形态(只用零襟翼起飞形态的飞机除外); (2)一次光洁形态; (3)一次着陆形态。 由实施检查的人员确定,一次接近失速应当以上述形态之一并在 15 至 30 度坡度转弯中完成。本款要求的三次接近失速中的两次可以放弃检查。 如果合格证持有人经批准可以签派失速警告设备不工作的飞机飞行,则在这些动作期间不得使用该设备。	B			B	B *
(c)特有飞行特性。从该机型特有的飞行特性中改出				B	B
(d)动力装置失效。除某些动作明确要求需在动力装置模拟失效时完成外,实施检查的人员可以在检查期间任何时刻要求模拟动力装置失效				B	

续表

动作/程序	要求模拟仪表条件	要求在飞机上完成	允许模拟机上完成	允许训练器上完成	允许按照本规则第 121.465 条(d)款放弃检查
V. 着陆和进近到着陆					
尽管允许一些动作可以结合完成,或者可以放弃,或者可以使用模拟机,但是,所有机长的熟练检查和副驾驶在一机型上的首次熟练检查应当至少做两次实际着陆(一次全停)。着陆和进近到着陆应当包括下列各项,但在合适时,可以将一项以上的动作结合进行:					
(a)正常着陆		B			
(b)从 ILS 进近到着陆,如果存在该驾驶员不能控制的情况妨碍实际着陆,实施检查的人员可以允许其进近到他判断能完成全停着陆的一点而不着陆		B *			
(c)侧风着陆,按照当时气象、机场、交通条件可行程度确定的侧风条件		B *			
(d)按照下列要求,模拟发动机失效后机动到着陆:		B *			
(1)对于三发飞机,以失去两台发动机(中和一外侧发动机)的经批准程序机动到着陆			B *		
(2)对于其他多发飞机,模拟 50% 的动力装置失效并在飞机一侧模拟失去动力时机动到着陆			B *		

续表

动作/程序	要求模拟仪表条件	要求在飞机上完成	允许模拟机上完成	允许训练器上完成	允许按照本规则第 121.465 条(d)款放弃检查
对于本条(d)款第(1)和第(2)项要求,副驾驶可以只模拟最临界的一台发动机失效。如果驾驶员在有视景模拟机上满足本条(d)款第(1)或者第(2)项要求,他还应当在飞行中模拟最临界的一台发动机失效机动到着陆。					
(e)如果合格证持有人经批准的盘旋最低标准低于 300 米/5000 米,则模拟盘旋进近条件下的着陆。但是,当在飞机上完成时,如存在该驾驶员不能控制的情况妨碍着陆,实施检查的人员可以允许其进近到他判断能完成全停着陆的一点而不着陆			B *		
#(f)中断着陆,包括正常中断进近程序,约在跑道之上 15 米(50 英尺)并飞越跑道入口时中断着陆。本动作可以与仪表进近、盘旋进近、或者中断进近程序结合,但在低于跑道之上 30 米(100 英尺)时,不必模拟仪表条件			B		
Ⅵ. 正常和非正常程序					
每个驾驶员应当按照检查员为了确定被检查者对该飞机相应系统与设备实用知识水平而认为需要的数量,演示下列系统与设备的正确使用:					
(a)防冰和除冰系统				B	
(b)自动驾驶系统				B	

续表

动作/程序	要求模拟仪表条件	要求在飞机上完成	允许模拟机上完成	允许训练器上完成	允许按照本规则第 121.465 条（d）款放弃检查
（c）自动进近或者其他进近辅助系统				B	
（d）失速警告装置、失速防止装置和增稳装置				B	
（e）机载雷达设备				B	
（f）其他可用系统、设备、装置				B	
（g）液压和电气系统失效与故障				B	
（h）起落架和襟翼系统失效与故障				B	
（i）导航或者通信设备失效				B	
Ⅶ. 应急程序					
每个驾驶员应当按照飞行检查员为了确定被检查者是否具有完成应急程序的足够知识和能力而认为需要的数量，演示下列紧急情况下的正确应急程序：					
（a）飞行中失火				B	
（b）烟雾控制				B	
（c）急剧释压				B	
（d）应急下降				B	
（e）相应经批准飞机飞行手册所列的其他应急程序				B	

附件 G　高级飞行模拟机的使用

本附件为在高级飞行模拟机上进行飞行机组训练规定了基本准则和方法。合格证持有人使用的每台飞行模拟机都应当经局方鉴定合格。对于经局方鉴定为 B 级、C 级或者 D 级高级飞行模拟机的，在符合本附件下列规定的前提下，可以用于完成附件 D、附件 E 中规定应当在实际飞行中完成的动作和程序，从而全部或者部分代替本规则附件 D、附件 E 规定需在飞机上进行的飞行训练或者检查：

1. 训练大纲要求

用本附件规定的高级飞行模拟机代替或者部分代替飞机进行飞行训练和检查时，合格证持有人的训练大纲应当满足下列附加要求：

(a)训练大纲(提纲)中应当包含使用 B、C 或者 D 级飞行模拟机的完整课程，并且说明如何将 B、C、D 级飞行模拟机与其他训练设备结合起来，以最大发挥其整体训练、检查和执照考试功能。

(b)用文件证明每个教员和飞行检查员符合本规则第 121.411 条的要求。

(c)建立一种程序，用于保证每个教员和飞行检查员在所教学或者检查的相同型别飞机上，作为机组成员实际参加经批准的定期航班飞行的计划，或者参加经批准的航线观察的计划。

(d)建立一种程序，用于保证每年至少给予每个教员和飞行检查员 4 小时的训练，以熟悉该合格证持有人的训练大纲及其修订，并强调他们在该大纲中的各自责任，对飞行模拟机教员和飞行检查员的训练，应当包括训练政策和程序、教学方法和技术、飞行模拟机控制装置的使用(包括环境和故障设置面板)、飞行模拟机的限制及每个训练课程所要求的最低限度设备。

(e)训练大纲中包含有航线模拟飞行训练(LOFT)，这种航线模拟飞行训练应当对每个飞行机组成员进行至少 4 小时的训练课程，并包含合格证持有人航路的至少 2 个有代表性的飞行航段，其中一个航段应当包含从某一机场推飞机开始至到达另一机场的完整的正常运行程序，另一航段应当包含合适的非正常和应急飞行操作训练。

2. 允许在高级飞行模拟机上实施的训练和检查

用本附件规定的高级飞行模拟机代替或者部分代替飞机飞行训练和检查时，应当按照下列规定确定允许各级模拟机实施的训练和检查。其中在较低等级的飞行模拟机上允许完成的训练和检查，允许在较高等级的飞行模拟机上完成：

(a)B 级飞行模拟机允许完成下列训练和检查：

(1)本规则第121.461条要求的近期经历的建立;

(2)本规则附件D要求在飞机上进行的夜间起飞和着陆;

(3)本规则第121.465条要求的熟练检查,但该驾驶员应当在航线检查或者其他检查中在飞机上完成2次着陆(可以在按照本规则实施的运行中进行)。

(b)确定C级飞行模拟机允许的训练和检查时,应当符合下列规定:

(1)对于下述训练和检查,在完成模拟机飞行训练或者检查后,经局方考试合格,可以减少直至免除受训者的飞机实际飞行时次:

(i)同组类中不同飞机之间的转机型训练及其执照考试;

(ii)持有航线运输驾驶员执照并且已在同组类飞机上具有担任机长至少500小时飞行经历的驾驶员的升级训练及其执照考试;

(iii)对于已持有航线运输驾驶员执照的驾驶员,本规则要求的初始训练(不包括机长训练)。

(2)对于上述第(1)项规定之外的训练和检查,受训人员在飞行模拟机训练结束后,还需在飞机上完成包括至少5次起落的实际飞行。

(c)确定D级飞行模拟机允许的训练和检查时,应当符合下列规定:

(1)除下述第(2)项规定的训练和检查外,对于所有本规则要求的驾驶员飞行训练和检查以及《民用航空器驾驶员合格审定规则》(CCAR61)第61.187条要求的执照实践考试,在完成模拟机飞行训练或者检查后,经局方考试合格,可以减少直至免除受训人员的飞机实际飞行时次;

(2)对于下列受训人员在飞行模拟机训练或者检查结束后,还需在飞机上完成下列次数的实际本场起落飞行:

(i)未取得航线运输驾驶员执照的驾驶员在组类II飞机上的初始训练或者初次在组类II飞机上进行的初始训练,至少完成20次;

(ii)初次在组类II飞机上的升机长训练及其型别等级考试,至少完成15次。

附件I　多普勒雷达和惯性导航系统

1. 申请的批准。

(a)申请批准使用多普勒雷达或者惯性导航系统的申请人,应当在开始进行评审飞行30天之前,向民航局提交请求对该系统进行评审的申请书。

(b)申请书应当包含:

(1)该系统的简要经历资料,向局方证明所申请使用的系统有足够的精度和可靠性。

(2)按照本规则第121.405条进行初始批准所需要的训练大纲课程计划。

(3)符合局方要求的维修计划。

(4)设备安装说明。

(5)对《使用手册》的建议修订,该手册列出所申请使用系统有关的所有正常和应急程序,包括当设备部分或者全部失效时继续保持导航功能的详细方法,以及当系统之间发生异常的较大差异时确定最精确的系统的方法。就本附件而言,较大差异是指导致航迹超出准许范围的差异。

(6)对最低设备清单所做的任何修订建议,以及对这种修订的充分的论证。

(7)使用该系统实施的运行计划,包括在航路长度、磁罗盘可靠性、航路设施的可利用性,以及为支持该系统所用的进出口点和终端区无线电设施的充分性等方面对每条航路的分析。就本附件而言,进出口点是指长距离航行开始或者终止使用远程导航的特定导航定位点。

2. 设备和设备安装的一般要求

(a)惯性导航和多普勒雷达系统应当按照适用的适航要求安装。

(b)驾驶舱布局应当便于坐在值勤位置上的每个驾驶员观看和使用。

(c)当系统内部发生可能的失效或者故障时,该设备应当以目视的、机械的或者电气的输出信号表明输出信息无效。

(d)系统内部可能的失效或者故障,不得导致丧失飞机必需的导航能力。

(e)系统位置的校准、更新和导航计算机功能不得因飞机的正常电源中断和转换而失效。

(f)系统不得成为有害的射频干扰源,也不得受飞机其他系统的射频干扰而严重影响工作。

(g)经批准的飞机飞行手册及其补充,应当包含必需的有关资料,以确定正常和应急使用程序,并应包含惯性导航和多普勒性能相关的使用限制(例如提供地面校准能力的最高纬度,或者系统之间的差异)。

3. 设备和设备的安装——惯性导航系统(INS)

(a)如果申请人选定使用惯性导航系统,它应当至少是双套系统(包括导航计算机和基准组件)。在起飞时应当至少有两套系统是工作的。双套系统可以由两套惯性导航系统装置组成,也可以由一套惯性导航装置和一套多普勒雷达装置组成。

(b)每套惯性导航系统应当具有:

(1)适合于该装置计划用途的所有纬度下有效的地面校准能力。

(2)校准状态显示或者完成导航准备的灯光显示,向飞行机组表明已完成校准。

(3)以准确的坐标表示飞机的现在位置。

(4)相对于目的地机场或者航路点位置的信息:

(i)为进入与保持预定航迹和为确定偏离预定航迹的偏差所需要的信息。

(ii)为确定到达下一航路点或者目的地机场的距离和时间所需要的信息。

(c)当安装的惯性导航系统(INS)没有存贮器或者其他飞行中校准手段时,应当有一单独电源(与主推进系统无关),至少能提供足够的电力(根据分析证明或者在飞机上演示)维持惯性导航系统达5分钟,以便在电源恢复正常供电时能恢复其全部能力。

(d)该设备应当提供飞行机组探测系统中可能的故障或者失效所需的目视、机械或者电气输出信号。

4. 设备和设备的安装——多普勒雷达系统

(a)如果申请人选定使用多普勒雷达系统,则应当至少是双套系统(包括双套天线或者多用组合天线),但是:

(1)带备用系统(能工作)的单台工作发射机可以代替两台工作发射机使用。

(2)如果装有罗盘比较系统,且使用程序要求机组成员对所有罗盘航向指示器经常进行交叉检查,则可以对所有装置采用单一航向源信息;双套系统既可以由两套多普勒雷达装置组成,也可以由一套多普勒雷达装置和一套惯性导航装置组成。

(b)在起飞时应当至少有两套系统工作。

(c)根据局方的决定和合格证持有人运行规范的规定,为满足特定的运行要求,可以要求安装其他导航设备以更新多普勒雷达。这些导航设备包括DME、VOR、ADF和机载气象雷达等。当要求安装这些设备时,驾驶舱布局应当使全部控制装置能为每一个坐在值勤位置上的驾驶员操作。

5. 训练大纲

对多普勒雷达和惯性导航系统的初始训练大纲应当包括:

(a)飞行机组成员、签派员和维修人员的任务和职责。

(b)对于驾驶员,讲解下述内容:

(1)原理和程序,限制,故障探测,飞行前和飞行中测试,交叉检查的方法。

(2)计算机的使用,所有系统的介绍,高纬度下罗盘的限制,领航方法复习,飞行的计划,适用的气象学内容。

(3)利用可靠的定位点进行位置更新的方法。

(4)定位点的实用图上作业方法。

(c)非正常和应急程序。

6. 设备精度和可靠性

(a)每套惯性导航系统应当满足下述相应精度要求:

(1)对于飞行时间不足10小时(含)的飞行,允许在所完成的系统飞行的95%中,不大于每小时3.7公里(2海里)圆圈误差。

(2)对于飞行时间超过10小时的飞行,允许在所完成的系统飞行的95%中,误差最大为偏离航迹±32公里(20英里)和沿航迹±40公里(25英里)。

(b)多普勒雷达的罗盘航向输入信息应当保持±1°的精度,整个系统的偏差不得超过2°。当采用自由陀螺技术时,应当使用各种程序以保证达到相同等级的航向精度和总系统偏差。

(c)每套多普勒雷达系统应当满足在所完成的系统飞行的95%中,偏离航迹±32公里(20英里)和沿航迹±40公里(25英里)的精度要求。允许进行更新。

不满足本条要求的系统应认为是不合格的系统。

7. 评审计划

(a)请求评审的批准应当作为多普勒雷达或者惯导系统运行批准申请的一部分提出。

(b)申请人应当提供足够的飞行次数,以便向局方充分证明申请人在其运行中使用驾驶舱导航设备的能力。

(c)局方根据以下情况进行评审:

(1)运行程序是否完整;

(2)设备的运行精度和可靠性,以及对于所建议的运行,该系统的可行性;

(3)为支持自主系统,终端区、进出口点、区域和航路上地面设备的可获得性;

(4)驾驶舱工作负荷的可承受能力;

(5)飞行机组训练、检查是否充分;

(6)维修训练的充分和备件的可获得性。

(d)在完成评审演示后,局方对其设备的充分和驾驶舱导航的可靠性或者修订得到满意证明的运行进行批准。该批准的形式以颁发运行规范表明。

附件J 飞机的持续适航与安全改进

1. 飞机的检查与记录审查

(a)本条规定适用于所有按照本规则实施运行的飞机。

(b)除经局方特殊批准外，在本段规定的下述日期之后，未按本条款要求对飞机完成了相应的检查及记录审查，合格证持有人不得按照本规则的规定运营飞机。在飞机检查及记录审查期间，合格证持有人必须向局方证明对飞机上时间敏感零部件的维修是充分与及时的，以确保飞机的持续适航和运行安全。

(1)对于截止到2018年1月1日使用时间超过24年飞机，必须在2020年1月1日之前完成首次检查及记录审查，其重复检查及记录审查时间间隔不得超过7年。

(2)对于截止到2018年1月1日使用时间超过14年但小于24年的飞机，必须在2021年1月1日之前完成首次检查及记录审查，其重复检查及记录审查时间间隔不得超过7年。

(3)对于截止到2018年1月1日使用时间小于14年飞机，必须在该飞机使用到第15年开始的3年之内完成首次检查及记录审查，其重复检查及记录审查时间间隔不得超过7年。

(c)对于按照本条要求需要进行检查及记录审查的飞机，合格证持有人必须事先为局方准备好待检查的飞机及其记录以供局方检查，记录应当包括下述方面的内容：

(1)飞机总使用年数；

(2)机体总飞行小时数；

(3)机体总飞行循环数；

(4)本条款要求的局方最近一次飞机检查及记录审查时间；

(5)机体时寿件的当前状态清单；

(6)对于所有要求按照特定时限完成大修的结构部件，其自最近一次完成大修的时间；

(7)飞机当前的维护状态，包括自最近一次飞机按照经批准维修方案的要求完成定检的时间，以及下一次定检的级别和定检的时间；

(8)适用适航指令的当前执行状态，包括完成的时间及符合性方法，以及有重复执行要求的适航指令下次执行的时限；

(9)重要结构改装清单；

(10)重要结构修理报告以及相应重要修理的当前检查状态。

(e)合格证持有人必须至少在准备好待检查飞机及其记录前60天通知局方。

2. 飞机机身增压边界修理评估

(a)自2018年1月1日起或者超出下述规定的适用飞行循环执行时限，

以后到为准，合格证持有人不得运行 A300 系列（ -600 除外）、英宇航 BAC 1 -11、波音 707、720、727、737 或者 747，麦道 DC - 8、DC - 9/MD - 80 或 DC - 10、福克 F28、或洛克希德 L - 1011 等型号的飞机，除非合格证持有人已将针对上述机型机身增压边界（机身蒙皮、门蒙皮和增压隔框腹板）的修理评估方案纳入到维修方案中。用于制定修理评估方案的修理评估指南必须获得相应适航审定部门的批准。

（1）对于空客 A300 型号（ -600 系列除外）：

（i）B2 型号:36000 个飞行循环；

（ii）B4 - 100（包括 B4 - 2C）型号：窗线以上机身:30000 个飞行循环；窗线以下机身:36000 个飞行循环；

（iii）B4 - 200 型号：窗线以上机身：25500 个飞行循环；窗线以下机身：34000 个飞行循环；

（2）英宇航 BAC 1 - 11 所有型号:60000 个飞行循环；

（3）波音 707 所有型号:15000 个飞行循环；

（4）波音 720 所有型号:23000 个飞行循环；

（5）波音 727 所有型号:45000 个飞行循环；

（6）波音 737 所有型号:60000 个飞行循环；

（7）波音 747 所有型号:15000 个飞行循环；

（8）麦道 DC - 8 所有型号:30000 个飞行循环；

（9）麦道 DC - 9/MD - 80 所有型号:60000 个飞行循环；

（10）麦道 DC - 10 所有型号:30000 个飞行循环；

（11）洛克希德 L - 1011 所有型号:27000 个飞行循环；

（12）福克 F - 28 MK 1000，2000，3000 和 4000 所有型号:60000 个飞行循环。

3. 补充检查

（a）本条适用于波音 737 - 300、波音 767 - 200、BAe146 - 100/200 型飞机和 1987 年 6 月 1 日后取得型号合格证/型号认可证的运输类涡轮动力飞机，且其载量在初始合格审定或之后改进型达到：

（1）最大审定旅客座位数为 30 或以上，或

（2）最大商载为 3400 千克（7,500 磅）或以上。

（b）2018 年 1 月 1 日起，合格证持有人的飞机不得按本规则实施运行，除非满足了如下要求：

（1）针对易于产生疲劳裂纹并危及飞行安全的飞机基准结构（疲劳关键结构），合格证持有人的维修方案必须包含经局方批准的符合损伤容限要求的检查和程序。

(2)针对修理与改装对飞机疲劳关键结构(包括疲劳关键基准结构和疲劳关键改装结构)以及本条款b(1)段要求的检查的不利影响,合格证持有人的维修方案必须包括经局方批准的处理方法。

(3)针对本条款(b)(1)和(b)(2)段中所要求的维修方案的修改,以及针对这些修改的任何修订,必须提交局方审查并获得批准。

4. 电气线路互联系统(EWIS)维护大纲

(a)本条款适用于波音737-300、波音767-200、BAe146-100/200型飞机和1987年6月1日后取得型号合格证/型号认可证的运输类涡轮动力飞机,且其载量在初始合格审定或之后改进型达到:

(1)型号合格审定的最大旅客座位数为30或以上,或

(2)最大商载为3400千克(7,500磅)或以上。

(b)除经局方特殊批准外,自2018年1月1日起,合格证持有人不得运营符合本条款(a)段规定的飞机,除非该飞机的维修方案中包含了针对电气线路互联系统的相关检查和程序。

(c)涉及电气线路互联系统(EWIS)维修方案的修改必须依据EWIS相关的持续适航文件进行。EWIS相关持续适航文件应当针对下列适用机型按照《运输类飞机适航标准》(CCAR25)附录H条款的规定制定(包括针对安装在飞机上的补充型号合格证和改装设计批准书审定项目制定的持续适航文件),并获得局方的批准。

(1)对于要求满足《运输类飞机的持续适航和安全改进规定》(CCAR26)第26.11条规定的飞机,相应的EWIS持续适航文件(ICA)必须满足《运输类飞机适航标准》(CCAR25)附录H的H25.5(a)(1)和(b)段的要求。

(2)对于要求满足《运输类飞机适航标准》(CCAR25)第25.1729条规定的飞机,相应的EWIS持续适航文件(ICA)必须满足《运输类飞机适航标准》(CCAR25)附录H的第H25.4条和第H25.5的要求。

(d)自2018年1月1日起,对于已制订了EWIS持续适航文件的改装,在飞机投入运营前,合格证持有人必须将持续适航文件规定的EWIS检查和程序纳入到飞机维修方案。

(e)合格证持有人应当按照本条款(c)和(d)段的规定及EWIS相关持续适航要求的后续改版,及时修订维修方案。修改后的维修方案必须提交局方审查并获得批准。

5. 燃油箱系统维修方案

(a)本条适用于:

(1)波音737-300、波音767-200、BAe146-100/200型飞机和1987年6

月1日后取得型号合格证/型号认可证的运输类涡轮动力飞机，且其载量在初始合格审定或之后改进型达到：

(i)型号合格审定的最大旅客座位数为30或以上，或

(ii)最大商载为3400千克(7500磅)或以上。

(2)符合上述第(1)段要求，并且其型号设计更改涉及燃油箱系统的飞机。

(b)对于经局方批准已经安装了辅助燃油箱的飞机，截至到2018年1月1日，除非合格证持有人已向局方提交相应的油箱维修指南或文件，否则不得投入运行。

(c)除局方另行批准外，自2018年1月1日起，合格证持有人不得运营上述(a)款第(1)段中规定的飞机，除非合格证持有人的维修方案中已包含针对该飞机燃油箱系统的适用的检查、程序和限制。

(d)任何燃油箱系统相关的维修方案的修订必须基于燃油箱系统持续适航文件，并获得局方的批准。相应的燃油箱系统持续适航文件应当依据2011年12月7日生效的《运输类飞机适航标准》(CCAR25)及其后续版本的第901条、第981条(a)款和(d)款、或第1529条以及附录H制定(包括针对补充型号合格证和其他设计批准方式安装的辅助燃油箱制定的持续适航文件)。

(e)除局方另行批准外，自2018年1月1日起，对于按照2011年12月7日生效的《运输类飞机适航标准》(CCAR25)及其后续版本的第901条、第981条(a)款和(d)款、或第1529条和附录H制定了燃油箱持续适航文件的任何改装，在飞机完成改装后和投入运营前，除非合格证持有人已经将持续适航文件规定的燃油箱系统检查和程序纳入到维修方案中，否则不得实施运行。

(f)按照本条款(d)和(e)段规定以及燃油箱系统相关的更改所导致的维修方案的修订，必须提交局方审查，并获得批准。

6. 降低可燃性措施

(a)本条适用于波音737-300、波音767-200、BAe146-100/200型飞机和1987年6月1日后取得型号合格证/型号认可证的运输类涡轮动力飞机，且其载量在初始合格审定或之后改进型达到：

(1)型号合格审定的最大旅客座位数为30或以上，或

(2)最大商载为3400千克(7500磅)或以上。

(b)除了按照《大型飞机公共航空运输承运人运行合格审定规则》(CCAR121)121.647的规定外，除非满足《运输类飞机的持续适航和安全改进规定》(CCAR26)26.33要求的降低可燃性措施(FRM)或减轻点燃影响措施(IMM)是可操作的，或经向局方证明该机型的机队平均可燃性水平满足《运输类飞机的持续适航和安全改进规定》(CCAR26)26.33的要求，否则合格证持

有人不得运营下列飞机：

在2011年12月7日《运输类飞机的持续适航和安全改进规定》(CCAR26)生效实施前已获得型号合格证/型号认可证且在四年后提出标准适航证或出口适航批准申请的新生产的运输类涡轮动力飞机(包括每种机型的客运和货运型)，且其载量在初始合格审定或之后改进型达到：

(1)型号合格审定的最大旅客座位数为30或以上，或

(2)最大商载为3400千克(7500磅)或以上。

(c)除了本条(i)款的规定外，在本条(d)款规定的日期之后，合格证持有人不得运营本条款所适用的飞机，除非满足c(1)、c(2)的要求：

(1)若《运输类飞机的持续适航和安全改进规定》(CCAR26)第26.33条，第26.35条，第26.37条有要求，获得局方批准的降低可燃性措施(FRM)、减轻点燃影响措施(IMM)或减轻可燃性影响的措施(FIMM)必须按要求在本条款(d)段规定的时限内安装。

(2)除了按照《大型飞机公共航空运输承运人运行合格审定规则》(CCAR121)第121.647条的规定外，根据适用情况，降低可燃性措施(FRM)、减轻点燃影响措施(IMM)或减轻可燃性影响的措施(FIMM)必须是可操作的。

(d)除局方另行批准外，(c)款要求的安装必须在下述规定的日期之前完成：

(1)合格证持有人符合本条c(1)规定的机队中百分之五十的飞机必须在2021年12月7日之前完成改装。

(2)合格证持有人符合本条c(1)规定的机队中百分之百的飞机必须在2024年12月7日之前完成改装。

(3)对于合格证持有人相关适用机型仅有一架飞机时，则该架飞机必须在2021年12月7日之前完成改装。

(e)除了按照《大型飞机公共航空运输承运人运行合格审定规则》(CCAR121)第121.647条的规定外，除非满足下述条件，否则合格证持有人不得实施相关飞机的运行：

(1)在本条(d)款规定的日期之前安装了降低可燃性措施(FRM)或减轻点燃影响措施(IMM)的飞机，其降低可燃性措施(FRM)或减轻点燃影响措施(IMM)是可操作的，或

(2)解除或拆除已安装的降低可燃性措施(FRM)或减轻点燃影响措施(IMM)的飞机，除非其被满足本条(c)款的其它措施替代。

(f)对于已依据本条(c)款进行改装并且其适航性限制文件已按照《运输类飞机的持续适航和安全改进规定》(CCAR26)第26.33、第26.35条、第

26.37 条得到局方批准的飞机,在其投入运营之前,合格证持有人必须对其维修方案进行修订并将适用的适航性限制纳入到其中。

(g)在按照本条(f)款要求完成维修方案的修订之后,在飞机完成改装并投入运行之前,如果改装所涉及的适航性限制要求是《运输类飞机的持续适航和安全改进规定》(CCAR26)第 25.981 条、第 26.33 条或第 26.37 条中规定的,则合格证持有人必须对其维修方案进行修订并将该适航性限制要求纳入到其中。

(h)本条(f)、(g)款规定的任何维修方案修订在生效前必须提交局方审查并获得批准。

(i)本条(c)款的要求不适用于全货机运行飞机,但(e)款的要求适用于全货机飞机。

(j)在承运人对其受影响机队完成全部改装后,除经局方另行批准外,自 2024 年 12 月 7 日起,合格证持有人不得采用新引进的飞机投入运行,除非该飞机已按《运输类飞机的持续适航和安全改进规定》(CCAR26)第 26.33 要求完成改装。

(k)合格证持有人不得采用 2024 年 12 月 7 日之后安装辅助燃油箱的飞机来实施运行,除非该飞机的油箱已按 2011 年 12 月 7 日生效的《运输类飞机适航标准》(CCAR25)及其后续版本中《运输类飞机适航标准》(CCAR25)第 25.981 条获得局方的批准。

中国银保监会行政许可实施程序规定

（2020年5月24日中国银行保险监督管理委员会令2020年第7号公布　自2020年7月1日起施行　国司备字[2020002113]）

第一章　总　则

第一条　为规范中国银行保险监督管理委员会（以下简称银保监会）及其派出机构实施行政许可行为，明确行政许可程序，提高行政许可效率，保护申请人的合法权益，根据《中华人民共和国银行业监督管理法》《中华人民共和国保险法》《中华人民共和国行政许可法》等法律及行政法规，制定本规定。

第二条　银保监会依照本规定的程序，对银行保险机构及银保监会监督管理的其他金融机构实施行政许可。银保监会可以依法授权派出机构实施行政许可，银保监局在银保监会授权范围内，可以依法授权银保监分局实施行政许可。授权实施的行政许可，行政许可决定以被授权机构的名义作出。

银保监局在银保监会授权范围内，依照本规定的程序实施行政许可。银保监分局在银保监会、银保监局授权范围内，依照本规定的程序实施行政许可。

第三条　银保监会实施行政许可应当遵循公开、公平、公正、非歧视、效率及便民的原则。法律、行政法规规定实施行政许可应当遵循审慎监管原则的，从其规定。

第四条　银保监会的行政许可事项包括银行保险机构及银保监会监督管理的其他金融机构设立、变更和终止许可事项，业务许可事项，银行业金融机构董事（理事）和高级管理人员任职资格许可事项，保险业金融机构董事、监事和高级管理人员任职资格许可事项，法律、行政法规规定和国务院决定的其他许可事项。

第五条　行政许可实施程序分为申请与受理、审查、决定与送达三个环节。

第六条　银保监会及其派出机构按照以下操作流程实施行政许可：

（一）由银保监会、银保监局或银保监分局其中一个机关受理、审查并决定；

（二）由银保监分局受理并初步审查，报送银保监局审查并决定；

（三）由银保监局受理并初步审查，报送银保监会审查并决定；

（四）由银保监会受理，与其他行政机关共同审查并决定；

（五）法律、行政法规和银保监会规定的其他情形。

第二章　申请与受理

第七条　申请人应按照银保监会公布的行政许可事项申请材料目录和格式要求提交申请材料。

第八条　申请人向受理机关提交申请材料的方式为当面递交、邮寄或电子传输至银保监会办公厅、银保监局办公室或银保监分局办公室。

申请材料中应当注明详细、准确的联系方式和送达行政许可决定的邮寄地址。当面递交申请材料的，经办人员应当出示授权委托书和合法身份证件。申请人为自然人的应当出示合法身份证件；申请人委托他人提交申请材料的，受托人还应提交申请人的授权委托书及受托人的合法身份证件。

第九条　由下级机关受理、报上级机关决定的申请事项，申请人应向受理机关提交申请材料，并提交受理申请书，简要说明申请事项。

前款提交的申请材料的主送单位应当为决定机关。

第十条　申请事项依法不需要取得行政许可或者申请事项不属于受理机关职权范围的，受理机关应当即时告知申请人不予受理，并出具不予受理通知书。申请事项不属于本机关职权范围的，还应当告知申请人向有关行政机关申请。

第十一条　申请事项属于受理机关职权范围的，受理机关对照行政许可事项申请材料目录和格式要求，发现申请材料不齐全或不符合规定要求的，应在收到申请材料之日起5日内向申请人发出补正通知书，一次告知申请人应补正的全部内容，并要求其在补正通知书发出之日起3个月内提交补正申请材料。

申请材料齐全并符合规定要求的，受理机关应在收到完整申请材料之日起5日内受理行政许可申请，并向申请人发出受理通知书。受理通知书应注明接收材料日期及受理日期，接收材料日期以接收完整材料日期为准。

第十二条　申请人有下列情形之一的，作出不予受理申请决定：

（一）在补正通知书发出之日起3个月内，申请人未能提交补正申请材料的；

（二）在补正通知书发出之日起3个月内，申请人提交的补正申请材料仍不齐全或者不符合规定要求的；

（三）法律、行政法规及银保监会规定的其他情形。

决定不予受理申请的，受理机关出具不予受理通知书，并说明不予受理的理由。不予受理申请决定，应当自补正期满后5日内，或接收全部补正申请材料之日起5日内作出。

第十三条 在作出受理申请决定之前，申请人要求撤回申请的，应当向受理机关提交书面撤回申请。受理机关应在登记后将申请材料退回申请人。

第十四条 受理通知书、不予受理通知书、补正通知书应由受理机关加盖本机关专用印章并注明日期，并由受理机关交予、邮寄或电子传输至申请人。

第三章 审 查

第十五条 由下级机关受理、报上级机关决定的申请事项，下级机关应在受理之日起20日内审查完毕并将审查意见及完整申请材料上报决定机关。

第十六条 由银保监会受理的申请事项，涉及银保监局属地监管职责的，银保监会可以征求相关银保监局的意见。

由银保监局受理的申请事项，涉及银保监分局属地监管职责的，银保监局可以征求相关银保监分局的意见。

由银保监局、银保监分局受理的申请事项，涉及同级或上级机关监管职责的，银保监局、银保监分局可以征求同级或上级机关的意见。

各级机关应当及时向征求意见机关提出反馈意见。

第十七条 受理机关或决定机关对行政许可申请进行审查时，发现行政许可事项直接关系他人重大利益的，应当告知该利害关系人。申请人、利害关系人有权进行陈述和申辩。受理机关或决定机关应当听取申请人、利害关系人的意见。

第十八条 受理机关或决定机关在审查过程中，认为需要申请人对申请材料作出书面说明解释的，可以将问题一次汇总成书面意见，并要求申请人作出书面说明解释。决定机关认为必要的，经其相关负责人批准，可以第二次要求申请人作出书面说明解释。

书面说明解释可以通过当面递交、邮寄或电子传输方式提交；经受理机关或决定机关同意，也可以采取传真、电子邮件等方式提交。

申请人应在书面意见发出之日起2个月内提交书面说明解释。未能按时提交书面说明解释的，视为申请人自动放弃书面说明解释。

第十九条 受理机关或决定机关认为需要由申请人对申请材料当面作出说明解释的，可以在办公场所与申请人进行会谈。参加会谈的工作人员不得少于2人。受理机关或决定机关应当做好会谈记录,并经申请人签字确认。

第二十条 受理机关或决定机关在审查过程中,根据情况需要,可以直接或委托下级机关对申请材料的有关内容进行实地核查。进行实地核查的工作人员不得少于2人,并应当出示合法证件。实地核查应当做好笔录,收集相关证明材料。

第二十一条 受理机关或决定机关在审查过程中对有关信访、举报材料认为有必要进行核查的,应及时核查并形成书面核查意见。

第二十二条 决定机关在审查过程中,对于疑难、复杂或者专业技术性较强的申请事项,可以直接或委托下级机关或要求申请人组织专家评审,并形成经专家签署的书面评审意见。

第二十三条 行政许可直接涉及申请人与他人之间重大利益关系的,决定机关在作出行政许可决定前,应当告知申请人、利害关系人享有要求听证的权利;申请人、利害关系人在被告知听证权利之日起5日内提出听证申请的,决定机关应当在20日内组织听证。

第二十四条 在受理机关或决定机关审查过程中,有下列情形之一的,可以作出中止审查的决定,并通知申请人:

(一)申请人或相应行政许可事项直接关系人因涉嫌违法违规被行政机关调查,或者被司法机关侦查,尚未结案,对相应行政许可事项影响重大;

(二)申请人被银保监会依法采取责令停业整顿、接管等监管措施,尚未解除;

(三)对有关法律、行政法规、规章的规定,需要进一步明确具体含义,请求有关机关作出解释;

(四)申请人主动要求中止审查,理由正当。

法律、行政法规、规章对前款情形另有规定的,从其规定。

第二十五条 因本规定第二十四条第一款第(一)(二)(三)项规定情形中止审查的,该情形消失后,受理机关或决定机关恢复审查,并通知申请人。

申请人主动要求中止审查的,应当向受理机关提交书面申请。同意中止审查的,受理机关应当出具中止审查通知。申请人申请恢复审查的,应当向受理机关提交书面申请。同意恢复审查的,受理机关应当出具恢复审查通知。

第二十六条 以下时间不计算在审查期限内:

(一)需要申请人对申请材料中存在的问题作出书面说明解释的,自书面意见发出之日起到收到申请人提交书面说明解释的时间;

(二)需要对有关信访、举报材料进行核查的,自作出核查决定之日起到核查结束的时间;

（三）需要专家评审的，自组织专家评审之日起到书面评审意见形成的时间；

（四）需要组织听证的，自申请人、利害关系人提出听证申请之日起到听证结束的时间；

（五）中止审查的，自中止审查决定作出之日起到恢复审查通知出具的时间；

（六）法律规定不计算在审查期限内的检验、检测等其他时间。

前款扣除的时间，受理机关或决定机关应及时告知申请人。第（二）（三）项所扣除的时间不得超过合理和必要的期限。

第四章　决定与送达

第二十七条　在受理机关或决定机关审查过程中，因申请人死亡、丧失行为能力或依法终止，致使行政许可申请不符合法定条件或行政许可决定没有必要的，受理机关或决定机关应当终止审查。

第二十八条　在受理机关或决定机关审查过程中，申请人主动要求撤回申请的，应当向受理机关提交终止审查的书面申请，受理机关或决定机关应当终止审查。

第二十九条　由一个机关受理并决定的行政许可，决定机关应在规定期限内审查，作出准予或者不予行政许可的书面决定，并在作出决定后10日内向申请人送达书面决定。

由下级机关受理、报上级机关决定的行政许可，决定机关自收到下级机关的初步审查意见及申请人完整申请材料后，在规定期限内审查，作出准予或者不予行政许可的书面决定，并在作出决定后10日内向申请人送达书面决定，同时抄送下级机关。

作出中止审查或终止审查决定的，应于决定作出后10日内向申请人送达书面决定。

第三十条　由银保监会受理，与其他行政机关共同审查并决定的行政许可，由银保监会受理、审查后，将申请材料移送有关行政机关审查，并根据审查意见在规定的期限内，作出准予或者不予行政许可的书面决定。

第三十一条　对于不符合条件的行政许可事项，决定机关应当作出不予行政许可决定。决定机关作出不予行政许可决定的，应当说明理由，并告知申请人依法享有在法定时间内申请行政复议或者提起行政诉讼的权利。

第三十二条　有下列情形之一的，决定机关或者其上级机关，根据利害关

系人的请求或者依据职权,可以撤销行政许可:

(一)银保监会及其派出机构工作人员滥用职权、玩忽职守作出准予行政许可决定的;

(二)超越法定职权作出准予行政许可决定的;

(三)违反法定程序作出准予行政许可决定的;

(四)对不具备申请资格或者不符合法定条件的申请人准予行政许可的;

(五)依法可以撤销行政许可的其他情形。

申请人以欺骗、贿赂等不正当手段取得行政许可的,应当予以撤销。

依照前两款规定撤销行政许可,可能对公共利益造成重大损害的,不予撤销。

依照本条第一款规定撤销行政许可,申请人的合法权益受到损害的,应当依法给予赔偿。依照本条第二款规定撤销行政许可的,申请人基于行政许可取得的利益不受保护。

第三十三条 行政许可决定文件由决定机关以挂号邮件或特快专递送达申请人,也可电子传输至申请人。采取邮寄方式送达的,决定机关应当及时向邮政部门索取申请人签收的回执。

行政许可决定文件也可应申请人要求由其领取,领取人应出示授权委托书、合法身份证件并签收。

申请人在接到领取通知5日内不领取行政许可文件且受理机关无法通过邮寄等方式送达的,可以通过银保监会外网网站或公开发行报刊公告送达。自公告之日起,经过60个自然日,即视为送达。

第三十四条 决定机关作出准予行政许可决定后,需要向申请人颁发、换发金融许可证、保险许可证的,决定机关应当通知申请人到发证机关领取、换领金融许可证、保险许可证。

发证机关应当在决定作出后10日内颁发、换发金融许可证、保险许可证。

第五章　公　　示

第三十五条 银保监会及其派出机构将行政许可的事项、依据、条件、程序、期限以及需要申请人提交的申请材料目录和格式要求等进行公示,方便申请人查阅。

第三十六条 银保监会及其派出机构采取下列一种或多种方式进行公示:

(一)在银保监会外网网站上公布;

（二）在公开发行报刊上公布；

（三）印制行政许可手册，并放置在办公场所供查阅；

（四）在办公场所张贴；

（五）其他有效便捷的公示方式。

第三十七条 除涉及国家秘密、商业秘密、个人隐私外，银保监会及其派出机构作出的行政许可决定应当通过银保监会外网网站或者公告等方式公布。

第六章 附 则

第三十八条 除特别说明外，本规定中的“日”均为工作日。

第三十九条 本规定由银保监会负责解释。

第四十条 本规定自2020年7月1日起施行。《中国银行业监督管理委员会行政许可实施程序规定》（银监会令2006年第1号）和《中国保险监督管理委员会行政许可实施办法》（保监会令2014年第2号）同时废止。

民用航空器维修人员执照管理规则

（2020年5月25日交通运输部令2020年第10号公布 自2020年7月1日起施行 国司备字[2020002121]）

第一章 总 则

第66.1条 目的和依据

为了规范民用航空器维修人员执照的颁发和管理，保障民用航空器的持续适航和飞行安全，根据《中华人民共和国民用航空法》《中华人民共和国行政许可法》和《中华人民共和国民用航空器适航管理条例》等法律、行政法规，制定本规则。

第66.2条 适用范围

本规则适用于民用航空器维修人员执照（以下简称航空器维修人员执照）的申请、颁发与管理活动。

第66.3条 管理机构

中国民用航空局（以下简称民航局）负责统一颁发航空器维修人员执照，并依法对航空器维修人员实施监督管理。

中国民用航空地区管理局(以下简称民航地区管理局)负责航空器维修人员执照的相关管理工作。

第66.4条 航空器维修人员执照类别

航空器维修人员执照按照航空器类别分为飞机和旋翼机两类,并标明适用安装的发动机类别。

第66.5条 航空器维修人员执照的权限

取得航空器维修人员执照后,可以维修放行除复杂航空器之外的其他航空器。

航空器维修人员执照上加注复杂航空器的机型签署后,航空器维修人员执照持有人方可维修放行对应型号的复杂航空器。

第二章 航空器维修人员执照的申请、颁发和管理

第66.6条 航空器维修人员执照的申请条件

申请航空器维修人员执照应当具备下列条件:

(a)年满18周岁;

(b)无影响维修工作的色盲或者色弱;

(c)具有大专以上(含大专,下同)学历;

(d)完成本规则第66.10条要求的航空器维修基础知识培训;

(e)具备至少1年的经所在单位授权从事民用航空器或者航空器部件维修工作的经历(培训和实习不计算在内),或者为理工科专业大专以上学历人员并完成本规则第66.10条要求的航空器维修实作培训;

(f)通过本规则第66.11条要求的航空器维修人员执照的考试;

(g)完成本规则第66.12条要求的航空维修技术英语等级测试;

(h)民航行业信用信息记录中没有航空器维修相关的严重失信行为记录。

第66.7条 航空器维修人员执照的申请材料

民航局应当对航空器维修人员执照申请人的下列材料进行审查:

(a)学历证书;

(b)能证明无色盲、色弱的体检报告;

(c)航空器维修基础知识培训证明;

(d)航空器维修相关经历证明或者实作培训证明;

(e)航空器维修人员执照考试合格证明;

(f)航空维修技术英语等级测试证明。

航空器维修人员执照的申请人应当提供前款(a)(b)规定的材料,并对材

料的真实性负责。民航局通过内部核查或者其他方式获得前款(c)(d)(e)(f)规定的材料。

第66.8条　航空器维修人员执照的颁发

对于符合申请条件的申请人,经审查合格的,民航局应当自受理之日起20个工作日内向其颁发航空器维修人员执照。

航空器维修人员执照根据本规则第66.12条的规定标注等级。

第66.9条　航空器维修人员执照的有效期

除法律、法规、规章另有规定外,航空器维修人员执照持续有效。

第66.10条　航空器维修基础知识培训和实作培训

民航局统一制定和发布按照飞机、旋翼机及其所安装发动机类别区分的航空器维修基础知识培训和实作培训要求,并分别明确其最低培训学时。

航空器维修基础知识培训和实作培训应当由符合《民用航空器维修培训机构合格审定规定》(CCAR—147)规定的维修培训机构实施,并且不低于民航局规定的最低培训学时要求。

具备本规则第66.6条(e)规定的1年及以上民用航空器或者航空器部件维修工作经历的,可以不参加实作培训。

第66.11条　航空器维修人员执照的考试

航空器维修人员执照的考试包括基础知识考试和实作评估两部分。航空器维修人员执照的申请人在维修培训机构完成航空器维修基础知识培训和实作培训后,由该维修培训机构所属民航地区管理局组织对其进行基础知识考试和实作评估。

基础知识考试在维修培训机构所属民航地区管理局监督下由维修培训机构按照民航局统一规定的题库实施。基础知识考试为100分满分制,70分为及格。考试不及格者可以补考1次,补考不及格者重新参加维修培训机构的培训后方可再次参加考试。

实作评估在维修培训机构所属民航地区管理局监督下由维修培训机构的评估员实施。评估不通过者可以补充评估1次,补充评估不通过者重新参加维修培训机构的培训后方可再次评估,再次评估不通过视为最终评估结论。

第66.12条　航空维修技术英语等级测试

航空维修技术英语等级测试包括综合阅读和听力两部分。航空器维修人员参加由维修培训机构所属民航地区管理局组织的航空维修技术英语等级测试。

航空维修技术英语等级测试在维修培训机构所属民航地区管理局监督下由维修培训机构按照民航局统一规定的题库实施。测试采用100分满分制,

测试结果分为以下级别:

4 级:阅读部分 85 - 100 分,且听力 75 - 100 分;

3 级:阅读部分 85 - 100 分,且听力 0 - 74 分;

2 级:阅读部分 60 - 84 分,且听力 0 - 100 分;

1 级:阅读部分 0 - 59 分,且听力 0 - 100 分。

航空维修技术英语等级测试可以多次参加,但是每次测试完成至少 6 个月后方可再次参加。

航空器维修人员执照中依据申请人的航空维修技术英语等级测试历史最好成绩标注其等级。

第三章 航空器维修人员执照的机型签署

第 66.13 条 机型签署的申请条件

航空器维修人员执照持有人具备下列条件的,可以申请机型签署:

(a)通过本规则第 66.18 条要求的机型签署所涵盖任一航空器型号的机型维修培训和考试;

(b)首次申请某一类别的机型签署的,完成本规则第 66.19 条要求的机型维修实习。

第 66.14 条 机型签署的申请材料

申请机型签署的,申请人应当向民航局或者民航局委托的民航地区管理局提交下列申请材料,并对材料的真实性负责:

(a)机型维修培训合格证;

(b)机型签署推荐函(非首次申请某一类别的机型签署的除外)。

第 66.15 条 机型签署的签发

对于符合申请条件的申请人,经审查合格的,民航局或者民航局委托的民航地区管理局应当自受理之日起 20 个工作日内为其完成机型签署。

第 66.16 条 机型签署的规范

机型签署应当与航空器维修人员执照的航空器类别以及发动机类别对应,并按照民航局航空器评审报告确定的规范签署。

第 66.17 条 机型签署的有效性和恢复

机型签署的有效期为 24 个月。

机型签署有效期满需要延续的,其持有人应当向机型签署机关提出申请,并提交其对应机型的维修放行工作记录。

维修人员在机型签署有效期内从事所签署机型的维修放行工作时间少于

6个月的，机型签署机关应当作出不予延续的决定。

机型签署失效的，维修人员可以通过参加机型知识恢复培训和考试后重新申请取得机型签署。

第66.18条　机型维修培训和考试

航空器机型维修培训和考试由符合《民用航空器维修培训机构合格审定规定》（CCAR147）规定的维修培训机构组织实施，并向通过其考试的人员颁发具体航空器型号的维修培训合格证。

第66.19条　机型维修实习

首次申请某一类别的机型签署的，航空器维修人员执照持有人应当在通过机型维修培训和考试后完成至少连续6个月的机型维修实习。

机型维修实习由具备该机型维修放行资质或者航空器制造厂家指定的维修人员作为实习教员，并在评估通过后签署机型签署推荐函。

第四章　监督管理及法律责任

第66.20条　航空器维修人员执照持有人的权利

除法律、法规、规章另有规定外，航空器维修人员执照持有人有权从事下列航空器维修工作：

（a）按照执照类别，对非复杂航空器依据其持续适航文件的规范实施维修放行；

（b）按照执照类别和机型限制，对复杂航空器依据其持续适航文件的规范实施维修放行；

（c）按照维修单位的授权和管理要求，对航空器部件依据其持续适航文件的规范实施维修放行。

第66.21条　航空器维修人员执照持有人的义务

航空器维修人员执照持有人在从事航空器维修相关工作时，应当履行下列义务：

（a）在醉酒、疾病等生理状况不适合实施维修相关工作时，不得行使本规则第66.20条规定的权利；

（b）依据航空器持续适航文件的规范开展维修工作；

（c）对符合标准的维修工作方可签署放行；

（d）在考试或者向民航局、民航地区管理局提交申请或者接受调查时，诚信考试，如实提供相关信息和材料；

（e）发现航空器或者其部件存在缺陷或者不适航状况时，及时按照涉及民航管理的规章的有关要求报告。

第66.22条　信用管理

航空器维修人员执照申请人或者持有人有下列行为之一的，依法记入民航行业严重失信行为信用记录：

(a)在维修过程中故意违法，并造成严重后果的；

(b)在航空器维修人员执照考试过程中作弊的；

(c)在申请航空器维修人员执照或者机型签署过程中申请材料造假，或者以欺骗、贿赂等不正当手段获得航空器维修人员执照或者机型签署的。

第66.23条　违规行使执照权利

航空器维修人员执照持有人违反本规则第66.21条(a)，生理状况不适合实施维修相关工作但仍行使执照权利，情节轻微的，由民航局或者民航地区管理局处警告或者500元以下的罚款；造成航空器事故的，由民航局或者民航地区管理局暂停或者撤销其航空器维修人员执照或者相应的机型签署。

第66.24条　不按标准维修或者放行

航空器维修人员执照持有人违反本规则第66.21条(b)(c)，未依据航空器持续适航文件的规范开展维修工作或者对不符合标准的维修工作签署放行，情节轻微的，由民航局或者民航地区管理局处500元以上1000元以下的罚款；造成航空器事故的，由民航局或者民航地区管理局暂停或者撤销其航空器维修人员执照或者相应的机型签署。

第66.25条　不如实提交申请、调查信息和材料

航空器维修人员执照持有人违反本规则第66.21条(d)，向民航局、民航地区管理局提交申请或者接受调查时，不如实提供信息和材料的，或者以欺骗、贿赂等不正当手段取得航空器维修人员执照或者机型签署的，由民航局或者民航地区管理局处1000元以下的罚款。

以欺骗、贿赂等不正当手段取得航空器维修人员执照或者机型签署的，应当予以撤销。

第66.26条　不及时报告发现的缺陷和不适航状况

航空器维修人员执照持有人违反本规则第66.21条(e)，发现航空器或者其部件存在缺陷或者不适航状况后不及时按照有关要求报告，情节轻微的，由民航局或者民航地区管理局处500元以下的罚款；造成航空器事故的，暂停或者撤销其航空器维修人员执照或者相应的机型签署。

第66.27条　撤销证件

民航局或者民航地区管理局实施监督检查时，发现航空器维修人员执照持有人不再具备安全条件的，应当撤销其航空器维修人员执照或者相应的机型签署。

第 66.28 条　航空器维修人员执照的注销

有下列情形之一的,民航局应当依法注销航空器维修人员执照:

(a)航空器维修人员执照持有人死亡的;

(b)航空器维修人员执照被依法撤销、撤回或者吊销的;

(c)法律、法规规定的应当注销行政许可的其他情形。

第五章　附　　则

第 66.29 条　术语和定义

本规则所用的术语和定义如下:

(a)飞机,指固定翼飞机。

(b)旋翼机,指直升机和自转旋翼机。

(c)复杂航空器,指:

(1)运输类航空器(含飞机及旋翼机);

(2)同时具有可收放起落架、襟翼和可变桨距螺旋桨的非运输类飞机;

(3)同时具有可收放起落架、襟翼和涡轮发动机的非运输类飞机;

(4)具有涡轮发动机且审定驾驶员数量超过 1 人的非运输类旋翼机。

(d)发动机类别,指根据发动机工作原理划分的类别,包括涡轮式发动机和活塞式发动机。

(e)航空器评审报告,指根据《民用航空产品和零部件合格审定规定》(CCAR—21)开展的运行符合性评审结论所形成的报告。

第 66.30 条　过渡期

本规则施行前依法取得的航空器维修人员执照继续有效。持有人可以在 2021 年 7 月 1 日前换发新的航空器维修人员执照。

第 66.31 条　生效和废止

本规则自 2020 年 7 月 1 日起施行。2016 年 4 月 7 日以交通运输部令 2016 年第 32 号公布的《民用航空器维修人员执照管理规则》同时废止。

关于废止《建设工程消防监督管理规定》的决定

（2020年5月29日公安部令第158号公布　自2020年6月1日起施行　国司备字[2020002112]）

公安部决定废止2009年4月30日发布实施的《建设工程消防监督管理规定》（公安部令第106号，根据2012年7月17日公安部令第119号《公安部关于修改〈建设工程消防监督管理规定〉的决定》修正）。

本决定自2020年6月1日起施行。

司法解释

最高人民法院印发《关于建立和管理司法网络询价平台名单库的办法》的通知

（2020 年 5 月 26 日　法发〔2020〕18 号）

各省、自治区、直辖市高级人民法院，解放军军事法院，新疆维吾尔自治区高级人民法院生产建设兵团分院：

现将《最高人民法院关于建立和管理司法网络询价平台名单库的办法》予以印发。

最高人民法院关于建立和管理司法网络询价平台名单库的办法

为落实《最高人民法院关于人民法院确定财产处置参考价若干问题的规定》（以下简称《确定参考价规定》），科学建立和管理全国性司法网络询价平台名单库，确保人民法院司法网络询价工作依法有序进行，制定本办法。

第一条　最高人民法院建立全国性司法网络询价平台名单库，可以根据询价财产类型设置分库。

第二条　最高人民法院设立司法网络询价平台名单库评审委员会（以下简称评审委员会），负责网络询价平台的评审、选定和除名工作。评审委员会由全国人大代表、全国政协委员，最高人民法院特约监督员、特邀咨询员，互联网大数据专家，评估行业专家和最高人民法院有关部门人员组成。

第三条　能够提供符合《确定参考价规定》和本办法规定的网络询价平台，并有意开展司法网络询价业务的网络服务提供者，可以向评审委员会提出入库申请。

申请入库的，应当提交入库申请书及符合要求的相关证明材料。

第四条 申请入库的网络服务提供者提供的网络询价平台应当同时符合下列条件：

（一）具备依法开展并提供互联网信息服务的资质；

（二）具有依法获取的全国各地区同种类财产一定时期的既往成交价、政府定价、政府指导价或者市场公开交易价等不少于三类价格的数据，且至少其中一类数据为网络服务提供者自己所有；

（三）各类价格数据应具有持续更新性，且更新周期不超过三个月；

（四）具备运用一定的运算规则对市场既往交易价格、交易趋势予以分析并出具处置参考价的能力；

（五）具备保障司法网络询价工作安全、便捷、有序进行的运行规范、安全高效的信息系统以及硬件设备、资金人员等，且服务质优价廉；

（六）信息系统应具备开放性、先进性和可持续发展性，能与人民法院有关系统实现信息互通、共享，并顺应工作需求及时提供扩展服务；

（七）已为司法机关、行政机关或涉公共事务领域提供一年以上的网络询价服务；

（八）在技术支撑、数据管理、安全保障、社会影响等方面处于同类平台中的领先地位；

（九）无违法违规记录。

第五条 网络服务提供者应当对其提供的网络询价平台的安全性负责。

第六条 评审委员会有权审查司法网络询价平台进行网络询价所依据的所有基础数据、数据来源、数据更新、计算方法等情况，确保网络询价平台依法、合规、科学、高效地进行司法网络询价工作。

第七条 评审委员会委托权威第三方，对申请入库的网络询价平台进行评审，评审委员会根据评审结果择优确定入库名单并公示；每年对已入库的司法网络询价平台开展司法网络询价的情况进行评估，评审委员会根据评估结果提出限期整改要求和择劣确定除名名单并公示。

第八条 提供司法网络询价平台的网络服务提供者或者司法网络询价平台发生影响司法网络询价业务正常运行的重大经营变化的，提供司法网络询价平台的网络服务提供者应当及时向评审委员会报告。

网络服务提供者不再为司法网络询价提供服务的，应当提前三个月书面向评审委员会申请从名单库中退出，不得自行中断服务。未按照要求向评审委员会提出退出申请，即自行中断服务的，应当将其从名单库中除名，且不再接受其入库申请。

第九条 司法网络询价平台存在违反《确定参考价规定》第九条规定情形

的，评审委员会经评审后将其从名单库中除名并公示。

第十条 司法网络询价平台被除名或被准许退出名单库的，应当做好善后工作，包括确保尚未完成的网络询价和尚未作出的补正顺利进行完毕等。

第十一条 本办法自2020年6月1日起施行。

最高人民法院关于为黄河流域生态保护和高质量发展提供司法服务与保障的意见

（2020年6月1日 法发〔2020〕19号）

为深入贯彻习近平新时代中国特色社会主义思想和党的十九大及十九届二中、三中、四中全会精神，充分发挥人民法院审判职能作用，为黄河流域生态保护和高质量发展国家战略提供公正高效的司法服务与保障，制定如下意见。

一、切实提高思想认识，增强为黄河流域生态保护和高质量发展提供司法服务与保障的责任担当

1. 深刻认识黄河流域生态保护和高质量发展国家战略的重大意义。黄河是中华民族的母亲河。黄河流域是连接青藏高原、黄土高原和华北平原的生态廊道，是我国重要的经济地带和核心文化保护传承区，也是多民族聚居地和打赢脱贫攻坚战的重要区域。黄河流域生态保护和高质量发展，对于促进沿黄地区经济社会发展和生态安全，实现中华民族伟大复兴和永续发展具有重大现实意义和深远历史影响。各级人民法院要充分认识肩负的神圣职责和重要使命，切实增强为黄河流域生态保护和高质量发展提供司法服务与保障的自觉性、主动性。

2. 准确把握黄河流域生态保护和高质量发展的战略定位与基本原则。各级人民法院要牢固树立绿水青山就是金山银山理念，坚定不移走生态优先、绿色发展之路，统筹推进黄河流域生态环境高水平保护和经济高质量发展。深入贯彻因地制宜、分类施策理念，立足全流域，统筹谋划上下游、干支流、左右岸，以水而定、量水而行，共同抓好大保护，协同推进大治理。全面落实预防优先、注重修复理念，遵循山水林田湖草沙综合治理，统筹适用刑事、民事、行政法律责任，促进流域生态环境保护修复和自然资源合理开发利用，努力让黄河成为造福人民的幸福河。

3. 不断提升黄河流域生态保护和高质量发展的司法服务与保障水平。各级人民法院要依法公正高效审理各类案件，充分发挥刑事审判震慑和教育功能、行政审判预防和监督功能、民事审判救济和赔偿功能、公益诉讼裁判评价和指引功能,着力加强生态保护治理、保障黄河长治久安、推进水资源节约集约利用、推动全流域高质量发展、保护传承弘扬黄河文化。要积极探索构建流域司法机制,优化审判资源配置,强化工作协调联动,促进纠纷多元化解,推进流域审判体系和审判能力现代化,全方位提升服务保障黄河流域生态保护和高质量发展的质效。

二、充分发挥审判职能,为黄河流域生态保护和高质量发展提供公正高效的司法服务与保障

4. 落实严格责任,加强黄河生态系统整体保护。坚持最严法治观,依法惩处污染环境、非法采矿及破坏性开采、盗伐滥伐林木、非法捕捞水产品、非法猎捕杀害珍贵濒危野生动物等犯罪行为,严厉惩治环境监管失职犯罪、造成环境污染严重后果的重大安全责任事故犯罪,筑牢黄河流域生态屏障。加强对行政机关不履行环境违法违规行为查处职责案件的审理,监督支持行政机关依法落实流域监管责任。坚持损害担责、全面赔偿原则,依法追究环境污染、生态破坏者的民事责任,鼓励支持生产要素向防沙治沙等生态环境保护方向聚集,促进地质灾害综合防治体系建设。妥善审理环境公益诉讼、生态环境损害赔偿案件,提升黄河上游水源涵养能力,促进中游水土保持和污染防治,加强下游湿地生态系统保护,提高生物多样性。

5. 助推水沙调节,维护黄河长治久安。将依法审理涉水沙关系调节案件作为流域审判工作重点,切实保障黄河长久安澜。依法支持有关部门对黄河上游水源地及涵养湿地管理,落实生态移民搬迁、退耕还林还草、鼠虫害防治等草原生态环境治理,恢复河道及湿地功能。规范河道行政许可事项,维护河道管理秩序。保障水沙调控机制运行,严格落实河长、湖长责任制,控制地下水过度利用,减缓黄河下游淤积。严厉打击非法取水、非法采砂等违法犯罪行为,做好防洪工程设施保护等防洪减灾、水土流失综合防治工作,确保黄河沿岸人民群众生命财产安全。

6. 促进绿色用水,推进水资源节约集约利用。依法保障黄河流域分水方案的严格落实,控制取水总量,坚决抑制不合理用水需求。全面加强对黄河流域取水、用水、水功能区管理和水沙调控行政许可、权属确认等行政行为的监督,支持行政机关依法监管,维护行政相对人的合法权益。妥善审理涉节水产业、节水技术、节水设施案件,推动用水方式由粗放型向节约集约转变,保障合理规划人口、城市和产业发展,确保农业生产稳定。落实水功能区管理制度,保障水资源状况持续改善。依法支持牧区水利、小水电代燃料、黄土高原淤地坝等工程建设,巩固退耕还林成果。

7. 支持创新驱动,促进黄河流域高质量发展。全面贯彻新发展理念,妥善审理涉新技术、新业态、新模式案件,有效服务沿黄地区产业结构转型升级。依法平等保护产权,激励和保护创新,引导各类市场主体展开有序良性竞争,营造流域内法治化营商环境。强化破产重整案件审判,完善市场主体退出制度机制。助力美丽乡村建设,支持流域省区打赢脱贫攻坚战,保障乡村振兴战略顺利实施。发挥涉外民商事审判职能作用,促进黄河流域高质量发展和"一带一路"建设的有机衔接,服务更高水平的对外开放新格局。

8. 保护人文资源,传承弘扬黄河文化。严厉打击损毁文物,损毁名胜古迹,盗掘古文化遗址、古墓葬,盗掘古人类化石、古脊椎动物化石等犯罪行为,严厉惩治破坏黄河流域人文遗迹、自然遗迹的犯罪分子,保护黄河历史文化遗产。加大对黄河流域相关文学艺术作品、非物质文化遗产的司法保护力度,促进黄河文化的历史传承与创新发展。发挥公益诉讼的特殊作用,有效释放社会组织保护黄河文化的潜力活力,支持检察机关提起民事和行政公益诉讼,统筹文化传承利用和生态保护治理,实现黄河文化价值弘扬延续,筑牢中华民族的根和魂。

9. 强化修复措施,保障黄河生态环境治理。坚持保护优先、注重修复司法理念,守住生态保护红线,促进生态环境修复和自然资源合理开发利用。创新审判执行方式,充分发挥环境保护禁止令的作用,立足不同环境要素的修复要求,探索多元化生态修复方式,完善刑事制裁、民事赔偿与生态补偿有机衔接的环境修复责任体系。建立健全公益诉讼、生态环境损害赔偿诉讼专项资金的管理使用、审计监督及责任追究制度,确保生态环境及时有效修复。推动修复主体多元化,在环境损害鉴定、修复方式选择和判决执行监督等方面加强与行政机关对接,拓宽第三方替代履行和公众参与生态环境保护和修复渠道,形成共建共治共享的流域生态环境治理格局。

10. 注重分类施策,因地制宜发挥司法功能。充分考虑黄河上中下游差异,结合各地实际和区域特点,针对不同司法需求妥善审理相关案件,统筹黄河流域经济高质量发展和生态高质量保护。注重加强对三江源、祁连山、甘南黄河上游水源涵养区、黄土高原、河口三角洲湿地等区域生态环境治理的司法保障,创造良好生态产品。注重加强对黄淮海平原、河套灌区、汾渭平原等区域能源资源合理开发利用的司法保障,确保国家粮食安全,提高经济承载能力。注重加强对上中游地区和下游滩区防洪安全、饮水安全、生态安全的司法保障,提高基础设施和公共服务水平,持续改善民生。

三、构建流域司法机制,形成推进黄河流域生态保护和高质量发展的合力

11. 健全专门审判机构。落实中央办公厅、国务院办公厅《关于构建现代环境治理体系的指导意见》，推进黄河流域环境资源专门审判机构建设，统一涉环境资源案件的受案范围和审理程序。加强知识产权法庭建设，保障黄河文化传承，服务创新驱动发展。充分发挥国际商事法庭作用，服务共建“一带一路”，助力更高水平开放型经济新体制建设。统筹黄河流域生态环境和文化资源整体保护需要，深入推进知识产权和环境资源刑事、民事、行政案件“三合一”归口审判机制改革。

12. 完善案件集中管辖。总结知识产权、涉外、行政、环境资源审判跨区划集中管辖的实践经验，坚持改革创新，构建契合黄河流域生态保护和高质量发展需要的案件集中管辖机制。加强流域内集中管辖法院内部以及集中管辖和非集中管辖法院之间的协同审判机制。探索构建流域、湿地等生态功能区和国家公园等自然保护地涉生态保护案件的跨省域集中管辖机制。

13. 拓展流域司法协作。构建黄河流域常态化司法协作机制，加强流域内各地方法院之间在立案、审判、执行方面的工作协调对接。推进跨域立案诉讼服务改革，推动流域内各地方法院之间诉讼事项跨区域远程办理、跨层级联动办理。对于流域内重大疑难复杂法律适用问题，由相关法院共同协商研究解决。健全流域一体化执行指挥体系，推动流域内异地法院之间在查询、冻结、查封、调查或者法律文书送达等有关事项的司法协作。立足流域内生态环境治理需要，构建沿黄河九省区人民法院环境资源司法协作机制。

14. 推进部门协调联动。主动融入党委领导、政府负责、民主协商、社会协同、公众参与、法治保障、科技支撑的黄河流域社会治理体系。依法加强与检察机关、公安机关、行政执法机关的协同配合，在证据的采集与固定、案件的协调与化解、判决的监督与执行等方面有序衔接。围绕审判执行中发现的问题，及时与有关部门沟通，提出司法建议，推动形成黄河流域生态保护和高质量发展合力。

15. 促进纠纷多元化解。坚持和发展新时代“枫桥经验”，加强诉源治理，深化“分调裁审”机制改革，加快建设“一站式”多元解纷机制，高效服务黄河流域生态保护和高质量发展。推动健全人民调解、行政调解、司法调解联动工作机制，做好诉讼与和解、调解、仲裁、公证、行政裁决、行政复议等非诉讼纠纷解决机制之间的有机衔接，对调解协议、经磋商达成的生态环境损害赔偿协议依法予以司法确认。积极依靠当地党委、政府，统筹社会各方力量，依法及时化解各类群体性纠纷。

16. 畅通信息共享渠道。全面加强智慧法院建设，加强黄河流域上下游、左右岸、干支流各地方法院之间的互联互通，推动建立云计算和大数据应用平台，运用区块链技术，实现流域内各地方法院信息资源共享，最大限度提升审判质效。全面应用中国移动微法院,坚持线上线下结合,畅通黄河流域立体化诉讼服务渠道。深化执行管理、网络查控、联合惩戒、司法拍卖等环节信息化建设,提升智慧执行水平。提高数据汇聚、管理、分析和服务能力,充分发挥司法大数据在黄河治理和保护中的重要作用。

17. 深化社会公众参与。坚持专业审判与公众参与相结合,组建专家库、专家咨询委员会,在评估、鉴定、修复方案确定、专业事实查明等事项中充分发挥专家辅助人、专家陪审员、技术调查官的作用。拓宽公众参与司法的途径,畅通诉讼渠道,依法维护人民群众的人身、财产权益和生态环境公共利益。全面落实审判流程信息公开、庭审公开直播、裁判文书公开上网、执行信息公开等各项工作机制,进一步拓展司法公开的广度和深度。定期发布黄河流域司法保护状况白皮书和典型案例,增进社会公众对黄河流域司法保护状况的了解。构建适应大数据时代要求的全媒体、立体化宣传机制,拓展宣传载体,增强宣传实效,营造司法服务保障黄河流域生态保护和高质量发展的良好舆论氛围。

18. 加强审判队伍建设。坚持把党的政治建设摆在首位,不断提高政治站位和政治能力,增强"四个意识"、坚定"四个自信"、做到"两个维护"。加大力度培养知识产权、涉外、环境资源、互联网、金融、破产等领域司法人才,加强业务培训,提升审判能力和水平。深入推进纪律作风建设,求真务实、清正廉洁、担当作为,打造一支革命化、正规化、职业化、专业化的法院队伍,为实现黄河流域生态保护和高质量发展国家战略提供有力组织保障。

最高人民法院印发《关于依法妥善审理涉新冠肺炎疫情民事案件若干问题的指导意见(三)》的通知

(2020年6月8日　法发〔2020〕20号)

各省、自治区、直辖市高级人民法院,解放军军事法院,新疆维吾尔自治区高级人民法院生产建设兵团分院:

现将《最高人民法院关于依法妥善审理涉新冠肺炎疫情民事案件若干问题的指导意见(三)》印发给你们,请认真贯彻执行。

最高人民法院关于依法妥善审理涉新冠肺炎疫情民事案件若干问题的指导意见(三)

为依法妥善审理涉新冠肺炎疫情涉外商事海事纠纷等案件,平等保护中外当事人合法权益,营造更加稳定公平透明、可预期的法治化营商环境,依照法律、司法解释相关规定,结合审判实践经验,提出如下指导意见。

一、关于诉讼当事人

1. 外国企业或者组织向人民法院提交身份证明文件、代表人参加诉讼的证明,因疫情或者疫情防控措施无法及时办理公证、认证或者相关证明手续,申请延期提交的,人民法院应当依法准许,并结合案件实际情况酌情确定延长的合理期限。

在我国领域内没有住所的外国人、无国籍人、外国企业和组织从我国领域外寄交或者托交的授权委托书,因疫情或者疫情防控措施无法及时办理公证、认证或者相关证明手续,申请延期提交的,人民法院依照前款规定处理。

二、关于诉讼证据

2. 对于在我国领域外形成的证据,当事人以受疫情或者疫情防控措施影响无法在原定的举证期限内提供为由,申请延长举证期限的,人民法院应当要求其说明拟收集、提供证据的形式、内容、证明对象等基本信息。经审查理由成立的,应当准许,适当延长举证期限,并通知其他当事人。延长的举证期限适用于其他当事人。

3. 对于一方当事人提供的在我国领域外形成的公文书证,因疫情或者疫情防控措施无法及时办理公证或者相关证明手续,对方当事人仅以该公文书证未办理公证或者相关证明手续为由提出异议的,人民法院可以告知其在保留对证明手续异议的前提下,对证据的关联性、证明力等发表意见。

经质证,上述公文书证与待证事实无关联,或者即使符合证明手续要求也无法证明待证事实的,对提供证据一方的当事人延长举证期限的申请,人民法院不予准许。

三、关于时效、期间

4. 在我国领域内没有住所的当事人因疫情或者疫情防控措施不能在法定期间提出答辩状或者提起上诉,分别依据《中华人民共和国民事诉讼法》第二百六十八条、第二百六十九条的规定申请延期的,人民法院应当依法准许,并结合案件实际情况酌情确定延长的合理期限。但有证据证明当事人存在恶意拖延诉讼情形的，对其延期申请，不予准许。

5. 根据《中华人民共和国民事诉讼法》第二百三十九条和《最高人民法院关于适用〈中华人民共和国民事诉讼法〉的解释》第五百四十七条的规定，当事人申请承认和执行外国法院作出的发生法律效力的判决、裁定或者外国仲裁裁决的期间为二年。在时效期间的最后六个月内，当事人因疫情或者疫情防控措施不能提出承认和执行申请，依据《中华人民共和国民法总则》第一百九十四条第一款第一项规定主张时效中止的，人民法院应予支持。

四、关于适用法律

6. 对于与疫情相关的涉外商事海事纠纷等案件的适用法律问题，人民法院应当依照《中华人民共和国涉外民事关系法律适用法》等法律以及相关司法解释的规定，确定应当适用的法律。

应当适用我国法律的，关于不可抗力规则的具体适用，按照《最高人民法院关于依法妥善审理涉新冠肺炎疫情民事案件若干问题的指导意见(一)》执行。

应当适用域外法律的，人民法院应当准确理解该域外法中与不可抗力规则类似的成文法规定或者判例法的内容，正确适用，不能以我国法律中关于不可抗力的规定当然理解域外法的类似规定。

7. 人民法院根据《最高人民法院关于适用〈中华人民共和国涉外民事关系法律适用法〉若干问题的解释(一)》第四条的规定，确定国际条约的适用。对于条约不调整的事项，应当通过我国法律有关冲突规范的指引，确定应当适用的法律。

人民法院在适用《联合国国际货物销售合同公约》时，要注意，我国已于2013年撤回了关于不受公约第11条以及公约中有关第11条内容约束的声明，仍然保留了不受公约第1条第1款(b)项约束的声明。关于某一国家是否属于公约缔约国以及该国是否已作出相应保留，可查阅联合国国际贸易法委员会官方网站刊载的公约缔约国状况予以确定。此外，根据公约第4条的规定，公约不调整合同的效力以及合同对所售货物所有权可能产生的影响。对于这两类事项，应当通过我国法律有关冲突规范的指引，确定应当适用的法律，并根据该法律作出认定。

当事人以受疫情或者疫情防控措施影响为由，主张部分或者全部免除合同责任的，人民法院应当依据公约第79条相关条款的规定进行审查，严格把握该条所规定的适用条件。对公约条款的解释，应当依据其用语按其上下文并参照公约的目的及宗旨所具有的通常意义，进行善意解释。同时要注意，《〈联合国国际货物销售合同公约〉判例法摘要汇编》并非公约的组成部分，审理案件过程中可以作为参考,但不能作为法律依据。

五、关于涉外商事案件的审理

8. 在审理信用证纠纷案件时,人民法院应当遵循信用证的独立抽象性原则与严格相符原则。准确区分恶意不交付货物与因疫情或者疫情防控措施导致不能交付货物的情形,严格依据《最高人民法院关于审理信用证纠纷案件若干问题的规定》第十一条的规定,审查当事人以存在信用证欺诈为由,提出中止支付信用证项下款项的申请应否得到支持。

适用国际商会《跟单信用证统一惯例》(UCP600)的,人民法院要正确适用该惯例第36条关于银行不再进行承付或者议付的具体规定。当事人主张因疫情或者疫情防控措施导致银行营业中断的,人民法院应当依法对是否构成该条规定的不可抗力作出认定。当事人关于不可抗力及其责任另有约定的除外。

9. 在审理独立保函纠纷案件时,人民法院应当遵循保函独立性原则与严格相符原则。依据《最高人民法院关于审理独立保函纠纷案件若干问题的规定》第十二条的规定,严格认定构成独立保函欺诈的情形,并依据该司法解释第十四条的规定,审查当事人以独立保函欺诈为由,提出中止支付独立保函项下款项的申请应否得到支持。

独立保函载明适用国际商会《见索即付保函统一规则》(URDG758)的,人民法院要正确适用该规则第26条因不可抗力导致独立保函或者反担保函项下的交单或者付款无法履行的规定以及相应的展期制度的规定。当事人主张因疫情或者疫情防控措施导致相关营业中断的,人民法院应当依法对是否构成该条规定的不可抗力作出认定。当事人关于不可抗力及其责任另有约定的除外。

六、关于运输合同案件的审理

10. 根据《中华人民共和国合同法》第二百九十一条的规定,承运人应当按照约定的或者通常的运输路线将货物运输到约定地点。承运人提供证据证明因运输途中运输工具上发生疫情需要及时确诊、采取隔离等措施而变更运输路线,承运人已及时通知托运人,托运人主张承运人违反该条规定的义务的,人民法院不予支持。

承运人提供证据证明因疫情或者疫情防控,起运地或者到达地采取禁行、限行防控措施等而发生运输路线变更、装卸作业受限等导致迟延交付,并已及时通知托运人,承运人主张免除相应责任的,人民法院依法予以支持。

七、关于海事海商案件的审理

11. 承运人在船舶开航前和开航当时,负有谨慎处理使船舶处于适航状态的义务。承运人未谨慎处理,导致船舶因采取消毒、熏蒸等疫情防控措施不适合运载特定货物,或者持证健康船员的数量不能达到适航要求,托运人主张船舶不适航的,人民法院依法予以支持。

托运人仅以船舶曾经停靠过受疫情影响的地区或者船员中有人感染新冠肺炎为由,主张船舶不适航的,人民法院不予支持。

12. 船舶开航前,因疫情或者疫情防控措施出现以下情形,导致运输合同不能履行,承运人或者托运人请求依据《中华人民共和国海商法》第九十条的规定解除合同的,人民法院依法予以支持:(1)无法在合理期间内配备必要的船员、物料;(2)船舶无法到达装货港、目的港;(3)船舶一旦进入装货港或者目的港,无法再继续正常航行、靠泊;(4)货物被装货港或者目的港所在国家或者地区列入暂时禁止进出口的范围;(5)托运人因陆路运输受阻,无法在合理期间内将货物运至装货港码头;(6)因其他不能归责于承运人和托运人的原因致使合同不能履行的情形。

13. 目的港具有因疫情或者疫情防控措施被限制靠泊卸货等情形,导致承运人在目的港邻近的安全港口或者地点卸货,除合同另有约定外,托运人或者收货人请求承运人承担违约责任的,人民法院不予支持。

承运人卸货后未就货物保管作出妥善安排并及时通知托运人或者收货人,托运人或者收货人请求承运人承担相应责任的,人民法院依法予以支持。

14. 因疫情或者疫情防控措施导致集装箱超期使用,收货人或者托运人请求调减集装箱超期使用费的,人民法院应尽可能引导当事人协商解决。协商不成的,人民法院可以结合案件实际情况酌情予以调减,一般应以一个同类集装箱重置价格作为认定滞箱费数额的上限。

15. 货运代理企业以托运人名义向承运人订舱后,承运人因疫情或者疫情防控措施取消航次或者变更航期,托运人主张由货运代理企业赔偿损失的,人民法院不予支持。但货运代理企业未尽到勤勉和谨慎义务,未及时就航次取消、航期变更通知托运人,或者在配合托运人处理相关后续事宜中存在过错,托运人请求货运代理企业承担相应责任的,人民法院依法予以支持。

16. 除合同另有约定外,船舶修造企业以疫情或者疫情防控措施导致劳动力不足、设备物资交付延期,无法及时复工为由,请求延展交船期限的,人民法院可根据疫情或者疫情防控措施对船舶修造进度的影响程度,酌情予以支持。

因受疫情或者疫情防控措施影响,船舶延期交付导致适用新的船舶建造标准的,除合同另有约定外,当事人请求分担因此增加的成本与费用,人民法院应当综合考虑疫情或者疫情防控措施对迟延交船的影响以及当事人履行合同是否存在可归责事由等因素,酌情予以支持。

17. 2020年1月29日《交通运输部关于统筹做好疫情防控与水路运输保障有关工作的紧急通知》规定，严禁港口经营企业以疫情防控为名随意采取禁限货运船舶靠港作业、锚地隔离14天等措施。在港口经营企业所在地的海事部门、港口管理部门没有明确要求的情况下，港口经营企业擅自以检疫隔离为由限制船舶停泊期限，船舶所有人或者经营人请求其承担赔偿责任的，人民法院依法予以支持。

八、关于诉讼绿色通道

18. 在审理与疫情相关的涉外商事海事纠纷等案件中，人民法院要积极开辟诉讼绿色通道，充分运用智慧法院建设成果，坚持线上与线下服务有机结合，优化跨域诉讼服务，健全在线诉讼服务规程和操作指南，确保在线诉讼各环节合法规范、指引清晰、简便易行。

九、关于涉港澳台案件的审理

19. 人民法院审理涉及香港特别行政区、澳门特别行政区和台湾地区的与疫情相关的商事海事纠纷等案件，可以参照本意见执行。

最高人民法院关于行政机关负责人出庭应诉若干问题的规定

（2020年3月23日最高人民法院审判委员会第1797次会议通过　2020年6月22日最高人民法院公告公布　自2020年7月1日起施行　法释〔2020〕3号）

为进一步规范行政机关负责人出庭应诉活动，根据《中华人民共和国行政诉讼法》等法律规定，结合人民法院行政审判工作实际，制定本规定。

第一条　行政诉讼法第三条第三款规定的被诉行政机关负责人应当出庭应诉，是指被诉行政机关负责人依法应当在第一审、第二审、再审等诉讼程序中出庭参加诉讼，行使诉讼权利，履行诉讼义务。

法律、法规、规章授权独立行使行政职权的行政机关内设机构、派出机构或者其他组织的负责人出庭应诉，适用本规定。

应当追加为被告而原告不同意追加，人民法院通知以第三人身份参加诉讼的行政机关，其负责人出庭应诉活动参照前款规定。

第二条　行政诉讼法第三条第三款规定的被诉行政机关负责人，包括行政机关的正职、副职负责人、参与分管被诉行政行为实施工作的副职级别的负责人以及其他参与分管的负责人。

被诉行政机关委托的组织或者下级行政机关的负责人，不能作为被诉行政机关负责人出庭。

第三条 有共同被告的行政案件，可以由共同被告协商确定行政机关负责人出庭应诉；也可以由人民法院确定。

第四条 对于涉及食品药品安全、生态环境和资源保护、公共卫生安全等重大公共利益，社会高度关注或者可能引发群体性事件等的案件，人民法院应当通知行政机关负责人出庭应诉。

有下列情形之一，需要行政机关负责人出庭的，人民法院可以通知行政机关负责人出庭应诉：

（一）被诉行政行为涉及公民、法人或者其他组织重大人身、财产权益的；

（二）行政公益诉讼；

（三）被诉行政机关的上级机关规范性文件要求行政机关负责人出庭应诉的；

（四）人民法院认为需要通知行政机关负责人出庭应诉的其他情形。

第五条 人民法院在向行政机关送达的权利义务告知书中，应当一并告知行政机关负责人出庭应诉的法定义务及相关法律后果等事项。

人民法院通知行政机关负责人出庭的，应当在开庭三日前送达出庭通知书，并告知行政机关负责人不出庭可能承担的不利法律后果。

行政机关在庭审前申请更换出庭应诉负责人且不影响正常开庭的，人民法院应当准许。

第六条 行政机关负责人出庭应诉的，应当于开庭前向人民法院提交出庭应诉负责人的身份证明。身份证明应当载明该负责人的姓名、职务等基本信息，并加盖行政机关印章。

人民法院应当对出庭应诉负责人的身份证明进行审查，经审查认为不符合条件，可以补正的，应当告知行政机关予以补正；不能补正或者补正可能影响正常开庭的，视为行政机关负责人未出庭应诉。

第七条 对于同一审级需要多次开庭的同一案件，行政机关负责人到庭参加一次庭审的，一般可以认定其已经履行出庭应诉义务，但人民法院通知行政机关负责人再次出庭的除外。

行政机关负责人在一个审理程序中出庭应诉，不免除其在其他审理程序出庭应诉的义务。

第八条 有下列情形之一的，属于行政诉讼法第三条第三款规定的行政机关负责人不能出庭的情形：

（一）不可抗力；

（二）意外事件；

（三）需要履行他人不能代替的公务；

（四）无法出庭的其他正当事由。

第九条 行政机关负责人有正当理由不能出庭的，应当提交相关证明材料，并加盖行政机关印章或者由该机关主要负责人签字认可。

人民法院应当对行政机关负责人不能出庭的理由以及证明材料进行审查。

行政机关负责人有正当理由不能出庭，行政机关申请延期开庭审理的，人民法院可以准许；人民法院也可以依职权决定延期开庭审理。

第十条 行政诉讼法第三条第三款规定的相应的工作人员，是指被诉行政机关中具体行使行政职权的工作人员。

行政机关委托行使行政职权的组织或者下级行政机关的工作人员，可以视为行政机关相应的工作人员。

人民法院应当参照本规定第六条第二款的规定，对行政机关相应的工作人员的身份证明进行审查。

第十一条 诉讼参与人参加诉讼活动，应当依法行使诉讼权利，履行诉讼义务，遵守法庭规则，自觉维护诉讼秩序。

行政机关负责人或者行政机关委托的相应工作人员在庭审过程中应当就案件情况进行陈述、答辩、提交证据、辩论、发表最后意见，对所依据的规范性文件进行解释说明。

行政机关负责人出庭应诉的，应当就实质性解决行政争议发表意见。

诉讼参与人和其他人以侮辱、谩骂、威胁等方式扰乱法庭秩序的，人民法院应当制止，并根据行政诉讼法第五十九条规定进行处理。

第十二条 有下列情形之一的，人民法院应当向监察机关、被诉行政机关的上一级行政机关提出司法建议：

（一）行政机关负责人未出庭应诉，且未说明理由或者理由不成立的；

（二）行政机关有正当理由申请延期开庭审理，人民法院准许后再次开庭审理时行政机关负责人仍未能出庭应诉，且无正当理由的；

（三）行政机关负责人和行政机关相应的工作人员均不出庭应诉的；

（四）行政机关负责人未经法庭许可中途退庭的；

（五）人民法院在庭审中要求行政机关负责人就有关问题进行解释或者说明，行政机关负责人拒绝解释或者说明，导致庭审无法进行的。

有前款情形之一的，人民法院应当记录在案并在裁判文书中载明。

第十三条 当事人对行政机关具有本规定第十二条第一款情形提出异议的，人民法院可以在庭审笔录中载明，不影响案件的正常审理。

原告以行政机关具有本规定第十二条第一款情形为由拒不到庭、未经法庭许可中途退庭的，人民法院可以按照撤诉处理。

原告以行政机关具有本规定第十二条第一款情形为由在庭审中明确拒绝陈述或者以其他方式拒绝陈述，导致庭审无法进行，经法庭释明法律后果后仍不陈述意见的，人民法院可以视为放弃陈述权利，由其承担相应的法律后果。

第十四条 人民法院可以通过适当形式将行政机关负责人出庭应诉情况向社会公开。

人民法院可以定期将辖区内行政机关负责人出庭应诉情况进行统计、分析、评价，向同级人民代表大会常务委员会报告，向同级人民政府进行通报。

第十五条 本规定自 2020 年 7 月 1 日起施行。

附：

2020年6月份报国务院备案并予以登记的地方性法规、自治条例、单行条例和地方政府规章目录

地方性法规

法规名称	公布日期	备案登记编号
北京市野生动物保护管理条例	2020年4月24日	国司备字［2020001938］
北京市文明行为促进条例	2020年4月24日	国司备字［2020001939］
北京市人民代表大会常务委员会关于修改《北京市市容环境卫生条例》的决定	2020年4月24日	国司备字［2020001940］
河北省禁毒条例	2019年11月29日	国司备字［2020002075］
河北省燃气管理条例	2019年11月29日	国司备字［2020002076］
河北省人民代表大会常务委员会关于加强太行山燕山绿化建设的决定	2019年11月29日	国司备字［2020002077］
河北省机动车和非道路移动机械排放污染防治条例	2020年1月11日	国司备字［2020002081］
河北省河湖保护和治理条例	2020年1月11日	国司备字［2020002082］
张家口市烟花爆竹安全管理条例	2019年12月13日	国司备字［2020002078］
张家口市地下水管理条例	2019年12月13日	国司备字［2020002079］
张家口市官厅水库湿地保护条例	2019年12月13日	国司备字［2020002080］

续表

法规名称	公布日期	备案登记编号
内蒙古自治区宗教事务条例	2019 年 11 月 28 日	国司备字［2020002012］
内蒙古自治区水污染防治条例	2019 年 11 月 28 日	国司备字［2020002013］
内蒙古自治区乌海市及周边地区大气污染防治条例	2019 年 11 月 28 日	国司备字［2020002014］
内蒙古自治区各级人民代表大会常务委员会规范性文件备案审查条例	2019 年 11 月 28 日	国司备字［2020002015］
呼和浩特市再生水利用管理条例	2019 年 12 月 16 日	国司备字［2020002016］
呼伦贝尔市大气污染防治条例	2019 年 12 月 13 日	国司备字［2020002017］
赤峰市辽代都城州城帝陵遗址保护条例	2019 年 12 月 25 日	国司备字［2020002018］
鄂尔多斯市文明行为促进条例	2019 年 12 月 31 日	国司备字［2020002019］
辽宁省人民代表大会常务委员会关于废止《辽宁省职工因工伤亡事故处理条例》的决定	2020 年 4 月 1 日	国司备字［2020001935］
辽宁省防范和处置金融风险条例	2020 年 4 月 1 日	国司备字［2020001936］
沈阳市文明行为促进条例	2020 年 4 月 1 日	国司备字［2020001934］
鞍山市矿山地质环境治理恢复条例	2020 年 4 月 16 日	国司备字［2020001932］
本溪市人民代表大会常务委员会讨论、决定重大事项的规定(修订)	2020 年 4 月 7 日	国司备字［2020001930］
本溪市生态立市条例	2020 年 4 月 7 日	国司备字［2020001931］
丹东市城乡规划条例	2019 年 8 月 26 日	国司备字［2020001915］

续表

法规名称	公布日期	备案登记编号
丹东市农村垃圾管理条例	2020 年 4 月 20 日	国司备字［2020001929］
锦州市城市市容和环境卫生管理条例	2019 年 10 月 21 日	国司备字［2020001916］
锦州市人民代表大会常务委员会关于修改《锦州市电动自行车管理条例》的决定	2019 年 12 月 9 日	国司备字［2020001917］
锦州市文明行为促进条例	2019 年 8 月 12 日	国司备字［2020001918］
营口市文明行为促进条例	2019 年 6 月 6 日	国司备字［2020001919］
营口市物业管理条例	2020 年 4 月 10 日	国司备字［2020001925］
营口市大气污染防治条例	2020 年 4 月 10 日	国司备字［2020001926］
阜新市细河保护条例	2019 年 12 月 12 日	国司备字［2020001920］
辽阳市汤河水库饮用水水源保护条例	2019 年 12 月 20 日	国司备字［2020001922］
朝阳市城市绿化管理规定	2019 年 11 月 28 日	国司备字［2020001923］
盘锦市文明行为促进条例	2020 年 4 月 7 日	国司备字［2020001933］
葫芦岛市畜禽养殖污染防治条例	2019 年 12 月 4 日	国司备字［2020001924］
吉林省法律援助条例	2019 年 11 月 28 日	国司备字［2020002084］
吉林省消费者权益保护条例	2019 年 11 月 28 日	国司备字［2020002085］
长春市农作物秸秆露天禁烧和综合利用管理条例	2019 年 12 月 9 日	国司备字［2020002086］

续表

法规名称	公布日期	备案登记编号
长春市农村环境治理条例	2019 年 12 月 11 日	国司备字［2020002087］
长春市供水条例	2019 年 12 月 7 日	国司备字［2020002088］
长春市电梯安全管理条例	2019 年 12 月 17 日	国司备字［2020002089］
四平市市区饮用水水源地保护条例	2019 年 12 月 3 日	国司备字［2020002090］
辽源市养犬管理条例	2019 年 8 月 12 日	国司备字［2020002083］
通化市文明祭祀条例	2019 年 12 月 4 日	国司备字［2020002091］
通化市人才发展促进条例	2019 年 12 月 4 日	国司备字［2020002092］
白山市城市管理行政执法条例	2019 年 12 月 6 日	国司备字［2020002093］
上海市司法鉴定管理条例	2019 年 12 月 19 日	国司备字［2020002009］
上海市家政服务条例	2019 年 12 月 19 日	国司备字［2020002010］
上海市排水与污水处理条例	2019 年 12 月 19 日	国司备字［2020002011］
江苏省燃气管理条例	2020 年 1 月 9 日	国司备字［2020001993］
江苏省电力条例	2020 年 1 月 9 日	国司备字［2020001994］
江苏省粮食流通条例	2020 年 1 月 9 日	国司备字［2020001995］
江苏省生态环境监测条例	2020 年 1 月 9 日	国司备字［2020001996］

续表

法规名称	公布日期	备案登记编号
江苏省反间谍安全防范工作条例	2020 年 3 月 3 日	国司备字［2020002003］
江苏省农村公路条例	2020 年 3 月 3 日	国司备字［2020002004］
南京市社会信用条例	2020 年 1 月 16 日	国司备字［2020001997］
南京市养老服务条例	2020 年 1 月 16 日	国司备字［2020001998］
苏州市精神卫生条例	2020 年 1 月 19 日	国司备字［2020002001］
苏州市人民代表大会常务委员会关于修改《苏州市献血条例》的决定	2020 年 3 月 11 日	国司备字［2020002006］
无锡市献血条例	2020 年 3 月 12 日	国司备字［2020002005］
徐州市残疾人保障条例	2020 年 1 月 15 日	国司备字［2020001999］
常州市文明行为促进条例	2020 年 1 月 19 日	国司备字［2020002000］
泰州市标准化条例	2020 年 1 月 19 日	国司备字［2020002002］
淮安市大运河文化遗产保护条例	2020 年 3 月 12 日	国司备字［2020002007］
宿迁市文明行为促进条例	2020 年 3 月 11 日	国司备字［2020002008］
浙江省民营企业发展促进条例	2020 年 1 月 16 日	国司备字［2020001987］
湖州市大气污染防治规定	2020 年 3 月 30 日	国司备字［2020001989］
台州市企业信用促进条例	2020 年 4 月 2 日	国司备字［2020001992］

续表

法规名称	公布日期	备案登记编号
温州市养犬管理条例	2020 年 4 月 7 日	国司备字［2020001988］
嘉兴市餐饮业油烟管理办法	2020 年 4 月 10 日	国司备字［2020001990］
嘉兴市人民代表大会常务委员会关于修改《嘉兴市户外广告和招牌设置条例》的决定	2020 年 4 月 10 日	国司备字［2020001991］
安徽省中医药条例	2020 年 3 月 27 日	国司备字［2020001973］
安徽省港口条例	2020 年 3 月 27 日	国司备字［2020001974］
安徽省发展新型墙体材料条例	2020 年 4 月 30 日	国司备字［2020001980］
安徽省食品安全条例	2020 年 4 月 30 日	国司备字［2020001981］
合肥市人民代表大会常务委员会关于修改《合肥市市容和环境卫生管理条例》的决定	2020 年 4 月 8 日	国司备字［2020001975］
合肥市养犬管理条例	2020 年 4 月 8 日	国司备字［2020001976］
蚌埠市龙子湖景区条例	2020 年 4 月 9 日	国司备字［2020001977］
铜陵市生活垃圾分类管理条例	2020 年 4 月 10 日	国司备字［2020001978］
黄山市住宅小区物业管理条例	2020 年 4 月 8 日	国司备字［2020001979］
厦门市人民代表大会常务委员会关于修改《厦门经济特区道路交通安全若干规定》的决定	2020 年 4 月 22 日	国司备字［2020002105］
厦门经济特区促进土地节约集约利用若干规定	2019 年 12 月 31 日	国司备字［2020002106］

续表

法规名称	公布日期	备案登记编号
厦门市人民代表大会常务委员会关于废止《厦门经济特区暂住人口登记管理规定》的决定	2020 年 2 月 28 日	国司备字［2020002107］
厦门经济特区建筑外立面管理若干规定	2020 年 2 月 28 日	国司备字［2020002108］
厦门经济特区筼筜湖区保护办法	2020 年 2 月 28 日	国司备字［2020002109］
厦门经济特区闽南文化保护发展办法	2020 年 4 月 22 日	国司备字［2020002110］
南昌市居家养老服务条例	2019 年 12 月 10 日	国司备字［2020002095］
九江市城市道路通行管理条例	2019 年 12 月 18 日	国司备字［2020002096］
山东省人才发展促进条例	2020 年 3 月 26 日	国司备字［2020002031］
山东省养老服务条例	2020 年 3 月 26 日	国司备字［2020002032］
山东省医疗废物管理办法	2020 年 3 月 26 日	国司备字［2020002033］
济南市机动车和非道路移动机械排气污染防治条例	2020 年 1 月 15 日	国司备字［2020002020］
济南市河道管理保护条例	2020 年 1 月 15 日	国司备字［2020002021］
青岛市实施《中华人民共和国献血法》若干规定	2020 年 1 月 15 日	国司备字［2020002022］
淄博市生活饮用水卫生监督管理办法	2020 年 1 月 16 日	国司备字［2020002023］
淄博市人民代表大会常务委员会关于废止《淄博市土地管理若干规定》等十三件地方性法规的决定	2020 年 1 月 16 日	国司备字［2020002024］

续表

法规名称	公布日期	备案登记编号
烟台市民营经济促进条例	2020 年 1 月 16 日	国司备字［2020002025］
潍坊市城市绿化条例	2020 年 1 月 15 日	国司备字［2020002026］
泰安市人民代表大会常务委员会关于修改《泰安市城市绿化条例》的决定	2020 年 3 月 26 日	国司备字［2020002034］
威海市危险废物管理办法	2020 年 1 月 16 日	国司备字［2020002027］
临沂市烟花爆竹燃放管理条例	2020 年 1 月 15 日	国司备字［2020002028］
聊城市城镇容貌和环境卫生管理条例	2020 年 1 月 16 日	国司备字［2020002029］
滨州市城市绿地管理条例	2020 年 2 月 12 日	国司备字［2020002030］
河南省社会信用条例	2019 年 11 月 29 日	国司备字［2020002035］
河南省旅游条例	2019 年 11 月 29 日	国司备字［2020002036］
河南省宗教事务条例	2019 年 11 月 29 日	国司备字［2020002037］
河南省人民代表大会常务委员会关于暂停实施《河南省高速公路条例》第四十八条规定的决定	2020 年 1 月 3 日	国司备字［2020002048］
郑州市贾鲁河保护条例	2020 年 1 月 9 日	国司备字［2020002038］
洛阳市陆浑水库饮用水水源保护条例	2019 年 12 月 27 日	国司备字［2020002040］
南阳市大气污染防治条例	2020 年 1 月 16 日	国司备字［2020002045］
平顶山市建设工地扬尘污染防治条例	2020 年 1 月 10 日	国司备字［2020002041］

续表

法规名称	公布日期	备案登记编号
开封市扬尘污染防治条例	2019 年 12 月 27 日	国司备字［2020002039］
驻马店市大气污染防治条例	2020 年 1 月 6 日	国司备字［2020002047］
漯河市文明行为促进条例	2019 年 12 月 20 日	国司备字［2020002043］
漯河市散煤污染防治条例	2019 年 12 月 20 日	国司备字［2020002044］
许昌市城市绿化条例	2019 年 12 月 30 日	国司备字［2020002042］
信阳市大气污染防治条例	2019 年 12 月 27 日	国司备字［2020002046］
湖北省乡村振兴促进条例	2020 年 1 月 17 日	国司备字［2020001986］
襄阳古城保护条例	2019 年 12 月 31 日	国司备字［2020001985］
宜昌市扬尘污染防治条例	2019 年 12 月 19 日	国司备字［2020001983］
荆门市民用建筑装饰装修管理条例	2019 年 12 月 24 日	国司备字［2020001984］
鄂州市现代物流业发展促进条例	2019 年 12 月 18 日	国司备字［2020001982］
广东省促进民族地区发展条例	2020 年 4 月 29 日	国司备字［2020001952］
广东省学校安全条例	2020 年 4 月 29 日	国司备字［2020001953］
广东省宗教事务条例	2020 年 4 月 29 日	国司备字［2020001954］
广东省野生动物保护管理条例	2020 年 3 月 31 日	国司备字［2020001955］

续表

法规名称	公布日期	备案登记编号
深圳市人民代表大会常务委员会关于修改《深圳经济特区注册会计师条例》的决定	2020 年 1 月 6 日	国司备字［2020002054］
深圳经济特区海域使用管理条例	2020 年 1 月 8 日	国司备字［2020002055］
深圳经济特区文明行为条例	2020 年 1 月 8 日	国司备字［2020002056］
深圳经济特区全面禁止食用野生动物条例	2020 年 4 月 1 日	国司备字［2020002057］
深圳市人民代表大会常务委员会关于废止《深圳经济特区心理卫生条例》的决定	2020 年 4 月 29 日	国司备字［2020002058］
珠海经济特区禁止食用野生动物条例	2020 年 4 月 2 日	国司备字［2020001971］
珠海市人民代表大会常务委员会关于修改《珠海经济特区生态文明建设促进条例》的决定	2020 年 3 月 31 日	国司备字［2020001972］
汕头市人民代表大会常务委员会讨论决定重大事项规定	2020 年 4 月 3 日	国司备字［2020001956］
佛山市养犬管理条例	2020 年 4 月 2 日	国司备字［2020001970］
江门市新会陈皮保护条例	2020 年 4 月 14 日	国司备字［2020001969］
广西壮族自治区水污染防治条例	2020 年 1 月 17 日	国司备字［2020002049］
柳州市人民代表大会常务委员会关于修改《柳州市莲花山保护条例》的决定	2019 年 12 月 9 日	国司备字［2020002097］
北海市海上丝绸之路史迹保护条例	2019 年 12 月 18 日	国司备字［2020002098］
玉林市销售燃放烟花爆竹管理条例	2019 年 12 月 6 日	国司备字［2020002101］
防城港市海岸带保护条例	2019 年 12 月 5 日	国司备字［2020002099］

续表

法规名称	公布日期	备案登记编号
贵港市城市道路管理条例	2019 年 12 月 5 日	国司备字［2020002100］
河池市民间传世铜鼓保护条例	2019 年 12 月 5 日	国司备字［2020002102］
来宾市高层建筑消防安全管理条例	2019 年 12 月 6 日	国司备字［2020002103］
崇左市城市建筑垃圾管理条例	2019 年 12 月 10 日	国司备字［2020002104］
海南经济特区禁止一次性不可降解塑料制品规定	2020 年 2 月 10 日	国司备字［2020002050］
海南省排污许可管理条例	2020 年 1 月 13 日	国司备字［2020002051］
海南省反走私暂行条例	2020 年 1 月 8 日	国司备字［2020002052］
海南省无障碍环境建设管理条例	2020 年 4 月 2 日	国司备字［2020002053］
四川省古树名木保护条例	2019 年 11 月 28 日	国司备字［2020002059］
四川省纠纷多元化解条例	2019 年 11 月 28 日	国司备字［2020002060］
四川省中医药条例	2019 年 11 月 28 日	国司备字［2020002061］
四川省宗教事务条例	2019 年 11 月 28 日	国司备字［2020002062］
四川省人民代表大会常务委员会关于修改《四川省城乡环境综合治理条例》的决定	2019 年 11 月 28 日	国司备字［2020002063］
四川省都江堰水利工程管理条例	2019 年 11 月 28 日	国司备字［2020002065］
四川省人民代表大会常务委员会关于修改《四川省城市排水管理条例》的决定	2019 年 11 月 28 日	国司备字［2020002066］

续表

法规名称	公布日期	备案登记编号
四川省公民旁听省人民代表大会及其常务委员会会议规定	2019 年 11 月 28 日	国司备字[2020002067]
南充市物业管理条例	2019 年 12 月 10 日	国司备字[2020002068]
广安市城市绿化条例	2019 年 12 月 3 日	国司备字[2020002069]
广安市市容环境卫生条例	2019 年 12 月 3 日	国司备字[2020002070]
巴中市城乡污水处理条例	2019 年 12 月 6 日	国司备字[2020002071]
广元市城市市容和环境卫生管理条例	2019 年 12 月 9 日	国司备字[2020002072]
峨眉山世界文化和自然遗产保护条例	2019 年 11 月 28 日	国司备字[2020002073]
乐山大佛世界文化和自然遗产保护条例	2019 年 11 月 28 日	国司备字[2020002074]

自治州、自治县的自治和单行条例

条例名称	公布日期	备案登记编号
桓仁满族自治县人参产业发展条例	2019 年 7 月 8 日	国司备字[2020001914]
桓仁满族自治县旅游条例	2019 年 7 月 8 日	国司备字[2020001927]
阜新蒙古族自治县非物质文化遗产保护条例	2019 年 7 月 30 日	国司备字[2020001921]
宽甸满族自治县林业管理条例	2019 年 9 月 12 日	国司备字[2020001928]

续表

条例名称	公布日期	备案登记编号
前郭尔罗斯蒙古族自治县民族团结进步条例	2019 年 12 月 1 日	国司备字［2020002094］
海南藏族自治州自治条例	2020 年 4 月 20 日	国司备字［2020002111］

地方政府规章

规章名称	公布日期	备案登记编号
唐山市政府投资建设项目审计监督办法	2020 年 5 月 15 日	国司备字［2020002126］
秦皇岛市人民政府关于废止《秦皇岛市养犬管理办法》的决定	2020 年 5 月 9 日	国司备字［2020001947］
晋城市养犬管理办法	2020 年 5 月 30 日	国司备字［2020002115］
大连市人民政府关于废止 5 件市政府规章的决定	2020 年 5 月 9 日	国司备字［2020002120］
黑龙江省人民政府关于取消、下放、委托、属地化管理一批行政权力事项的决定	2020 年 4 月 26 日	国司备字［2020001960］
黑龙江省人民政府关于清理规范省政府部门行政审批中介服务事项的决定	2020 年 4 月 26 日	国司备字［2020001961］
齐齐哈尔市人民政府关于修改《齐齐哈尔市优待老年人规定》等 25 部政府规章的决定	2020 年 6 月 2 日	国司备字［2020002140］
江苏省重大行政决策程序实施办法	2020 年 5 月 20 日	国司备字［2020002123］
南通市相对集中行政许可权实施办法	2020 年 4 月 23 日	国司备字［2020001943］
盐城市无障碍环境建设管理办法	2020 年 5 月 8 日	国司备字［2020001946］

续表

规章名称	公布日期	备案登记编号
连云港市地下文物保护办法	2020 年 5 月 15 日	国司备字［2020001966］
宿迁市人民防空工程建设规定	2020 年 5 月 14 日	国司备字［2020002125］
浙江省公共数据开放与安全管理暂行办法	2020 年 6 月 12 日	国司备字［2020002116］
嘉兴市江南水乡古镇保护办法	2020 年 5 月 13 日	国司备字［2020002137］
宣城市人民政府关于修改《宣城市人民政府起草地方性法规草案和制定规章程序规定》的决定	2020 年 6 月 5 日	国司备字［2020002138］
萍乡市电动车管理办法(试行)	2020 年 5 月 26 日	国司备字［2020002131］
东营市政府规章制定程序规定	2020 年 5 月 15 日	国司备字［2020002127］
平顶山市河道采砂管理办法	2020 年 4 月 30 日	国司备字［2020001944］
武汉市生活垃圾分类管理办法	2020 年 5 月 18 日	国司备字［2020002129］
宜昌市城区养犬管理办法	2019 年 12 月 30 日	国司备字［2020001942］
怀化市人民政府关于废止《怀化市户外广告和招牌设置管理办法》的决定	2020 年 4 月 26 日	国司备字［2020001945］
广东省耕地质量管理规定	2020 年 5 月 6 日	国司备字［2020001958］
广东省安全生产责任保险实施办法	2020 年 5 月 6 日	国司备字［2020002119］
广东省人民政府关于调整实施一批省级权责清单事项的决定	2020 年 1 月 7 日	国司备字［2020002139］
广州市户外广告和招牌设置管理办法	2020 年 4 月 30 日	国司备字［2020001964］

续表

规章名称	公布日期	备案登记编号
深圳市建筑废弃物管理办法	2020 年 4 月 29 日	国司备字［2020001950］
深圳市社会投资建设项目报建登记实施办法	2020 年 4 月 28 日	国司备字［2020001951］
深圳市政府投资建设项目施工许可管理规定	2020 年 4 月 28 日	国司备字［2020002118］
珠海市人民政府关于修改部分市政府规章的决定	2020 年 2 月 21 日	国司备字［2020001967］
佛山市停车场管理办法	2020 年 5 月 1 日	国司备字［2020001963］
佛山市公安机关警务辅助人员管理办法	2020 年 6 月 1 日	国司备字［2020002114］
梅州市非物质文化遗产代表性项目管理办法	2020 年 6 月 12 日	国司备字［2020002132］
中山市政务数据管理办法	2020 年 5 月 15 日	国司备字［2020002122］
潮州市城镇燃气安全管理办法	2020 年 5 月 26 日	国司备字［2020002133］
海南省人民政府关于将部分省级行政审批事项调整由海口市、三亚市、洋浦经济开发区实施的决定	2019 年 6 月 28 日	国司备字［2020001957］
海口市人民政府关于授权海口江东新区管理局实施部分市级管理权限的决定	2020 年 6 月 1 日	国司备字［2020002128］
重庆市人民政府关于废止和修改部分政府规章的决定	2020 年 5 月 6 日	国司备字［2020001948］
四川省人民政府关于废止《四川省社会福利机构管理办法》的决定	2020 年 5 月 15 日	国司备字［2020001962］
贵州省人民政府关于调整行政许可等事项的决定	2019 年 6 月 26 日	国司备字［2020001959］

续表

规章名称	公布日期	备案登记编号
贵州省重大行政决策程序实施办法	2020 年 6 月 13 日	国司备字［2020002141］
兰州市人民政府关于废止《兰州市户外广告管理办法》等三件政府规章的决定	2020 年 6 月 4 日	国司备字［2020002130］

图书在版编目(CIP)数据

中华人民共和国新法规汇编．2020年．第7辑：总第281辑/司法部编．—北京：中国法制出版社，2020.8

ISBN 978-7-5216-1237-0

Ⅰ.①中… Ⅱ.①司… Ⅲ.①法规-汇编-中国-2020 Ⅳ.①D920.9

中国版本图书馆CIP数据核字(2020)第155805号

中华人民共和国新法规汇编

ZHONGHUA RENMIN GONGHEGUO XIN FAGUI HUIBIAN

(2020年第7辑)

编者/司法部

经销/新华书店

印刷/三河市紫恒印装有限公司

开本/850毫米×1168毫米 32开　　印张/12.375　字数/321千

版次/2020年8月第1版　　2020年8月第1次印刷

中国法制出版社出版

书号 ISBN 978-7-5216-1237-0　　定价:18.00元

北京西单横二条2号

邮政编码 100031　　传真:010-66031119

网址:http://www.zgfzs.com　　编辑部电话:010-66066621

市场营销部电话:010-66033393　　邮购部电话:010-66033288

(如有印装质量问题,请与本社印务部联系调换。电话:010-66032926)